O VERBO NA LINGUAGEM JURÍDICA

Acepções e Regimes

Outras obras do Autor

Habeas Verba – Português para Juristas (Livraria do Advogado Editora)
Nova ortografia integrada – o que mudou + o que mudou = como ficou (Edita)
Correspondência empresarial (Edita)
Português para profissionais – atuais e futuros (Edita)
Português em exercícios – com soluções (Edita)
Redação oficial – normas e modelos (Edita)

K19v   Kaspary, Adalberto J.
       O verbo na linguagem jurídica: acepções e regimes / Adalberto J. Kaspary – 8. ed. rev., atual., ampl., e adaptada ao novo sistema ortográfico. – Porto Alegre: Livraria do Advogado Editora, 2014.
       349 p., 23cm.
       ISBN 978-85-7348-894-4

       1. Direito: Linguística. I. Título.

                    CDU 34:801.25

       Índice para o catálogo sistemático:
Direito: Linguística

(Bibliotecária responsável: Marta Roberto, CRB 10/652)

Adalberto J. Kaspary

O VERBO NA LINGUAGEM JURÍDICA

Acepções e Regimes

OITAVA EDIÇÃO
Revista, atualizada, ampliada e adaptada
ao novo sistema ortográfico

INFORMAÇÃO SEGURA, ATUAL E OBJETIVA

livraria
DO ADVOGADO
editora

Porto Alegre, 2014

© Adalberto J. Kaspary, 2014

Capa, projeto gráfico e diagramação
Livraria do Advogado Editora

Conselho Editorial
André Luís Callegari
Carlos Alberto Alvaro de Oliveira
Carlos Alberto Molinaro
Daniel Francisco Mitidiero
Darci Guimarães Ribeiro
Draiton Gonzaga de Souza
Elaine Harzheim Macedo
Eugênio Facchini Neto
Giovani Agostini Saavedra
Ingo Wolfgang Sarlet
Jose Luis Bolzan de Morais
José Maria Rosa Tesheiner
Leandro Paulsen
Lenio Luiz Streck
Paulo Antônio Caliendo Velloso da Silveira

Direitos desta edição reservados por
Livraria do Advogado Editora Ltda.
Rua Riachuelo, 1300
90010-273 Porto Alegre RS
Fone/fax: 0800-51-7522
editora@livrariadoadvogado.com.br
www.doadvogado.com.br

Impresso no Brasil / Printed in Brazil

Nossas ferramentas não são mais que palavras.

CARNELUTTI

Os limites da linguagem são também os limites da ação.

SEBASTIÁN SOLER

[...] a maior parte das agudas controvérsias que, sem maior benefício, agitam o campo da teoria jurídica devem sua origem a certas peculiaridades da linguagem e à nossa geral falta de sensibilidade para com elas.

GENARO R. CARRIÓ

Os vocábulos da lei hão de pesar-se como diamantes.

BENTHAM

Nota à sétima edição

Desde a primeira edição, pelo Tribunal de Justiça do Estado do Rio Grande do Sul (sob o título *Verbos e regimes na linguagem jurídica*, nas edições seguintes alterado para *O verbo na linguagem jurídica – acepções e regimes*) até a edição presente, a sétima, a obra foi sucessivamente acrescida, quer de novos verbos de uso frequente no texto jurídico, quer de novas informações sobre os verbos já presentes em edições anteriores.

Na presente edição, merecem destaque os seguinte aspectos:

1. A adaptação, do texto das edições anteriores e daquele nesta acrescido, ao novo sistema ortográfico da língua portuguesa, consubstanciado no *Acordo Ortográfico da Língua Portuguesa (1990)* e alterações (complementações, especificações, etc.) nele introduzidas pela Comissão de Lexicologia e Lexicografia da Academia Brasileira de Letras – tudo em conformidade com o *Vocabulário Ortográfico da Língua Portuguesa*, 5ª edição, 2009, inclusive as correções e acréscimos neste havidas.

O Acordo foi promulgado pelo Presidente da República mediante o Decreto n. 6.583, de 29 de setembro de 2008. Merece destaque o art. 2º, com seu parágrafo único, desse Decreto, em que se estabelece a vigência do novo sistema ortográfico no Brasil:

> Art. 2º O referido Acordo produzirá efeitos somente a partir de 1º de janeiro de 2009.
>
> Parágrafo único. A implementação do Acordo obedecerá ao período de transição de 1º de janeiro de 2009 a 31 de dezembro de 2012, durante o qual coexistirão a norma ortográfica atualmente em vigor e a nova norma ortográfica.

2. Inclusão de mais de duas dezenas de novos verbos, tais como *caber, coadunar, colacionar, colmatar, confutar, considerar, declarar, delinquir, demitir, desacreditar, detrair, dispensar, extrapolar, justiçar, sindicar, subjazer, subsumir, tramitar, tutelar*, etc., com as informações de praxe sobre o regime, o significado nas diversas áreas em que empregados, exemplos colhidos em obras especializadas e, quando pertinentes, informações sobre flexão, etimologia, etc.

3. Acréscimo de observações a mais de uma dezena de verbos já constantes em edições anteriores, com informes sobre novas acepções, abonadas em textos jurídicos especializados, flexão, etimologia, comparação entre verbos de semântica assemelhada, com realce nos aspectos distintivos, com vista ao emprego mais adequado no que respeita à precisão terminológica, além de outras considerações de interesse.

Sai, pois, esta nova edição, a sétima, de *O verbo na linguagem jurídica –acepções e regimes* norteada pelo permanente e sempre renovado propósito e esforço de oferecer aos profissionais do Direito – os atuais e os futuros – informação atual, segura e objetiva sobre o uso do verbo no texto jurídico.

Assim, por ser o verbo a peça-chave na enunciação dos diversos conceitos jurídicos, a obra – a mais completa no gênero – consolida-se cada vez mais como fonte valiosa e mesmo indispensável de consulta na produção de textos jurídicos – legislativos, jurisprudenciais, forenses, doutrinários, administrativos, notariais, etc.

Março de 2010.

ADALBERTO J. KASPARY

Nota à sexta edição

A primeira edição desta obra, com pouco mais que uma centena de verbos, foi publicada, em 1984, pelo Tribunal de Justiça do Rio Grande do Sul, sob o título *Verbos e regimes na linguagem jurídica*, para distribuição entre os magistrados e assessores destes. As edições sucessivas, agora sob o título *O verbo na linguagem jurídica – acepções e regimes* e a cargo da *Livraria do Advogado*, foram acrescidas de novos verbos, colhidos na jurisprudência, na doutrina e em documentos normativos do Brasil e de Portugal. Esses acréscimos sempre foram norteados pelo critério da maior ocorrência dos verbos, com base em constantes pesquisas nesses textos, mas também resultaram, em grande parte, de sugestões de magistrados, membros do Ministério Público, da Advocacia-Geral da União, da Procuradoria da Fazenda Nacional, da Defensoria Pública, de Delegados de Polícia, Procuradores do Estado e profissionais do Direito em geral, na condição de alunos, colegas de magistério ou simples leitores ou consulentes.

A obra chega, agora, à sua sexta edição, revista e aumentada, contendo em torno de cinco centenas de verbos, com as respectivas acepções, exemplos de emprego e, quando o caso, acompanhados de observações sobre particularidades de interesse desses verbos: etimologia, flexão, termos correlatos, registro, ou não, em dicionários comuns e especializados, etc.

A presente edição dá-se no momento em que, após quase um século, estamos vivendo e agindo como cidadãos sob a vigência de um novo Código Civil – Lei n. 10.406, de 10 de janeiro de 2002 –, em substituição ao Código Civil de 1916 – Lei n. 3.071, de 1º-1-1916.

Pela sua importância, o Código Civil constitui a fonte maior dos verbos constantes na obra, na linha do que já ocorria nas edições anteriores. Mas também verbos de outros documentos legislativos mais recentes estão presentes nesta nova edição, como, *v. g.*, da nova Lei de Falências – Lei n. 11.101, de 9-2-2005. Outra fonte preciosa de exemplos de verbos são as revistas de jurisprudência de diversos tribunais, cuja leitura e análise ocupam grande parte de meu tempo, além dos exemplos colhidos em sentenças de magistrados e pareceres de membros do Ministério Público, cuja atividade acompanho em cursos de treinamento específico. Vale ressaltar que, por sua representatividade na abonação de regências recorrentes no linguajar jurídico, foram mantidos, na presente edição, exemplos constantes em documentos normativos já revogados

Na presente edição também comparecem, além dos verbos tipicamente jurídicos, verbos e expressões verbais da linguagem comum que frequentam com assiduidade textos jurídicos e parajurídicos, de modo especial decisões, pareceres, petições, denúncias, exposições de motivos, inquéritos policiais, obras doutrinárias e documentos normativos. É sabido que os elaboradores desses textos não se valem apenas de termos – no presente caso, verbos e expressões verbais – exclusivamente técnico-jurídicos, apelando também aos ricos tesouros léxicos da linguagem usual na construção de suas teses, argumentos e demais produtos de seu labor técnico-profissional. Muitos desses verbos e expressões – alguns de cunho clássico – se fazem presentes, não tanto para serem empregados, mas para que o profissional lhes apreenda o significado exato nos textos em que os deparar.

Com essas considerações, que me pareceram oportunas, entrego a presente edição, a sexta, de *O verbo na linguagem jurídica – acepções e regimes* aos atuais e futuros profissionais do Direito, com o interesse sincero de lhes prestar apoio efetivo na desejável e necessária elaboração de textos claros e precisos em seu campo de atuação no universo jurídico.

Seria indelicado se não agradecesse as preciosas colaborações e sugestões recebidas para o preparo de mais esta edição da obra. No entanto, a par de expressar meus agradecimentos por essas colaborações, permito-me formular dois pedidos aos que consultarem esta obra: que apontem eventuais impropriedades ou equívocos que flagrarem e me encaminhem sugestões que julgarem pertinentes. Aqueles, aproveitá-los-ei para as devidas correções; estas servirão para aperfeiçoar a obra em edições futuras, pois que, embora me seja vedado alcançar a perfeição nesta vida, sou e continuarei sendo um obstinado peregrino da perfeição.

Dezembro de 2005.

ADALBERTO J. KASPARY

*Prefácio da primeira edição**

Depois de carne, o verbo se fez "palavra".

A palavra para a poesia, a palavra para a prosa, instrumentos de revelação do espírito imanente e transcendente do homem, destinados a assinalarem o perpassar real, imaginário e cronológico dos fatos.

É do destino dos homens e dos anjos o lutar; afinal, o indivíduo nasce para o trabalho e o sofrimento, como a ave para o voo (*Salmos*).

E o homem luta com a palavra e contra ela, como cantou o poeta Carlos Drummond de Andrade:

> "Lutar com palavras
> é a luta mais vã.
> Entanto lutamos
> mal rompe a manhã."
> (*O Lutador*)

Do homem e das gerações, "a caírem como as folhas da árvore" (Homero), é dura, constante, a faina com a fonética, a ortografia, o vocabulário – sinônimos, antônimos, cognatos, parônimos, [...] a morfologia, as classes gramaticais – substantivo, adjetivo, artigo, numeral, pronome, verbo, preposição, conjunção, advérbio, interjeição e partículas, análise sintática dos termos, das orações, dos períodos, sintaxe de concordância, de regência e colocação, versificação e linguagem figurada.

Neste lidar, cresce geometricamente o sorver das frustrações e o acalentar das alegrias, ao combater-se com palavras para dimensionar, equacionar e concretizar, com a inatingível correção sintática, exatidão linguística e simplicidade semântica, as ideias, os princípios, as instituições e os valores infindos do universo.

Ao debater-se e ao esforçar-se na pugna com as palavras e contra elas, a fim de evitar maior desperdício de energias físicas e mentais, na identificação da verdade da razão e da verdade dos fatos, não convém ao homem

---

* A presente obra, agora sensivelmente aumentada, foi lançada em primeira edição pelo Tribunal de Justiça do Estado do Rio Grande do Sul, em dezembro de 1984, sob o título *Verbos e regimes na linguagem jurídica*, agora alterado para *O verbo na linguagem jurídica – acepções e regimes*.

desprezar os meios logísticos destinados a facilitar, a orientar as resoluções, e a espancar as dúvidas sobre a linguagem.

E os instrumentos são inúmeros.

Nasce, agora, em linguagem viva e interpretação corrente, para auxiliar a "falar com asseio", nas petições, nos processos, nos tribunais, *Verbos e regimes na linguagem jurídica*, da lavra do Bacharel e Professor Adalberto J. Kaspary, emérito mestre da língua vernacular.

Espírito inquieto e pesquisador perseverante, sempre a perscrutar, verticalmente, o "Espírito Objetivo", ou "Espírito da Época" (Hegel) e a psicologia compreensiva das palavras, no contexto da linguagem e dos fatos da língua, o Professor Adalberto J. Kaspary realizou investigações, procurou, catou as gemas, organizou, estruturou e sistematizou verbos, acepções e regimes usuais, correntes e de largo espectro no universo jurídico, disciplinando-os, na forma de dicionário, em *Verbos e regimes na linguagem jurídica*.

Com a obra – *Verbos e regimes na linguagem jurídica* –, além de realizar, no campo da pesquisa, um dos objetivos da Escola Superior da Magistratura do Rio Grande do Sul, o Prof. Adalberto J. Kaspary propicia eficaz instrumento, de arrimo do homem, do profissional do Direito na luta com as palavras e contra elas, para, através dos seus valores a motivá-lo, vencer os erros, os vícios de linguagem e, um dia, falar no estilo de Homero – "rápido, direto, simples e nobre".

Ave, *Verbos e regimes na linguagem jurídica!*

Porto Alegre, dezembro de 1984.

Des. CRISTOVAM DAIELLO MOREIRA

Abreviaturas e Siglas

CC/1916	– Código Civil (Brasileiro) de 1916
CC/2002	– Código Civil (Brasileiro) de 2002
C. Com.	– Código Comercial (Brasileiro)
C. Com. p.	– Código Comercial (de Portugal)
CCp	– Código Civil (de Portugal)
CE	– Código Eleitoral (Brasileiro)
CERS/89	– Constituição do Estado do Rio Grande do Sul (1989)
CLT	– Consolidação das Leis do Trabalho
CP	– Código Penal (Brasileiro)
CPC	– Código de Processo Civil (Brasileiro)
CPCp	– Código de Processo Civil (de Portugal)
COM	– Código Penal Militar
CPp	– Código Penal (de Portugal)
CPP	– Código de Processo Penal (Brasileiro)
CPPp	– Código de Processo Penal (de Portugal)
CRFB	– Constituição da República Federativa do Brasil (1988)
CRFB, ADCT	– Constituição da República Federativa do Brasil, Ato das Disposições Constitucionais Transitórias (1988)
CRP	– Constituição da República Portuguesa
CTN	– Código Tributário Nacional (Brasileiro)
DOU	– Diário Oficial da União
ECA	– Estatuto da Criança e do Adolescente (Lei n. 8.069, de 13-7-1990)
FSP	– (jornal) Folha de São Paulo
LCP	– Lei das Contravenções Penais (Decreto-Lei n. 3.688, de 3-10-1941)
LEP	– Lei de Execução Penal (Lei n. 7.210, de 11-7-1984)
LINDB	– Lei de Introdução às Normas do Direito Brasileiro
LICPP	– Lei de Introdução ao Código de Processo Penal (Brasileiro)
LTCp	– Lei do Tribunal Constitucional (de Portugal)
RISF	– Regimento Interno do Senado Federal
RISTF	– Regimento Interno do Supremo Tribunal Federal
RISTJ	– Regimento Interno do Superior Tribunal de Justiça
RITJRGS	– Regimento Interno do Tribunal de Justiça do Rio Grande do Sul
VOLP/09	– Vocabulário Ortográfico da Língua Portuguesa (da Academia Brasileira de Letras), edição de 2009

Notas

1. Ao contrário do que se observa nos documentos legais do Brasil, em que os artigos são numerados mediante algarismos ordinais do primeiro ao nono, e com algarismos cardinais do décimo em diante, na legislação codificada de Portugal todos os artigos vêm numerados por meio de algarismos ordinais: art. 64°, art. 1.689°, etc. Por outro lado, enquanto é da tradição legislativa brasileira escrever-se por extenso **parágrafo único**, empregando-se, nos demais casos, o signo correspondente – § (*signum sectionis*), em Portugal, mesmo no caso de **parágrafo único**, aparece a representação pelo sinal abreviativo: **§ único**.

2. Na apresentação gráfica da obra, adotaram-se os seguintes critérios: os *verbetes*, quer no título, quer em sua repetição no texto explicativo, foram compostos em negrito italizado; os *exemplos*, em itálico simples; e os **destaques**, em negrito simples.

3. A matéria pertinente ao novo sistema ortográfico – Acordo Ortográfico da Língua Portuguesa (1990) – está exposta pormenorizadamente e exemplificada amplamente no livro *Nova ortografia integrada: o que continuou + o que mudou = como ficou*, de Adalberto J. Kaspary (2. ed., Porto Alegre: EDITA, 2013).

Sumário

Introdução 17

Aspectos gerais – regência 21

Acepções e regimes de verbos usuais 27

Casos especiais 325
    Complemento idêntico com verbos de regime diferente 327
    Preposições diferentes e complemento comum 329
    Sujeito preposicionado e não preposicionado 333
    Verbo vicário 335
    Voz passiva com verbos transitivos indiretos 336

Bibliografia 339

Índice 343

Introdução

As dificuldades reais da língua ciframan-se, quase, em dúvidas de regência. A afirmação é de Aires da Mata Machado Filho, no prefácio da primeira edição do *Dicionário de verbos e regimes*, de Francisco Fernandes.

Luiz Carlos Lessa, em sua excelente obra *O modernismo brasileiro e a língua portuguesa*, na introdução de seu estudo sobre a regência de vinte e nove verbos mais usuais na linguagem atual, diz, por sua vez: *O que torna embaraçosa esta matéria não é apenas o fato de, frequentemente, um mesmo verbo admitir diferentes construções, variando o seu significado de acordo com a alteração da regência. É também, e sobretudo, uma tal ou qual facilidade que os verbos manifestam de, conservando o mesmo sentido, evoluírem quanto à regência, passando de intransitivos a transitivos, ou de transitivos diretos a indiretos, ou vice-versa* (p. 200).

Se, por um lado, essa pluralidade e essa variabilidade de regimes confirmam as potencialidades do idioma e sua riqueza expressiva, por outro lado, no entanto, elas representam não pequena dificuldade para os que têm na linguagem escrita, de nível formal, seu instrumento habitual de trabalho.

O problema, que já é bastante sério na linguagem comum, agravado, ainda, pela permanente evolução do idioma, a serviço que está de seres em permanente mutação, reveste-se de contornos mais graves numa linguagem específica, especializada, como é a jurídica. Efetivamente, se o regime dos verbos já oferece dificuldades na linguagem geral, o que não acontecerá ao estudante de Direito e ao depois profissional, que, no seu dia a dia, encontrará verbos comuns com acepções e regências totalmente diversas e, o que é pior, verbos cuja existência, significado e regime lhe são completamente desconhecidos?

Com a finalidade de contribuir, de alguma forma, não para resolver, mas, ao menos, para amenizar o problema exposto, vimos empreendendo, nos últimos oito anos, uma pesquisa sistemática nos documentos legislativos basilares do Brasil e de Portugal, anotando exemplos de acepções e regimes de mais ou menos trezentos e cinquenta verbos usuais na linguagem jurídica. Serviram como critério de escolha a significação especializada do verbo e a diversidade e dificuldade de sua regência e, muitas vezes, simultaneamente, sua quase não ocorrência na linguagem comum. A par de verbos, também pesquisamos e anotamos expressões e construções de uso frequente e significação mais ou menos específica na linguagem jurídico-legislativa.

Nossa pesquisa abrangeu, como já dissemos acima, basicamente, os documentos legislativos fundamentais do Brasil e de Portugal, em especial os seguintes: Código Civil Brasileiro; Código Civil de Portugal; Código Comercial Brasileiro; Código Comercial de Portugal; Código de Processo Civil Brasileiro; Código de Processo Civil de Portugal; Código Penal Brasileiro; Código Penal de Portugal; Código de Processo Penal Brasileiro; Código de Processo Penal de Portugal; Código Tributário Nacional; Consolidação das Leis do Trabalho; Constituição do Estado do Rio Grande do Sul (1989); Constituição da República Federativa do Brasil (1988); Constituição da República Portuguesa; Lei de Introdução ao Código Civil (Brasileiro); e Lei de Introdução ao Código de Processo Penal (Brasileiro).

Estendemos nossa pesquisa também aos textos legislativos básicos de Portugal, por considerarmos que esses documentos enriqueceriam sobremaneira nosso trabalho, ao propiciarem o exame e a comparação da linguagem dos juristas e legisladores da pátria-mãe com aquela usada pelos brasileiros.

O primeiro resultado de nossa pesquisa transformou-se no livro *Verbos e regimes na linguagem jurídica*, publicado, em 1984, pelo Tribunal de Justiça do Estado do Rio Grande do Sul.

Por decisão pessoal e a partir de sugestões de numerosos profissionais do Direito, incluímos, no presente trabalho, informações sobre a etimologia de muitos verbos, além de esclarecimentos sobre flexão e concordância. Em muitos casos, também apontamos a existência de termos correlatos ao verbo estudado, com as respectivas acepções e exemplos de emprego nos textos legais.

O presente trabalho, na verdade, é a segunda edição, revista e grandemente ampliada, da obra *Verbos e regimes na linguagem jurídica*. Preferimos mudar o título para *O verbo na linguagem jurídica – acepções e regimes*, por considerar que exprime com mais propriedade o conteúdo da obra.

Temos a plena convicção de que nosso trabalho padece de muitas falhas. Elas se devem, em parte, às poucas e resumidas fontes específicas de estudo que pudemos encontrar, esparsas em dicionários de regimes da língua comum, dicionários jurídicos, livros didáticos e algumas obras mais voltadas para a linguagem jurídica e forense, além das obras clássicas de Rui Barbosa (*Réplica*) e de Ernesto Carneiro Ribeiro (*Tréplica*) em torno da redação do Código Civil Brasileiro. Mas, acima de tudo, as falhas se devem certamente à nossa incapacidade de dar o trato devido a matéria tão importante e complexa.

A palavra é o instrumento fundamental de atuação do profissional do Direito. Quanto mais ele souber sobre esse instrumento – seu significado, forma, flexão e construção –, mais apto estará a desempenhar com a desejada eficácia sua profissão.

Entre as diversas classes de palavras, o verbo ocupa lugar de especial relevo na linguagem jurídica, em face de seu substrato semântico básico, que se caracteriza pela função específica de indicação dos processos, quer se trate de ações, de estado ou da passagem de um estado a outro. Essa significação essencialmente dinâmica do verbo, ao expressar os movimentos em seu sentido lato, isto é, o que se passa nos seres e, principalmente, no caso do Direito, na interação dos seres, foi o que, acima de tudo, nos levou a centrar nossa atenção nesta classe gramatical, em seu significado e construção.

Umberto Eco, em *O nome da rosa*, diz que *os livros não são feitos para acreditarmos neles, mas para serem submetidos a investigações*. Embora tudo tenhamos feito para merecer fé, submetemos nosso trabalho ao juízo crítico dos leitores e, em especial, dos cultores do Direito, pedindo-lhes que nos apontem eventuais e muito prováveis deslizes. Prometemos, em troca, emendar-nos *incontinenti*, corrigindo o que se fizer mister e melhorando o que for possível.

ASPECTOS GERAIS

Regência

A regência é uma das três divisões da sintaxe, alinhando-se ao lado da concordância e da colocação.

A sintaxe da regência trata das relações de dependência dos termos na oração e das orações no período.

Chamam-se *termos regentes* aqueles que reclamam outros, denominados *termos regidos*, que lhes completem ou determinem o sentido.

Quando o termo regente é um *nome* (substantivo, adjetivo, etc.), estamos no campo da *regência nominal*:

Toda pessoa que se acha no exercício dos seus direitos tem capacidade para estar em juízo. (CPC, art. 7º)

São móveis os bens suscetíveis de movimento próprio, ou de remoção por força alheia, [...] (CC/2002, art. 82)

Quando o termo regente é um *verbo*, temos a *regência verbal*:

Os corretores são obrigados a assistir à entrega das coisas vendidas por sua intervenção, [...] (C. Com., art. 53)

Findo o debate, o juiz proferirá a sentença. (CPC, art. 713)

Quanto à regência, ou predicação, os verbos, segundo a *Nomenclatura Gramatical Brasileira (NGB)*, dividem-se em verbos *de ligação*, *intransitivos* e *transitivos*. Os verbos *transitivos* subdividem-se, por sua vez, em *diretos*, *indiretos* e *diretos e indiretos* (antigos *bitransitivos*).

Verbos de ligação:

¶ Verbos de *ligação* são os que ligam ao sujeito uma qualidade ou estado, que recebe o nome de *predicativo*:

A língua portuguesa é o idioma oficial da República Federativa do Brasil. (CRFB, art. 13)

Todo pessoa é capaz de direitos e deveres na ordem civil. (CC/2002, art. 1º)

Verbos intransitivos:

¶ Verbos *intransitivos* são aqueles que não necessitam de complemento. São, por isso mesmo, denominados verbos de *predicação completa*:

Salvo disposição em contrário, a lei começa a vigorar em todo o país quarenta e cinco dias depois de oficialmente publicada. (LINDB, art. 1º)

Verbos transitivos:

¶ Verbos *transitivos* são os que necessitam de complemento. São, pois de *predicação incompleta*. Subdividem-se, como já foi visto, em *diretos, indiretos* e *diretos e indiretos*.

a) Verbos transitivos diretos:

São os que exigem complemento *sem* preposição, denominado *objeto direto*:

O foro contratual obriga os herdeiros e sucessores das partes. (CPC, art. 11, § 2º)

b) Verbos transitivos indiretos:

São os que exigem complemento *com* preposição, denominado *objeto indireto*:

Proceder-se-á ao inventário judicial, ainda que todas as partes sejam capazes. (CPC, art. 982)

c) Verbos transitivos diretos e indiretos:

Exigem dois complementos, um *com* preposição, e outro *sem* ela:

Passada em julgado a sentença, a que se refere o parágrafo anterior, o escrivão comunicará ao réu o resultado do julgamento. (CPC, art. 218, § 6º)

1. Os verbos transitivos diretos e os diretos e indiretos podem ser apassivados, pois apresentam objeto direto, termo que, na voz passiva, assume a função de sujeito da oração. A voz passiva pode ser *analítica* (formada com verbo auxiliar) ou *sintética* (formada com o pronome apassivador *se*):

Se o réu estiver preso, será requisitada a sua apresentação em juízo, no dia e hora designados. (CPP, art. 360)

Não se comunicam as circunstâncias de caráter pessoal, salvo quando elementares do crime. (CP, art. 26)

2. O mesmo verbo pode apresentar regência(s) diversa(s), com o mesmo sentido, ou com sentido(s) diferente(s). Assim, por exemplo, o verbo *notificar* apresenta, com sentido idêntico, as regências *notificar alguém de alguma coisa* e *notificar alguma coisa a alguém*. Já o verbo *proceder*, de acordo com a diversidade de regência, assume significações diferentes: *proceder contra* (instaurar processo judicial contra alguém); *proceder de* (originar-se); *proceder a* (realizar); etc.

Carlos Góis (*Sintaxe de regência*, p. 12) oferece-nos, de forma quase poética, uma ideia do que seja a regência: *No Discurso as palavras vivem em sociedade. Toda sociedade ou agrupamento de indivíduos origina relações, cria obrigações recíprocas, estabelece vínculos, de cuja manutenção depende o equilíbrio coletivo e a vida funcional do organismo. A Regência é, por assim dizer, o regimento interno da república das palavras, o seu estatuto magno, a sua força reguladora e centrípeta; nela reside, por um assento tradicional e consuetudinário (de que a Gramática é apenas o registro, e nada mais), por uma intuição reflexa (espécie de instinto de conservação da língua), por uma unidade de vistas e conformidade geral, esse admirável espírito de ordem e coesão, que trava entre si as palavras, erige-as em oração, e a estas em períodos; nela reside a matéria de que se plasma o cimento da frase, o fogo sagrado, a centelha divina, que imprime à frase a alma que a anima, e a vida em que lateja; nela reside o senso, a gravidade, a têmpera, o caráter do Discurso – porque nada disso existiria, se não houvesse a presidir-lhe esse princípio regulador, coordenador, econômico, que impõe às palavras o lugar, onde hão de se sentar na assembleia das ideias; a distância e a hierarquia, que se hão de reconhecer umas às outras; o respeito e acatamento, que se hão de guardar reciprocamente.*

ACEPÇÕES E REGIMES DE VERBOS USUAIS

(com notas sobre flexão e etimologia)

Abater

Na acepção de *diminuir um preço, um valor, ou retirar-lhe um dado quantitativo, fazer um abatimento, descontar, subtrair*, aparece sob as seguintes construções:

¶ *abater* algo (objeto direto na voz ativa; sujeito na voz passiva):
Calcula-se a legítima sobre o valor dos bens existentes na abertura de sucessão, abatidas as dívidas e as despesas do funeral, [...] (CC/2002, art. 1.847)

¶ *abater* algo em:
Se o credor exonerar da solidariedade um ou mais devedores, aos outros só lhe fica o direito de acionar, abatendo no débito a parte correspondente aos devedores, cuja obrigação remitiu. (CC/1916, art. 912, parágrafo único)

¶ *abater* algo a (construção mais corrente em Portugal):
Deteriorada a coisa, não sendo o devedor culpado, poderá o credor resolver a obrigação, ou aceitar a coisa, abatido ao seu preço o valor que perdeu. (CC/1916, art. 866)
Abatemos duzentos reais ao preço do aparelho.

¶ *Abater* algo de (construção mais usual no Brasil):
Deteriorada a coisa, não sendo o devedor culpado, poderá o credor resolver a obrigação, ou aceitar a coisa, abatendo de seu preço o valor que perdeu.[1] (CC/2002, art. 235)

[1] Redação idêntica à do art. 866 do CC/1916, apenas com a troca da regência *abater* algo a por *abater* algo de.

Em face do equívoco havido, prometeram abater esse valor da última prestação.

Aberrar

¶ Na acepção jurídica de *afastar-se do justo, do racional, do natural, com fundamento em erro, extravagância ou absurdo*, constrói-se com objeto indireto introduzido pela preposição de – *aberrar* de algo:
O Ministério Público sustenta que a manifestação do Conselho de Sentença aberrou da prova, porque o excesso que se verificou foi doloso.

¶ Nos sentidos de *desviar-se das regras naturais, afastar-se do caminho reto, transviar-se, errar, claudicar, disparatar, ser destoante ou estranho*, aparece intransitivamente ou com objeto indireto introduzido pelas preposições *de* ou *em*, podendo assumir também a forma pronominal – **aberrar**, **aberrar de** ou **em**, ou **aberrar-se**:

Quando não se estuda muito bem um assunto, é muito fácil aberrar.

Gritos e gargalhadas aberram em qualquer reunião decente.

Em verdade não se pode aberrar mais despropositadamente da evidência e da justiça. (Rui Barbosa)

Certos povos aberram lastimavelmente na subordinação dos seus ideais. (Laudelino Freire – *Grande e novíssimo dicionário da língua portuguesa*, vol. 1, p. 44)

Alguns indivíduos, por motivos diversos, se aberram do seu grupo social.

Aberrar origina-se do verbo latino **aberrare** (afastar-se do caminho, extraviar-se), cognato do substantivo **aberratio** (desvio), que aparece nas duas conhecidas figuras penais: *aberratio delicti* (desvio de delito) e *aberratio ictus* (desvio do golpe).

Abonar

¶ Nas acepções de *ficar por fiador do próprio fiador* (afiançar o fiador), *indenizar, pagar, creditar, adiantar* (dinheiro), pede objeto direto de coisa (sujeito na voz passiva) e indireto de pessoa – **abonar** *algo a alguém*:

Se o fiador tiver quem lhe abone a solvência, ao abonador se aplicará o disposto neste capítulo sobre a fiança. (CC/1916, art. 1.482)

As benfeitorias necessárias ou úteis, não abonadas ao que sofreu a evicção, serão pagas pelo alienante. (CC/2002, art. 453)

O administrador deve abonar aos pais ou tutor, por força dos rendimentos dos bens, as importâncias necessárias aos alimentos do menor. (CCp, art. 1971°, 1)

Ab-rogar

¶ ***Ab-rogar*** significa *abolir inteiramente uma lei. 'Abrogatur legi cum prorsus detrahitur' – Ab-roga-se a lei quando se suprime inteiramente.* (Modestino)

Constrói-se com objeto direto (sujeito na voz passiva) – ***ab-rogar*** *algo*:

A luta terminava ab-rogando todos os privilégios e resoluções pontifícias. (Alexandre Herculano)

Ab-rogar não deve confundir-se com **derrogar**, que significa *abolir ou modificar parte de lei*. Confira o verbete respectivo.

Açambarcar

¶ Na terminologia do Direito Penal, *açambarcar* denota o crime contra a economia popular configurado na ação de *adquirir e reter matérias-primas, meios de produção ou produtos necessários ao consumo da população, para, dessa forma, diminuir a sua disponibilidade e, em consequência, forçar a elevação dos preços*. Constrói-se com objeto direto (sujeito na voz passiva) – **açambarcar** *algo*:

São também crimes desta natureza [crimes contra a economia popular]: *[...] IV – reter ou açambarcar matérias-primas, meios de produção ou produtos necessários ao consumo do povo, com o fim de dominar o mercado em qualquer ponto do País e provocar a alta dos preços;* (Lei n. 1.521, de 26-12-1951, art. 3º, IV)

Constitui crime contra a ordem econômica: [...] IV – açambarcar, sonegar, destruir ou inutilizar bens de produção ou de consumo, com o fim de estabelecer monopólio ou de eliminar, total ou parcialmente, a concorrência; (Lei n. 8.137, de 27-12-1990, art. 4º)

Ao verbo **açambarcar** correspondem, entre outros, os termos **açambarcação**, **açambarcagem**, **açambarcamento** (substantivos) e **açambarcador** e **açambarcante** (substantivos e adjetivos).

Acatar

¶ **Acatar** significa *respeitar, aceitar com respeito, observar, cumprir, obedecer*. Constrói-se com objeto direto (sujeito na voz passiva) – **acatar** *algo*:

As Forças Armadas acataram a decisão do Presidente da República.

Cumpre ao mandatário acatar as instruções do mandante.

É impróprio o emprego do verbo **acatar** no sentido de [o juiz] *aceitar, acolher, deferir* um pedido, uma alegação, um requerimento, um recurso, etc. As partes, sim, devem **acatar** a decisão do juiz; este, de sua parte, *(des)acolhe* ou *(in)defere, aceita* ou *rejeita* uma alegação, um pedido, etc.

Confira o verbetes **Desacatar** e **Desacolher**.

Acautelar

¶ No sentido de *prevenir, resguardar, garantir alguma coisa contra o que possa acontecer*, aparece com objeto direto (sujeito na voz passiva) – **acautelar** *algo*:

Prestado o compromisso por termo em livro próprio rubricado pelo juiz, o tutor ou curador, antes de entrar em exercício, requererá, dentro em 10 (dez) dias, a especialização em hipoteca legal de imóveis necessários para acautelar os bens que serão confiados à sua administração. (CPC, art. 1.188)

Com essas medidas, o condomínio pretende acautelar os interesses dos proprietários.

O verbo aparece na expressão **acautelar** *a validade de um ato jurídico*: cuidar de cumprir as condições exigidas para que seja válido o ato de que se trata.

Aceder

¶ No sentido de *acrescer, juntar-se, adicionar-se*, constrói-se com objeto indireto introduzido pela preposição *a* – *alguma coisa* **acede** *a outra*:

Não se considera condição a cláusula, que não derive exclusivamente da vontade das partes, mas decorra necessariamente do direito, a que acede. (CC/1916, art. 117)

Do verbo *aceder* deriva o substantivo **acessão**, que, no Direito Civil, significa uma das formas de aquisição da propriedade:

Dá-se a acessão, quando com a coisa que é propriedade de alguém se une e incorpora outra coisa que lhe não pertencia. (CCp, art. 1325º)

Acionar

¶ No sentido de *propor ou intentar ação em juízo contra, demandar, processar,* constrói-se com objeto direto (sujeito na voz passiva) – ***acionar** alguém*:

Os herdeiros pretendem acionar o testamenteiro.

Se o vizinho não erguer o muro, vou acioná-lo.

O objeto direto pode vir preposicionado, como neste exemplo (duas vezes): *As sociedades enumeradas no art. 16, que, por falta de autorização ou de registro, se não reputarem pessoas jurídicas, não poderão acionar a seus membros, nem a terceiros; [...]* (CC/1916, art. 20, § 2º)

Acoimar

¶ Nas acepções de (a) *impor coima a, multar,* e (b) *castigar, apontar erros em, censurar, punir,* constrói-se com objeto direto (sujeito na voz passiva) – ***acoimar** alguém* ou *algo*.

O fiscal acoimou [multou] o fazendeiro porque os animais deste pastavam em terras alheias.

O juiz acoimou [puniu] o uso indevido de certos produtos farmacêuticos.

Destarte, não merece reforma a decisão acoimada [censurada].

¶ No sentido de *tachar, acusar, dar classificação desonrosa ou depreciativa a,* pede objeto direto + predicativo introduzido pela preposição *de* – ***acoimar** alguém ou algo de*. É, atualmente, o emprego mais habitual do verbo.

O promovente apelou da decisão, acoimando-a de apegada ao formalismo cartorário.

Não se pode acoimar de inconstitucional a forma escolhida pelo legislador.

Constitui generalização injusta acoimar de corruptos todos os políticos.

O verbo *acoimar* origina-se do substantivo **coima**: multa, especialmente a imposta em virtude de transgressão das posturas municipais. Originariamente, **coima** era a multa ou pena pecuniária imposta aos donos de animais deixados soltos por culpa daqueles e que danificavam prédios alheios.

Acoitar

¶ Empregado no sentido de *dar abrigo ou proporcionar refúgio a criminoso, subtraindo-o à ação da autoridade pública (judicial ou policial),* constrói-se com objeto direto (sujeito na voz passiva) – ***acoitar** alguém*:

No art. 348, § 1º, o Código Penal comina sanções àqueles que acoitam delinquentes.

Ao estabelecer penas àqueles que acoitam autores de crime, a lei pretende impor a obrigação de não se impedir ou obstaculizar a ação policial e judicial em sua luta contra o crime.

¶ Na linguagem comum, **acoitar** tem o sentido de *abrigar, proteger, defender*, construindo-se com objeto direto (sujeito na voz passiva) – ***acoitar algo***:
Para espanto e decepção dos cidadãos, governantes acoitam a incompetência e a corrupção.

¶ Nas acepções de *abrigar-se, acolher-se, esconder-se,* **acoitar** aparece sob a construção pronominal – ***acoitar-se***:
A televisão, os jornais e revistas davam conta da corrupção que se acoitava nas altas esferas do governo.
Após o assalto, os criminosos acoitaram-se nos matos que cercam a cidade.

Acoitar, com a forma variante **acoutar**, origina-se do substantivo **coito/couto** (lugar onde se podiam asilar os criminosos, onde não entrava a justiça do rei; asilo, refúgio).

Aconselhar

O verbo *aconselhar* aparece sob as seguintes construções e acepções:

¶ ***aconselhar*** *alguém* (dar conselhos a):
Compete ao Conselho de Estado: [...]; f) [...] aconselhar o Presidente da República no exercício das suas funções, quando este lho solicitar. (CRP, art. 145.°, *f*)
Devemos aconselhar os inexperientes.

¶ ***aconselhar*** *algo* ou ***aconselhar*** *que + oração* (recomendar, sugerir):
Aconselhei o emprego da força.
Aconselhou que recorrêssemos a um especialista.

¶ ***aconselhar*** *alguém a + oração* (recomendar, sugerir, indicar):
Aconselhei-o a que recorresse da decisão.
Vou aconselhá-lo a mudar de profissão.

1. A preposição pode se omitida:
Aconselharam-no que intentasse ação judiciária contra os sócios. (Camilo Castelo Branco)

2. A preposição *a* às vezes é substituída por *para*, dando a ideia predominante de *finalidade*. É construção pouco usual:
Aconselhei-os para que reduzissem suas pretensões salariais.

¶ ***aconselhar*** *a alguém que + oração* ou ***aconselhar*** *a alguém alguma coisa* (recomendar):
Aconselhei às partes que entrassem num acordo.
Aconselhei-lhes prudência.
São prerrogativas dos vogais das Juntas, além das referidas no art. 665: [...]; b) aconselhar às partes a conciliação; (CLT, art. 667, *b*)

Diante de oração infinitiva, pode aparecer preposição eufônica: **Aconselhei-lhe** (*a*) *tomar algumas precauções.*

¶ *aconselhar* alguém em, sobre ou acerca de (orientar):

Aconselhei-o na escolha dos assessores.

Aconselhou os colegas sobre o uso dos cartões de crédito.

Reputa-se fundada a suspeição de parcialidade, quando: [...]; IV – receber dádivas antes ou depois de iniciado o processo; aconselhar alguma das partes acerca do objeto da causa, ou subministrar meios para atender às despesas do litígio. (CPC, art. 135, IV)

Segundo o dicionarista Caldas Aulete, há diferença de sentido entre **acerca de** e **sobre**:

Falar acerca de um assunto, falar sobre um assunto (a primeira expressão é aplicável quando se trata a fundo; e a segunda, perfuntoriamente, em roda, sem entrar em desenvolvimentos). (Dicionário contemporâneo da língua portuguesa, vol. I, p. 47)

¶ *aconselhar* (sem nenhum complemento, intransitivo) (dar conselhos):

Numa situação dessas, é difícil aconselhar.

Quem aconselha participa do ato praticado.

¶ *aconselhar-se*, *aconselhar-se* com alguém, *aconselhar-se* em, sobre ou *acerca de*, ou *aconselhar-se* com alguém em, sobre ou acerca de (pedir conselhos, tomar conselhos):

Procure aconselhar-se antes de tomar qualquer decisão.

Não faz qualquer negócio sem antes se aconselhar com seu advogado.

Aconselhou-se com vários economistas na (sobre a, acerca da) orientação que deveria imprimir aos seus investimentos.

Acho prudente que você se aconselhe com um técnico sobre cada um desses assuntos.

Acordar

Nas acepções de *resolver de comum acordo, combinar, concordar, convencionar, vir a um acordo*, aparece sob as seguintes construções:

¶ *acordar* (sem nenhum complemento, intransitivo):

Nos contratos por prazo determinado, o tempo de afastamento, se assim acordarem as partes interessadas, não será computado na contagem do prazo para a respectiva terminação. (CLT, art. 472, § 2º)

¶ *acordar* algo (objeto direto na voz ativa; sujeito na voz passiva), ou *acordar* + *oração*:

O contrato individual de trabalho poderá ser acordado tácita ou expressamente, verbalmente ou por escrito e por prazo determinado ou indeterminado. (CLT, art. 443)

Podem os condôminos acordar que fique indivisa a coisa comum por prazo não maior de cinco anos, suscetível de prorrogação ulterior. (CC/2002, art. 1.320, § 1º)

[...] Se o terceiro não aceitar a incumbência, ficará sem efeito o contrato, salvo quando acordarem os contratantes designar outra pessoa. (CC/2002, art. 485)

¶ *acordar* em algo, ou *acordar* em + oração:

A compra e venda, quando pura, considerar-se-á obrigatória e perfeita, desde que as partes acordarem no objeto e no preço. (CC/2002, art. 482)

Se a duas ou mais pessoas couber o direito de retrato sobre o mesmo imóvel, e só uma o exercer, poderá o comprador intimar as outras para nele acordarem, [...] (CC/2002, art. 508)

O agente fiduciário não tem poderes para acordar na modificação das cláusulas e condições da emissão. (Lei n. 6.404, de 15-12-1976, art. 70, parágrafo único)

Ainda que o contrato o não preveja, podem os sócios acordar em que a partilha dos bens se faça em espécie. (CCp, art. 1018º, 4)

¶ *acordar* com alguém:

O devedor insolvente poderá, depois da aprovação do quadro a que se refere o art. 769, acordar com os seus credores, propondo-lhes a forma de pagamento. [...]. (CPC, art. 783)

¶ *acordar* com alguém alguma coisa, ou *acordar* com alguém + oração:

Acordaram com as autoridades o local da manifestação.

Acordamos com os associados que a reunião será transferida para o próximo mês.

Acordou com os credores pagar-lhes tudo em dois anos.

¶ *acordar-se* em ou *sobre algo*, ou *acordar-se* em + oração:

O contrato de compra e venda mercantil é perfeito e acabado logo que o comprador e o vendedor se acordam na coisa, no preço e nas condições; [...]. (C. Com., art. 191 – revogado)

[...] A reclamação que for apresentada em tempo, não se acordando sobre ela os interessados, será decidida por árbitros, dentro de outros dez dias úteis; [...]. (C. Com., art. 348 – revogado)

As partes acordaram-se em ceder.

¶ *acordar* quanto a algo ou *sobre algo*:

Não acordando as partes quanto à designação de avaliador, dentro de 5 (cinco) dias após o despacho que determinou a avaliação, será o avaliador designado livremente pelo Juiz ou Presidente do Tribunal. (CLT, art. 887, § 1º)

A direcção da família pertence a ambos os cônjuges, que devem acordar sobre a orientação da vida em comum tendo em conta o bem da família e os interesses de um e outro. (CCp, art. 1671º, 2)

¶ No sentido de *proferir acórdão, sentenciar*, a oração que completa o verbo *acordar* pode vir introduzida, ou não, pela preposição *em* – *acordar* em + oração, ou *acordar* + oração.

Vistos, relatados e discutidos estes autos, acordam os Ministros do STF, em sessão plenária, na conformidade da ata do julgamento e das notas taquigráficas, por unanimidade de votos, não conhecer do recurso. (STF, Recurso Extraordinário n. 106.597-4)

Acordam, em 2ª Câmara Criminal do Tribunal de Justiça, em decisão uniforme, negar provimento ao recurso. Custas como de lei. (TJRGS, Recurso-Crime n. 686048802)

Vistos, relatados e discutidos os autos. Acordam, em 1ª Câmara Cível do Tribunal de Justiça, à unanimidade, rejeitadas as preliminares, em negar provimento ao recurso, [...]. (TJRGS, Apelação Cível n. 586027740)

Vistos, relatados e discutidos estes autos de Apelação Criminal n. 1.752-81, [...], acordam, os Juízes do Tribunal Militar do Estado, por maioria de votos, em negar provimento ao apelo da defesa e dar provimento ao apelo do Ministério Público, [...]. (TMRGS, Apelação Criminal n. 1752-81)

1. Conforme dispõe o artigo 163 do CPC, *Recebe a denominação de acórdão o julgamento proferido pelos tribunais. A denominação vem do fato de serem todas as sentenças, ou decisões proferidas pelos tribunais, na sua conclusão, definitiva e final, precedidas do verbo 'acordam', que bem representa a vontade superior do poder, ditando o seu veredicto.* (De Plácido e Silva – *Vocabulário Jurídico*, vol. I, p. 61)

2. Observação de Edmundo Dantès Nascimento (*Linguagem forense*, p. 222): *Tecnicamente não são sinônimos acórdão e aresto. Chamam-se arestos as decisões judiciais não susceptíveis de reforma, proferidas em forma de julgamento definitivo pelos tribunais superiores* (Mendes Júnior – *Direito judiciário brasileiro*, Ed. Freitas Bastos, 1954). *Todavia, no uso forense,* **aresto** *é empregado como sinônimo genérico de* **acórdão**. Confira o verbete *Arrestar*.

Acostar

¶ Empregado no sentido de *juntar, anexar* constrói-se com objeto direto (sujeito na voz passiva) e indireto, este com a preposição *a* – **acostar** *algo* (documentos, etc.) *a*:

Acostou novos documentos aos autos.

A defesa acostou ao processo as razões recursais, alegando nulidade.

Foram acostadas dezenas de depoimentos ao processo de indenização.

Acreditar

¶ No Direito Público Internacional, **acreditar** tem as acepções de *conferir poder ou autoridade a alguém para representar país ou instituição perante país estrangeiro ou outra instituição; credenciar; fazer reconhecer agente diplomático como representante de um país junto a país estrangeiro.* Constrói-se com objeto direto (sujeito na voz passiva) ou objeto direto + a locução prepositiva *junto a* ou *junto de* – **acreditar** *alguém* ou **acreditar** *alguém junto a* ou *junto de*:

Compete privativamente ao Presidente da República: [...] VII – manter relações com Estados estrangeiros e acreditar seus representantes diplomáticos. (CRFB, art. 84, VII)

Compete ao Presidente da República, nas relações internacionais: a) Nomear os embaixadores e os enviados extraordinários, sob proposta do Governo, e acreditar os representantes diplomáticos estrangeiros. (CRP, art. 135º, *a*)

Fora da área do Direito Público Internacional, emprega-se o verbo *acreditar*, entre outras, nas acepções de: (a) *dar ou emprestar a alguém autoridade para agir em seu nome*; (b) *tornar digno de confiança, de crédito, de consideração*: (a) *Acreditou o tio como procurador para a venda da propriedade.* (b) *O fato de ter assumido aquela atitude acreditou o comunicador junto à população.*

Acrescer

Este verbo aparece com frequência no Direito das Sucessões, sob duas construções distintas:

¶ intransitivo, na expressão direito de *acrescer* (*ius accrescendi*):

O direito de acrescer competirá aos colegatários, quando nomeados conjuntamente a respeito de uma só coisa, determinada e certa, [...] (CC/2002, art. 1.942)

Quando não se efetua o direito de acrescer, transmite-se aos herdeiros legítimos a quota vaga do nomeado. (CC/2002, art. 1944)

A expressão *direito de **acrescer*** (em latim, **ius acrescendi**) designa *o direito que tem, na sucessão testamentária, o coerdeiro, ou legatário, de receber a cota de outro, nomeado conjuntamente, que não pôde ou não quis aceitá-la.* (Pedro Nunes – *Dicionário de tecnologia jurídica*, vol. I, p. 365) A designação *direito de **acrescer*** vem do fato de, mediante o exercício dessa faculdade pelos coerdeiros, ocorrer um *aumento* da cota hereditária.

¶ transitivo indireto – uma coisa **acresce** a outra, com as acepções de *ajuntar-se, adicionar-se, somar-se*:

Na sucessão legítima, a parte do renunciante acresce à dos outros herdeiros da mesma classe, [...] (CC/2002, art. 1.811)

Legado um só usufruto conjuntamente a duas ou mais pessoas, a parte da que faltar acresce aos colegatários. (CC/2002, art. 1.946)

¶ Fora do campo do Direito das Sucessões, este verbo também ocorre, sob as seguintes construções e acepções:

¶ transitivo indireto – *uma coisa **acresce** a outra*, nas acepções de *acrescentar-se, adicionar-se, (a)juntar-se, somar-se*:

Pertence ao dono da coisa tudo o que a esta acrescer por efeito da natureza. (CCp, art. 1327º)

¶ transitivo direto e indireto – ***acrescer** uma coisa a outra*, nas acepções de *acrescentar, ajuntar, adicionar, somar*:

Se o construtor estiver de boa-fé, e a invasão do solo alheio exceder a vigésima parte deste, adquire a propriedade deste, e responde por perdas e danos que abranjam o valor que a invasão acrescer à construção,[...] (CC/2002, art. 1.259)

Qualquer dos nubentes, querendo, poderá acrescer ao seu o sobrenome do outro. (CC/2002, art. 1.565, § 1º)

¶ Em diversas áreas do Direito, o verbo *acrescer* aparece muito frequentemente sob a forma passiva seguida da preposição *de* – *ser acrescido de algo*:

Os dados acima enumerados constituem o mínimo exigível, podendo ser acrescidos de outros elementos úteis ao serviço de estatística criminal. (CPP, art. 809, § 1º)

A remuneração do tripulante, no gozo de férias, será acrescida da importância correspondente à etapa que estiver vencendo. (CLT, art. 152)

Acudir

Aparece sob as seguintes construções e acepções:

¶ *acudir a alguém* ou *a algo com*, no sentido de *ir ou vir em socorro de, socorrer*, ajudar, acorrer para prestar socorro, impedir ou evitar um mal:

O usufruto extingue-se: [...] VII – por culpa do usufrutuário, quando aliena, deteriora, ou deixa arruinar os bens, não lhes acudindo com os reparos de conservação. (CC/2002, art. 1.410, VII)

¶ *acudir a algo*, no sentido de *atender a, assumir, arcar com*:

Aplica-se a disposição do artigo antecedente, quando a gestão se proponha a acudir a prejuízos iminentes, ou redunde em proveito do dono do negócio ou da coisa. [...] (CC/2002, art. 870)

Acumular – Cumular

Acumular aparece sob as seguintes construções e acepções:

¶ *acumular* (intransitivo), *acumular algo* (transitivo direto) ou *acumular algo com*, no sentido de *exercer mais de uma função pública ou ocupar mais de um cargo público simultaneamente, com vencimentos distintos; receber pagamento pelo exercício de mais de uma função pública ou pela ocupação de mais de um cargo público, simultaneamente*:

A proibição de acumular estende-se a empregos e funções e abrange autarquias, fundações, empresas públicas, sociedades de economia mista, suas subsidiárias, e sociedades controladas, direta ou indiretamente, pelo poder público; (CRFB, art. 37, XVII)

Para melhorar sua situação financeira , ele decidiu acumular dois cargos de professor.

É permitido acumular um cargo de professor com outro, técnico ou científico.

1. Também ocorre, embora raramente, a construção *acumular algo a*:

Acumulava a magistratura ao magistério [em vez de *com* o magistério].

2. Ao verbo *acumular*, no sentido acima, corresponde o substantivo **acumulação**:

É vedada a acumulação remunerada de cargos públicos, exceto quando houver compatibilidade de horários, [...] (CRFB, art. 37, XVI)

¶ *acumular algo* (transitivo direto) ou *acumular uma coisa a* ou *com outra* (transitivo direto e indireto), no sentido de *fazer simultaneamente vários pedidos* (acumulação de pedidos), *propor simultaneamente mais de uma ação, num só pedido* (acumulação de ações) (De Plácido e Silva, *Vocabulário jurídico*, vol. I, p. 63), *cometer mais de um crime na mesma ocasião* (ou cometer um *segundo crime antes de ser condenado pelo anterior)* (acumulação de crimes), ou *somar penas* (acumulação de penas).

Nas acepções acima, o verbo *acumular* aparece com frequência sob a forma **cumular**. Também para o substantivo correspondente são usuais, com sentido idêntico, as duas formas: **acumulação** e **cumulação**.

Sendo várias as reclamações e havendo identidade de matéria, poderão ser acumuladas num só processo, se se tratar de empregados da mesma empresa ou estabelecimento. (CLT, art. 842)

É lícito ao credor, sendo o mesmo o devedor, cumular várias ações, ainda que fundadas em títulos diferentes [...] (CPC, art. 573)

A petição inicial será elaborada com observância dos requisitos essenciais do art. 282, devendo o autor: I – cumular ao pedido de rescisão, se for o caso, o de novo julgamento da causa. (CPC, art. 488, I)

Exceptuam-se do disposto neste artigo a pena ou as penas de multa, que serão sempre acumuladas com as outras penas. (CPp, art. 102º, § 1º)

No artigo acima, aparece o substantivo **cúmulo**, correspondente ao verbo **cumular**:

O cúmulo das penas nos termos deste artigo far-se-á sem prejuízo da indicação na sentença condenatória da pena correspondente a cada crime. [...] (CPp, art. 102º, § 2º)

Adentrar

No sentido de *penetrar em, entrar em,* aparece sob as seguintes construções:

¶ transitivo direto – **adentrar** *algo*:

O réu adentrou a agência bancária e dirigiu-se à gerência.

Já a sentença reformada é aquela que adentrou o mérito e foi impugnada por 'error in iudicando', merecendo, da instância revisora, outra solução quanto ao mérito. (Nagib Slaibi Filho – *Sentença cível*, p. 216)

¶ transitivo indireto, com a preposição *em* – **adentrar** *em*:

Assim que adentrou na sala do júri, o juiz impôs silêncio aos presentes.

A sentença não adentrou no mérito da causa.

¶ pronominal e com a preposição *em* ou *por* – **adentrar-se** em ou *por*:

O fugitivo adentrara-se em um dos prédios da Rua da Ladeira.

O policial adentrou-se pelo rio, enfrentando destemidamente a forte correnteza.

¶ Na acepção de *empurrar ou meter para dentro*, constrói-se com objeto direto e indireto, este com a preposição *em* – **adentrar** *algo* ou *alguém em*:

Um guarda adentrou o preso na cela. (Celso Pedro Luft)

Vamos agora dar-lhe um empurrão e adentrá-lo no templo da Eternidade. (Camilo Castelo Branco)

Adimplir

¶ Emprega-se nas acepções de *dar cumprimento a, executar, cumprir, saldar o compromisso, pagar aos credores, satisfazer*. Constrói-se com objeto direto de coisa – **adimplir** alguma coisa:

Incumbe ao tutor, quanto à pessoa do menor: [...]; III – adimplir os demais deveres que normalmente cabem aos pais, [...] (CC/2002, art. 1.740, III)

Cumpre ainda ao credor. [...]; IV – provar que adimpliu a contraprestação, que lhe corresponde, ou que lhe assegura o cumprimento, [...] (CPC, art. 615, IV)

1. *Adimplir* a obrigação é fazer a exata e pontual entrega da prestação devida.

[...] *Inadimplir a obrigação é descumpri-la* (Observações de Eliasar Rosa, na obra *Os Erros mais Comuns nas Petições*, p. 135).

2. À raiz de *adimplir* pertencem as palavras **inadimplir, (in)adimplemento, (in)adimplência** e **(in)adimplente**.

3. Quanto à flexão, o verbo *adimplir* é defectivo: não tem as formas em que ao *l* da raiz seguiria *a* ou *o*.

4. *Adimplir* origina-se do verbo latino **adimplere** (encher, cumprir), que, por sua vez, se compõe da preposição **ad** (para, até) e do verbo primitivo **implere** (encher, saturar). **Implere**, por fim, liga-se ao adjetivo **plenus** (cheio).

Adir

Aparece sob as seguintes construções e acepções:

¶ *adir alguém a algo*, no sentido de *agregar, incorporar*:

O tripulante, ao terminar as férias, apresentar-se-á ao armador, que deverá designá-lo para qualquer de suas embarcações ou o adir a algum dos seus serviços terrestres, respeitadas a condição pessoal e remuneração. (CLT, art. 150, § 4º)

1. Nas acepções acima, *adir* liga-se ao verbo latino **addere**: *colocar junto de, pôr juntamente; ajuntar, acrescentar, aumentar.*

[...] *pauca addit* – [...] *acrescenta poucas palavras* (César – *Comentários da Guerra Civil*, 1, 8, 4).

2. Ao verbo *adir*, no sentido de *agregar, incorporar*, ligam-se os substantivos **adido**: adidos comerciais, de embaixada, militares, navais, etc., e **adição**, no sentido de *ampliação, aditamento*:

A aceitação fora do prazo, com adições, restrições, ou modificações, importará nova proposta (CC/2002, art. 431).

¶ *adir alguma coisa a outra*, no sentido de *acrescentar, ajuntar, juntar, adicionar.*

Adiu novos argumentos a tantos outros já apresentados. (Aurélio Buarque de Holanda Ferreira – *Novo Aurélio Século XXI: o dicionário da língua portuguesa*, p. 52)

¶ *adir alguma coisa* (objeto direto), construção sob a qual aparece no Direito das Sucessões, com o sentido de *aceitar* (a herança), *entrar na posse de* (os bens da herança):

O herdeiro adiu a herança.

De João Mangabeira se costuma dizer que era o discípulo amado de Rui Barbosa. Não contesto. Acho até que em João se renovou o fenômeno Rui, cuja herança doutrinária adiu por direito de conquista. (João Neves da Fontoura – *Memórias*, 1958, p. 175)

1. No sentido acima (de *aceitar, entrar na posse de*), **adir** liga-se ao verbo latino **adire**, que, na linguagem jurídica, já significava *aceitar, tomar*:

[...] *hereditatem non adire* – [...] não aceitar a herança (Cícero – *Philippicae orationes*, 2, 42).

2. Ao verbo **adir**, no sentido de *aceitar* (a herança), corresponde o substantivo **adição**, que, no Direito das Sucessões, aparece na expressão *adição da herança*:

[...] *manifestação da vontade do herdeiro legítimo ou testamenteiro em aceitar a herança, venha esta aceitação de modo expresso ou tácito* (De Plácido e Silva – *Vocabulário jurídico*, vol. I, p. 66).

3. Em qualquer de suas acepções, o verbo **adir** é defectivo. Segundo Aurélio Buarque de Holanda Ferreira (*Novo Aurélio Século XXI: o dicionário da língua portuguesa*, p. 52), flexiona-se como *falir*, caso em que só se empregaria nas formas em que ao *d* da raiz segue a vogal *i*. Segundo outros, como, por exemplo, Hugo Bellard (*Guia prático de conjugação de verbos*, p. 130), somente não tem as formas em que ao *d* da raiz segue a vogal *o* ou *a*.

Aditar

¶ No Direito Processual (Civil e Penal), emprega-se na acepção de *emendar* ou *acrescentar o pedido feito em juízo* (sem modificação substancial do seu conteúdo, antes da contestação ou, após esta, precedendo anuência do réu). Constrói-se com objeto direto (sujeito na voz passiva) – *aditar algo*:

Será admitida ação privada nos crimes de ação pública, se esta não for intentada no prazo legal, cabendo ao Ministério Público aditar a queixa, [...]. (CPP, art. 29)

Feita a denunciação pelo autor, o denunciado, comparecendo, assumirá a posição de litisconsorte do denunciante e poderá aditar a petição inicial, procedendo-se em seguida à citação do réu. (CPC, art. 74)

¶ Nas acepções de *fazer acréscimo(s), fazer aditamento(s), acrescentar, adicionar (cláusulas condições*, etc.), constrói-se com objeto direto (sujeito na voz passiva) ou objeto direto e indireto, este com a preposição *a* – *aditar algo* ou *aditar algo a*:

[...]; *se, no prazo, o testador não aditar o testamento para declarar a justa causa* [do *caput* do art. 1.848] *de cláusula aposta à legítima, não subsistirá a restrição.* (CC/2002, art. 2.042)

A sociedade em que houver sócios de responsabilidade ilimitada operará sob firma, na qual somente os nomes daqueles poderão figurar, bastando para formá-la aditar ao nome de um deles a expressão 'e companhia' ou sua abreviatura. (CC/2002, art. 1.157)

O dono do prédio deseja aditar algumas cláusulas ao contrato de locação.

O verbo **aditar**, em todas as acepções acima, origina-se do particípio (passado) do verbo latino **addere** (ajuntar, acrescentar) – **additus** (acrescentado, juntado).

Adjudicar

¶ Nas acepções de *conceder, por sentença, deixar, atribuir, entregar a coisa por autoridade judicial*, aparece sob a construção **adjudicar** *algo a alguém* (objeto direto de coisa – sujeito na voz passiva – e objeto indireto de pessoa):

Quando a coisa for indivisível, e os consortes não quiserem adjudicá-la a um só, indenizando os outros, será vendida e repartido o apurado, [...] (CC/2002, art. 1.322)

Se ambas as coisas forem de igual valor e os donos não acordarem sobre qual haja de ficar com ela, abrir-se-á entre eles licitação, adjudicando-se o objecto licitado àquele que maior valor oferecer por ele; [...] . (CCp, art. 1333º, 2)

¶ Na acepção de *declarar judicialmente que certa coisa fica pertencendo a determinada pessoa*, aparece sob a construção **adjudicar** *algo* (transitivo direto):

Serão também transcritos: [...] II – as sentenças, que, nos inventários e partilhas, adjudicarem bens de raiz em pagamento das dívidas da herança. (CC/1916, art. 532, II)

À raiz do verbo **adjudicar** pertencem os termos **adjudicação**, **adjudicador** (aquele que *adjudica*), **adjudicante**, **adjudicatário** (a pessoa a quem a coisa é *adjudicada*), **adjudicativo** e **adjudicatório**.

Admitir

¶ Nas *acepções de aceitar, deixar participar, aparece sob a construção* **admitir** *alguém a* (objeto direto de pessoa – sujeito na voz passiva) – e objeto indireto de coisa):

Aquele que incorreu em atos que determinem a exclusão da herança será admitido a suceder, se o ofendido o tiver expressamente reabilitado em testamento, ou em outro ato autêntico. (CC/2002, art. 1.818)

Os candidatos inscritos só serão admitidos ao concurso após a apreciação prévia do Tribunal Regional do Trabalho da respectiva Região, dos seguintes requisitos: [...]. (CLT, art. 654, § 4º)

Adquirir

¶ Nas acepções de *obter, conseguir, alcançar a posse, tornar-se proprietário da coisa, ou titular de direito de outrem, por ato translativo e voluntário deste, ou por fato jurídico*, aparece sob as seguintes construções:

¶ intransitivo – **adquirir**:

Podem adquirir por testamento as pessoas existentes ao tempo da morte do testador, que não forem por este Código declaradas incapazes. (CC/1916, art. 1.717)

¶ transitivo direto – **adquirir** *algo*:

Adquirem-se os direitos mediante ato do adquirente ou por intermédio de outrem. (CC/1916, art. 74, I)

Adquire também a propriedade do imóvel aquele que, contínua e incontestadamente, com justo título e boa-fé, o possuir por dez anos. (CC/2002, art. 1.242)

Aquele que possuir coisa móvel como sua, contínua e incontestadamente durante três anos, com justo título e boa-fé, adquirir-lhe-á a propriedade. (CC/2002, art. 1.260)

No último exemplo, o pronome pessoal *lhe* está empregado com valor possessivo, construção muito elegante e muito a gosto dos autores clássicos: *[...] adquire-lhe-á a propriedade* [= adquirirá a sua propriedade]. Muitas vezes se emprega o pronome pessoal em lugar do pronome possessivo com a intenção de evitar ambiguidade: *Enquanto o filho estava doente, o pai não lhe saía do quarto.*

¶ transitivo direto e indireto – **adquirir** alguma coisa de alguém:

Se depois da feitura do testamento o legatário adquirir do testador, por título oneroso ou gratuito, a coisa que tiver sido objecto do legado, este não produz efeito. (CCp, art. 2257°, 1)

Aduzir

¶ Nas acepções de *apresentar, oferecer, expor* (razões, argumentos, provas, etc.), aparece como transitivo direto – **aduzir** *algo*:

Quando qualquer das partes pretender recusar o juiz, deverá fazê-lo em petição assinada por ela própria ou por procurador com poderes especiais, aduzindo as suas razões acompanhadas de prova documental ou do rol de testemunhas. (CPP, art. 98)

Não havendo acordo, o reclamado terá vinte minutos para aduzir sua defesa, [...] (CLT, art. 847)

¶ Nas acepções de *introduzir, acrescentar, aditar, ajuntar,* aparece como transitivo direto (sujeito na voz passiva), ou objeto direto e indireto, este com a preposição *a* – **aduzir** *algo* ou *aduzir algo a*:

Em aparte, o senador aduziu que o agravamento das sanções penais não resolveria, por si só, o problema da corrupção.

A confissão é, de regra, indivisível, não podendo a parte, que a quiser invocar como prova, aceitá-la no tópico que a beneficiar e rejeitá-la no que lhe for desfavorável. Cindir-se-á, todavia, quando o confitente lhe aduzir fatos novos, suscetíveis de constituir fundamento de defesa de direito material ou de reconvenção. (CPC, art. 354)

1. O emprego do verbo **aduzir** no sentido de *acrescentar, aditar, ajuntar* vem registrado e abonado por Francisco S. Borba em seu *Dicionário de usos do português do Brasil*, p. 33.

2. *Aduzir* origina-se do verbo latino **adducere**, formado da preposição **ad** (para junto de) + **ducere** (conduzir, levar). Na língua jurídica, tinha o sentido de fazer *comparecer em juízo, chamar em juízo.*

Adversar

¶ *Adversar* tem o sentido de *contrariar, contradizer; impugnar, ser contrário a, combater.* Constrói-se com objeto direto (sujeito na voz passiva) – **adversar** *algo*:

Já há muito tempo adversamos a interpretação dada pelos tribunais a esse dispositivo.

O verbo **adversar** consta no *VOLP/09*. É pouco frequente em textos da língua portuguesa. Origina-se do verbo depoente (forma passiva e significação ativa) latino **adversari**, com as acepções de: *ser contrário, contrariar, opor-se, contradizer, repugnar, impedir*. Empregaram-no, entre outros, Cícero e Tácito.

Advertir

¶ Este verbo tem as acepções de *chamar a atenção de alguém sobre um fato, alertar, admoestar, repreender, avisar*.

Aparece sob as seguintes regências:

¶ *advertir* alguém (objeto direto de pessoa – sujeito na voz passiva):

Mantido o livramento condicional, na hipótese da revogação facultativa, o juiz deverá advertir o liberado ou agravar as condições. (LEP, art. 140, parágrafo único)

¶ *advertir* alguém de alguma coisa (objeto direto de pessoa – sujeito na voz passiva – e indireto de coisa):

Antes do sorteio do conselho de sentença, o juiz advertirá os jurados dos impedimentos constantes do art. 462, bem como das incompatibilidades legais por suspeição, [...] (CPP, art. 458)

Na mesma ocasião, o juiz advertirá os jurados de que, uma vez sorteados, não poderão comunicar-se com outrem, nem manifestar sua opinião sobre o processo, [...] (CPP, art. 458, § 1º)

O liberado será advertido da obrigação de apresentar-se imediatamente à autoridade judiciária e à entidade de observação cautelar e proteção. (CPP, art. 718, § 2º)

Quando o tribunal suspender a execução da pena, advertirá o réu das obrigações que lhe são impostas e das sanções em que incorre, se não as cumprir. (CPPp, art. 451º, § 2º)

Quando as expressões injuriosas forem proferidas em defesa oral, o juiz advertirá o advogado que não as use, sob pena de lhe ser cassada a palavra. (CPC, art. 15, parágrafo único)

No último e no antepenúltimo exemplo acima houve a omissão da preposição de diante do objeto indireto, fato comum quando este é constituído por uma oração.

¶ *advertir* alguma coisa a alguém (objeto direto de coisa e indireto de pessoa, com a anteposição do objeto indireto ao direto):

O juiz advertirá à testemunha que incorre em sanção penal quem faz a afirmação falsa, cala ou oculta a verdade. (CPC, art. 415, parágrafo único)

Afetar – Desafetar

¶ **Afetar**, no sentido de *atribuir ao bem público uma destinação, consagrar, destinar bem público ao uso comum do povo ou ao uso especial*, constrói-se com objeto direto (sujeito na voz passiva), ou com objeto direto e indireto, este introduzido pela a preposição *a* – *afetar uma coisa*, *afetar uma coisa a*. ***Desafetar***, no sentido de *retirar do bem público a consagração, a destinação (para uso comum do povo ou para o uso especial) que se lhe atribuíra por ato administrativo ou lei*, constrói-se com objeto direto (sujeito na voz passiva) – ***desafetar*** *algo*:

O Tribunal de Justiça considerou inconstitucional lei municipal que desafetou a área verde constante do Loteamento Parque dos Tucanos.

A Constituição outorgou a cada uma das entidades componentes da Federação, no trato de bens de sua propriedade, afetá-los ou desafetá-los segundo o interesse que lhe cabe perseguir. (adaptado de: Diogenes Gasparini – *Direito administrativo*, p. 744).

Extinta a pessoa colectiva, se existirem bens que lhe tenham sido doados ou deixados com qualquer encargo ou que estejam afectados a um certo fim, o tribunal atribuí-los-á, com o mesmo cargo ou afectação, a outra pessoa colectiva. (CCp, art. 166º, 1)

Aparece, no exemplo acima, o substantivo correspondente ao verbo **afectar** – **afectação**, que significa *a imposição de encargo ou ônus a um prédio ou bem, e que se destina à segurança de alguma obrigação ou dívida, à utilidade pública, ou ao uso público* (De Plácido e Silva, *Vocabulário jurídico*, vol. I, p. 80).

Presumem-se ainda comuns. [...] e) Em geral, as coisas que não sejam afectadas ao uso exclusivo de um dos condóminos. (CCp, art. 1421º, 2, *e*)

¶ ***Afetar***, no sentido de *exercer alguma influência, causando alteração ou mudança em determinado estado de coisas*, e nos de *causar danos ou prejuízos, causar efeitos nefastos sobre a saúde*, constrói-se com objeto direto (sujeito na voz passiva) – ***afetar*** *alguém ou algo*:

Os actos administrativos estão sujeitos a notificação aos interessados, na forma prevista em lei, e carecem [= necessitam de] *de fundamentação expressa e acessível quando afectem direitos ou interesses legitimamente protegidos.* (CRP, art. 268.º, 3)

Confira o verbete *Carecer*.

Os gases tóxicos emitidos pela indústria afetaram [atingiram, com a conotação de *prejudicar*] *todos os moradores do bairro.*

Os males do cigarro afetam tanto os fumantes ativos quanto os passivos.

Afinar

No sentido de *ajustar, harmonizar, estar em harmonia, estar em conformidade*, aparece sob as seguintes construções:

¶ ***afinar*** *algo com ou por* (transitivo direto e indireto):

O deputado preferiu afinar as suas opiniões com as da maioria.

Depois de muitas pressões, Luis afinou suas posições pelas dos colegas.

¶ ***afinar-se*** *com ou por* (pronominal e transitivo indireto):

A questão discutida afina-se com o mérito da causa.

As suas opiniões atuais afinam-se pelas opiniões que outrora defendera.

¶ **afinar** *com* ou *por* (transitivo indireto):

O procedimento do filho afina pelo do pai.

As atitudes das autoridades não afinam de todo com as suas palavras.

Aforar

¶ No sentido de *propor ação em juízo, levar a causa a juízo, ajuizar*, constrói-se com objeto direto (sujeito na voz passiva) – *aforar algo* (ação, causa, etc.):

O procurador do proprietário aforou a ação de reintegração de posse no princípio desta semana.

As causas em que a União for autora serão aforadas na seção judiciária onde tiver domicílio a outra parte. (CRFB, art. 109, § 1º)

Em que pesem as restrições de alguns juristas ao emprego de **aforar** no sentido acima, este é abonado, entre outros, pelos seguintes autores: Pedro Nunes (*Dicionário de tecnologia jurídica*); De Plácido e Silva (*Vocabulário jurídico*); e José Náufel (*Novo dicionário jurídico brasileiro*).

¶ No sentido de *dar em* **aforamento** (enfiteuse, emprazamento), constrói-se com objeto direto (sujeito na voz passiva), ou objeto direto e indireto – *aforar algo*, ou *aforar algo a alguém*:

Aforou um imóvel já alienado.

Aforou a fazenda a um criador de bubalinos.

Achando-se em terreno aforado, o tesouro será dividido por igual entre o descobridor e o enfiteuta, ou será deste por inteiro quando ele mesmo seja o descobridor. (CC/2002, art. 1.266)

¶ Na acepção de *tomar em aforamento*, constrói-se com objeto direto (sujeito na voz passiva) – *aforar algo*:

Tibúrcio Siqueira pretendia aforar um prédio pertencente a Alceu Pontes. (Laudelino Freire)

¶ No sentido de *autorizar, abonar, apadrinhar*, constrói-se com objeto direto (sujeito na voz passiva) – *aforar algo*:

Vários escritores de primeira linha aforam, em suas obras, o emprego desse vocábulo.

¶ Na acepção de *atribuir-se qualidades de*, constrói-se pronominalmente e com a preposição *de* – *aforar-se de*:

O bacharel aforava-se de entendido em política tributária.

Afrontar

¶ No sentido de *dar, o vendedor, ciência, ao vendedor primitivo, da venda que vai realizar de coisa sujeita a preferência, a fim de que ele exerça a prelação* (preferência, prioridade) *dentro do prazo legal, notificar,* aparece como transitivo direto – **afrontar** *alguém* (objeto direto de pessoa – sujeito na voz passiva):

O direito de preempção caducará, se a coisa for móvel, não se exercendo nos três dias, e, se for imóvel, não se exercendo nos trinta subsequentes àquele, em que o comprador tiver afrontado o vendedor. (CC/1916, art. 1.153)

Se algum comparte na embarcação quiser vender o seu quinhão, será obrigado a afrontar os outros parceiros; [...] (C. Com., art. 489)

1. Ao verbo **afrontar** corresponde o substantivo **afronta**, que significa, pois, no Direito Civil, *a ciência que o comprador dá ao vendedor primitivo, da venda que vai realizar de coisa sujeita a preferência, a fim de que ele exerça a prelação, dentro do prazo legal* (Pedro Nunes – *Dicionário de tecnologia jurídica*, vol. I, p. 73).

2. No art. 516 do CC/2002, que corresponde ao art. 1.153 do CC/1916, acima transcrito, o verbo **afrontar** foi substituído pelo verbo *notificar*.

Agravar

¶ No sentido de *interpor o recurso de agravo*, constrói-se como intransitivo – **agravar**, com a preposição *de* (objeto do *agravo*) – **agravar** *de*, ou com a preposição *para* (destino do *agravo*) – **agravar** *para*:

Somente pode agravar quem é parte no feito.

O procurador agravou, e o juiz já deferiu a formação do agravo.

Como o julgador não admitisse sua intervenção no feito, agravou do despacho denegatório.

Notificado ao arrestado o despacho que decretou o arresto, pode ele agravar do despacho ou opor embargos, ou usar simultaneamente dos dois meios de defesa. (CPCp, art. 405º)

A parte agravou da questão.

O advogado deverá agravar para a instância superior.

Ao verbo **agravar**, na acepção acima, correspondem os termos **agravo**, **agravado** (ato processual contra o qual se interpõe agravo, ou sujeito passivo do recurso de *agravo*) e **agravante** (pessoa que, em um processo, interpõe *agravo*).

¶ No sentido de *ofender mulher honesta ou menor, violentando-a, raptando-a, ou a desvirginando*, aparece sob a construção **agravar** *alguém em algo* (objeto direto de pessoa – sujeito na voz passiva – e objeto indireto de coisa):

A mulher agravada em sua honra tem direito a exigir do ofensor, se este não quiser ou não puder reparar o mal pelo casamento, um dote correspondente à sua própria condição e estado. (CC/1916, art. 1.548)

Ao verbo **agravar**, no sentido acima, corresponde o termo **agravada**, significando pessoa ofendida, ultrajada.

¶ No sentido de *tornar mais grave, aumentar, exacerbar* (a pena, etc.), constrói-se como transitivo direto – **agravar** *algo*:

Mantido o livramento condicional, na hipótese da revogação facultativa, o juiz deverá advertir o liberado ou agravar as condições. (Lei nº 7.210, art. 140, parágrafo único)

Ao verbo *agravar*, no sentido acima, correspondem os termos **agravação** (aumento de gravidade do delito e da pena que lhe corresponde, por ocorrerem, na sua prática, circunstâncias que intensificam o dolo do agente) e **agravante** (circunstância que aumenta a gravidade do delito).

¶ No sentido de *aumentar a responsabilidade sobre coisa segurada, quando esta tem diminuída a sua estabilidade ou seguridade*, constrói-se, também, como transitivo direto – *agravar algo*:

O segurado perderá o direito à garantia se agravar intencionalmente o risco objeto do contrato. (CC/2002, art. 768)

Ao verbo *agravar*, no sentido acima, corresponde o substantivo **agravação**, que significa, aqui, *Aumento de responsabilidade sobre a coisa segurada pela diminuição de sua seguridade ou estabilidade* (De Plácido e Silva – *Vocabulário jurídico*, vol. I, p. 89). O termo **agravação** também ocorre na expressão *agravação do encargo de alimentos*, significando a *melhoria da prestação alimentícia devida, quando o prestador, melhorando de fortuna, está em condições d aumentá-la, suprindo os alimentos em mais vantajosas condições* (De Plácido e Silva – *Vocabulário jurídico*, vol. I, p. 89).

Ajuizar

¶ No sentido de *ingressar em juízo, propor, promover uma ação, levar a tribunal uma demanda*, constrói-se com objeto direto – *ajuizar algo* (ação, reclamatória, etc.), seguido da preposição *contra* ou (modernamente também) *em face de*:

[Nome do Reclamante] ajuíza reclamatória trabalhista contra [nome da Reclamada], alegando ter trabalhado [...]

[Nome do Reclamante] ajuíza reclamatória trabalhista em face[1] *de [nome da Reclamada], informando ter trabalhado [...]*

[1] Acerca dessa substituição de *contra* por *em face* de, o jurista Sergio Bermudes tece as seguintes considerações em artigo, sob o título *A Favor do 'Contra'*, no n. 65 da *Revista do processo*, p. 219-23: Segundo *a concepção dominante, a ação, direito à prestação jurisdicional, se exerce contra o Estado, devedor desta. Não tem por devedor o réu, obviamente sem condição de outorgar a proteção demandada. Por isso, o cuidado de explicar-se inadequado o esquema 'ação contra o réu', quando não é a ele que o autor dirige seu pedido de tutela, a cuja eficácia, entretanto, ambas as partes, autor e réu, ficarão subjugadas. Cunhou-se, então, a locução prepositiva 'em face de', com o ânimo de deixar bem nítido que o autor não ajuizou a ação contra o réu, mas contra o Estado, buscando sentença oponível ao demandado. Esse empenho de esclarecer, demasiadamente, as coisas só faz confundir e baralhá-las, aos olhos do homem comum, destinatário da administração da justiça, que entende, perfeitamente, até por atavismo, que uma ação haja sido proposta 'contra' ele, mas queda perplexo e nervoso, quando ouve dizer que uma ação foi proposta 'em face dele'.*

¶ Empregado na acepção de *formar juízo ou conceito de, avaliar direito, julgar, apreciar, ponderar*, constrói-se com objeto direto ou indireto, com a preposição *de* ou *sobre* – *ajuizar algo* ou *ajuizar de* ou *sobre*:

O interditando será citado para, em dia designado, comparecer perante o juiz, que o examinará, interrogando-o minuciosamente acerca de sua vida, negócios, bens e do mais que lhe parecer necessário para ajuizar do seu estado mental, [...] (CPC, art. 1.181)

Recolhido à prisão, sobra-lhe tempo, agora, para ajuizar o alcance de seu gesto.

Alegar

¶ Tem o sentido de invocar e citar fatos, exemplos, motivos ou razões que podem constituir prova ou defesa; expor e sustentar em Juízo razões de fato ou de direito, a fim de fundamentar determinada pretensão jurídica ou formar a convicção do juiz sobre o objeto da demanda. Constrói-se com objeto direto (sujeito na voz passiva) – ***alegar** algo*:

A nulidade dos atos deve ser alegada na primeira oportunidade em que couber à parte falar nos autos, sob pena de prescrição. (CPC, art. 245)

A prescrição pode ser alegada em qualquer grau de jurisdição, pela parte a quem aproveita. (CC, art. 193)

As demais exceções serão alegadas como matéria de defesa. (CLT, art. 799, § 1º)

A autora alegou ter mantido união estável com o de cuius *durante cerca de vinte anos, relação da qual tiveram um filho.*

Diversos brocardos jurídicos alertam para o fato de que o ato de alegar deve alicerçar-se em provas e argumentos que corroborem as afirmações feitas. Haja vista os seguintes: *Allegatio sine probatione veluti campana sine pistillo est* – Alegação sem prova é como sino sem badalo. *Allegare nihil et allegatum non probare paria sunt* – ***Alegar*** e não provar o alegado são coisas iguais.

Alertar

¶ Nas acepções de *advertir, prevenir, precaver, pôr de sobreaviso*, constrói-se intransitivamente, com objeto direto (sujeito na voz passiva), ou com objeto direto e indireto, este com as preposições *de, sobre, para, contra* – ***alertar, alertar** alguém*, ou ***alertar** alguém de, sobre, para, contra*:

Minha intenção não é assustar, mas, sim, alertar.

Essas manifestações deveriam alertar as autoridades.

O juiz alertará as partes da conveniência do patrocínio por advogado, quando a causa o recomendar. (Lei n. 9.099, de 26-9-1995, art. 9º, § 2º)

As autoridades sanitárias alertaram a população para um possível surto de doenças viróticas.

Queremos alertar os veranistas contra os perigos da demorada exposição ao sol.

O cardiologista alertou os presentes sobre os malefícios do fumo e do álcool.

Alocar

¶ No sentido de *destinar* (fundos, reservas, verbas, etc.) *a fim específico ou a uma entidade*, constrói-se com objeto direto (sujeito na voz passiva) e indireto, este com a preposição *a* – ***alocar** algo a*:

O Estado deverá alocar recursos substanciais à construção, manutenção e recuperação de prédios escolares.

O Poder Público transferirá aos Municípios, na forma da lei, recursos financeiros alocados ao orçamento vinculado ao Sistema Único de Saúde. (CERS/89, art. 245)

1. Ao verbo **alocar**, no sentido acima, corresponde o substantivo **alocação**:

O Estado aplicará meio por cento da receita líquida de impostos próprios na manutenção e desenvolvimento do ensino superior comunitário, cabendo a lei complementar regular a alocação desse recurso. (CERS/89, art. 201, § 3º)

2. Na linguagem do computador, **alocação** tem o sentido de *reserva de espaço de memória para execução de uma tarefa* (*Dicionário do computador*, Globo, p. 2).

Aludir

¶ **Aludir** significa *fazer menção a, referir-se a*. O verbo constrói-se com objeto indireto introduzido pela preposição *a* – **aludir** *a algo*:

É fixada em 60% (sessenta por cento) do valor de referência, a que alude o parágrafo anterior, a contribuição mínima devida pelos empregadores, [...] (CLT, art. 580, § 3º)

O jornalista alude a fatos desconhecidos pela maioria do povo brasileiro.

O depoente aludiu aos causadores dos incidentes, sem, todavia, identificá-los.

É impróprio o emprego do verbo **aludir** nas acepções de *alegar, dizer, ensinar* e assemelhados.

Anteceder

¶ Nas acepções de *preceder, vir antes*, constrói-se com objeto direto (sujeito na voz passiva) ou indireto, este com a preposição *a* – **anteceder** *alguém/algo* ou **anteceder** *a alguém/algo*:

Verificar-se-á a competência por prevenção toda vez que, concorrendo dois ou mais juízes igualmente competentes ou com jurisdição cumulativa, um deles tiver antecedido aos outros na prática de algum ato do processo ou de medida a este relativa, [...] (CPP, art. 83)

Vários incidentes antecederam a/à posse da nova diretoria da associação.

Quanto se trata de negócios, a razão deve anteceder os/aos sentimentos.

O novo presidente fez questão de ressaltar as qualidades dos que o/lhe antecederam na direção da empresa.

Anuir

Empregado nas acepções de *concordar, consentir, assentir, aquiescer, aprovar*, aparece sob as seguintes construções:

¶ intransitivo – **anuir**:

[...]; se o credor não anuir, poderá o devedor resolver a obrigação. (CC/2002, art. 237)

¶ transitivo indireto com a preposição *em* – ***anuir*** *em algo*:
O proprietário que anuir em janela, sacada, terraço, ou goteira sobre o seu prédio, só até o lapso de ano e dia após a conclusão da obra poderá exigir que se desfaça. (CC/1916, art. 576)
¶ transitivo indireto com a preposição *a* – ***anuir*** *a algo*:
Presume-se a renúncia do credor quando consentir na venda particular do penhor sem reserva de preço, quando restituir a sua posse ao devedor, ou quando anuir à sua substituição por outra garantia. (CC/2002, art. 1.436, § 1º)
Ao terceiro, em favor de quem se estipulou a obrigação, também é permitido exigi-la, ficando, todavia, sujeito às condições e normas do contrato, se a ele anuir, e o estipulante o não inovar nos termos do art. 438. (CC/2002, art. 436, parágrafo único)

Apelar

¶ Nas acepções de *recorrer à instância imediatamente superior, para pedir a reforma da sentença definitiva de juízo inferior, interpor o recurso de apelação,* aparece sob as seguintes regências:

¶ ***apelar*** *de* (uma sentença):
Se o autor apelar da sentença de indeferimento da petição inicial, o despacho, que receber o recurso, mandará citar o réu para acompanhá-lo. (CPC, art. 296, redação anterior)

¶ ***apelar*** *para*:
Apelou para o Supremo Tribunal Federal.

¶ ***apelar*** *de* (uma autoridade) *para* (outra) – *interpor recurso, recorrer.*
Apelou do Juízo singular para o Tribunal de Justiça.

¶ ***apelar*** (intransitivo) – *interpor recurso*:
Se o réu condenado fugir depois de haver apelado, será declarada deserta a apelação. (CPP, art. 595)
Indeferida a petição inicial, o autor poderá apelar, facultado ao juiz, no prazo de 48 (quarenta e oito) horas, reformar sua decisão. (CLT, art. 296, nova redação)
O advogado apelou; se a sentença foi confirmada ou a apelação aceita, não sei.

Ao verbo *apelar*, nas acepções acima, correspondem os termos **apelação, apelado, apelante, apelatório** e **apelável**. Desses termos, os três mais comuns aparecem reunidos no artigo 600 do Código de Processo Penal: *Assinado o termo de apelação, o apelante e, depois dele, o apelado terão o prazo de 8 (oito) dias cada um para oferecer razões, salvo nos processos de contravenção, em que o prazo será de 3 (três) dias.* O substantivo **apelo**, também cognato de *apelar* é pouco usual na linguagem jurídica. Está presente na locução adverbial **sem apelo nem agravo**: *sem haver para onde ou para quem apelar; irremediavelmente.* Ex.: *Foi despedido sem apelo nem agravo.*

Apenar

¶ Nas acepções de *punir, impor pena a, condenar, castigar,* constrói-se com objeto direto (sujeito na voz passiva), ou com objeto direto e indireto, este com a preposição *com* ou *em* – *apenar* alguém ou algo, ou *apenar* alguém ou algo com ou em:

Extingue-se em dois anos, a contar da data dos respectivos atos, a punibilidade das faltas apenadas com as sanções previstas no art. 25 desta Lei. (Lei Complementar nº. 40, de 14-12-1981, art. 31)

Procedam contra eles e os apenem. (*Dic. Acad. Lisb.*, apud Laudelino Freire – *Grande e novíssimo dicionário da língua portuguesa*, vol. I, p. 542)

Que ele o pode mandar prender e apenar em degredo. (Laudelino Freire, *op. cit.*, p. 542)

Confira o verbete *Penalizar*.

Apenhar – Apenhorar

¶ **Apenhar**, com a forma variante **apenhorar**, significa *dar em penhor, penhorar*. Constrói-se com objeto direto (sujeito na voz passiva) – *apenhar/ apenhorar* algo.

Trata-se de formas antiquadas, em desuso. Atualmente, em seu lugar, emprega-se a forma **empenhar**.

Nas *Ordenações manuelinas* (livro I, título 44, item 27, p. 294), colhemos um exemplo de *apenhar*, posto a seguir, em grafia atualizada: *[...], e assim se algumas pessoas venderam, ou compraram, ou apenharam algumas coisas das Igrejas; [...]*

Em textos legais mais antigos, aparecia com frequência o adjetivo **apenhado**, associado a substantivos designativos de bens objeto de penhor: bens apenhados, coisas apenhadas, objetos apenhados, animais apenhados, etc. Nos textos atuais, esse adjetivo foi substituído pela forma **empenhado**, particípio do verbo **empenhar**. Aparece, todavia, retardatariamente, no art. 22, III, *m*, da Lei n. 11.101, de 9-2-2005 (que *Regula a recuperação judicial, a falência e a recuperação extrajudicial do empresário e da sociedade empresária*). Essa Lei, aliás, repôs em circulação um outro termo pouco frequente em leis mais recentes: **convolação** (arts. 53, 61, § 1º, art. 74), cujo significado pode ser conferido, nesta obra, no verbete *Convolar*.

Confira o verbete *Empenhar*.

Apensar

¶ Empregado no sentido de *juntar os autos de um processo aos de outro, conservando, todavia, os autos apensos sua numeração própria*, constrói-se com objeto direto (sujeito na voz passiva), ou objeto direto e indireto, este com a preposição *a* – *apensar* algo ou *apensar* algo a:

O relator poderá determinar que se apensem os autos originais, se daí não advier dificuldade à execução normal da sentença. (CPP, art. 625, § 2º)

A oposição, oferecida antes da audiência, será apensada aos autos principais. [...] (CPC, art. 59)

Os autos do procedimento cautelar serão apensados aos do processo principal. (CPC, art. 809)

1. Apensamento, ou **apensação**, não é o mesmo que *juntada*. Nesta, os autos ou documentos que se juntam passam a integrar os autos principais, inclusive continuando a numeração destes. Pelo *apensamento*, os autos ou quaisquer documentos *apensados* continuam fora do processo e dele podem ser apartados a qualquer momento, sem causar qualquer diminuição aos autos a que *se apensaram*.

2. É usual, também, a expressão *em apenso*:
O incidente de remoção correrá em apenso aos autos do inventário (CPC, art. 996, parágrafo único).

Apontar

¶ No sentido de *atribuir a uma pessoa ou coisa responsabilidades, características, etc., designar, indicar*, constrói-se com objeto direto (sujeito na voz passiva) + predicativo do objeto (do sujeito na voz passiva) precedido de *como* – *apontar* alguém ou *algo como*:

O médico foi apontado como mandante do crime.

Todos o apontavam como líder da quadrilha.

Os peritos apontaram a explosão de um fogareiro como a causa provável do incêndio.

¶ No sentido de ser *indício de alguma coisa; deixar antever ou prever*, constrói-se com a preposição *para* + nome abstrato ou oração – *algo* **aponta** *para*:

Os projetos de lei em discussão no Congresso apontam para a cominação de penas cada mais severas aos delitos de trânsito.

Os últimos acontecimentos apontam para o recrudescimento das hostilidades entre as duas facções rivais.

Tudo aponta para que a tão debatida reforma tributária não seja aprovada na atual legislatura.

¶ No Direito Comercial, o verbo **apontar** é empregado no sentido de *apresentar, ao oficial de protesto, título cambiário ou outro documento protestável, por falta ou recusa de aceite, devolução ou pagamento (conforme o caso), para efeito de intimação aos respectivos obrigados*. Requer, no caso, objeto direto (sujeito na voz passiva) – **apontar** *algo* (título, etc.)

Confira os verbetes **Protestar** e **Tirar** (o protesto).

Apor

¶ Na acepção de *registrar, aplicar, sobrepor* (assinatura) *a um texto* (lei, tratado, contrato, mandado, etc.), constrói-se com objeto direto (sujeito na voz passiva), ou objeto direto e indireto, este com a preposição *a* ou *em* – **apor** *algo* (assinatura), ou **apor** *algo a* ou *em*:

Ordenei que se apusesse a essas convenções a assinatura dos Estados Unidos. (Rui Barbosa)

A certidão deve conter: [...]; III – os nomes das testemunhas, que assistiram ao ato, se a pessoa intimada se recusar a apor a nota de ciente. (CPC, art. 239, III)

O revisor aporá nos autos o seu visto, cabendo-lhe pedir dia para julgamento. (CPC, art. 551, § 2º)

O réu tentou falsificar o documento, apondo-lhe a assinatura com a mão esquerda.

¶ Na acepção de *aplicar, sobrepor* (visto, sinal público, selo, etc.), aparece com objeto direto (sujeito na voz passiva) e indireto, este com a preposição *em – apor* algo em:

Se não houver espaço na última folha do testamento, para início da aprovação, o tabelião aporá nele o seu sinal público, mencionando a circunstância no auto. (CC/2002, art. 1.869, parágrafo único)

As anotações apostas pelo empregador na carteira profissional do empregado não geram presunção 'iuris et de iure', mas apenas 'iuris tantum'. (Súmula nº 12 do TST)

Não sendo possível efetuar desde logo o arrolamento ou concluí-lo no dia em que foi iniciado, apor-se-ão selos nas portas da casa ou nos móveis em que estejam os bens, [...] (CPC, art. 860)

Aquiescer

¶ No sentido de *anuir, assentir, aprovar, consentir, concordar, conformar-se com determinado ato processual*, aparece sob as seguintes construções:

¶ intransitivo – *aquiescer*:

Somente pode aquiescer quem tenha capacidade plena e esteja na livre administração de sua pessoa e bens. (De Plácido e Silva – Vocabulário jurídico, vol. I, p. 143)

¶ transitivo indireto com a preposição *a* ou *em* – *aquiescer* a ou *em algo*:

O credor que, depois de contestar a lide ou aceitar o depósito, aquiescer no levantamento, perderá a preferência e a garantia que lhe competiam [...] (CC/2002, art. 340)

Recusando-se ao pagamento de indenização, o dono do prédio a que se juntou a porção de terra deverá aquiescer a que se remova a parte acrescida. (CC/2002, art. 1.251, parágrafo único)

[...], levaram a inferir que o Dr. Carneiro não receara as pontas desse dilema, e ou aquiescera à debilidade, ou não duvidara atrever-se ao arrojo. (Rui Barbosa – Réplica, vol. I, p. 25)

Após muitas insistências, o parlamentar aquiesceu ao pedido dos colegas de bancada.

O pai recusava-se a aquiescer no casamento da filha.

Aquinhoar – Quinhoar

¶ No sentido de *repartir em quinhões, dividir em quinhões, dar em quinhão, sorte ou partilha*, aparece sob as construções *(a)quinhoar* alguém (objeto direto de pessoa; sujeito na voz passiva), *(a)quinhoar alguém* (objeto direto) *de* ou *com alguma coisa* (objeto indireto), ou *(a)quinhoar alguma coisa* (objeto direto) *a alguém*. Atualmente, é mais usual a forma **aquinhoar**:

O tio aquinhoou regiamente as duas sobrinhas.

A natureza aquinhoou-o de inúmeras qualidades.

Aquinhoou-o com duas fazendas de café.

Se forem determinados os quinhões de uns e não os de outros, quinhoar-se-á, distribuidamente, por igual, a estes últimos o que restar, depois de completas as porções hereditárias dos primeiros. (CC/1916, art. 1.674)

1. No CC/2002, o último exemplo acima passou a compor o art. 1907, com a substituição da expressão *quinhoar-se-á, distribuidamente, por igual, a estes últimos* pela seguinte, mais concisa: *distribuir-se-á por igual a estes últimos.*

2. Ao verbo *(a)quinhoar* associam-se os substantivos **quinhão** e **quinhoeiro**. **Quinhão** designa a parte que cabe a cada pessoa na divisão de coisa comum, ou a porção ou quota-parte de cada herdeiro na partilha do espólio. **Quinhoeiro** é aquele que tem ou recebe **quinhão**; consorte, partícipe. Etimologicamente, **quinhão** liga-se ao substantivo latino **quinio** (reunião de cinco, quina), que, por sua vez, se enraíza no numeral distributivo **quini** (cinco cada um, cinco a cinco, cinco cada vez). Segundo De Plácido e Silva (*Vocabulário jurídico*, vol. IV, p. 1.283), *a razão etimológica do vocábulo [...] talvez se explique pela imposição legal, tradicionalmente estabelecida, de que as coisas indivisas somente o podem ser, voluntariamente, pelo espaço de cinco anos.*

Arguir

¶ No sentido de *acusar, tachar de,* constrói-se com objeto direto e indireto (com a preposição *de*) – **arguir** alguém (ou *algo*) *de alguma coisa*:

Só se pode arguir de sonegação o inventariante depois de encerrada a descrição dos bens, [...] (CC/2002, art. 1.996)

As partes poderão também arguir de suspeitos os peritos, os intérpretes e os serventuários ou funcionários de justiça, [...] (CPP, art. 105)

Só se pode arguir de sonegação ao inventariante depois de encerrada a descrição dos bens, [...] (CPC, art. 994)

No exemplo acima, o redator – supõe-se que por questão de clareza – optou pelo objeto direto (*ao inventariante*) preposicionado.

¶ Nas acepções de *alegar, apresentar como escusativa ou defesa,* aparece como transitivo direto e transitivo direto e indireto (com a preposição *contra*) – **arguir** *alguma coisa*, ou **arguir** *alguma coisa contra alguém*:

Se a parte interessada não argui a irregularidade, ou com esta implicitamente se conforma, aceitando-lhe os efeitos, nada mais natural que se entenda haver renunciado ao direito de argüi-la. (Francisco Campos – *Exposição de Motivos do Código de Processo Penal*, XVII)

É lícito a qualquer das partes arguir, por meio de exceção, a incompetência, o impedimento ou a suspeição. (CPC, art. 304)

Ao Tribunal Pleno compete: I – [...]; e) julgar as suspeições arguídas contra o Presidente e demais Juízes do Tribunal, nos feitos pendentes de sua decisão; (CLT, art. 702, e)

Têm legitimidade para arguir a nulidade do título os condóminos, e também o Ministério Público sobre participação da entidade pública a quem caiba a aprovação ou fiscalização das construções. (CCp, art. 1416°, 2)

¶ No sentido de *interrogar, inquirir,* aparece como transitivo direto – *arguir alguém:*

O juiz ou presidente poderá arguir os peritos compromissados ou os técnicos, e rubricará, para ser junto ao processo, o laudo que os primeiros tiverem apresentado. (CLT, art. 827)

1. No sentido de *interrogar, inquirir,* também há a construção *arguir* alguém sobre: *Arguía os candidatos sobre pontos não constantes no programa.*

2. Ao verbo *arguir*, em seus diversos sentidos, correspondem os termos **arguição, arguente** (ou **arguinte**, forma também registrada no VOLP/09) e **arguído**.

Arrazoar – Razoar – Contra-arrazoar – Contrarrazoar

¶ *Arrazoar*, no sentido de *apresentar ou expor as razões ou alegações sobre uma causa, seja pró ou contra, fazer arrazoado, aduzir razões na defesa de uma causa,* aparece como intransitivo ou transitivo direto – *arrazoar* ou *arrazoar algo:*

Se houver assistente, este arrazoará, no prazo de três dias, após o Ministério Público. (CPP, art. 600, § 1°)

Se o apelante declarar, na petição ou no termo, ao interpor a apelação, que deseja arrazoar na Superior Instância, serão os autos remetidos ao Tribunal 'ad quem' [...] (CPP, art. 600, § 4°)

A parte poderá, ao arrazoar o recurso ou em petição avulsa, requerer, fundamentadamente, que o julgamento obedeça ao disposto neste artigo. (CPP, art. 476, parágrafo único)

Gostaria de arrazoar a sua causa perante o [ou *diante do*] *juiz.*

1. Equivalente a *arrazoar,* existe também a forma *razoar.*

2. Como derivado de *arrazoar,* com a forma variante *razoar,* há o verbo *contra-arrazoar,* com a forma variante *contrarrazoar:* oferecer razões ou alegações opostas às de um *arrazoado* (ou *razoado*), produzir *contra-arrazoado, contrarrazoado* ou *contrarrazões: O Ministério Público, pelo Promotor de Justiça, contra-arrazoou* (ou *contrarrazoou*) *o recurso.*

Será de 8 (oito) dias o prazo para interpor e contra-arrazoar qualquer recurso (CLT, art. 893). (Lei n. 5.584, de 26-6-1970, art. 6°)

Arrestar

¶ Empregado no sentido de *apreender por meio de arresto* (embargo, apreensão judicial de bens do devedor, para garantir o pagamento de dívida líquida e certa), constrói-se com objeto direto (sujeito na voz passiva) – *arrestar algo:*

O oficial de justiça, não encontrando o devedor, arrestar-lhe-á tantos bens quantos bastem para garantir a execução. (CPC, art. 653)

No exemplo acima, o pronome *lhe* tem valor possessivo (*arrestar-lhe-á tantos bens = arrestará tantos bens seus/dele*).

Presume-se a insolvência quando: [...] II – forem arrestados bens do devedor, com fundamento no art. 813, I, II e III. (CPC, art. 750, II)

1. **Arrestar**, segundo a maioria dos dicionaristas, origina-se da preposição latina **ad** (*para*) e do verbo, também latino, **restare** (*ficar, permanecer, estar reservado*). Todavia, De Plácido e Silva, em seu *Vocabulário jurídico*, vol. I, p. 159, dá o substantivo **arresto** (formado, por derivação, regressiva, ou deverbal, do verbo *arrestar*) como originário *do latim medieval 'arrestatio', ou mais propriamente de 'arripere' (de 'ad' e 'rapere'), com o sentido de levar violentamente a juízo, apossar-se, apoderar-se de*.

2. Além do substantivo **arresto**, ligam-se ao verbo *arrestar* os termos **arrestado** (aquele que sofreu arresto) e **arrestante** (aquele que requer ou promove arresto).

3. Não se deve confundir **arresto** com seu parônimo **aresto**: *decisão judicial insuscetível de reforma, pronunciada pelos tribunais superiores*; ou, no uso forense, sinônimo genérico de *acórdão*. Confira o verbete *Acordar*.

Arribar

¶ No sentido de *entrar, o navio, voluntária ou involuntariamente, em porto não previsto em sua viagem*, constrói-se com a preposição *a* – ***arribar** a*:

Sendo o navio obrigado a voltar ao porto da saída, ou a arribar a outro qualquer por perigo de piratas ou de inimigos, podem os carregadores ou consignatários convir na sua total descarga, pagando as despesas desta e o frete da ida por inteiro, e prestando a fiança determinada no art. 609. (C. Com., art. 612)

A entrada voluntária do navio (em porto não previsto em sua viagem) chama-se *arribada voluntária*, ou *arbitrária*; a involuntária, *arribada forçada*, ou *necessária*.

Articular

¶ No sentido de *expor ou alegar por meio de artigos, itens ou parágrafos*, constrói-se como transitivo direto – ***articular** algo* (o requerimento, a petição, a queixa, a denúncia, etc.):

O requerimento a pedir a indenização por perdas e danos será articulado. (CPPp, art. 32º, § 2º)

Ao verbo ***articular***, no sentido acima, corresponde o termo **articulado**: petição, libelo ou alegações em que se deduzem razões ou direitos por meio de artigos, itens ou parágrafos:

É lícito às partes, em qualquer tempo, juntar aos autos documentos novos, quando destinados a fazer prova de fatos ocorridos depois dos articulados, ou para contrapô-los aos que foram produzidos nos autos. (CPC, art. 397)

Assacar

¶ *Assacar* significa imputar caluniosamente alguma coisa a; inventar ou levantar calúnia contra alguém; acusar com perfídia, sem fundamento. Constrói-se com objeto direto (sujeito na voz passiva) de nome abstrato e indireto de pessoa., este introduzido pela preposição *a* ou *contra* – **assacar** *algo a* ou *contra alguém*:

Mas está nesse caso algum dos pretensos cacófatons [variante menos usual de cacófato] que me assacam? (Rui Barbosa – Réplica, I, p. 161)

A situação era preocupante, mas as responsabilidades pelo que se passava não se podiam assacar ao Governo. (Winfrid Busse – Dicionário sintático de verbos portugueses)

Assacaram contra o rapaz um crime cometido por outrem.

Não têm sequer o mérito da novidade as torpezas que nos assaca o meliante. (Latino Coelho)

1. Ao verbo **assacar** corresponde o substantivo **assacadilha**:

Quando a assacadilha recai sobre indivíduos que têm foro privilegiado, neste é que se há de liquidar o caráter aleivoso [desleal] da increpação [acusação]. (Rui Barbosa)

2. Como se conclui dos exemplos oferecidos, o verbo **assacar** tem sempre conotação pejorativa, negativa. Destarte, não é possível assacar ato positivo a alguém.

Assegurar

¶ No sentido de *garantir, tornar seguro*, constrói-se com objeto direto (sujeito na voz passiva), ou objeto direito e indireto, este com a proposição *a* ou *para* – **assegurar** *algo*, ou **assegurar** *algo a* ou *para*:

A seguridade social compreende um conjunto integrado de ações de iniciativa dos Poderes Públicos e da sociedade, destinadas a assegurar os direitos relativos à saúde, à previdência e à assistência social. (CRFB, art. 194)

Os bancos asseguram-se uma cômoda lucratividade nessas operações.

A Constituição assegura-lhes a vitaliciedade.

O Estado assegura a todos o direito à aposentadoria.

O Município assegura vagas para todas as crianças em idade escolar.

¶ No sentido de *afirmar com segurança, asseverar, garantir, declarar*, constrói-se com objeto direto e indireto, este com a preposição *a* – **assegurar** *algo a alguém*:

O delegado assegurou-nos que não se tratava de foragidos.

Assegurei aos candidatos que o concurso não seria anulado.

¶ No sentido de *certificar(-se), pôr(-se) seguro, convencer(-se)*, constrói-se com objeto direto e indireto, este com a preposição *de* – **assegurar** *alguém de algo*:

Assegurei os colegas de minha lealdade à instituição.

Quer assegurar-se de que será mantida a orientação atual da entidade.

Gostaríamos de assegurar-nos de seu apoio às nossas reivindicações.

¶ Nas acepções de *firmar-se* ou *apoiar-se em, fiar-se em*, constrói-se pronominalmente, com a preposição *em* – **assegurar-se** *em algo*:

O Governo não pode assegurar-se [= apoiar-se] *no uso da força para atingir seus objetivos.*
Assegurava-se [= fiava-se] *nos rendosos negócios imobiliários do pai da noiva.*

Asseverar

¶ Tem o significado de afirmar alguma coisa com certeza, com segurança (por oposição a expressá-la como possível, desejada); assegurar. Constrói-se com objeto direto(sujeito na voz passiva) expresso por nome abstrato, oração conjuncional ou infinitiva – *asseverar algo*, *asseverar que* ou *asseverar* + *oração infinitiva*:

A autora asseverou ter o de cuius estado separado de fato de sua esposa durante este período, tendo mantido verdadeira união estável com ele durante os anos de relacionamento, uma vez que se apresentavam como casal de forma pública e notória. (excerto de decisão cível, com adaptações)

O exequente assevera que à semelhança do direito à moradia, o direito aos salários e demais vantagens trabalhistas possui guarida constitucional. (excerto de acórdão trabalhista)

O depoente asseverou aos membros da comissão a veracidade das irregularidades que denunciara.

Assinar

¶ No sentido de *fixar, ajustar, determinar*, constrói-se com objeto direto (sujeito na voz passiva) – *assinar algo*:

Pronunciada a interdição das pessoas a que se referem os incisos III e IV do art. 1.767, o juiz assinará, segundo o estado ou o desenvolvimento mental do interdito, os limites da curatela, [...] (CC/2002, art. 1.772)

¶ No sentido de *marcar prazo à parte contrária, para que assista a um ato judicial, ou pratique determinado ato processual, marcar prazo*, aparece sob as seguintes construções:

¶ *assinar algo*, isto é, prazo (objeto direto; sujeito na voz passiva):

Julgado procedente o pedido, o juiz determinará a caução e assinará o prazo em que deve ser prestada, [...] (CPC, art. 834)

Começa a correr o prazo: [...]; II – quando a citação for por edital, finda a dilação assinada pelo juiz; (CPC, art. 241, III)

¶ *assinar algo* (prazo) *para que* ou *a* (finalidade, objetivo do prazo marcado):

[...] Se, porém, [o promitente] houver assinado prazo à execução da tarefa, entender-se-á que renuncia o arbítrio de retirar, durante ele, a oferta. (CC/2002, art. 856)

Julgado procedente o pedido, o juiz assinará prazo para que o obrigado reforce a caução. [...] (CPC, art. 838)

¶ *assinar* algo (prazo) *a alguém* (objeto indireto de pessoa):

O perito tem o dever de cumprir o ofício, no prazo que lhe assina a lei, empregando toda a sua diligência; [...] (CPC, art. 146)

Em qualquer grau de jurisdição, havendo motivo justificado, pode o juiz exceder, por igual tempo, os prazos que este Código lhe assina. (CPC, art. 187)

¶ *assinar* algo (prazo) *a alguém para* (a execução de determinado ato):

Qualquer das partes pode assinar prazo ao credor para que consinta na assunção da dívida, interpretando-se o seu silêncio como recusa. (CC/2002, art. 299, parágrafo único)

Se duvidoso esse direito, o pedido de restituição autuar-se-á em apartado, assinando-se ao requerente o prazo de 5 dias para a prova. (CPP, art. 120, § 1º)

Ao verbo **assinar**, no sentido acima, corresponde o substantivo **assinação** (marcação de prazo, aprazamento): *Não havendo preceito legal nem assinação pelo juiz, será de cinco (5) dias o prazo para a prática de ato processual a cargo da parte.* (CPC, art. 185)

¶ No sentido de *apor, uma pessoa, o seu nome por escrito em, firmar com o seu sinal ou assinatura* (carta ou documento), *firmar um documento por meio do lançamento da assinatura*, constrói-se com objeto direto (sujeito na voz passiva) – *assinar* alguma coisa:

Ao assinar o termo o contratante fará nova caução de vinte e cinco por cento (25%) sobre o valor do contrato. (CPC, art. 634, § 5º, redação anterior)

¶ No sentido de *atribuir, dar, conceder, destinar, estabelecer*, constrói-se com objeto direto (sujeito na voz passiva), ou com objeto direto e indireto, este com a preposição *a* – *assinar* algo, ou *assinar* algo a alguém:

O cargo de testamenteiro é gratuito, excepto se lhe for assinada pelo testador alguma retribuição. (CCp, art. 2333º, 1)

O testamenteiro não tem direito à retribuição assinada, ainda que atribuída sob a forma de legado, se não aceitar a testamentaria [cargo de testamenteiro] *ou for dela removido; [...]* (CCp, art. 2333º, 2)

¶ O verbo **assinar** aparece na expressão **assinar** *carga*, a qual tem a significação de *o advogado, ou qualquer autoridade judiciária, administrativa ou fiscal exarar recibo no competente protocolo do escrivão, relativamente aos autos que recebe com vista ou em confiança*:

Ao receber os autos, o advogado assinará carga no livro competente. (CPC, art. 40, § 1º)

1. Há, nos cartórios e nas secretarias dos tribunais, o *protocolo de carga*, livro em que se faz menção de autos entregues à parte mediante recibo.

2. **Assinar** origina-se do verbo latino **assign<u>a</u>re** (assinar, distribuir; atribuir, dar; gravar, imprimir; selar, pôr selo, chancelar).

Assistir

¶ No sentido de *possuir um direito, uma vantagem, uma prerrogativa*, constrói-se com objeto indireto de pessoa (com a preposição *a*) – *algo assiste a alguém*:

Ao possuidor de má-fé serão ressarcidas somente as benfeitorias necessárias; não lhe assiste o direito de retenção pela importância destas, nem o de levantar as voluptuárias. (CC/2002, art. 1220)

Apresentado o laudo que reconheça a gravidez, o juiz, por sentença, declarará a requerente investida na posse dos direitos que assistam ao nascituro. (CPC, art. 878)

Ao progenitor que não exerça o poder paternal assiste o poder de vigiar a educação e as condições de vida do filho. (CCp, art. 1906°, 3)

¶ Nas acepções de *dar assistência, acompanhar, prestar auxílio, assessorar, apoiar*, aparece como transitivo direto (objeto direto da pessoa *assistida* – sujeito na voz passiva) ou transitivo direto e indireto – *assistir alguém* ou *assistir alguém em algo*:

Compete aos pais, e na falta de um deles ao outro, com exclusividade, representar os filhos menores de dezesseis anos, bem como assisti-los até completarem a maioridade ou serem emancipados. (CC/2002, art. 1.690)

Os incapazes serão representados ou assistidos por seus pais, tutores ou curadores, na forma da lei civil. (CPC, art. 8°)

O adquirente ou o cessionário poderá, no entanto, intervir no processo, assistindo o alienante ou o cedente. (CPC, art. 42, § 2°)

Ao realizar a inspeção direta, o juiz poderá ser assistido de um ou mais peritos. (CPC, art. 441)

O réu é obrigado a estar pessoalmente em juízo nos casos em que a lei o exige ou quando o juiz ordenar a sua comparência pessoal, podendo fazer-se assistir de advogado. (CPPp, art. 22°)

São atribuições do Departamento Penitenciário Nacional: [...], III – assistir tecnicamente as unidades federativas na implementação dos princípios e regras estabelecidos nesta Lei; (LEP, art. 72, III)

Na LEP, art. 89, encontramos o único exemplo de objeto indireto de pessoa com o verbo *assistir*, na acepção de *dar assistência*:

Além dos requisitos referidos no artigo anterior, a penitenciária de mulheres poderá ser dotada de seção para gestante e parturiente e de creche com a finalidade de assistir ao menor desamparado cuja responsável esteja presa.

Trata-se da regência primitiva deste verbo, hoje praticamente em desuso.

¶ No sentido de *estar presente, comparecer a*, constrói-se com objeto indireto – *assistir a algo*:

Não se anulará o casamento quando à sua celebração houverem assistido os representantes do incapaz, [...] (CC/2002, art. 1.555, § 2°)

É defeso, a quem ainda não depôs, assistir ao interrogatório da outra parte. (CPC, art. 344, parágrafo único)

A decretação da falência impõe ao falido os seguintes deveres: [...] IX – assistir ao levantamento, à verificação do balanço e ao exame dos livros; (Lei n. 11.101, de 9-2-2005, art. 104, IX)

Ao julgamento assistirão somente as pessoas chamadas a intervir no processo. (CPPp, art. 593º)

No sentido de *estar presente, comparecer a*, o verbo **assistir** não admite a forma pronominal *lhe(s)*, que deve ser substituída por *a ele(s), a ela(s)*:

O júri será realizado amanhã; no entanto, por motivo de viagem, não poderei assistir a ele.

Atempar

¶ Empregado no sentido de *marcar prazo a, determinar o prazo dentro do qual o recurso deve subir ao juízo superior*, constrói-se com objeto direto (sujeito na voz passiva) – **atempar** algo: atempar o recurso, a apelação, o agravo, etc.

Só remanesciam duas soluções possíveis ao problema servil: a abolição atempada por um termo de dois ou três anos, ou a abolição imediata. (Rui Barbosa – *Queda do império*, I, p. 153)

Acerca dos cognatos de **atempar** – **atempação, atempado** e **atempadamente** –, confira a obra do autor *Habeas verba – português para juristas* (10. ed. rev. atual. e ampl. Porto Alegre: Livraria do Advogado, 2014).

Atender – Desatender

¶ Nas acepções de *considerar, tomar em consideração, ter em vista*, pede objeto indireto introduzido pela preposição *a* – **atender** a:

Na aplicação da lei, o juiz atenderá aos fins sociais a que ela se dirige e às exigências do bem comum. (LINDB, art. 5º)

Nas declarações de vontade se atenderá mais à intenção nelas consubstanciada do que ao sentido literal da linguagem. (CC/2002, art. 112)

Em todas as cartas declarará o juiz o prazo dentro do qual deverão ser cumpridas, atendendo às facilidades das comunicações e à natureza da diligência. (CPC, art. 203)

Na fixação da pena de multa o juiz deve atender, principalmente, à situação econômica do réu. (CP, art. 60)

O processo de falência atenderá aos princípios da celeridade e da economia processual. (Lei n. 11.101, de 9-2-2005, art. 75, parágrafo único)

Na falta de determinação da lei competente, atende-se, nos negócios jurídicos unilaterais, à lei da residência habitual do declarante e, nos contratos, à lei da residência habitual comum das partes. (CCp, art. 42º, 1)

¶ Nas acepções de *acolher, despachar, deferir*, aparece com objeto direto (sujeito na voz passiva) – **atender** alguma coisa:

Reputar-se-ão verificadas as hipóteses previstas no n. II só depois que a parte, por intermédio do escrivão, requerer ao juiz que determine a providência e este não lhe atender o pedido dentro de dez (10) dias. (CPC, art. 133, parágrafo único)

Observe-se, no exemplo anterior, o emprego do pronome pessoal oblíquo átono *lhe* em função possessiva: [...] *não lhe atender o pedido* [= não atender o seu pedido] [...]

O juiz só deverá atender a arguição das nulidades a que este artigo se refere, quando tenha havido reclamação no próprio acto [...] (CPPp, art. 100º, § 1º)

Semelhantemente ao verbo **atender** nas acepções de *deferir, acolher*, o seu antônimo **desatender** também aparece com objeto direto (sujeito na voz passiva) – *desatender alguma coisa*:

Quando a inabilitação tiver por causa a prodigalidade ou o abuso de bebidas alcoólicas ou de estupefacientes, o seu levantamento não será deferido antes que decorram cinco anos sobre o trânsito em julgado da sentença que a decretou ou da decisão que haja desatendido um pedido anterior. (CCp, art. 155º)

¶ Nas acepções de *satisfazer* (exigências, necessidades, etc.), *preencher* (requisitos, condições, etc.), *prover a* ou *fazer frente a* (necessidades, despesas, etc.), aparece com objeto direto (sujeito na voz passiva) ou com objeto indireto introduzido pela preposição *a* – **atender** *alguma coisa* ou *a alguma coisa*:

A abertura de crédito extraordinário somente será admitida para atender a despesas imprevisíveis e urgentes, [...] (CRFB, art. 167, § 3º)

Ocorrendo necessidade imperiosa, poderá a duração do trabalho exceder do limite legal ou convencionado, seja para fazer face a motivo de força maior, seja para atender à realização ou conclusão de serviços inadiáveis ou cuja inexecução possa acarretar prejuízo manifesto. (CLT, art. 61)

É proibida a fabricação, a importação, a venda, a locação e o uso de máquinas e equipamentos que não atendam ao disposto neste artigo. (CLT, art. 184, parágrafo único)

Na fixação da indemização pode o tribunal atender aos danos futuros, desde que sejam previsíveis; [...] (CCp, art. 564.º, 2)

Observou-se, nos textos pesquisados, o emprego atualmente uniforme do regime indireto do verbo **atender** na voz ativa, nas acepções de *satisfazer* (exigências, necessidades, etc.), *preencher* (requisitos, condições, etc.), *prover a* ou *fazer frente a* (necessidades, despesas, etc.). O regime direto aparece somente na forma passiva.

Atentar

¶ No sentido de *levar em conta, tomar em consideração*, constrói-se com a preposição *em* – **atentar** *em alguma coisa*:

No aplicar a pena do art. 1.454, procederá o juiz com equidade, atentando nas circunstâncias reais, e não em probabilidades infundadas, quanto à agravação dos riscos. (CC/1916, art. 1.456)

Esta situação não surpreende ninguém que se dê ao trabalho de atentar no que sempre ocorreu através da História, desde a mais alta Antiguidade. (Winfried Busse (coordenador) – *Dicionário sintáctico de verbos portugueses*, p. 71)

¶ No sentido de *praticar qualquer ato contra a vida ou a segurança pessoal de outrem, contra a lei, a moral, os bons costumes*, etc., aparece com a preposição *contra* – **atentar** contra alguma coisa.

São crimes de responsabilidade os atos do Presidente da República que atentem contra a Constituição Federal e, especialmente, contra: [...] (CRFB, art. 85)

Atermar

¶ Emprega-se nas acepções de *determinar a conclusão, ou o termo, de um ato ou fato; marcar termo ou prazo, atempar*. Constrói-se com objeto direto (sujeito na voz passiva) – *atermar algo*:

Não se atermam, nem se condicionam fatos jurídicos 'stricto sensu', nem atos ilícitos, nem atos-fatos jurídicos, lícitos ou ilícitos. (Pontes de Miranda – *Tratado de direito privado*, t. V, § 538, 1, p. 93)

Autorizar

O verbo ***autorizar*** aparece sob as seguintes construções:

¶ objeto direto (sujeito na voz passiva) de coisa – ***autorizar*** *algo*:

O direito de superfície não autoriza obra no subsolo, salvo se for inerente ao objeto da concessão. (CC/2002, art. 1.369, parágrafo único)

As partes podem estabelecer o procedimento arbitral, ou autorizar que o juízo o regule. [...] (CPC, art. 1.091)

¶ objeto direto (sujeito na voz passiva) de coisa e indireto de pessoa com a preposição *a* – ***autorizar*** *algo a alguém*:

O Juiz de Menores poderá autorizar ao menor o trabalho a que se referem as letras [= alíneas, denominação atual] *a* e *b* do § 3º do art. 405: [...] (CLT, art. 406)

¶ objeto direto (sujeito na voz passiva) de pessoa e indireto de coisa, expresso por infinitivo precedido da preposição *a* ou *para* – ***autorizar*** *alguém a + infinitivo*:

O decreto que declarar o imóvel como de interesse social, para fins de reforma agrária, autoriza a União a propor a ação de desapropriação. (CRFB, art. 184, § 3º)

O juiz poderá autorizar os credores [...] a adquirir ou adjudicar, de imediato, os bens arrecadados, pelo valor da avaliação, [...] (Lei n. 11.101, de 9-2-2005, art. 111)

Findo o processo preliminar e os processos judiciais a que este der causa, cabe ao funcionário do registro civil proferir despacho final, no qual autorizará os nubentes a celebrar o casamento ou mandará arquivar o processo. (CCp, art. 1613º)

Autuar

¶ O verbo ***autuar***, nas acepções de *reunir e pôr em ordem as primeiras peças de um processo, juntar aos autos qualquer peça que neles deva constar, reduzir* *a auto, lavrar um auto de infração ou de flagrante delito contra*, aparece com objeto direto (sujeito na voz passiva), tanto de coisa como de pessoa – **autuar** *algo* ou *alguém*:

Ao receber a petição inicial de qualquer processo, o escrivão a autuará, [...] (CPC, art. 167)

[...] A impugnação será autuada em apenso, ouvindo-se o autor no prazo de cinco (5) dias. [...] (CPC, art. 261)

Se qualquer dos cônjuges não comparecer à audiência designada ou não ratificar o pedido, o juiz mandará autuar a petição e documentos e arquivar o processo. (CPC, art. 1.112, § 2º)

No caso de requerimento do Ministério Público, do querelante ou do réu, o juiz mandará autuá-lo em apartado, [...] (CPP, art. 61, parágrafo único)

O juiz mandará autuar em separado o requerimento com os documentos que o instruírem [...] (Lei n. 11.101, de 9-2-2005, art. 87, § 1º)

A polícia autuou-o por conduzir com excesso de velocidade.

Avençar

¶ Nas acepções de *estabelecer um contrato de prestação de serviços, mediante o pagamento regular de determinada quantia, fazer acordo, ajustar, pactuar, combinar*, constrói-se pronominalmente, com objeto direto (sujeito na voz passiva) ou objeto direto e indireto, este com a preposição com – **avençar**-*se*, **avençar** *algo*, **avençar** *algo com alguém*:

O dono do terreno e o construtor ainda não se avençaram.

O político e o escritor avençaram a publicação da história do partido.

O técnico avençou com os moradores a perfuração de dois poços.

Celebrado, em cada caso, o termo que couber, o presidente da Comissão Especial designará agrimensor para, em dia e hora avençados com os interessados, iniciar o levantamento geodésico e topográfico das terras [...] (Lei n. 6.383, de 7-12-1976, art. 11)

Averbar

¶ O verbo **averbar**, nas acepções de *anotar, declarar ou mencionar na coluna própria de um registro, ou à margem de um título, qualquer alteração ou ocorrência que nele deva constar, modificando-o na sua essência, registrar* (títulos ou documentos) *em repartições públicas*, constrói-se com objeto direto (sujeito na voz passiva) ou com objeto direto e indireto, este com a preposição *em* ou *a* – **averbar** *algo*, **averbar** *alguma coisa em* ou *a*:

Qualquer modificação do contrato social será averbada, [...] (CC/2002, art. 999, parágrafo único)

Constituem deveres do liquidante: [...] IX – averbar a ata da reunião ou da assembleia, ou o instrumento firmado pelos sócios, que considerar encerrada a liquidação. (CC/2002, art. 1.103, IX)

A prorrogação deve ser averbada à margem do registro respectivo, [...] (CC/2002, art. 1.439, § 2º)

Homologada a separação consensual, averbar-se-á a sentença no registro civil e, havendo bens imóveis, na circunscrição onde se acham registrados. (CPC, art. 1.124)

[...] o facto da notificação e a confirmação são averbados ao registro do nascimento. (CCp, art. 1805º, 2)

Averiguar

¶ Tem o significado de apurar se determinado fato efetivamente ocorreu; verificar, investigar; procurar saber a verdade ou tentar informações sobre fatos, acontecimentos, etc. que se tencione conhecer precisamente.

¶ *Averiguar* não tem o mesmo significado de **constatar**, que traduz a ideia de concluir ser verdadeiro determinado fato. Constrói-se com objeto direto (sujeito na voz passiva) expresso por nome abstrato ou oração – *averiguar algo* ou *averiguar que*:

Temos de averiguar a procedência desses remédios, cuja venda é proibida no Brasil.

A polícia deve averiguar quais as pessoas que atearam fogo ao prédio.

A comissão já conseguiu averiguar que servidores do próprio órgão estavam envolvidas na fraude.

Avisar

O verbo *avisar* aparece com as seguintes construções mais usuais:

¶ *avisar alguém* (objeto direto; sujeito na voz passiva):

Se falecer o mandatário, pendente o negócio a ele cometido, os herdeiros, tendo ciência do mandato, avisarão o mandante, e providenciarão a bem dele, como as circunstâncias exigirem. (CC/2002, art. 690)

¶ *avisar alguém de algo*. É a construção mais frequente nos documentos legais:

Não havendo prazo estipulado, a parte que, sem justo motivo, quiser rescindir o contrato, deverá avisar a outra da sua resolução com a antecedência mínima de: [...] (CLT, art. 487)

O gestor deve: [...]b) Avisar o dono do negócio, logo que seja possível, de que assumiu a gestão; (CCp, art. 465º, b)

1. O objeto direto pode aparecer preposicionado, com o intuito de se evitar ambiguidade: *Quando o segurado não pode fazer por si as devidas reclamações, [...], deve nomear para esse fim competente mandatário, avisando desta nomeação ao segurador.* (C. Com., art. 722)

2. A preposição *de* é suprimível diante de *que*:

Avise-o (de) *que houve alguns contratempos.*

¶ *avisar* alguma coisa a alguém:
Avise-lhe que a audiência foi adiada.
¶ *avisar* alguém contra algo (prevenir):
Avise os passageiros contra as explorações que aqui ocorrem.
¶ *avisar* alguém para que (prevenir):
Avise-o para que fique atento ao noticiário dos jornais.

Aviventar

¶ O verbo **aviventar**, no sentido de *restabelecer ou reparar linhas limítrofes confusas ou falhas entre prédios urbanos ou rústicos*, constrói-se com objeto direto (sujeito na voz passiva) – *aviventar* alguma coisa:
Cabe: I – a ação de demarcação ao proprietário para obrigar o seu confinante a estremar os respectivos prédios, fixando-se novos limites entre eles ou aviventando-se os já apagados; (CPC, art. 946, I)
Ao verbo *aviventar* corresponde o substantivo **aviventação**.

Avocar

¶ No sentido de *fazer, o juiz, ou autoridade, vir a si, ao seu juízo, causa que ocorra em juízo, ou nível, inferior, por atribuir-se a devida competência para dela conhecer*, pede objeto direto (sujeito na voz passiva) e objeto indireto, este com a preposição a – *avocar* alguma coisa a:
Ao Ministro do Trabalho é facultado avocar ao seu exame e decisão, dentro de 90 (noventa) dias do despacho final do assunto, ou no curso do processo, as questões referentes à fiscalização dos preceitos estabelecidos nesta Consolidação. (CLT, art. 638)
No caso do parágrafo anterior, o presidente do Supremo Tribunal de Justiça ordenará logo que se suste o andamento dos recursos, avocará os processos ao Supremo Tribunal de Justiça, que, após a distribuição e independentemente de vistos, se reunirá em tribunal pleno, para decidir. [...] (CPPp, art. 698°, § 2°)
¶ No sentido de *chamar a si, fazer com que venha à sua presença*, pede objeto direto (sujeito na voz passiva) – *avocar* algo:
[...] O relator, conforme as circunstâncias, poderá avocar os autos em que ocorreu excesso de prazo, designando outro juiz para decidir causa. (CPC, art. 198)
[...] o juiz ordenará a remessa dos autos ao tribunal, [...]; não o fazendo, poderá o presidente avocá-los. (CPC, art. 475, parágrafo único)
Ao procurador-geral de justiça incumbe, além de outras atribuições: [...]; VII – avocar, excepcional e fundamentalmente, inquéritos policiais em andamento, onde não houver delegado de carreira; (LC n. 40, de 14-12-1981, art. 6°, VII)
O presidente do tribunal avocará o interrogatório quando tal se mostrar necessário [...] para assegurar a tranquilidade da testemunha ou [...] (CPCp, art. 638°, 5)

B

Baixar

¶ No sentido de *transitar, o feito, descendo de hierarquia: do juízo a cartório ou a juízo inferior, do tribunal ao juízo ou tribunal de inferior instância*, constrói-se intransitivamente ou com objeto indireto introduzido pela preposição a – *alguma coisa* **baixa** ou **baixa** *a*:

O processo baixou por decisão do tribunal para que o juiz reinquirisse uma testemunha.

Reformada a sentença denegatória do livramento, os autos baixarão ao Juízo da Execução, para as providências cabíveis. (LEP, art. 135)

¶ No sentido de *expedir, publicar oficialmente* (o governo ou a autoridade superior) *um ato que deva ser geralmente observado ou levado ao conhecimento público*, constrói-se com objeto direto (sujeito na voz passiva) – **baixar** *algo*:

Na hipótese de pena de interdição do art. 47, I, do Código Penal, a autoridade deverá, em 24 (vinte e quatro) horas, contadas do recebimento do ofício, baixar ato, a partir do qual a execução terá início. (LEP, art. 154, § 1º)

C

Caber

¶ No sentido de *ser quem deve agir ou atuar, ser por direito ou dever de, reconhecer competências*, constrói-se com objeto indireto, introduzido pela preposição *a*, daquele a quem *cabe* e sujeito, representado por nome ou oração infinitiva, daquilo que *cabe* – *algo cabe a alguém*:

Compete ao Supremo Tribunal Federal, precipuamente, a guarda da Constituição, cabendo-lhe: I – processar e julgar, originariamente: [...]; g) a extradição solicitada por Estado estrangeiro; (CRFB, art. 102, I, *g*)

Pelo verbo **competir**, confere-se poder ao Supremo Tribunal Federal, e, pelo verbo *caber*, reconhecem-se-lhe competências.

Cabe também ao réu manifestar-se precisamente sobre os fatos narrados na petição inicial. [...] (CPC, art. 302)

¶ No sentido de *ser admissível*, constrói-se com sujeito expresso por nome abstrato – *algo cabe*:

Da decisão de liquidação caberá agravo de instrumento. (CPC, art. 475-H)

Caberá recurso, no sentido restrito, da decisão, despacho ou sentença: I – que não receber a denúncia ou a queixa; (CP, art. 581, I)

Confira os verbetes *Competir* e *Incumbir*.

Caducar

¶ No sentido de *decair, perder o direito, a validade ou o feito jurídico, por não haverem sido observadas as condições preestabelecidas ou por ter sido ultrapassado certo termo legal ou convencional*, constrói-se intransitivamente – *algo caduca*:

A doação a entidade futura caduca se, em dois anos, esta não estiver constituída regularmente. (CC/2002, art. 554)

A acção de impugnação da deserdação, com fundamento na inexistência da causa invocada, caduca ao fim de dois anos a contar da abertura do testamento. (CCp, art. 2167º)

O verbo *caducar* liga-se ao adjetivo latino **caducus, -a, -um** (que cai) derivado do verbo **cadere** (cair).

Cair

¶ No sentido de *incorrer*, constrói-se com objeto indireto introduzido pela preposição *em* – *cair em algo*:

A dívida considera-se vencida: [...] II – se o devedor cair em insolvência ou falir. (CC/2002, art. 1.425, II)

O receio de cair em um defeito não o levará a cair no defeito contrário? (Machado de Assis)

¶ No sentido de *passar para* (o poder, o domínio, o império de), *sujeitar-se, submeter-se*, constrói-se com objeto indireto introduzido pela preposição *sob* – *cair sob algo*:

Cessa a condição de tutelado: [...] II – ao cair o menor sob o poder familiar, no caso de reconhecimento ou adoção. (CC/2002, art. 1.763, II)

Caluniar

¶ Na terminologia penal, tem o sentido de imputar falsamente a alguém, vivo ou morto, fato definido como crime.

¶ No Direito Civil, significa praticar ato ilícito que causa dano patrimonial e moral suscetível de indenização, por atingir a honra e a verdade pessoal, que são direitos de personalidade. Constrói-se, nas duas acepções, com objeto direto (sujeito na voz passiva) de pessoa – *caluniar alguém*:

Caluniar alguém, imputando-lhe falsamente fato definido como crime: Pena: detenção, de 6 (seis) meses a 2 (dois) anos. (CPM, art. 214, *caput*)

Podem ser revogadas por ingratidão as doações: [...]; III – se o injuriou gravemente ou o caluniou. (CC, art. 557, III)

Explicitação do inciso III: *se o donatário injuriou gravemente ou caluniou o doador.*

Capitular

¶ *Capitular*, no Direito Penal, tem o sentido de *classificar, qualificar, definir o delito e a contravenção, indicando a disposição penal em que se enquadra e que lhe comina a pena*. Constrói-se com objeto direto (sujeito na voz passiva) + adjunto adverbial de lugar introduzido pelas preposições *em* ou *entre* – *capitular algo* (delito, contravenção, etc.) *em* ou *entre*:

O legislador penal decidiu capitular esse ato entre os crimes de apropriação indébita.

No Direito Internacional Público, *capitular* significa *render-se ao inimigo, condicional ou incondicionalmente, mediante acordo ou convenção.*

Carecer

¶ Originariamente, o verbo *carecer* somente se empregava no sentido de *não ter, ter falta de*. Como, porém, da ideia de *falta* decorre naturalmente a de *necessidade, precisão*, este verbo passou a ser empregado no sentido de *necessitar de, precisar de*.

Na célebre polêmica em torno da redação do Código Civil de 1916, Ernesto Carneiro Ribeiro, diante de observação em contrário de Rui Barbosa, provou sobejamente a validade do uso do verbo *carecer* no sentido de *necessitar, ter necessidade de*, apoiado no registro de dicionaristas e no uso de escritores antigos e modernos. (Ernesto Carneiro Ribeiro – *Tréplica*, p. 105-10)

Júlio Nogueira, em suas *Indicações de Linguagem* (p. 111), respondendo a um consulente, dá a seguinte informação: *Em poucas palavras: carecer de, propriamente, significa – não ter. As suas alegações carecem de fundamento. Nota-se, todavia, sensível tendência para dar-lhe o sentido de precisar de, o que já não é lícito considerar erro.*

Celso Pedro Luft, em seu *Dicionário prático de regência verbal* (p. 108 -9), aponta a seguinte cadeia evolutiva na semântica do verbo *carecer: ter falta de, não ter –> sentir falta de –> necessitar (de), precisar (de).*

Em qualquer dos sentidos, o originário (*não possuir, ter falta de*) e o moderno (*necessitar de, precisar de*), o verbo *carecer* aparece com objeto indireto precedido da preposição *de – carecer de algo*:

¶ No sentido de *ter falta de, não possuir*:

O juiz recusará cumprimento à carta precatória, devolvendo-a com despacho motivado: [...]; II – quando carecer de competência em razão da matéria ou da hierarquia; (CPC, art. 209, II)

O perito ou assistente pode ser substituído quando: I – carecer de conhecimento técnico ou científico; (CPC, art. 424, I)

Carecem de capacidade sucessória, por motivo de indignidade:

a) O condenado como autor ou cúmplice de homicídio doloso, [...] (CCp, art. 2034°, a)

¶ No sentido de *necessitar de, precisar de*:

A cláusula de reversão que respeite a coisas imóveis, ou a coisas móveis sujeitas a registro, carece de ser registrada. (CCp, art. 960°, 3)

Não carecem de prova nem de alegação os factos notórios, devendo considerar-se como tais os factos que são do conhecimento geral. (CPCp, art. 514°, 1)

Caucionar

¶ Nas acepções de *prestar caução, garantir por meio de caução, dar, oferecer alguma coisa em garantia de obrigação própria ou de outrem*, constrói-se com objeto direto (sujeito na voz passiva) – *caucionar algo*:

Caucionar o título de crédito; caucionar dinheiro; caucionar bens; etc.

Aquele que for obrigado a dar caução requererá a citação da pessoa a favor de quem tiver de ser prestada, indicando na petição inicial: I – o valor a caucionar; (CPC, art. 828, I)

O verbo *caucionar* liga-se ao substantivo latino **cautio** (precaução, cautela), que, por sua vez, se origina do verbo **cavere** (tomar cuidado, precaver-se, acautelar-se, garantir).

Celebrar

¶ No Direito Civil, tem o significado de realizar ato ou contrato em conformidade com os requisitos legais, a fim de que seja válido. Constrói-se com objeto direto (sujeito na voz passiva), representado por nome abstrato, e objeto indireto (que pode estar omitido) introduzido pela preposição com – *celebrar* algo ou *celebrar* algo com alguém:

Compete privativamente ao Presidente da República: [...]; VIII – celebrar tratados, convenções e atos internacionais, sujeitos a referendo do Congresso Nacional; [...] (CRFB, art. 84, VIII e XX)

O exequente usufrutuário poderá celebrar locação do móvel ou imóvel, ouvido o executado. (CPC, art. 724)

São crimes desta natureza [crimes contra e economia popular]: *[...]; VIII – celebrar ajuste para impor determinado preço de revenda ou exigir do comprador que não compre de outro vendedor.* (Lei n. 1.521, de 26-12-1951, art. 2º, VIII)

Certificar

¶ Nas acepções de *atestar, afirmar a certeza de, passar certidão de,* constrói-se com objeto direto (sujeito na voz passiva) – *certificar* algo:

As disposições deste artigo aplicam-se aos depósitos previstos no inciso II do artigo antecedente, podendo estes certificarem-se por qualquer meio de prova. (CC/2002, art. 648, parágrafo único)

No exemplo acima, os verbos **poder** e *certificar(-se)* têm o mesmo sujeito – o pronome *estes* –, formando, assim, uma locução verbal. E, nesses casos, o infinitivo fica invariável, mesmo que o auxiliar esteja no gerúndio. A construção correta seria, pois, *podendo estes certificar-se por qualquer meio de prova,* como, aliás, se lê no dispositivo correspondente (art. 1.283, parágrafo único) do CC/1916. Arvoraram-se a corrigir Rui Barbosa e o professor de Português deste, Ernesto Carneiro Ribeiro, sob cujos olhos críticos passou a redação do CC/1916.

A cópia de documento particular tem o mesmo valor probante que o original, cabendo ao escrivão, intimadas as partes, proceder à conferência e certificar a conformidade entre a cópia e o original. (CPC, art. 385)

O vencimento dos prazos será certificado nos processos pelos escrivães ou chefes de secretaria. (CLT, art. 776)

O escrivão poderá fazer as intimações, certificando-as nos autos. (CPP, art. 370, parágrafo único)

Quando não tenha sido possível efectuar a captura, o oficial certificará a razão por que não pôde cumprir os mandados, [...] (CPPp, art. 296º, § 3º)

Só a autoridade competente pode certificar o óbito da vítima.

¶ Na acepção de *tornar ciente,* constrói-se com objeto direto (sujeito na voz passiva) de coisa e indireto de pessoa, este com a preposição *a* – *certificar* algo a alguém:

[...], o oficial do registro certificará aos pretendentes que estão habilitados para casar dentro nos três meses imediatos (art. 192). (CC/1916, art. 181, § 1º)

¶ Nas acepções de *tornar ciente, convencer da verdade ou certeza de*, constrói-se com objeto direto (sujeito na voz passiva) de pessoa e indireto de coisa, este com a preposição *de* – ***certificar*** *alguém de algo*:
Certificou os sócios da legalidade da operação (ou: *de que a operação era legal*).

Na construção ***certificar*** *algo a alguém*, ressalta-se a ideia de *comunicar, tornar ciente*; na forma ***certificar*** *alguém de algo*, evidencia-se a ideia de *convencer, persuadir*.

Chegar

¶ No sentido de *atingir* (o lugar ou o ponto para onde se estava a caminho), o verbo ***chegar*** aparece construído com a preposição *a* – ***chegar*** *a*:
Vendendo-se algum navio em viagem, pertencem ao comprador os fretes que vencer nesta viagem; mas se na data do contrato o navio tiver chegado ao lugar do seu destino, serão do vendedor; salvo convenção em contrário. (C. Com., art. 469)
[...], até que a mesma embarcação chegue ao porto do seu destino. [...] (C. Com., art. 562)
Já descobri aonde você quer chegar.

A regência do verbo ***chegar*** com a preposição *a* foi a única que encontramos nos textos legais pesquisados. Não nos apareceu nenhuma com a preposição *em*. A construção com a preposição *a* é a que deparamos nos textos de Machado de Assis, como nestes exemplos:

Ao chegarem ao patamar da escada [...], pararam os dous [...] (Contos: A Mulher de Preto)
Estevão chegou à casa e atirou-se à cama. (Contos: A Mulher de Preto)

Cientificar

¶ O verbo ***cientificar*** constrói-se com objeto direto (sujeito na voz passiva) de pessoa e indireto de coisa, este com a preposição *de* – ***cientificar*** *alguém de alguma coisa*:
O locador que se ausentar do Brasil sem cientificar o locatário de que deixou na localidade, onde estiver situado o imóvel, procurador com poderes para receber citação, será citado na pessoa do administrador do imóvel encarregado do recebimento dos aluguéis. (CPC, art. 215, § 2º)

Se o processo correr perante o juiz, o órgão do Ministério Público será cientificado do dia e da hora designados para a instrução. (CPP, art. 544, § 2º)

Caberá ao juiz da execução determinar a intimação do condenado, cientificando-o do local, dias e horários em que deverá cumprir a pena. (Lei n. 7.210, de 11-7-1984, art. 151)

Ao cientificar-se do grave acidente, o médico dirigiu-se imediatamente para o local.

O verbo ***cientificar*** pode aparecer apenas com o objeto direto (sujeito na voz passiva) de pessoa, como neste exemplo:

Serão cientificados por carta, para que manifestem interesse na causa, os representantes da Fazenda Pública da União, do Estado, do Distrito Federal, do Território e do Município. (CPC, art. 942, § 2º)

Citar

¶ O verbo *citar*, no sentido de *chamar a juízo, por ordem da autoridade competente, o réu ou o interessado, a fim de, querendo, se defender*, aparece sob as seguintes construções:

¶ *citar* alguém (objeto direto, sujeito na voz passiva):

Incumbe ao oficial de justiça procurar o réu e, onde o encontrar, citá-lo: [...] (CPC, art. 226)

Quando o réu estiver fora do território da jurisdição do juiz processante, será citado mediante precatória. (CPP, art. 353)

¶ *citar* alguém em (isto é, na pessoa de):

O locador que se ausentar do Brasil sem cientificar o locatário de que deixou na localidade, onde estiver situado o imóvel, procurador com poderes para receber citação, será citado na pessoa do administrador do imóvel encarregado do recebimento dos aluguéis. (CPC, art. 215, § 2º)

Também com o substantivo **citação** se dá a regência com a preposição *em*: *A citação será feita na pessoa do curador, a quem incumbirá a defesa do réu.* (CPC, art. 218, § 3º)

¶ *citar* alguém a:

O juiz citou as testemunhas a comparecer perante o tribunal. (Celso Pedro Luft – Dicionário prático de regência verbal, p. 120)

Clausular

¶ Tem o significado de estabelecer uma ou várias condições cuja observância é necessária à validade de um contrato ou outro documento legal; impor gravames sobre bens; dividir em partes as disposições de um documento; alinhar em cláusulas. Constrói-se com objeto direto (sujeito na voz passiva), representado por nome abstrato, oração conjuntiva ou infinitiva – **clausular** algo, **clausular** que ou **clausular** + oração infinitiva:

O negociante clausulou que a mercadoria só seria entregue contra pagamento em dinheiro.

O acordo foi clausulado em dezesseis artigos.

¶ Os artigos 979 e 1.911 do Código Civil fazem menção a **bens clausulados**. Trata-se de bens sobre os quais pesam cláusulas ou condições restritivas à sua alienação. Sobre bens havidos por liberalidade do doador ou do testador podem recair, p. ex., as cláusulas, de impenhorabilidade, de inalienabilidade de incomunicabilidade ou de indivisão.

Coadunar

¶ No sentido de *ajustar, combinar, conciliar, harmonizar*, constrói-se com objeto direto, com objeto direto e objeto indireto, este introduzido pela preposição *com*, ou pronominalmente, também com objeto indireto introduzido pela preposição *com* – **coadunar** *algo*, **coadunar** *algo com*, ou **coadunar-se** *com*:

Por mais que tentasse, ele não logrou coadunar (combinar, harmonizar) *as diversas propostas dos associados.*

Em suas obras doutrinárias, ele coaduna a precisão da linguagem com a profundidade das ideias.

Como administrador, ele coaduna dinamismo com bom-senso.

Atitudes radicais não se coadunam com a salutar convivência harmoniosa entre as pessoas.

A tese adotada pelo acórdão do E. Tribunal Regional Federal da 4ª Região não se coaduna com o entendimento do E. Tribunal Superior de Justiça.

Humanismo não se coaduna com sectarismos de esquerda ou de direita.

Coadunar origina-se do verbo latino **coadunare**, que se forma da preposição **cum** + o prefixo **ad** + o numeral **unus**, o que lhe confere (também em português) o sentido básico de *reunir(-se) em um, ajuntar(se) para formar um todo.*

Coar(c)tar

¶ Nas acepções de (a) *restringir, diminuir, limitar,* (b) *reprimir, conter, refrear, coibir,* e (c) *reduzir de tamanho, estreitar, circunscrever,* constrói-se com objeto direto (sujeito na voz passiva) – *coar(c)tar algo*:

A assembleia geral coarctou os poderes da direção administrativa.

O advogado tentou demonstrar que a defesa fora coarctada.

A omissão ou defeituosa descrição, no aditamento, das circunstâncias do fato ou a inadequada identificação do autor deste coarta a possibilidade do exercício da ampla defesa. (José Antonio Paganella Boschi – *Ação Penal – Denúncia, Queixa e Aditamento*, p. 208)

O governo coarctou os abusos na concessão de licenças remuneradas.

O Prefeito relutou em coarctar o território do Município.

O substantivo **coarctada** tem o significado de *alegação de defesa, justificação: Tais coarctadas nada colhem.* (Rui Barbosa – *Trabalhos jurídicos*, vol. XXIII, t. IV, p. 157)

Cobrar

¶ No sentido de *exigir o pagamento de certa soma de dinheiro ou coisa apreciável*, constrói-se com objeto direto (sujeito na voz passiva), ou com objeto direto e indireto, este com a preposição *a* ou *de* – **cobrar** *algo*, ou **cobrar** *algo a* ou *de alguém*:

Embora outra coisa haja estipulado, não poderá o locatário cobrar ao locador juros sobre as soldadas, que lhe adiantar, [...] (CC/1916, art. 1.234)

O líder político cobrou lealdade e empenho aos colegas de partido.

A testemunha pretende cobrar um alto preço pelo seu silêncio.

Pessoa humanitária, o profissional nada cobrava (dos pacientes) pelas consultas que lhe faziam.

Como se observa no exemplos dados, pode aparecer, introduzido pela preposição *por*, um objeto indireto indicativo da origem, do motivo da cobrança.

Cobrir

¶ O verbo *cobrir*, no sentido de *proteger-se, resguardar-se, defender-se*, aparece sob a construção *cobrir-se de* (objeto direto reflexivo + objeto indireto com a preposição *de*) – *cobrir-se de algo*:

O segurador que, ao tempo do contrato, sabe estar passado o risco, de que o segurado se pretende cobrir, e, não obstante, expede a apólice, pagará em dobro o prêmio estipulado. (CC/2002, art. 773)

¶ No sentido de a) *ter um valor suficiente para pagar alguma coisa*, b) *oferecer um montante, uma soma, ou um valor superior a outro* e c) *garantir o pagamento em dinheiro de determinado prejuízo ou despesa*, constrói-se com objeto direto (sujeito na voz passiva) – *cobrir algo*:

(a) *O seu ordenado não cobre os gastos da família.*

(b) *Quando já se considerava dono do quadro, outro licitador cobriu seu lance.*

(c) *Os planos de saúde não cobrem as cirurgias estéticas.*

Colacionar

¶ No Direito Civil, tem o significado de *trazer, restituir ao espólio bens recebidos antecipadamente pelo herdeiro, em vida do 'de cuius', a fim de igualar a legítima* (porção da herança reservada por lei aos herdeiros necessários); *trazer bens ou seus respectivos valores à colação; conferir as liberalidades recebidas do 'de cuius'*. Constrói-se com objeto direto (sujeito na voz passiva) – *colacionar algo*:

Os descendentes não são obrigados a colacionar as doações remuneratórias de serviços feitos ao ascendente.

¶ Na linguagem jurídico-judiciária, *colacionar* é empregado no sentido extensivo de *citar a propósito, referir textos jurisprudenciais* (ementas de acórdãos, *v. g.*) *em apoio de argumentos ou fundamentos expendidos em petições, recursos, pareceres, decisões*, etc. Também neste sentido se constrói com objeto direto (sujeito na voz passiva) – *colacionar algo*:

Em apoio ao entendimento acima exposto – da inconstitucionalidade da referida lei –, colacionam-se recentes decisões do E. Tribunal Superior de Justiça: [...]

Veja os verbetes **Conferir** e **Trazer à colação**.

Colidir

¶ Tem os significados de *ir de encontro a alguma coisa, geralmente de forma violenta ou acidental e desastrosa; ser incompatível com alguma* coisa, entrar em choque, em conflito ou desarmonia. Constrói-se intransitivamente ou com objeto indireto introduzido pela preposição *com* – *algo colide* ou *algo colide com*:

Se se mantiverem naquela rota, os dois aviões poderão colidir.

Se o querelado for mentalmente enfermo ou retardado mental e não tiver representante legal, ou colidirem os interesses deste com os do querelado, a aceitação do perdão caberá ao curador que o juiz lhe nomear. (CPP, art. 53)

Colmatar

¶ Tanto no sentido originário de *guiar águas em sedimentos para baixadas a fim de que fertilizem a terra; atulhar um terreno por meio do acúmulo de detritos, depósitos lodosos, terra, etc., aterrar,* quanto nas acepções extensivas de *tapar lacunas, fendas, brechas, completar, preencher; corrigir, contrabalançar, reparar,* constrói-se com objeto direto (sujeito na voz passiva) – ***colmatar algo***:

As águas do rio Amazonas colmatam periodicamente as planícies circunvizinhas.

As equipes da Secretaria dos Transportes colmataram rapidamente as valas abertas pelas águas.

Quanto aos múltiplos aspectos não disciplinados no procedimento especial da ação coletiva, eles devem ser colmatadaos [= completados, preenchidos] pela aplicação da lei geral, o Código de Processo Civil, [...] (Teori Zavascki – *Processo coletivo*, p. 196)

A administração atual está empenhada em colmatar [= corrigir, reparar] os erros cometidos pelas anteriores.

Colmatar tem origem no substantivo italiano **colmata**: *preenchimento de um terreno com depósitos aluviais ou materiais transportados pelas águas; acúmulo de areia levada pelas enxurradas para os leitos dos rios e os mares, o que constitui obstáculo para a navegação;* sentido extensivo, figurado: *ação de preencher, completar.*

Cometer

¶ No sentido de *confiar, entregar, encarregar,* o verbo ***cometer*** constrói-se com objeto direto (sujeito na voz passiva) de coisa e objeto indireto de pessoa (ou de coisa também), este com a preposição *a* – ***cometer*** *algo a alguém* (ou *a algo*):

Nos Territórios Federais, a jurisdição e as atribuições cometidas aos juízes federais caberão aos juízes da justiça local, na forma da lei. (CRFB, art. 110, parágrafo único)

Aqueles a quem o instituidor cometer a aplicação do patrimônio, em tendo ciência do encargo, formularão logo, de acordo com as suas bases (art. 62), o estatuto da fundação projetada, [...] (CC/2002, art. 65)

É nula a disposição: [...] III – que favoreça a pessoa incerta, cometendo a determinação de sua identidade a terceiro; (CC/2002, art. 1.900, III)

O testador pode conservar o testamento cerrado em seu poder, cometê-lo à guarda de terceiro ou depositá-lo em qualquer repartição notarial. (CCp, art. 2209°)

O verbo **cometer** origina-se do verbo latino **comm<u>i</u>ttere** (*confiar, entregar a alguém*), que também se encontra presente na palavra *fideicomisso*.

Cominar

¶ O verbo *cominar*, nas acepções de *estabelecer, prescrever pena pecuniária, ou não, para a infração praticada, ameaçar com pena, instituir pena por infração da lei ou descumprimento de obrigação contratual,* aparece sob as seguintes construções:

¶ **cominar** *algo* (pena, sanção, etc.):

É nulo o negócio jurídico quando: [...] VII – a lei taxativamente o declarar nulo, ou proibir-lhe a prática, sem cominar sanção. (CC/2002, art. 166, VII)

Se o requerido não cumprir a sentença no prazo estabelecido, o juiz declarará: [...]

II – no caso do art. 830, efetivada a sanção que cominou. (CPC, art. 834, parágrafo único, II)

¶ **cominar** *algo* (pena, sanção, etc.) *a*:

O possuidor direto ou indireto, que tenha justo receio de ser molestado na posse, poderá impetrar ao juiz que o segure da turbação ou esbulho iminente, mediante mandado proibitório, em que se comine ao réu pena pecuniária, caso transgrida o preceito. (CPC, art. 932)

Consideram-se infrações penais de menor poder ofensivo, para os efeitos desta Lei, as contravenções penais e os crimes a que a lei comine pena máxima não superior a 1 (um) ano, [...] (Lei n. 9.099, de 26-9-1995, art. 61)

¶ **cominar** *algo* (pena, sanção, etc.) *contra*:

Não vale o ato, que deixar de revestir a forma especial, determinada em lei (art. 82), salvo quando esta comine sanção diferente contra a preterição de forma exigida. (CC/1916, art. 130)

¶ **cominar** *algo* (pena, sanção, etc.) *para*:

Aquele em cujo favor há de ser dada a caução requererá a citação do obrigado para que a preste, sob pena de incorrer na sanção que a lei ou o contrato cominar para a falta. (CPC, art. 830)

O verbo **cominar** origina-se do verbo depoente (= forma passiva e significação ativa) latino **comm<u>i</u>nari**, que significa *fazer ameaças, ameaçar*. O verbo **comm<u>i</u>nari**, por sua vez, provém do substantivo **minae, -arum**, cujo significado é *saliência, proeminência de um muro, de uma parede ou de um penhasco, coisas suspensas sobre*; e daí, por extensão, *ameaças*. **Cominar** pena não significa, pois, *aplicar pena*, mas, sim, *ameaçar com pena*. Assim, **preceito cominatório** é aquele que estabelece, fixa pena pecuniária para o caso de descumprimento de ordem judicial. É um preceito que contém **ameaça** de pena.

Compadecer

¶ Nas acepções de *conformar-se, acomodar-se, harmonizar-se, ser compatível*, este verbo aparece construído pronominalmente, regendo objeto indireto com a preposição *com* – **compadecer-se** *com*:

Se o locador estiver em mora quanto à obrigação de fazer reparações ou outras despesas, e umas e outras, pela sua urgência, não se compadecerem com as delongas do procedimento judicial, tem o locatário a possibilidade de fazê-las extrajudicialmente, com direito ao seu reembolso. (CCp, art. 1036º, 1)

O contrato de locação caduca: [...] f) No caso de expropriação por utilidade pública, a não ser que a expropriação se compadeça com a subsistência do contrato. (CCp, art. 1051º, 1, f)

Será que a justiça constitucional se compadece com decisões que os próprios juízes reconhecem não serem rigorosas? (Francisco Teixeira da Mota – *Escrever direito*, p. 219)

Comparecer

¶ No sentido de *ir a juízo perante magistrado ou funcionário judicial, por si ou por seu procurador, para algum ato judicial para que foi chamado ou citado*, aparece com as seguintes regências:

¶ **comparecer** *em*. É a regência habitual com a palavra *juízo*:

Além dos deveres enumerados no art. 14, compete à parte: I – comparecer em juízo, respondendo ao que lhe for interrogado; (CPC, art. 340, I)

[...], podendo o juiz impor-lhe as seguintes obrigações: [...] 2º Comparecer em juízo, quando a lei o exija [...] (CPPp, art. 269º, 2º)

1. Deparamos dois exemplos, ambos no Código de Processo Penal de Portugal, em que não era *juízo* o termo antecedido da preposição *em*:

O réu não é obrigado a comparecer no julgamento, se à contravenção ou transgressão não corresponder pena de prisão, podendo fazer-se representar por advogado. (CPPp, art. 547º)

Se o réu não comparecer na audiência de julgamento, quando a sua comparência não for obrigatória, será julgado à revelia nomeando-lhe o juiz defensor oficioso. (CPPp, art. 548º)

2. Não se comprovou, pelos exemplos encontrados, o que refere Edmundo Dantès Nascimento em *Linguagem forense* (p. 22): Observe-se que no passado dizemos: *compareceu EM juízo*, e no futuro: *comparecerão A juízo*.

¶ **comparecer** *a*. É a regência habitual (salvo os exemplos acima referidos) em que o termo regido não é a palavra *juízo*:

O réu será citado para comparecer à audiência, que não se realizará em prazo inferior a dez (10) dias contados da citação, [...] (CPC, art. 278)

¶ **comparecer** *(per)ante*:

O interditando será citado para, em dia designado, comparecer perante o juiz, que o examinará, [...] (CPC, art. 1.181)

Como lembra Celso Pedro Luft em seu *Dicionário prático de regência verbal* (p. 128), a preposição *(per)ante*, em casos como o acima, envolve, *entre outros, os traços semânticos de autoridade (judicial) e julgamento (ou prestação de contas).*

¶ *comparecer* (sem qualquer complemento):

À hora marcada, o juiz-presidente declarará aberta a audiência, sendo feita pelo chefe de secretaria ou escrivão a chamada das partes, testemunhas e demais pessoas que devam comparecer. (CLT, art. 815)

Compareceram somente as testemunhas do autor.

¶ No sentido de *apresentar-se no seu posto ou repartição para exercer as suas funções*, aparece com as seguintes regências:

¶ *comparecer* (sem qualquer complemento):

Se, até quinze minutos após a hora marcada, o juiz ou presidente não houver comparecido, os presentes poderão retirar-se, devendo o ocorrido constar do livro de registro das audiências. (CLT, art. 815, parágrafo único)

Os empregados do setor de manutenção não comparecem há dois dias.

¶ *comparecer* em:

[...], sendo facultada a assistência dos presidentes das entidades sindicais diretamente interessadas, que permanecerão, pelo tempo que for preciso, no recinto de trabalho, e comparecerão nos locais onde se tornar necessária a sua presença. (CLT, art. 282)

Dois conselheiros que não compareceram na sessão mandaram por escrito seus votos.

¶ *comparecer* a:

Perderá o mandato o Deputado ou Senador: [...] III – que deixar de comparecer, em cada sessão legislativa, à terça parte das sessões ordinárias da Casa a que pertencer, salvo licença ou missão por esta autorizada; (CRFB, art. 55, III)

No dia e hora designados, o oficial de justiça, independentemente de novo despacho, comparecerá ao domicílio ou residência do citando, a fim de realizar a diligência. (CPC, art. 228)

¶ No sentido genérico de *aparecer, apresentar-se, fazer-se presente em lugar determinado*, aparece com as seguintes regências:

¶ *comparecer* a:

Para obtenção da Carteira de Trabalho e Previdência Social o interessado comparecerá pessoalmente ao órgão emitente, onde será identificado e prestará as declarações necessárias. (CLT, art. 15)

¶ *comparecer* (per)ante:

Recusando-se a empresa a fazer as anotações a que se refere o art. 29 ou a devolver a Carteira de Trabalho e Previdência Social recebida, poderá o empregado comparecer, pessoalmente ou por intermédio de seu sindicato, perante a Delegacia Regional ou órgão autorizado, para apresentar reclamação. (CLT, art. 36)

¶ *comparecer* em:

Durante a greve, os empregados compareceram em grande número na sede do sindicato.

¶ *comparecer* (sem qualquer complemento):

Pode casar por procuração o preso, ou o condenado, quando lhe não permita comparecer em pessoa a autoridade, sob cuja guarda estiver. (CC/1916, art. 201, parágrafo único)
Convidado pelos formandos, o Senhor Governador prometeu comparecer.
Ao verbo *comparecer* correspondem, tanto no sentido técnico quanto no comum, geral, os substantivos **comparecimento** e **comparência**.

Comparticipar
¶ No sentido de *participar conjuntamente, compartir, compartilhar, ter parte ou quinhão, simultaneamente com alguém, em alguma coisa ou negócio*, constrói-se com a preposição *em* – ***comparticipar** em alguma coisa*:
Nas relações entre si, presume-se que os devedores ou credores solidários comparticipam em partes iguais na dívida ou no crédito, [...] (CCPp, art. 516°)
Ser cidadão de qualquer Estado não quer dizer comparticipar nos crimes de cidadãos ruins. (Rui Barbosa – Trabalhos jurídicos, vol. II, t. I, p. 120)

Compartilhar
¶ No sentido de *partilhar, dividir, repartir*, constrói-se com objeto direto, ou com objeto direto e indireto, este introduzido pela preposição *com* – ***compartilhar** algo*, ou ***compartilhar** algo com alguém*:
Amigos de muitos anos, compartilhavam alegrias e tristezas.
O diretor compartilhava suas preocupações com os membros da equipe administrativa.
¶ No sentido de *ter ou tomar parte em, comparticipar*, constrói-se com objeto direto, ou com objeto indireto introduzido pela preposição *de* – ***compartilhar** algo*, ou ***compartilhar** de algo*:
Os vizinhos compartilhavam a dor da família enlutada.
Os meus amigos compartilhavam minhas mágoas e frustrações.
Não compartilhamos desse ponto de vista.
¶ No sentido de *usar em comum*, constrói-se com objeto direto, ou com objeto indireto com a proposição *de* – ***compartilhar** algo*, ou ***compartilhar** de algo*:
Você pode compartilhar meus livros, mas não minhas roupas.
Premidos pela necessidade, compartilhavam dos mesmos utensílios domésticos durante a permanência na Capital.

Compartir
¶ No sentido de *compartilhar, repartir, dividir em partes ou quinhões*, aparece com objeto direto (sujeito na voz passiva) e objeto indireto, este a preposição *entre* – ***compartir** alguma coisa entre*:

Extinguindo-se uma sociedade de fins econômicos, o remanescente do patrimônio social compartir-se-á entre os sócios ou seus herdeiros. (CC/1916, art. 23)

Ao verbo **compartir** corresponde o substantivo **comparte**: *quinhoeiro, compartilhante, condômino, compossessor, comunheiro,* etc.

Compatibilizar

¶ Empregado no sentido de *harmonizar, conciliar,* o verbo **compatibilizar** aparece construído com objeto direto (sujeito na voz passiva) ou com objeto direto e indireto, este precedido da preposição *com* – **compatibilizar** *alguma coisa* ou **compatibilizar** *alguma coisa com outra:*

A lei estabelecerá as diretrizes e bases do planejamento do desenvolvimento nacional equilibrado, o qual incorporará e compatibilizará os planos nacionais e regionais de desenvolvimento. (CRFB, art. 174, § 1º)

A destinação das terras públicas e devolutas será compatibilizada com a política agrícola e com o plano nacional de reforma agrária. (CRFB, art. 188)

Para assegurar o direito ao ambiente, [...] incumbe ao Estado, por meio de organismos próprios e com o envolvimento e a participação dos cidadãos: [...]; h) Assegurar que a política fiscal compatibilize desenvolvimento com protecção do ambiente e qualidade de vida. (CRP, art. 66°, h)

Compelir

¶ Nas acepções de *forçar alguém a fazer alguma coisa; usar meios compulsórios para obrigar alguém ao cumprimento da lei,* constrói-se com objeto direto de pessoa (sujeito na voz passiva) e indireto de coisa, este com a preposição *a* e geralmente expresso por oração infinitiva – **compelir** *alguém a + infinitivo:*

A prisão administrativa terá cabimento: I – contra remissos ou omissos em entrar para os cofres públicos com os dinheiros a seu cargo, a fim de compeli-los a que o façam. (CPP, art. 319, I)

Os policiais compeliram o assaltante preso a denunciar os cúmplices.

1. O verbo **compelir**, da 3ª conjugação, muda em **i** o **e** do radical na primeira pessoa do singular do presente do indicativo, em todo o presente do subjuntivo e nas formas correspondentes do imperativo: (eu) compilo; compila, -as, -a, -amos, -ais, -am; compila/não compila você; compilamos/não compilamos nós; compilam/não compilam vocês.

2. Não se confunda a flexão de **compelir**, da 3ª conjugação, com a de **compilar** (sinônimo de coligir, reunir), da 1ª conjugação.

Compensar

¶ O verbo **compensar**, empregado nas acepções de *equilibrar, liquidar uma dívida, integral ou parcialmente, encontrando o crédito com o débito, fazer o encontro e a liquidação, integral ou parcial, de obrigações recíprocas, reparar o dano resultante de,* aparece sob as seguintes construções:

¶ pronominalmente, com ideia de *reciprocidade* – ***compensar-se***:

Se duas pessoas forem ao mesmo tempo credor e devedor uma da outra, as duas obrigações extinguem-se, até onde se compensarem. (CC/2002, art. 368)

Embora sejam do mesmo gênero as coisas fungíveis, objeto das duas prestações, não se compensarão, verificando-se que diferem na qualidade, quando especificada no contrato. (CC/2002, art. 370)

¶ com objeto direto (sujeito na voz passiva) – ***compensar*** *alguma coisa*:

Sendo a mesma pessoa obrigada por várias dívidas compensáveis, serão observadas, no compensá-las, as regras estabelecidas quanto à imputação de pagamento (arts. 991 a 994). (CC/2002, art. 379)

O juiz, de ofício ou a requerimento do interessado, corrigirá o erro ou a falta de distribuição, compensando-a. (CPC, art. 255)

¶ com objeto direto (sujeito na voz passiva) e indireto, este antecedido da preposição *com* – ***compensar*** *uma coisa com outra*:

O imposto previsto no inciso IV: [...] II – será não cumulativo, compensando-se o que for devido em cada operação com o montante cobrado nas anteriores; (CRFB, art. 153, § 3º, II)

O mandatário não pode compensar os prejuízos a que deu causa com os proveitos, que, por outro lado, tenha granjeado ao seu constituinte. (CC/2002, art. 669)

¶ Com objeto direto (sujeito na voz passiva) e objeto indireto, este com a preposição *entre* – ***compensar*** *algo entre*:

Se cada litigante for em parte vencedor e vencido, serão recíproca e proporcionalmente distribuídos e compensados entre eles os honorários e as despesas. (CPC, art. 21)

Competir

¶ No sentido *caber a alguém, por direito ou dever, determinada função, ser da sua competência*, constrói-se com objeto indireto, introduzido pela preposição *a*, daquele a quem algo ***compete***, e com sujeito, representado por substantivo ou oração infinitiva, daquilo que ***compete*** – *algo* ***compete*** *a alguém*:

Compete ao Supremo Tribunal Federal, precipuamente, a guarda da Constituição, cabendo-lhe: (CRFB, art. 102, *caput*)

A administração da sociedade compete exclusivamente a sócios, [...] (CC/2002, art. 1.042)

Na falta das pessoas mencionadas neste artigo, compete ao juiz a escolha do curador. (CC/2002, art. 1.775, § 3º)

Compete ao testamenteiro [...] defender a validade do testamento. (CC/2002, art. 1.981)

Aos oficiais de registro de distribuição compete privativamente: [...]; III – efetuar as averbações e os cancelamentos de sua competência; (Lei n. 8.935, de 18-11--1994, art. 13, II)

¶ Na acepção de *ser admissível, cabível*, aparece sob a construção *algo compete contra alguém*:

A mesma ação [regressiva] *competirá contra* aquele em defesa de quem se causou o dano (art. 188, inciso I). (CC/2002, art. 930, parágrafo único)

Não é usual esta construção, i. é, com a omissão da pessoa a quem compete alguma coisa. Seria preferível a construção com um outro verbo ou expressão da mesma área semântica (*caber, ser cabível*, etc.).

Confira os verbetes **Caber** e **Incumbir**.

Compor

¶ Nas acepções de *ressarcir, indenizar, remediar*, o verbo **compor** aparece com objeto direto (sujeito na voz passiva) – *compor alguma coisa (dano, prejuízo*, etc.):

Quando o cônjuge responsável pelo ato anulado não tiver bens particulares, que bastem, o dano aos terceiros de boa-fé *se comporá* pelos bens comuns, na razão do proveito que lucrar o casal. (CC/1916, art. 255, parágrafo único)

Se sobrevier ou se se tornar conhecido outro presumido herdeiro legitimário, pode este exigir que lhe seja *composta* em dinheiro a parte correspondente. (CCp, art. 2029º, 2)

Comprovar

¶ Tem o significado de corroborar, evidenciar, confirmar integralmente o que antes já se havia provado (mediante os meios de prova: razões, instrumentos, perícias, testemunhos, etc.). Comprovam-se os fatos que os meios de prova provam. Constrói-se com objeto direto (sujeito na voz passiva) – *comprovar algo*:

Não obstante a autenticidade aterradora dos documentos que o *comprovavam*, punha ponto a todas as dúvidas com este ato de fé. (Rui Barbosa)

Cessa a fé do documento particular quando: I – lhe for contestada a assinatura e enquanto não se lhe *comprovar* a veracidade; [...] (CPC. art. 388, I)

Ocorrendo a despedida, caberá ao empregador, em caso de reclamação à Justiça do Trabalho, *comprovar* a existência de qualquer dos motivos mencionados neste artigo, sob pena de ser obrigado a reintegrar o empregado. (CLT, art. 165, parágrafo único)

Confira o verbete **Provar**.

Compulsar

¶ É empregado, atualmente, no sentido de folhear registros ou textos escritos; manusear e examinar papéis, autos, livros ou documentos, seja para conhecer-lhes o conteúdo, seja para extrair deles notas ou certidões. Constrói-se com objeto direto (sujeito na voz passiva – *compulsar* algo:

Mais tarde, algum crítico da escola do autor compulsará as suas páginas para restituir costumes extintos. (Machado de Assis)

Nos fins de semana, põe-se a compulsar obras de jurisprudência, entremeadas com obras clássicas nacionais e estrangeiras.

Computar

¶ No sentido de *levar em consideração, incluir,* constrói-se com objeto direto (sujeito na voz passiva) – *computar* alguma coisa:

Para efeito de promoção por antiguidade, o tempo de serviço desses juízes será computado a partir do dia de sua posse. (CRFB, ADCT, art. 28, parágrafo único)

O valor da responsabilidade será calculado de acordo com a importância dos bens e dos saldos prováveis dos rendimentos que devem ficar em poder dos tutores e curadores durante a administração, não se computando, porém, o preço do imóvel. (CPC, art. 1.206, § 1º)

¶ Na acepção de *contar, calcular,* constrói-se com objeto direto (sujeito na voz passiva) – *computar* algo:

Salvo disposição legal ou convencional em contrário, computam-se os prazos, excluído o dia do começo, e incluído o do vencimento. (CC/2002, art. 132)

Comunicar

¶ No sentido de *fazer saber, participar, dar ciência de* (fato ocorrido ou ato praticado), constrói-se com objeto direto (sujeito na voz passiva) e objeto indireto, este com a preposição *a* – *comunicar* alguma coisa a alguém:

Na vigência do estado de defesa:

I – a prisão por crime contra o Estado, determinada pelo executor da medida, será por este comunicada imediatamente ao juiz competente, [...] (CRFB, art. 136, § 3º, I)

A renúncia do mandato será comunicada ao mandante, [...] (CC/2002, art. 688)

Passada em julgado a sentença, a que se refere o parágrafo anterior, o escrivão comunicará ao réu o resultado do julgamento. (CPC, art. 219, § 6º)

[...]; mas os sucessores podem renunciar à transmissão, comunicando a renúncia ao senhorio no prazo de trinta dias. (CCp, art. 1111º, 1)

A autoridade deverá comunicar imediatamente ao juiz da execução o descumprimento da pena. (LEP, art. 155)

1. O objeto indireto pode estar subentendido:

O estabelecimento designado encaminhará, mensalmente, ao juiz da execução, relatório, bem assim comunicará, a qualquer tempo, a ausência ou falta disciplinar do condenado. (LEP, art. 153)

2. Como o sujeito da voz passiva correspondente ao objeto direto da voz ativa (*aquilo que se comunica, no caso*), é totalmente inaceitável a construção *alguém é/foi comunicado de algo*, já que o objeto indireto conserva esta função na voz passiva.

¶ Nas acepções de (a) *entrar em comunhão, achar-se compreendido na sociedade matrimonial de bens e interesses*, e (b) *concorrerem circunstâncias e condições no crime ou no seu agente*, constrói-se pronominalmente – ***comunicar-se***:

acepção *a*:
No regime de comunhão parcial, comunicam-se os bens que sobrevierem ao casal, na constância do casamento, [...] (CC/2002, art. 1.658)

acepção *b*:
Não se comunicam as circunstâncias e as condições de caráter pessoal, salvo quando elementares do crime. (CP, art. 30)

Comutar

¶ Nas acepções de *substituir, trocar, permutar* e, especialmente em Direito Penal, *substituir uma pena mais grave e aflitiva por outra mais benigna, atenuar a pena*, constrói-se com objeto direto (sujeito na voz passiva), ou com objeto direto e indireto, este antecedido da preposição *a, por* ou *em* – ***comutar alguma coisa***, ou ***comutar*** *alguma coisa* (pena, castigo) *a* (alguém), *por* ou *em* (alguma coisa):

Compete privativamente ao Presidente da República: [...] XIII – conceder indulto e comutar penas, com audiência, se necessário, dos órgãos instituídos em lei; (CRFB, art. 84, XII)

Estando o patrimônio da fundação onerado com encargos cujo cumprimento impossibilite ou dificulte gravemente o preenchimento do fim institucional, pode a entidade competente para o reconhecimento, sob proposta da administração, suprimir, reduzir ou comutar esses encargos, ouvido o fundador, se for vivo. (CCp, art. 191°, 1)

No exemplo acima, o verbo **comutar** está com a acepção de *substituir, trocar, permutar*.

Na prisão, o seu comportamento foi tão exemplar, que a benevolência real comutou-lhe o tempo da pena. (Camilo Castelo Branco)

Ao verbo **comutar** corresponde o substantivo **comutação**, que, em Direito Penal, consiste no ato de minorar a pena aplicada pelo Judiciário, sendo competência exclusiva do Presidente da República.

Concernir

¶ Empregado no sentido de *ter relação com, dizer respeito, referir-se*, constrói-se com objeto indireto introduzido pela preposição *a* – *algo* ***concerne*** *a*:

Na sentença, o juiz nomeará administrador que será investido de todos os poderes que concernem ao usufrutuário. (CPC, art. 719)

No que concerne ao mérito, permito-me tecer algumas considerações.

No que me concerne, está tudo em ordem.

O verbo **concernir** flexiona-se como **aderir**: o *e* do radical muda-se em *i* na primeira pessoa do singular do presente do indicativo e derivados.

Concertar

Na linguagem jurídica, o verbo *concertar* aparece sob as seguintes acepções e construções:

¶ Na linguagem forense, tem o sentido de *autenticar, pela conferência ou comparação, documento extraído por um serventuário da justiça. Um deles o 'extrai'; o outro o 'confere'. E pondo sua conformidade, decorrente da comparação entre o original e a cópia, promove o 'concerto'.* Neste sentido, então, mostra [o concerto] *a 'harmonia' entre dois fatos ou entre dois atos* (Plácido e Silva – Vocabulário jurídico, vol. I, p. 380). E, nesta acepção, isto é, de *o serventuário da justiça, após o devido cotejo, dar a cópia que lhe é apresentada, de título ou documento, por conforme com o original,* constrói-se com objeto direto (sujeito na voz passiva) – *concertar alguma coisa* (documento):

Farão a mesma prova que os originais as certidões textuais de qualquer peça judicial, do protocolo das audiências, ou de outro qualquer livro, a cargo do escrivão, sendo extraídas por ele, ou sob sua vigilância, e por ele subscritas, assim como os traslados de autos, quando por outro escrivão concertados. (CC/1916, art. 137)

No art. 216 do CC/2002, correspondente ao art. 137 do CC/1916, trocou-se, erroneamente, o termo **concertados** por **consertados**. Fruto de algum insipiente em terminologia jurídica.

Os traslados, ainda que não concertados, e as certidões considerar-se-ão instrumentos públicos, se os originais se houverem produzido em juízo como prova de algum ato. (CC/1916, art. 139)

O traslado será extraído, conferido e concertado no prazo de cinco dias, e dele constarão sempre a decisão recorrida, a certidão de sua intimação, se por outra forma não for possível verificar-se a oportunidade do recurso, e o termo de interposição. (CPP, art. 587, parágrafo único)

Ao verbo *concertar*, no sentido acima, corresponde o substantivo **concerto**:

Será de quinze (15) dias o prazo para a extração, a conferência e o concerto do traslado, prorrogável por mais dez (10) dias, mediante solicitação do escrivão. (CPC, art. 525)

No sentido de *pactuar, combinar, ajustar, entrar em ajuste ou combinação,* aparece sob as seguintes construções:

¶ *concertar algo com alguém*:

Todo o português ou estrangeiro residente em Portugal que conjurar contra a segurança exterior do Estado, concertando com outras pessoas cometer qualquer dos crimes declarados nos artigos 141º e 142º, será condenado, se a conjuração for seguida de acto preparatório de execução, na pena do nº 4 do artigo 55º [...] (CPp, art. 143º)

¶ *concertar-se com alguém para*:

Nas penas deste artigo e seu § 1º será condenado todo o português ou estrangeiro residente em Portugal que se concertar com uma potência estrangeira ou seus agentes para induzir por qualquer meio ou força o Estado Português a declarar a guerra ou a manter a neutralidade. (CPp, art. 148º, § 3º)

¶ *concertar* alguma coisa entre:

Se dois ou mais indivíduos concertarem entre si e fixarem sua resolução de cometerem o referido crime, e esta conjuração for seguida de algum acto praticado para preparar a execução, serão condenados na pena do n° 4 do art. 55°; [...] (CPp, art. 163°, § 3°)

¶ *concertar-se* com alguém:

O que passar a dita moeda falsificada por qualquer dos modos declarados neste artigo ou a expuser à venda, não se concertando nem sendo cúmplice com o falsificador, será condenado ao máximo da pena de prisão e ao máximo da multa. (CPp, art. 208°, § 2°)

Ao verbo *concertar*, no sentido acima, corresponde o substantivo **concerto**:

Aquele que, sem concerto com o fabricador e sem que seja seu cúmplice, passar a dita moeda, notas, inscrições ou obrigações falsificadas, ou as puser à venda, será condenado a prisão maior de dois a oito anos. (CPp, art. 207°)

Se na introdução, passagem ou uso dos mesmos títulos não houver concerto com o falsificador ou com outro introdutor ou passador, a pena será de prisão e multa. (CPp, art. 215°, § 2°)

¶ *Concertar x Consertar*

É inequívoca a distinção entre os verbos homônimos *concertar* e *consertar*. Enquanto o primeiro, como se viu, tem as acepções de *conferir uma cópia com o original para autenticá-la*, ou *pactuar, ajustar, combinar*, o segundo tem a significação de *reparar, recompor o que se encontra deteriorado*. O mesmo se dá, evidentemente, com os substantivos homônimos **concerto** e **conserto**.

Confira o verbete *consertar*.

Conciliar

¶ No sentido jurídico de *harmonizar litigantes por meio da celebração de acordo, transação, ou desistência*, constrói-se com objeto direto – *conciliar alguém* ou *algo*:

Antes de iniciar a instrução, o juiz tentará conciliar as partes. [...] (CPC, art. 448)

Concitar

¶ Tem o significado (negativo) de estimular (rivalidades, etc.); instigar ou excitar à desordem, ao tumulto, etc.); e, por extensão, a acepção positiva de estimular, incitar, instigar, exortar, animar, mover. Constrói-se, nos dois casos, com objeto direto de pessoa (sujeito na voz passiva) e indireto, este introduzido pela preposição *a* – *concitar alguém a*:

Os agitadores concitavam o povo a saquear as lojas.

É conhecida a exortação que, após formado o Conselho de Sentença, o presidente do júri faz aos jurados:

Em nome da lei, concito-vos a examinar esta causa com imparcialidade e a proferir a vossa decisão de acordo com a vossa consciência e os ditames da justiça. (CPP, art. 472).

Após esta exortação, os jurados, nominalmente chamados pelo presidente, respondem: *Assim eu prometo*. (cf. CPP, art. 472, *in fine*)

Concluir

¶ No sentido de *acabar, terminar*, constrói-se com objeto direto (sujeito na voz passiva) – **concluir** *algo*:

Incumbirá ao serventuário remeter os autos conclusos no prazo de vinte e quatro (24) horas e executar os atos processuais no prazo de quarenta e oito (48) horas, contados: I – da data em que houver concluído o ato processual anterior, se lhe foi imposto pela lei. (CPC, art. 190, I)

¶ No sentido de *decidir com fundamento* (em razões, normas, etc.), constrói-se com a preposição *por* – **concluir** *por algo*:

Quando a decisão concluir pela procedência do pedido, determinará o prazo e as condições para o seu cumprimento. (CLT, art. 832, § 1º)

[...], a Comissão Especial [...] concluirá pela condenação, ou não, do governador à perda do cargo, [...] (Lei n. 7.106, de 28-6-1983, art. 4º)

Ao verbo *concluir* ligam-se os termos **conclusão** e **conclusos**. **Conclusão** tem o significado específico de *ato, consistente em termo, por meio do qual os autos são submetidos ao juiz da causa, para que neles profira uma decisão* (Pedro Nunes – *Dicionário de tecnologia jurídica*, vol. I, p. 238). Já o termo **conclusos** é aplicado aos autos que, com termo de *conclusão*, subiram ao juiz para despacho ou sentença: *Distribuídos, os autos subirão, no prazo de quarenta e oito (48) horas, à conclusão do relator, que, depois de estudá-los, os restituirá à secretaria com o seu visto.* (CPC, art. 549)

Tratando-se de apelação, de embargos infringentes e de ação rescisória, os autos serão conclusos ao revisor. (CPC, art. 551)

Concorrer

¶ No sentido de *competirem entre si pessoas que pretendem a mesma coisa ou aspiram à mesma vantagem, ou que têm idêntica obrigação*, constrói-se com a preposição *em* ou *a* – **concorrer** *em* ou *a alguma coisa*:

Há solidariedade quando na mesma obrigação concorre mais de um credor, ou mais de um devedor, cada um com direito, ou obrigado à dívida toda. (CC/2002, art. 264)

Os descendentes que concorrerem à sucessão do ascendente comum, são obrigados a conferir as doações e os dotes, que dele em vida receberam. (CC/2002, art. 2.002)

[...]; o donatário poderá concorrer na licitação e, em igualdade de condições, preferirá aos herdeiros. (CPC, art. 1.015, § 2º)

¶ Na acepção de *contribuir simultaneamente para um efeito ou resultado*, constrói-se com objeto indireto introduzido pela preposição para – **concorrer** *para algo*:

O condômino é obrigado, na proporção de sua parte, a concorrer para as despesas de conservação ou divisão da coisa, e a suportar os ônus a que estiver sujeita. (CC/2002, art. 1.315)

Condenar

¶ No sentido de *proferir, o juiz, a sentença definitiva em que declara culpado o denunciado e lhe impõe a pena correspondente à sua infração, julgar procedente a ação e condenar o réu a satisfazer, no todo ou em parte, o pedido do autor, declarar incurso em pena, proferir sentença condenatória contra*, aparece com as seguintes regências:

¶ **condenar** *alguém*:

Condenaram o réu sem provas suficientes.

Condenou-os a justiça legal; reabilitou-os a justiça histórica. (Machado de Assis)

¶ **condenar** *alguém em algo*. É a regência mais comum nos textos legais:

É defeso ao juiz proferir sentença, a favor do autor, de natureza diversa da pedida, bem como condenar o réu em quantidade superior ou em objeto diverso do que lhe foi demandado. (CPC, art. 460)

A sentença ou acórdão, que julgar a ação, qualquer incidente ou recurso, condenará nas custas o vencido. (CPP, art. 804)

[...]; em qualquer outro caso, o tribunal pode fixar uma indenização equitativa e condenar nela não só o agente, como aqueles que tiraram proveito do acto ou contribuíram para o estado de necessidade. (CCp, art. 339º, 2)

Se o criminoso for estrangeiro, será condenado em prisão até seis meses. (CPp, art. 156º, § único)

Aquele que enjeitar moeda que tenha curso legal no reino será condenado no anoveado [= aumentado nove vezes] da moeda nacional. (CPp, art. 214º)

Também o substantivo **condenação** aparece com a preposição *em*:

A condenação na pena pecuniária deverá constar da sentença, que julgou a lide. (CPC, art. 645)

¶ **condenar** *(alguém) a algo*. Esta construção também é frequente nos textos jurídicos (normativos, jurisprudenciais, doutrinários, etc.).

[...]. Será, no entanto, recebida [a apelação] só no efeito devolutivo, quando interposta de sentença que: [...]; II – condenar à prestação de alimentos. (CPC, art. 520, II)

Ouvido o contratante no prazo de cinco (5) dias, o juiz mandará avaliar o custo das despesas necessárias e condenará o contratante a pagá-lo. (CPC, art. 636, parágrafo único)

[...], caberá ao empregador, em caso de reclamação à Justiça do Trabalho, comprovar a existência de qualquer dos motivos mencionados neste artigo, sob pena de ser condenado a reintegrar o empregado. (CLT, art. 165, parágrafo único)

A sentença que condenar o devedor à realização de uma prestação em dinheiro ou outra coisa fungível é título bastante para o registro de hipoteca sobre quaisquer bens do obrigado, [...] (CCp, art. 710°, 1)

¶ *condenar* alguém por algo (o motivo da condenação) ou *condenar* alguém a algo por alguma coisa:

O Estado indenizará o condenado por erro judiciário, assim como o que ficar preso além do tempo fixado na sentença; (CRFB, art. 5°, LXXV)

Não podem ser eleitos para cargos administrativos ou de representação econômica ou profissional, nem permanecer no exercício desses cargos: [...]; IV – os que tiverem sido condenados por crime doloso [...]; (CLT, art. 530, IV)

Depois de 2 (dois) anos de efetivo exercício, só perderão os cargo os membros do Ministério Público estadual: I – se condenados à pena privativa de liberdade por crime cometido com abuso de poder ou violação do dever inerente à função pública; (Lei Complementar n° 40, de 14-12-1981, art. 17, I)

O autor da sucessão pode em testamento, com expressa declaração da causa, deserdar o herdeiro legitimário, privando-o da legítima, quando se verifique uma das seguintes ocorrências: a) Ter sido o sucessível condenado por algum crime doloso contra a pessoa, bens ou honra do autor da sucessão, ou do seu cônjuge, [...]; (CCp, art. 2166°, 1, *a*)

Conduzir

¶ No sentido de *o oficial de justiça ou o agente de polícia levar à presença do juiz o perito, o réu ou a testemunha que, sem motivo justificado, desatende à intimação para comparecer perante a autoridade judicial*, constrói-se com objeto direto (sujeito na voz passiva) – *conduzir* alguém:

A testemunha é intimada a comparecer à audiência, constando do mandado dia, hora e local, bem como os nomes das partes e a natureza da causa. Se a testemunha deixar de comparecer, sem motivo justificado, será conduzida, respondendo pelas despesas do adiamento. (CPC, art. 412)

O verbo *conduzir* aparece na expressão *conduzir debaixo de vara*, que tem o sentido de *o oficial de justiça levar a testemunha ou parte recalcitrante à presença do juiz, por mandado deste*. **Vara** tem, aqui, o sentido de *autoridade, poder judicial*. O termo liga-se ao **lictor** (*lictor*), oficial que servia aos magistrados romanos e que os acompanhava, caminhando à sua frente e levando aos ombros os feixes e na mão direita uma vara. Também competia ao *lictor* prender e punir criminosos.

Conferir

¶ No sentido de *restituir, trazer à colação* (= restituir ao monte da herança bens recebidos por doação ou dote), constrói-se intransitivamente ou com objeto direto (sujeito na voz passiva) – *conferir* ou *conferir* algo:

Se do ato da doação não constar valor certo, nem houver estimação feita naquela época, os bens serão conferidos na partilha pelo que então se calcular valessem ao tempo da liberalidade. (CC/2002, art. 2.004, § 1º)

Aquele que renunciou a herança ou dela foi excluído, deve, não obstante, conferir as doações recebidas, [...] (CC/2002, art. 2.008)

Quando os netos, representando seus pais, sucederem aos avós, serão obrigados a trazer à colação, ainda que o não hajam herdado, o que os pais teriam de conferir. (CC/2002, art. 2.009)

A obrigação de conferir recai sobre o donatário, se vier a suceder ao doador; [...] (CCp, art. 2.106º)

Ao verbo *conferir*, na acepção acima, corresponde o substantivo **conferência**:

Declarada improcedente a oposição, se o herdeiro, no prazo improrrogável de cinco (5) dias, não proceder à conferência, o juiz mandará sequestrar-lhe, para serem inventariados e partilhados, os bens sujeitos à colação, ou imputar ao seu quinhão hereditário o valor deles, se já os não possuir. (CPC, art. 1.016, § 1º)

¶ No sentido de *dar, atribuir, conceder,* constrói-se com objeto direto (sujeito na voz passiva) e objeto indireto, este com a preposição *a* – *conferir algo a alguém*:

O Vice-Presidente da República, além de outras atribuições que lhe forem conferidas por lei complementar, auxiliará o Presidente, sempre que por ele convocado para missões especiais. (CRFB, art. 79, parágrafo único)

Confutar

¶ Empregado no sentido de *impugnar, com fundamento, quaisquer razões ou alegações contrárias, demonstrando a sua improcedência,* contestar, rebater, refutar, replicar, constrói-se com objeto direto (sujeito na voz passiva) – *confutar algo*:

O experiente promotor de justiça confutou, uma a uma, as alegações do réu.

O desembargado-relator confutou didaticamente as razões do apelante.

Confutar origina-se do verbo latino **confuta̱re** (refutar, destruir [os argumentos contrários], que, por sua vez, se compõe do prefixo **con** (= *cum*, ideia de *intensidade*) + o verbo **futa̱re** (acusar).

Conhecer

¶ Nas acepções de *admitir (o juiz) ou acolher certa causa, por atribuir-se competência para julgá-la, ter competência para intervir como julgador em certas causas, admitir a competência, apreciar,* constrói-se com objeto indireto precedido da preposição *de* – *conhecer de alguma coisa* (recurso, ação, pedido, etc.):

Além de outros casos previstos nesta Constituição, a Câmara dos Deputados e o Senado Federal reunir-se-ão em sessão conjunta para: [...]; IV – conhecer do veto e sobre ele deliberar. (CRFB, art. 57, § 3º, IV)

Só à autoridade judiciária brasileira compete conhecer das ações relativas a imóveis situados no Brasil. (LINDB, art. 12, § 1º)

Depois da contestação, só é lícito deduzir novas alegações quando: [...]; II – competir ao juiz conhecer delas de ofício; (CPC, art. 303, II)

Quando, em autos e papéis de que conhecerem, os juízes ou tribunais verificarem a existência de crime de ação pública, [...] (CPP, art. 40)

É vedado aos órgãos da Justiça do Trabalho conhecer de questões já decididas, [...] (CLT, art. 836)

As questões preliminares serão julgadas antes do mérito, deste não se conhecendo se incompatível com a decisão daquelas. (RISTF, art. 136)

O tribunal conhece oficiosamente do caso julgado. (CPCp, art. 500º)

1. Contrariando o regime indireto praticamente unânime do verbo ***conhecer*** nas acepções que encabeçam este tópico, aparece, no art. 134, III, do CPC, um exemplo de regime direto: *É defeso ao juiz exercer as suas funções no processo contencioso ou voluntário: [...] III – que* [objeto direto] *conheceu em primeiro grau de jurisdição, tendo-lhe proferido sentença ou decisão.* O mesmo erro faz-se presente na Lei n. 11.101, de 9-2-2005 – a nova Lei de Falências (recuperação judicial, recuperação extrajudicial e falência) –, em seu art. 76: *O juízo da falência é indivisível e competente para conhecer todas as ações* [núcleo do objeto direto] *sobre bens, interesses e negócios do falido, [...]* Uma revisão competente evitaria esses e outros erros.

2. Como o verbo ***conhecer***, nas acepções dadas, se constrói com objeto direto, não deveria, a rigor, ser empregado em construção passiva. Há exemplo desta, entretanto, na legislação examinada: *[...] O recurso adesivo fica subordinado a recurso principal e se rege pela disposições seguintes: [...] III – não será conhecido, se houver desistência do recurso principal, ou se for ele declarado inadmissível ou deserto.* (CPC, art. 500, III) Não se trata da redação original do CPC, mas da que foi dada pela Lei n. 5.925, de 1º-10-73. A redação do inciso III ficaria melhor da seguinte forma: *III – dele não se conhecerá, [...]*

3. Vale referir, por oportuno, que, nas acepções expostas e exemplificadas neste tópico, o verbo ***conhecer*** também se constrói com o regime indireto nos documentos normativos da Espanha (**conocer de**), da França (**connaître de**) e da Itália (**conoscere di**). Em Portugal, como se pode ver nos exemplos acima transcritos, também se emprega o regime indireto (**conhecer de**).

¶ No sentido genérico de *reconhecer, prever*, aparece com objeto direto – ***conhecer*** *algo*:

Se a lei competente para regular as relações entre o adoptando e os seus progenitores não conhecer o instituto da adopção, ou não o admitir em relação a quem se encontre na situação familiar do adoptando, a adopção não é permitida. (CCp, art. 60º, 4)

Consentir

¶ Nas acepções de *entrar em acordo com uma ou mais pessoas para a formação de um ato jurídico, assentir previamente, aquiescer, anuir, concordar, permitir*, aparece sob as seguintes construções:

¶ ***consentir*** (sem complemento algum, intransitivo):

Pode também ceder a locação, consentindo o locador. (CC/1916, art. 1.201, parágrafo único)

¶ *consentir* algo (objeto direto na voz ativa; sujeito na voz passiva):

Se o prédio necessitar de reparações urgentes, o locatário será obrigado a consenti-las. (CC/1916, art. 1.205)

Se o herdeiro for devedor ao espólio, sua dívida será partilhada igualmente entre todos, salvo se a maioria consentir que o débito seja imputado inteiramente no quinhão do devedor. (CC/2002, art. 2.001)

O adquirente ou o cessionário não poderá ingressar em juízo, substituindo o alienante, ou o cedente, sem que o consinta a parte contrária. (CPC, art. 42, § 1º)

¶ *consentir* em algo (objeto indireto):

Presume-se a renúncia do credor, quando consentir na venda particular do penhor sem reserva de preço, [...] (CC/2002, art. 1.436, § 1º)

Provando-se que o capitão consentiu na introdução das fazendas proibidas, [...] (C. Com., art. 600)

Consertar

¶ No sentido de *reparar, recompor o que se encontra deteriorado*, constrói-se com objeto direto (sujeito na voz passiva) – *consertar* algo:

Se o capitão for obrigado a consertar a embarcação durante a viagem, o afretador, carregadores, ou consignatários, não querendo esperar pelo conserto, podem retirar as suas fazendas [...] (C. Com., art. 613)

Consertar provém do verbo latino cons**e**rere (juntar, unir, reunir), do qual é frequentativo (que exprime ação repetida ou frequente). Confira o verbete *Concertar*.

Considerar

¶ No sentido de *atribuir determinada qualidade, valorativa ou não, a alguém ou a alguma coisa, dizer que pessoas, coisas ou obrigações tem ou passam a ter determinado tratamento por determinação legal*, constrói-se com objeto direto (sujeito na voz passiva) + predicativo do objeto (do sujeito na voz passiva) – *considerar* algo + predicativo. Aparece com maior frequência sob a forma passiva sintética (= com o pronome apassivador *se*):

A compra e venda, quando pura, considerar-se-á obrigatória e perfeita, desde que as partes acordarem no objeto e no preço. (CC/2002, art. 482)

Tanto que for comunicada ao mandatário a nomeação de outro, para o mesmo negócio, considerar-se-á revogado o mandato anterior. (CC/2002, art. 687)

Considerar-se-á feita a penhora mediante a apreensão e o depósito dos bens, [...] (CPC, art. 664)

Considerar-se-á pobre a pessoa que não puder prover às despesas do processo, [...] (CPP, art. 32, § 1º)

¶ No Direito Legislativo, aparece, em certos diplomas legais, sob a expressão *considera-se para efeitos desta Lei...(ou forma variante), para trazer a seu âmbito pessoas, coisas ou obrigações que guardam semelhança com o preceito neles estabelecido, e que passam a ter tratamento legislativo por ele exposto. (J. M. Othon Sidou – *Dicionário jurídico*, p. 202) Exs:

Consideram-se autoridades, para os efeitos desta Lei, os representantes ou administradores das entidades autárquicas e das pessoas naturais ou jurídicas com funções delegadas do Poder Público, somente no que entender com essas funções. (Lei n. 1.533, de 31-12-1951, art. 1º, § 1º)

Para os efeitos desta Lei: I – considera-se mercadoria: a) qualquer bem móvel, novo ou usado, inclusive semoventes; b) a energia elétrica; (Lei Estadual [RS] n. 8.820, de 27-1-1989, art. 2º, I, a e b)

1. Considerar origina-se do verbo latino **considerare** (examinar com cuidado ou com respeito, examinar detidamente; daí, por extensão: considerar), que, por sua vez, se compõe do prefixo **cum** (na forma **con**: *com*) + o substantivo **sidus,-eris** (estrela, astro). Tinha, assim, a acepção originária de *estar com os astros, observar os astros*.

2. Pelos exemplos dados, vê-se que *considerar* veicula a ideia de *dizer que algo é por determinação legal: o que a lei considera que é passa a ser (isso que ela diz)*.

Confira os verbetes **Presumir** e **Reputar**.

Consignar

¶ Nas acepções de *depositar judicialmente a soma, ou coisa devida, para pagamento de outrem que a não quer ou não a pode receber, determinar certa quantia para cobrir uma despesa, ou pagar uma dívida,* aparece sob as seguintes construções:

¶ *consignar* algo (objeto direto na voz ativa; sujeito na voz passiva):

Tratando-se de prestações periódicas, uma vez consignada a primeira, pode o devedor continuar a consignar, no mesmo processo e sem mais formalidades, as que se forem vencendo, [...] (CPC, art. 892)

Na consignação é possível estipular: a) Que continuem em poder do concedente os bens cujos rendimentos são consignados; (CCp, art. 661º, 1, a)

¶ *consignar* algo a alguém:

As dotações orçamentárias e os créditos abertos serão consignados ao Poder Judiciário, recolhendo-se as importâncias respectivas à repartição competente, cabendo ao Presidente do Tribunal que proferir a decisão exequenda determinar o pagamento, [...] (CRFB, art. 100, § 2º)

Nos demais casos o proprietário será previamente indenizado, e, se recusar a indenização, consignar-se-lhe-á judicialmente o valor. (CC/1916, art. 591, parágrafo único)

Consignante, ou **consignador**, é *aquele que consigna, que faz uma consignação*; **consignatário** é *a pessoa a quem se consigna alguma coisa*; **consignado**, como adjetivo, indica *aquilo que foi objeto de consignação*; como substantivo, é sinônimo (menos recomendado) de **consignatário**.

¶ No sentido de *pôr por escrito, registrar,* aparece sob as construções *consignar* algo:

[...] *Se estiver ausente a pessoa, mas em lugar certo, esta última diligência poderá ser feita por precatória, em que se consignarão as palavras que a pessoa será intimada a escrever.* (CPC, art. 174, IV)

Se houver divergência entre os peritos, serão consignadas no auto do exame as declarações e respostas de um e de outro, [...] (CPC, art. 180)

A linha será percorrida pelos arbitradores, que examinarão os marcos e rumos, consignando em relatório escrito a exatidão do memorial e planta apresentados pelo agrimensor ou as divergências porventura encontradas. (CPC, art. 964)

[...] *Se estiver ausente a pessoa, mas em lugar certo, esta última diligência poderá ser feita por precatória, em que se consignarão as palavras que a pessoa será intimada a escrever.* (CPP, art. 174, IV)

Consolidar

¶ Nas acepções de *se extinguirem certos direitos reais pela reunião, na mesma pessoa, das qualidades de seu titular e de proprietário*, e de *se reunirem na mesma pessoa direitos que se achavam separados*, aparece sob a construção ***consolidar-se*** (alguma coisa) *em algo* ou *em alguém*:

Se não houver conjunção entre os colegatários, ou se, apesar de conjuntos, só lhes foi legada certa parte do usufruto, consolidar-se-ão na propriedade as quotas dos que faltarem, à medida que forem faltando. (CC/2002, art. 1.946, parágrafo único)

Caduca o fideicomisso se o fideicomissário morrer antes do fiduciário, ou antes de realizar-se a condição resolutória do direito deste último; nesse caso, a propriedade consolida-se no fiduciário, nos termos do art. 1.955. (CC/2002, art. 1.958)

Na linguagem jurídica, o verbo **consolidar** também aparece com a acepção de *reunir em um só corpo harmônico leis esparsas relativas a dada matéria ou a matérias conexas*. Corresponde-lhe o substantivo **consolidação** (Consolidação das Leis do Trabalho, p. ex.). A Consolidação não chega a ser um código, por ser menos homogênea que este, por não apresentar a unidade técnica do último. (Humberto Piragibe Magalhães e Christóvão Piragibe Tostes Malta – *Dicionário jurídico*, vol. I, p. 274) *A consolidação consistirá na integração de todas as leis pertinentes a determinada matéria num único diploma legal,* [...] (LC n. 95, de 26-2-1998, art. 13, § 1º)

Constar

Nas acepções de *estar escrito ou registrado em, ser mencionado, fazer parte, incluir-se*, aparece sob as seguintes regências:

¶ *alguma coisa* ***consta de***. É a regência quase que exclusiva, atualmente, nos textos legais:

O Presidente da República poderá convocar Ministro de Estado para participar da reunião do Conselho, quando constar da pauta questão relacionada com o respectivo Ministério. (CRFB, art. 90, § 1º)

A nomeação [do tutor] deve constar de testamento ou de qualquer outro documento autêntico. (CC/2002, art. 1.729, parágrafo único)

Do auto de resistência constará o rol de testemunhas, com a sua qualificação. (CPC, art. 663, parágrafo único)

Nenhum corretor pode dar certidão senão do que constar do seu protocolo e com referência a ele; [...] (C. Com., art. 46)

Se os poderes de representação constarem de documento, pode o terceiro exigir uma cópia dele assinada pelo representante. (CCp, art. 260°, 1)

¶ *alguma coisa* **consta** *em*. Atualmente, esta regência é de uso raro nos textos legais:

É título nominativo o emitido em favor de pessoa cujo nome conste no registro do emitente. (CC/2002, art. 921)

Na falta de cópia autêntica ou certidão do processo, o juiz mandará, de ofício, ou a requerimento de qualquer das partes, que: [...]; b) sejam requisitadas cópias do que constar a respeito no Instituto Médico-Legal, no Instituto de Identificação e Estatística ou em estabelecimentos congêneres,[...] (CPP, art. 541, § 2°, b)

Na falta de caderneta, será entregue ao liberado um salvo-conduto, em que constem as condições do livramento e a pena acessória, [...] (CPP, art. 724, § 1°)

O adjetivo **constante**, nas acepções acima indicadas do verbo **constar**, também admite as preposições *de* e *em*. Nos textos legais pesquisados, todavia, só encontramos o regime com a preposição *de*:

A matéria constante de proposta de emenda rejeitada ou havida por prejudicada não pode ser objeto de nova proposta na mesma sessão legislativa. (CRFB, art. 60, § 5°)

As declarações constantes de documentos assinados presumem-se verdadeiras em relação aos signatários. (CC/2002, art. 219)

¶ No sentido de *chegar ao conhecimento de, ser do conhecimento de,* aparece sob a construção **constar** *em*:

Logo que conste em juízo o falecimento do fiador ou do subfiador, o juiz ordenará a notificação do arguido para, em cinco dias, comparecer em juízo e prestar nova caução. [...] (CPPp, art. 283.°, § 2°)

¶ No sentido de *ter alguém informação ou notícia* (oral ou escrita), aparece sob a construção *alguma coisa* **consta** *a alguém*:

Se constar ao juiz a existência de bens em outra comarca, mandará expedir carta precatória a fim de serem arrecadados. (CPC, art. 1.149)

Constando ao capitão que há diversos portadores das diferentes vias de um conhecimento das mesmas fazendas,[...], é obrigado a pedir depósito judicial, por conta de quem pertencer. (C. Com., art. 583)

¶ No sentido de *ter-se conhecimento ou notícia por meio de,* aparece sob a construção *alguma coisa* **consta** *por*. É regência pouco frequente nos textos legais. Somente registramos exemplos no Código Comercial:

Quando se faz entrega da coisa vendida sem que pelo instrumento do contrato conste preço, entende-se que as partes se sujeitaram ao que fosse corrente no dia e lugar da entrega; [...] (C. Com., art. 193 – revogado)

[...] *Não constando pela matrícula, nem por outro escrito do contrato, o tempo determinado do ajuste, entende-se sempre que foi por viagem redonda ou de ida e volta ao lugar em que teve lugar a matrícula.* (C. Com., art. 543)

¶ No sentido de *espalhar, divulgar a notícia de que*, aparece a construção *fazer* **constar** *alguma coisa*:

O mandato presume-se aceito entre ausentes, quando o negócio para que foi dado é da profissão do mandatário, diz respeito à sua qualidade oficial, ou foi oferecido mediante publicidade, e o mandatário não fez constar imediatamente a sua recusa. (CC/1916, art. 1.293)

A polícia fez constar que a testemunha do crime tinha falecido no acidente para que os seus autores não tentassem eliminá-la. (Énio Ramalho – *Dicionário estrutural, estilístico e sintáctico da língua portuguesa*, p. 281)

¶ No sentido de *ser composto ou formado de, consistir em*, aparece sob a construção *alguma coisa* **consta** *de*:

Se a obra constar de partes distintas, ou for de natureza das que se determinam por medida, o empreiteiro terá direito a que também se verifique por medida, ou segundo as partes em eu se dividir, [...] (CC/2002, art. 614)

Os termos relativos ao movimento dos processos constarão de simples notas, datadas e rubricadas pelos chefes de secretaria ou escrivães. (CLT, art. 773)

¶ Nas acepções de *deduzir-se, concluir-se, inferir-se*, tem a construção *alguma coisa* **consta** *de*:

A sua inocência consta [deduz-se] *dos autos.*

Pelo fato de **constar** *de* ter as acepções de *deduzir-se, concluir-se, inferir-se*, seria preferível que, com o intuito de evitar ambiguidades, se empregasse a construção **constar** *em* quando o sentido que se pretende é o *de estar escrito ou registrado, ser mencionado*. As frases *Consta nos autos que ele é viúvo* e *Consta dos autos que ele é viúvo*, por exemplo, podem ter sentidos nitidamente diferentes: no primeiro caso, o fato da viuvez estaria registrado, mencionado expressamente nos autos; no segundo, tratar-se-ia de mera dedução, inferência. Na elaboração dos textos legais, todavia, na quase totalidade dos casos, não se tem levado em conta essa distinção.

Constituir

¶ No sentido de *colocar* (alguém) *em certa situação*, aparece sob o regime **constituir** *alguém em*. Nesta acepção, forma a expressão **constituir** *alguém em mora*, com o significado de *fazer incidir em pena o devedor que não cumpre a obrigação positiva e líquida, ou o credor que se recusa a receber a prestação no tempo e lugar preestabelecidos* (cf. Pedro Nunes – *Dicionário de tecnologia jurídica*, vol. I, p. 258):

O legado em dinheiro só vence juros desde o dia em que se constituir em mora a pessoa obrigada a prestá-lo. (CC/2002, art. 1.925)

A citação válida torna prevento o juízo, induz litispendência e faz litigiosa a coisa; e, ainda quando ordenada por juiz incompetente, constitui em mora o devedor e interrompe a prescrição. (CPC, art. 219)

Na acepção de *colocar-se em certa situação, passar à condição ou ao estado de*, o verbo **constituir** aparece sob a construção *constituir-se de* no art. 1.216 do CC/2002: *O possuidor de má-fé responde por todos os frutos colhidos e percebidos, bem como pelos que, por culpa sua, deixou de perceber, desde o momento em que se constituiu de má-fé;* [...] Trata-se de construção pouco usual.

¶ No sentido de *representar, significar*, constrói-se com objeto direito – **constituir** *algo*:

Somente será admitida a adoção que constituir efetivo benefício para o adotando. (CC/2002, art. 1.625)

Excetuam-se desta disposição os juros das debêntures e dos créditos com garantia real, mas por eles responde, exclusivamente, o produto dos bens que constituem a garantia. (Lei n. 11.101, de 9-2-2005, art. 124, parágrafo único)

Numa sociedade democrática, em que o poder é uma emanação da vontade do povo, o voto constitui um dos direitos fundamentais dos cidadãos. (Winfried Busse (Coordenador) – *Dicionário sintáctico de verbos portugueses*, p. 126)

Não constitui truísmo dizer que não há sociedade sem direito. (G. Telles Júnior)

¶ No sentido de *formar, compor*, constrói-se com objeto direto – **constituir** *algo*:

O ensino religioso, de matrícula facultativa, constituirá disciplina dos horários normais das escolas públicas de ensino fundamental. (CRFB, art. 210, § 1º)

¶ No sentido de *organizar-se, estruturar-se*, aparece sob a construção **constituir-se** *em*:

A República Federativa do Brasil, formada pela união indissolúvel dos Estados e Municípios e do Distrito Federal, constitui-se em Estado Democrático de Direito e tem como fundamentos: [...] (CRFB, art. 1º)

¶ No sentido de *conferir determinados privilégios, direitos ou prerrogativas a alguém, fazer (eleger, nomear) procurador,* etc., *dar a alguém poderes para tratar de negócio ou causa*, constrói-se com objeto direto, ou com objeto direto e predicativo do objeto – **constituir** *alguém* ou **constituir** *alguém + predicativo*:

Ao administrador é vedado fazer-se substituir no exercício de suas funções, sendo-lhe facultado, nos limites de seus poderes, constituir mandatários da sociedade, [...] (CC/2002, art. 1.018)

Constituiu o sobrinho seu herdeiro universal.

Aconselhei-o a constituir advogado.

¶ No sentido de *estabelecer juridicamente, instituir legalmente, formar*, constrói-se com objeto direto: **constituir** *dote;* **constituir** *usufruto;* **constituir** *uma sociedade*, etc.

As representações partidárias poderão constituir bloco parlamentar. (RISF, art. 61)

¶ No sentido de *formar(-se), organizar(-se), criar(-se), estabelecer-se*, constrói-se com objeto direto (sujeito na voz passiva, geralmente na forma pronominal):

O usufruto de imóveis, quando não resulte de usucapião, constituir-se-á mediante registro no Cartório de Registro de Imóveis. (CC/2002, art. 1.391)

Embora vencidos os prazos, permanece a garantia, enquanto subsistirem os bens que a constituem. (CC/2002, art. 1.439, § 1º)

Consultar

¶ Empregado no sentido de *levar em conta, atender, satisfazer*, o verbo **consultar** constrói-se com objeto direto – *consultar algo*:

Em seguida os arbitradores e o agrimensor proporão, em laudo fundamentado, a forma da divisão, devendo consultar, quando possível, a comodidade das partes, [...] (CPC, art. 978)

A época da concessão das férias será a que melhor consulte os interesses do empregador. (CLT, art. 136)

Consumar

¶ Na linguagem jurídica, tem o significado de executar ou realizar, de forma efetiva, atos ou fatos, com todos os complementos que os tornam perfeitos e acabados; executar as quatro fases do *iter criminis* (caminho do crime). Constrói-se com objeto direto (sujeito na voz passiva) – *consumar algo*:

A competência [para o julgamento da infração] será, em regra, determinada pelo lugar em que se consumar a infração, ou, no caso de tentativa, pelo lugar em que for praticado o último ato de execução. (CPP, art. 70)

O Juízo Federal competente para processar e julgar acusado de crime de uso de passaporte falso é o do lugar onde o delito se consumou. (Súmula 200 do STJ)

Ocorre, com frequência, confusão entre a flexão do verbo *consumar* e a do verbo **consumir**, principalmente no presente do subjuntivo. **Consumir** é da 3ª conjugação; conjuga-se portanto, pelo padrão dos verbos terminados em **-ir**: admitir, omitir, repartir, etc. (presente do subjuntivo: consuma, consumas, consuma, consumamos, etc. **Consumar** segue o padrão dos verbos terminados em **-ar**: abonar, acordar, cominar, etc. (presente do subjuntivo: consume, consumes, consume, consumemos, etc.

Contar

¶ No sentido de *ter, somar* (de idade, serviço, etc.), constrói-se com objeto direto:

O militar alistável é elegível, atendidas as seguintes condições: I – se contar menos de dez anos de serviço, deverá afastar-se da atividade; II – se contar mais de dez anos de serviço, [...] (CRFB, art. 14, § 8º, I e II)

Incumbe ao tutor, quanto à pessoa do menor: [...] III – adimplir os demais deveres que normalmente cabem aos pais, ouvida a opinião do menor, se este já contar doze anos de idade. (CC/2002, art. 1.740, III)

Ao empregado despedido sem justa causa, que só tenha exercido cargo de confiança e que contar mais de 10 (dez) anos de serviço na mesma empresa, é garantida a indenização proporcional ao tempo de serviço nos termos dos arts. 477 e 478. (CLT, art. 499, § 2º)

¶ No sentido de *computar, verificar o número de, considerar*, aparece com objeto direto (sujeito na voz passiva):

O novo partido perderá automaticamente seu registro provisório se, no prazo de vinte e quatro meses, contados de sua formação, não tiver registro definitivo no Tribunal Superior Eleitoral, [...] (CRFB, ADCT, art. 6º, § 2º)

[...] Os anos do casamento contam-se da data de sua celebração. (CC/1916, art. 306)

Conter

¶ Empregado no sentido de *consistir em, compor-se de*, aparece sob a construção ***conter-se*** (algo) *em*:

O testador pode deixar a escolha da coisa legada à justa apreciação do onerado, do legatário ou de terceiro, desde que indique o fim do legado e o gênero ou espécie em que ele se contém. (CCp, art. 2183º, 1)

Contraditar

¶ Nas acepções de *contestar, refutar, impugnar*, constrói-se com objeto direto (sujeito na voz passiva) – ***contraditar*** *algo ou alguém*:

É lícito à parte contraditar a testemunha, arguindo-lhe a incapacidade, o impedimento ou a suspeição. Se a testemunha negar os fatos que lhe são imputados, a parte poderá provar a contradita com documentos ou com testemunhas, até três (3), apresentadas no ato e inquiridas em separado. [...] (CPC, art. 414, § 1º)

A parte contra a qual for produzida a testemunha pode contraditá-la, alegando qualquer circunstância capaz de abalar a credibilidade do depoimento, [...] (CPCp, art. 640º)

Neste ato, o procurador do autor contradita [impugna] a testemunha, pelo fato de esta haver exercido o cargo de gerente na primeira reclamada.

A razão contraditava tão frágeis argumentos.

Ao verbo **contraditar** corresponde o substantivo **contradita** (que aparece no primeiro artigo transcrito), com o sentido de *contestação, refutação, impugnação*.

Contrair

¶ Além das acepções habituais de *contratar, ajustar* (um empréstimo), *tomar sobre si, assumir* (uma obrigação), este verbo tem ainda a significação de *limitar, restringir*, caso em que aparece sob a construção ***contrair(-se)*** *a (alguém)*:

As cartas de crédito devem necessariamente contrair-se a pessoa ou pessoas determinadas, com limitação da quantia creditada; [...] (C. Com., art. 264 – revogado)

Contrapor

¶ No sentido de *pôr contra, opor, apresentar em oposição a*, aparece com objeto direto (sujeito na voz passiva) e indireto, este com a preposição *a* – *contrapor uma coisa a outra:*

É lícito às partes, em qualquer tempo, juntar aos autos documentos novos, quando destinados a fazer prova de fatos ocorridos depois dos articulados, ou para contrapô-los aos que foram produzidos nos autos. (CPC, art. 397)

Contraprotestar

¶ Verbo da área do Direito Processual Civil, tem o sentido de *impugnar, em peça processual autônoma, protesto judicial promovido anteriormente por outrem, com vista a atenuar-lhe os efeitos ou mesmo anulá*-los. Emprega-se intransitivamente – *contraprotestar:*

O protesto ou interpelação não admite defesa nem contraprotesto nos autos; mas o requerido pode contraprotestar em processo distinto. (CPC, art. 871)

Contravir

¶ No sentido de *infringir, violar dispositivo legal, ou regulamentar, transgredir*, aparece ora com objeto direto, ora com objeto indireto precedido da preposição *a* – *contravir algo ou a algo:*

É nula a convenção ou cláusula dela que contravenha disposição absoluta da lei. (CC/2002, art. 1.655)

As relações contratuais de trabalho podem ser objeto de livre estipulação das partes interessadas em tudo quanto não contravenha às disposições de proteção ao trabalho, aos contratos coletivos que lhes sejam aplicáveis e às decisões das autoridades competentes. (CLT, art. 444)

Aos trâmites e incidentes do processo da execução são aplicáveis, naquilo em que não contravierem ao presente título, os preceitos que regem o processo dos executivos fiscais para a cobrança judicial da dívida ativa da Fazenda Pública Federal. (CLT, art. 889)

Onerar companhias estrangeiras com impostos e condições diversas das aplicadas às companhias congêneres nacionais, pelo único motivo de serem aquelas estrangeiras, e especificamente por ser esta a sua qualidade, é contravir declaradamente o intuito do legislador constitucional, [...] (Rui Barbosa – Trabalhos jurídicos, vol. XXIII, t. IV, p. 194)

1. Ao verbo *contravir* corresponde o termo **contravenção**, que, na legislação penal, tem a acepção especial de *mínimo de ameaça ou de agressão voluntária ou culposa, ao direito ou à paz e convivência sociais, que o Estado considera infração punível e sanciona com pena inferior à que aplica às infrações mais graves – os crimes* (Pedro Nunes – *Dicionário de tecnologia jurídica*, vol. I, p. 278). Temos, inclusive, a *Lei das Contravenções Penais* (Decreto-Lei n. 3.688, de 3-10-1941). A quem pratica contravenção, dá-se o nome de *contraventor*, mais usual, ou *contraveniente*.

2. O verbo *contravir* conjuga-se como *vir*, merecendo especial atenção a particípio, que é **contravindo** (e não *contravido*, forma inexistente).

Controverter

¶ No sentido de *discutir, disputar*, aparece sob a construção **controverter** *sobre alguma coisa*:

Quem pretender, no todo ou em parte, a coisa ou o direito sobre que controvertem autor e réu, poderá, até ser proferida a sentença, oferecer oposição contra ambos. (CPC, art. 56)

¶ Na acepção específica de *contestar, refutar*, constrói-se com objeto direto (sujeito na voz passiva) – **controverter** *algo*:

Ao controverter o pleito, o reclamado limitou-se a sustentar a regular anotação da jornada de trabalho.

O banco controverteu o pedido sustentando que eventual participação da reclamante em curso de aperfeiçoamento não decorreu de imposição da empresa.

Convalescer

¶ Na linguagem jurídica, tem o sentido de sanar um ato jurídico infirmado por vício, por meio de convalidação (= correção de um ato jurídico que continha vício ou não apresentava algum requisito exigido). Nas palavras de Ana Prata em seu *Dicionário jurídico* (3. ed., 5. reimpressão, Coimbra: Almedina, 1999, p. 288): *Quando num contrato nulo é sanada a nulidade pela superveniência do requisito de validade que lhe faltava, diz-se que convalesceu, convalidando-se.*

Constrói-se intransitivamente – *algo* **convalesce**:

O negócio jurídico mulo não é suscetível de confirmação, nem convalesce pelo decurso do tempo. (CC, art. 169)

Confira os verbetes **Convalidar** e **Infirmar**.

¶ Na linguagem comum, tem o significado de fazer recobrar ou recobrar gradativamente o vigor, o ânimo, a saúde, abalados por doença ou mal--estar; recuperar(-se), restabelecer(-se), fortalecer(-se). Constrói-se intransitivamente, pronominalmente ou com objeto direto e indireto, este com a preposição *de* – **convalescer** *algo*, **convalescer-se** ou **convalescer(-se)** *de*:

O ar das montanhas convalesceu-o em poucas semanas.

O empresário convalesceu-se da depressão com uma viagem às ilhas da Grécia.

Após não ter notícias do colega por algum tempo, soube que ele convalescia de uma hepatite.

Convalidar

¶ No Direito Civil e no Direito Administrativo, aparece nas acepções de *sanar ato do vício que o tornava anulável; tornar válido; restabelecer a eficácia de um ato; suprir a invalidade de um ato, com efeitos retroativos à data em que este foi praticado; tornar válido um negócio jurídico a que faltava algum requisito, em face de preceito novo que aboliu a exigência.* Constrói-se com objeto direto (sujeito na voz passiva) ou pronominalmente – *convalidar* algo ou *convalidar-se*:

Em decisão na qual se evidencie não acarretarem lesão ao interesse público nem prejuízo a terceiros, os atos que apresentarem defeitos sanáveis poderão ser convalidados pela própria Administração. (Lei n. 9.784, de 29-1-1999, art. 55)

A Administração não pode convalidar um ato viciado 'se este já foi impugnado', administrativa ou judicialmente. (Celso Antônio Bandeira de Mello – Curso de direito administrativo, p. 442)

Não se convalida o que é inválido. (Diogenes Gasparini – Direito administrativo, p. 113)

Ficam convalidados os atos processuais praticados por por meio eletrônico até a data de publicação desta Lei, [...] (Lei n. 11.419, de 19-12-2006, art. 19)

A Comissão de Justiça, com base em parecer técnico, convalidou o contrato.

Convencer

¶ No sentido de *levar, obrigar alguém, com provas, razões ou argumentos, a reconhecer uma verdade ou a exatidão de um fato ou proposição*, aparece com objeto direto (sujeito na voz passiva) de pessoa e indireto de coisa, este com a preposição *de* – *convencer* alguém de alguma coisa:

O capitão que tomar dinheiro sobre o casco do navio e seus pertences, empenhar ou vender mercadorias, fora dos casos em que por este Código lhe é permitido, e o que for convencido de fraude em suas contas, além das indenizações de perdas e danos, ficará sujeito à ação criminal que no caso couber. (C. Com., art. 518)

O único meio de convencer disso a nação e a história era retirar-lhe formalmente a confiança. (Rui Barbosa)

É usual, também, a construção *convencer* alguém a + oração (desenvolvida ou reduzida de infinitivo: Convenceu os amotinados a que não opusessem resistência. Convenceram-no a entregar-se à polícia).

Convencionar

No sentido de *pactuar, ajustar, estabelecer por convenção*, aparece sob as seguintes construções:

¶ *convencionar* (sem qualquer complemento; intransitivo):

Havendo litisconsorte ou terceiro, o prazo, que formará com o da prorrogação um só todo, dividir-se-á entre os do mesmo grupo, se não convencionarem de modo diverso. (CPC, art. 454, § 1º)

Poderá, ainda, o compromisso arbitral conter: [...] IV – a indicação da lei nacional ou das regras corporativas aplicadas à arbitragem, quando assim convencionarem as partes. (Lei n. 9.307, de 23-9-1996, art. 11, IV)

¶ *convencionar* algo (objeto direto na voz ativa; sujeito na voz passiva):

A prestação de serviços não se poderá convencionar por mais de quatro anos, [...] (CC/2002, art. 598)

No pacto antenupcial, que adotar o regime de participação final nos aquestos, poder-se-á convencionar a livre disposição dos bens imóveis, desde que particulares. (CC/2002, art. 1.656)

O árbitro é juiz de fato e de direito e a sentença que proferir não fica sujeita a recurso, salvo se o contrário convencionarem as partes. (CPC, art. 1.078)

¶ *convencionar* + *oração* (introduzida pela conjunção *que*, ou reduzida de infinitivo):

Nas obrigações de fazer, quando for convencionado que o devedor a faça pessoalmente, o credor poderá requerer ao juiz que lhe assine prazo para cumpri-la. (CPC, art. 638)

Poderão, também, as partes convencionar que a arbitragem se realize com base nos princípios gerais de direito, nos usos e costumes e nas regras internacionais de comércio. (Lei n.9.307, de 23-9-1966, art. 2º, § 2º)

As partes convencionam que as custas serão por conta do reclamante.

Conveniar

¶ Empregado no sentido de *ajustar, contratar, acordar, estabelecer um convênio acerca de*, constrói-se com objeto direto (sujeito na voz passiva) ou objeto direto e indireto, este com a preposição *com* – **conveniar** algo ou **conveniar** algo com:

O prêmio, no seguro de vida, será conveniado por prazo limitado, ou por toda a vida do segurado. (CC/2002, art. 796)

A seguradora conveniou o prêmio com os associados da cooperativa pelo prazo de dez anos.

Convir

Nas acepções de *fazer ajuste, estar de acordo, entrar em acordo, concordar, ajustar*, aparece sob as seguintes construções:

¶ *convir em algo*:

Não convindo os dois no preço da obra, será este arbitrado por peritos, a expensas de ambos os confinantes. (CC/2002, art. 1.329)

Se os réus forem dois ou mais, poderão incumbir das recusas um só defensor; não convindo nisto e se não coincidirem as recusas, dar-se-á a separação dos julgamentos, [...] (CPP, art. 461)

Vencida a dívida a que o penhor serve de garantia, e não a pagando o devedor, é lícito ao devedor pignoratício requerer a venda judicial do mesmo penhor, se o devedor não convier em que se faça de comum acordo. (C. Com., art. 275 – revogado)

Sendo o objeto expresso por oração, a preposição pode vir omitida:

[...]; o capitão que os [os conhecimentos] assinar sem esta conferência responderá pelas faltas; salvo se os carregadores convierem que ele declare nos conhecimentos que não conferiu a carga. (C. Com., art. 581)

¶ *convir* (sem complemento; intransitivo):

Ter-se-á por ineficaz a nomeação, salvo convindo o credor: I – se não obedecer à ordem legal; (CPC, art. 656, I)

¶ *convir-se* (entrar em acordo):

[...]; contudo julga-se subsistente para obrigar reciprocamente ao segurador e ao segurado desde o momento em que as partes se convierem, assinando ambas a minuta, [...] (C. Com., art. 666)

¶ Nas acepções de *ser aconselhável, haver vantagem em fazer alguma coisa, ser conveniente, ser adequado à natureza ou às características de uma pessoa*, constrói-se com objeto indireto introduzido pela preposição a – *convir a*:

Se convier à realização do ativo, ou em razão de oportunidade, podem ser adotadas mais de uma forma de alienação. (Lei n. 11.101, de 9-2-2005, art. 140, § 1º)

Esse comportamento não convém a um detentor de cargo público.

Convolar

¶ Empregado nas acepções de *passar, a pessoa, de um estado civil a outro, transformar um ato ou medida judicial em outra, mudar a figura jurídica de, desclassificar uma infração*, constrói-se com as preposições *a*, *para* e *em*: *convolar* a (ou *para*) *novas núpcias*; *convolar* o *arresto em penhora*; *convolar* o *crime de estupro para o de atentado ao pudor*; etc.

Passada em julgado a sentença que declarar a responsabilidade dos ex-administradores, o arresto e a indisponibilidade de bens se convolarão em penhora, seguindo-se o processo de execução. (Lei n. 6.024, de 13-3-1974)

1. Embora também apareça a construção *convolar* núpcias (sem preposição), é mais comum o regime preposicional (com *a* ou *para*). No latim, em que o verbo **convolare** tem a acepção original de *correr, acudir juntamente*, já aparece o regime indireto (com a preposição **ad**): *convolare ad secundas nuptias* (casar segunda vez, contrair segundas núpcias).

2. Ao verbo *convolar* corresponde o substantivo **convolação**, significando, igualmente, *a passagem de um estado jurídico ou processual a outro*: **convolação** a novas núpcias; **convolação** do arresto em penhora; etc. O termo está presente em quatro artigos da Lei n. 11.101, de 9-2-2005: art. 53 (**convolação** em falência); art. 61, § 1º (**convolação** da recuperação em falência); art. 74 (**convolação** da recuperação em falência); art. 192, § 4º (**convolação** de concordatas).

Coonestar

¶ Empregado no sentido de *fazer que pareça honesto e conforme à honra, à virtude, disfarçar, legitimar*, constrói-se com objeto direto (sujeito na voz passiva) – *coonestar algo*:

À presunção, desfavorável aos autores, que o encobrimento desse papel estabelecia, sobrepõe-se agora a agravante da invenção, grosseiramente urdida contra a palavra deles, a fim de coonestar a sonegação inexplicável. (Rui Barbosa – *Trabalhos jurídicos*, vol. XXIII, t. IV)

Testemunhos suspeitos e constrangidos são arregimentados para coonestar o ato insano.

Cooptar

¶ Nas acepções de: *a) designarem, os membros de um órgão ou assembleia, alguém como novo membro; b) aceitar o ingresso de alguém numa organização, sem o cumprimento das formalidades habituais; c) escolher como companheiro, parceiro ou cúmplice,* constrói-se com objeto direto (sujeito na voz passiva) de pessoa – ***cooptar*** *alguém*:

Acepção *a*:

O Tribunal Constitucional é composto por 13 juízes, sendo 10 designados pela Assembleia da República e 3 cooptados por estes. (LTCp, art. 12º, 1)

Seis de entre os juízes designados pela Assembleia da República ou cooptados são obrigatoriamente escolhidos de entre juízes dos restantes tribunais e os demais de entre os juristas. (LTCp, art. 12º, 2)

Acepção *b*:

O partido cooptou três novos militantes.

Após demoradas negociações, o partido governista conseguiu cooptar doze deputados de partidos rivais.

acepção *c*:

Tradicionalmente apontados como beneficiários de desvios administrativos, os empreiteiros denunciam que funcionários públicos tentam cooptá-los. (Josias de Souza, FSP, 25-4-1991, cad. 1, p. 2)

Cooptar origina-se do verbo latino **cooptare** (ajuntar, reunir, agregar, associar, escolher, eleger, nomear), que, por sua vez, se compõe da preposição **con** (forma arcaica de **cum**) + o verbo primitivo **optare** (escolher, eleger).

Correr

¶ Nas acepções de *ter andamento, ou curso (o processo), fluir-se, ir-se vencendo, ter seguimento no tempo,* constrói-se intransitivamente – *algo (processo, prazo, juros, etc.) **corre**:*

Se o processo tiver corrido, sem conhecimento do Ministério Público, o juiz o anulará a partir do momento em que o órgão devia ter sido intimado. (CPC, art. 246, parágrafo único)

Se o autor desistir da ação quanto a algum réu ainda não citado, o prazo para a resposta correrá da intimação do despacho que deferir a desistência. (CPC, art. 298, parágrafo único)

Depois de encerrada a instrução, o incidente de falsidade correrá em apenso aos autos principais; [...] (CPC, art. 393)

Os juros correm desde o vencimento da prestação.

1. Para indicar o *movimento o processo*, o verbo mais adequado é **tramitar**. Confira o verbete respectivo.

2. Com referência a *prazos*, o verbo mais apropriado é ***fluir***, que traduz um *movimento regular, uniforme e constante*. A **correr** está associada a ideia de *velocidade*.

¶ No sentido de *ficar sob a responsabilidade de*, aparece sob a construção **correr por conta de**:

As despesas do traslado correrão por conta de quem o solicitar, [...] (CPP, art. 601, § 2º)

¶ No sentido de *circular livremente, ter curso*, constrói-se com a preposição *em*.

Esta moeda corre em todo o país.

¶ No sentido de *estar exposto ou sujeito a*, constrói-se com objeto direto:

Seu patrimônio está correndo sérios riscos.

No exercício de suas funções, os policiais correm permanentemente risco de vida.

Corresponder

¶ No sentido de *caber*, constrói-se com a preposição *para*:

Quando, para cada pedido, corresponder tipo diverso de procedimento, admitir-se-á a cumulação, se o autor empregar o procedimento ordinário. (CPC, art. 292, § 2º)

Corroborar

¶ Empregado no sentido de *confirmar, comprovar, dar força a, fortalecer*, constrói-se com objeto direto (sujeito na voz passiva) – ***corroborar** algo*:

As testemunhas, para as quais, como se está vendo, apelam os embargados, corroboram, com efeito, o seu asserto [a sua afirmação]. (Rui Barbosa, *Trabalhos Jurídicos*, vol. XXIII, t. IV, p. 160)

Os fatos corroboram a teoria.

O advogado corroborou seus argumentos com citações de eminentes juristas.

Os depoimentos dos policiais vieram corroborar as declarações da vítima.

1. **Corroborar** origina-se do verbo latino **corroborare** (fortificar, reforçar), que, por sua vez, deriva do substantivo **robur, oris** *(força, vigor)*.

2. É incorreto o emprego de *corroborar* no sentido e com a regência de **concordar** (com), **coincid**ir (com).

Cotar

¶ Nas acepções de *fixar a taxa ou o preço de, marcar o valor do dia, avaliar*, constrói-se com objeto direto (sujeito na voz passiva) – ***cotar** algo*:

Cabe ao escrivão cotar, nos autos, o valor das custas que lhes correspondem.

Todo e qualquer ato praticado pelo Tabelião de Protestos será cotado, identificando-se as parcelas componentes do seu total. (Lei n. 9.492, de 10-9-1997, art. 37, § 2º)

A bolsa do dia cotou o ouro a R$ ...... o grama.

O empresário cotou [= avaliou] *o jogador em quinze milhões de dólares.*

Criminalizar

¶ Termo do Direito Penal, **criminalizar** tem o significado de *tornar criminal, considerar determinado ato um crime, considerar como criminoso*. Constrói-se com objeto direto (sujeito na voz passiva) – **criminalizar** *algo* ou *alguém*:

Para alguns médicos, criminalizar o aborto não é solução para o problema das mortes causadas por gravidez e decorrentes de abortos feitos em condições de risco.

O art. 124 do Código Penal criminaliza a mulher que provoca aborto em si mesma ou consente que outrem lho provoque.

D

Dar fé

¶ Expressão usual entre os serventuários de justiça e os oficiais de registro público, **dar fé** significa *testificar, afirmar a verdade de um relato, ou a autenticidade de alguma coisa; tornar fidedigno; garantir, em razão do ofício, a verdade ou a autenticidade do conteúdo de um documento ou de um relato.*

Assim, quando o tabelião emprega a expressão **Do que dou fé**, está testificando a autenticidade do ato que subscreveu.

Decair

¶ Nas acepções de *a) perder a posse ou a posição de; b) ficar vencido numa demanda; c) incorrer em decadência, i. e., ter o direito extinto por não o exercer dentro do prazo preestabelecido; d) arruinar-se, empobrecer-se,* constrói-se com objeto indireto introduzido pela preposição *de* – alguém **decai** de algo:

Acepção *a*:

Os filhos menores são postos em tutela: [...] II – em caso de os pais decaírem do poder familiar; (CC/2002, art. 1.728, II)

[...]; quando o fiador ou o subfiador decair de fortuna, por forma a haver receio de insolvência; [...] (CPPp, art. 282°, § 3°)

Acepção *b*:

Se um litigante decair de parte mínima do pedido, o outro responderá, por inteiro, pelas despesas e honorários. (CPC, art. 21, parágrafo único)

Acepção *c*:

Salvo disposição expressa em contrário, o ofendido decai do direito de queixa ou de representação se não o exerce dentro do prazo de seis meses, [...] (CP, art. 103)

Acepção *d*:

A caução é insuficiente, e deverá ser ordenado o seu reforço: [...]; quando o fiador ou o subfiador decair de fortuna,[...] (CPP, art. 282°, § 3°)

¶ No sentido de *ter alguém sentença contrária em demanda*, também aparece construído intransitivamente – alguém **decai**:

Nos processos em que houver parte acusadora, se esta decair a final, pagará o imposto de justiça que o juiz arbitrar dentro dos limites legais, tendo em atenção o processo e a situação material da parte. (CPPp, art. 156°, § 4°)

No artigo supratranscrito, aparece a expressão *a final*, atualmente de uso restrito à linguagem jurídica, com a significação de *no fim da demanda, por último, quando concluído o processo*. Distingue-se, pois, do advérbio *afinal*, que tem o sentido de *enfim*.

¶ No sentido de *caducar, i. e., perder-se, extinguir-se* (um direito) *pela renúncia do seu titular, manifestada pelo não exercício durante certo prazo previsto em lei*, constrói-se *intransitivamente* – algo [um direito] **decai**:

Decai em três anos o direito de anular as decisões a que se refere este artigo, quando violarem a lei ou estatuto, ou forem eivadas de erro, dolo, simulação ou fraude. (CC/2002, art. 48, parágrafo único)

Decidir

Nas acepções genéricas de *resolver ou solucionar qualquer fato contraditório, proferir uma decisão, sentenciar num litígio ou questão judiciária*, aparece com as seguintes regências:

¶ **decidir** (sem complemento; intransitivo):

Decretando o estado de defesa ou sua prorrogação, o Presidente da República, dentro de vinte e quatro horas, submeterá o ato com a respectiva justificação ao Congresso Nacional, que decidirá por maioria absoluta. (CRFB, art. 136, § 4°)

¶ **decidir** algo (objeto direto na voz passiva; sujeito na voz passiva):

Os embargos poderão ser interpostos, dentro em quarenta e oito (48) horas, contadas da publicação da sentença; conclusos os autos, o juiz, em igual prazo, os decidirá. (CPC, art. 465)

O juiz decidirá de plano quaisquer questões suscitadas. (CPC, art. 657, parágrafo único)

Compete ao Corregedor, eleito dentre os Ministros togados do Tribunal Superior do Trabalho; [...] II – decidir reclamações contra os atos atentatórios da boa ordem processual praticados pelos Tribunais Regionais e seus Presidentes, quando inexistir recurso específico; (CLT, art. 709, II)

¶ **decidir** de (dar decisão a respeito de):

No caso de divergência entre as partes, o juiz decidirá da razoabilidade do prazo e do valor devido. (CC/2002, art. 720, parágrafo único)

Quando puder decidir do mérito a favor da parte a quem aproveite a declaração da nulidade, o juiz não a pronunciará nem mandará repetir o ato, ou suprir-lhe a falta. (CPC, art. 249, § 2°)

¶ **decidir** sobre (dar decisão acerca de, sobre):

Se não se verificar nenhuma das hipóteses previstas nas secções precedentes, o juiz, ao declarar saneado o processo: I – decidirá sobre a realização de exame pericial, [...] (CPC, art. 331, I)

Ao Tribunal Pleno compete: I – em única instância: a) decidir sobre matéria constitucional, quando arguído, para invalidar lei ou ato do poder público; (CLT, art. 702, I, *a*)

1. Aparece com frequência a expressão **decidir** *de plano*, traduzindo o ato de *dar o juiz, de imediato, sua decisão sobre uma ação ou pedido sem processá-lo*. No caso, o verbo **decidir** aparece empregado com objeto direto ou sem objeto algum (intransitivamente):

[...]; ouvidas as testemunhas, o juiz decidirá de plano. (CPC, art. 414, § 2º)

O juiz decidirá de plano o pedido de escusa. [...] (CPC, art. 1.193)

2. A respeito da regência e significado do verbo **decidir**, Edmundo Dantès Nascimento (*Linguagem forense*, p. 116) faz a seguinte observação: *É sempre usado como transitivo direto no caso de julgamento geral ou final. Quando a decisão se refere a parte da causa ou às preliminares o verbo é geralmente transitivo indireto, empregado com as preposições 'sobre', 'acerca de'.*

Declarar

¶ No sentido de *reconhecer, o juiz, uma situação jurídica preexistente*, constrói-se com objeto direto (sujeito na voz passiva) – ***declarar*** *algo*:

As nulidades não serão declaradas senão mediante provocação das partes, [...] (CLT, art. 795)

Deverá, entretanto, ser declarada 'ex officio' a nulidade fundada em incompetência do foro. (CLT, art. 795, § 1º)

A declaração de nulidade reconhece que o ato nulo nunca produziu efeitos. Tem efeito retroativo (*ex tunc*)

¶ No sentido de *dizer oficialmente; afirmar formalmente; estabelecer, anunciando*, constrói-se com objeto direto (sujeito na voz passiva), ou objeto direto (sujeito na voz passiva) + predicativo do objeto (do sujeito na voz passiva) – ***declarar*** *algo*, ou ***declarar*** *alguém* ou *algo + predicativo*:

O juiz declarou extinto (predicativo do objeto direto) *o processo* (objeto direto) *sem julgamento do mérito.*

Perante o juiz, o réu declarou-se inocente.

[...] o presidente do ato [...] declarará efetuado o casamento, nestes termos: 'De acordo com a vontade que ambos acabais de afirmar perante mim, de vos receberdes por marido e mulher, eu, em nome da lei, vos [objeto direto] *declaro casados* [predicativo do objeto direto]*'.* (CC/2002, art. 1.535)

A Assembleia da República pode, por iniciativa de qualquer Deputado ou grupo parlamentar, ou do Governo, declarar a urgência do processamento de qualquer projecto ou proposta de lei ou de resolução. (CRP, art. 170º, 1)

Declaro serem verdadeiras as informações por mim prestadas.

O Governo declarou o estado de sítio.

¶ No sentido de *dar a conhecer às entidades oficiais, nos termos da lei*, constrói-se com objeto direto (sujeito na voz passiva) – ***declarar*** *algo*:

Ainda não declarei os rendimentos do ano passado.

Declinar

¶ Na linguagem processual, no sentido de *recusar ou não admitir a competência de um foro ou de uma jurisdição* (apresentar exceção declinatória de foro ou de jurisdição) *sobre determinada causa, impugnar (o réu-excipiente) a competência do juiz que o fez citar, alegando que não é obrigado a comparecer perante ele, pois ao de outra jurisdição, que (obrigatoriamente) indica, compete conhecer da causa e decidi-la; desviar o conhecimento de um litígio para outro juízo ou tribunal competente*, tem as seguintes construções: ***declinar*** *algo* (a jurisdição, o conhecimento do recurso), ***declinar*** *algo para* (o foro, o juízo) ou ***declinar*** *para* (com o objeto direto subentendido):

O excipiente arguirá a incompetência em petição fundamentada e devidamente instruída, indicando o juízo para o qual declina. (CPC, art. 307)

[...] deve-se declinar o conhecimento do recurso para o foro de. (Pedro Nunes – *Dicionário de tecnologia jurídica*, vol. I, p. 323)

Declinatório. Direito processual. Próprio ou adequado para declinar jurisdição, demonstrando incompetência de foro ou de juízo. (Maria Helena Diniz – *Dicionário jurídico*, vol. 2, p. 24)

Na mesma obra, p. 24, consigna-se ao adjetivo **declinável** este significado: 2. *Direito processual. Qualidade de foro, juízo ou competência que podem ser declinados ou recusados mediante exceção de incompetência.*

Declinatória [...] s. f. (De declinatório). 1. Jur. Acto pelo qual se contesta ou declina a jurisdição de um tribunal ou de um juiz. (Academia das Ciências de Lisboa – *Dicionário da Língua Portuguesa Contemporânea*, I vol., p. 1076)

Na mesma obra, p. 1076, confere-se ao adjetivo **declinatório** o significado de *Que é próprio para contestar ou declinar a jurisdição de um tribunal ou juiz.*

¶ No sentido de *recusar, o juiz, o conhecimento de uma questão, negar-se, o juiz, competência para conhecer de uma questão*, também se constrói com objeto direto daquilo que se declina (recusa, não admite) – ***declinar*** *algo*:

Há conflito de jurisdição quando duas ou mais autoridades pertencentes a diversas actividades do Estado, ou dois ou mais tribunais de espécie diferente, se arrogam ou declinam o poder de conhecer da mesma questão: o conflito diz-se positivo no primeiro caso, e negativo no segundo. (CPCp, art. 115º, 1)

Na linguagem comum, o verbo ***declinar***, no sentido de *não aceitar, recusar com gentileza e brandura*, constrói-se com objeto direto, ou objeto indireto com a preposição *de*: *[...] responsabilidade, a que só me submeti, por me não ser lícito declina-la [...]* (Rui Barbosa – *Réplica*, vol. 1, p. 10) Sempre declinei honrarias. Declinei o cargo de chefe de departamento. Declinei do convite para presidir a reunião. Em Portugal, mesmo na linguagem comum, somente se emprega o regime direto para indicar o objeto-paciente da ação de ***declinar*** (convites, honrarias, cargos, títulos, etc.).

Decorrer

¶ No sentido de *passar, transcorrer*, aparece construído intransitivamente, ou com as preposições *de, sobre* ou *depois* – ***decorrer; decorrer*** *de, sobre* ou *depois*:

Decorridos dois anos, descobriu-se a verdade.

O VERBO NA LINGUAGEM JURÍDICA **113**

Decorrido um ano da arrecadação dos bens do ausente [...], poderão os interessados requerer que se declare a ausência e se abra provisoriamente a sucessão. (CC/2002, art. 26)

O testamento celebrado por alguma das formas especiais previstas na presente secção fica sem efeito decorridos dois meses sobre a cessação da causa que impedia o testador de testar segundo as formas comuns. (CCp, art. 2222º, 1)

Seis meses tinham decorrido depois do sequestro e morte do casal.

Ao verbo *decorrer* corresponde o substantivo **decurso** (passagem, escoamento do tempo, de prazo), que aparece, por exemplo, na expressão *por decurso de prazo*.

Deduzir

¶ No sentido de *propor, expor ou alegar fundamentadamente em juízo, arrazoar*, constrói-se com objeto direto (sujeito na voz passiva) – ***deduzir*** *algo* (embargos, razões, etc.):

Depois da contestação, só é lícito deduzir novas alegações quando: [...] II – competir ao juiz conhecer delas de ofício; (CPC, art. 303, II)

Distribuído o requerimento de homologação, o relator mandará citar o interessado para deduzir embargos, [...] (CPP, art. 789, § 2º)

[...], o Ministério Público, se para isso tiver legitimidade, deduzirá a acusação. O assistente, havendo-o, será notificado para deduzir a sua acusação, sendo-lhe para esse fim facultado o exame do processo. Se a acção penal depender de acusação da parte, deduzirá esta a acusação no prazo legal, [...] (CPPp, art. 349º)

Ao verbo *deduzir*, no sentido acima, corresponde o substantivo **dedução** (exposição ordenada de fatos ou argumentos, em que se baseia um pedido, uma defesa, uma impugnação, uma contestação ou uma acusação):

A dedução da incompetência não suspende o andamento do processo. (CPCp, art. 110º, 1)

¶ No sentido de *descontar, diminuir, subtrair*, constrói-se com objeto direto (sujeito na voz passiva) ou objeto direto e indireto, este com a preposição *de* – ***deduzir*** *algo* ou ***deduzir*** *algo de*:

Efetuada a alienação e deduzidas as despesas, depositar-se-á o preço, [...] (CPC, art. 1.116)

[...], deduzindo-se deste tempo 20 (vinte) minutos para descanso, de cada um dos empregados, sempre que se verificar um esforço contínuo de mais de 3 (três) horas. (CLT, art. 229)

No exemplo acima, aparecem dois objetos indiretos de natureza distinta: um de *coisa* e outro de *pessoa*: ***deduz-se*** *algo* (20 [vinte] minutos para descanso) *de alguma coisa* (deste tempo) e *de alguém* (de cada um dos empregados).

Defender

¶ No sentido de *sustentar com argumentos e razões*, constrói-se com objeto direto (sujeito na voz passiva) representado por *nome* (substantivo) – ***defender*** *algo* (causa, princípio, tese, etc.):

A maioria da população defende a efetiva separação entre a Igreja e o Estado.

Um juiz sul-rio-grandense defende a retirada dos crucifixos das salas de audiência do Judiciário.

Sempre defendi o combate de ideias com ideias, e não com a força.

Por constituir impropriedade, convém evitar a construção ***defender*** *que, i. e.*, com o objeto direto representado por *oração*. Em lugar de *Defendo que se apliquem penas severíssimas aos traficantes de tóxico*, diga-se, pois: *Defendo a aplicação de penas severíssimas aos traficantes de tóxico.*

Deferir

¶ No sentido de *atender o que é pedido ou requerido, despachar favoravelmente*, constrói-se com objeto direto (sujeito na voz passiva) – ***deferir*** *algo*:

Não havendo impugnação dentro de cinco (5) dias, o pedido do assistente será deferido. [...] (CPC, art. 51)

Estando a petição inicial devidamente instruída, o juiz deferirá, sem ouvir o réu, a expedição do mandado liminar de manutenção ou de reintegração; [...] (CPC, art. 928)

1. Também se constrói com objeto direto o verbo **indeferir**:

O juiz indeferirá o pedido, quando o requerente não houver demonstrado legítimo interesse [...] (CPC, art. 869)

2. Na legislação pesquisada, encontramos um exemplo do verbo ***deferir***, empregado no sentido de *atender o que é pedido ou requerido*, com objeto indireto introduzido pela preposição *a*:

Se a decisão tiver sido proferida por tribunal colectivo, ao juiz da comarca onde se efectuar o julgamento compete deferir aos termos do recurso e esclarecer os fundamentos da decisão. (CCPp, art. 650º, § único)

¶ No sentido de *conferir, atribuir* (tutela, herança, direitos, etc.), constrói-se com objeto direto (sujeito na voz passiva) de coisa ou com objeto direto de coisa e indireto de pessoa, este com a preposição *a* – ***deferir*** *algo* ou ***deferir*** *algo a alguém*:

O registro provisório, que será concedido de plano pelo Tribunal Superior Eleitoral, nos termos deste artigo, defere ao novo partido todos os direitos, deveres e prerrogativas dos atuais, [...] (CRFB, ADCT, art. 6º, § 1º)

A herança defere-se como um todo unitário, ainda que vários sejam os herdeiros. (CC/2002, art. 1.791)

Em falta de descendentes e ascendentes, será deferida a sucessão por inteiro ao cônjuge sobrevivente. (CC/2002, art. 1.838)

Defraudar

¶ Tem o significado de espoliar com fraude; causar dano a alguém mediante fraude; fraudar; privar dolosamente; violar, lesar dolosamente. Constrói-se com objeto direto (sujeito na voz passiva) – ***defraudar*** *algo* (o penhor, a lei, o fisco, etc.):

Nas mesmas penas incorre quem: [...]; III – defrauda, mediante alienação não consentida pelo credor ou por outro modo, a garantia pignoratícia, [...]; IV – defrauda substância, qualidade ou quantidade de coisa que deve entregar a alguém. (CP, art. 171, § 2º, III e IV)

Degradar

¶ No sentido de *estragar, deteriorar, desgastar*, constrói-se com objeto direto (sujeito na voz passiva) – *deteriorar algo*:

Aquele que explorar recursos minerais fica obrigado a recuperar o meio ambiente degradado, de acordo com a solução técnica exigida pelo órgão público competente, na forma da lei. (CRFB, art. 225, § 2º)

O homem degrada os rios com os detritos.

Em razão do incidente, as s relações entre os dois países degradaram-se.

Delegar

¶ Nas acepções de *uma pessoa conceder ou transmitir a outra o seu poder ou autoridade, a fim de que ela aja e delibere em seu nome, outorgar direito para*, constrói-se com objeto direto (sujeito na voz passiva) de coisa, ou objeto direto de coisa e indireto de pessoa, este com a preposição *a* ou *em* – *delegar algo*, ou *delegar algo a* ou *em alguém*:

O Presidente da República poderá delegar as atribuições mencionadas nos incisos VI, XII e XXV, primeira parte, aos Ministros de Estado, ao Procurador-Geral da República ou ao Advogado-Geral da União, que observarão os limites traçados nas respectivas delegações. (CRFB, art. 84, parágrafo único)

Se os bens e interesses administrativos exigirem conhecimentos técnicos, forem complexos, ou realizados em lugares distantes do domicílio do tutor, poderá este [...] delegar a outras pessoas físicas ou jurídicas o exercício parcial da tutela. (CC/2002, art. 1.743)

A assembleia de freguesia pode delegar nas organizações de moradores tarefas de base territorial administrativas que não envolvam o exercício de poderes de autoridade. (CRP, art. 248º)

Às organizações populares de base territorial compete realizar as tarefas que a lei lhes confiar ou os órgãos de freguesia nelas delegarem. (CRP, art. 265º, 2)

Delegar origina-se do verbo latino **delegare** (*confiar, enviar, atribuir, constituir*). Correspondem-lhe, entre outros, os termos **delegação, delegado, delegante** (que delega), **delegatário** (pessoa em cujo favor ou benefício se constitui a delegação) e **delegatório** (em que há delegação).

Deliberar

¶ Nas acepções de *decidir, o juiz, por despacho, sobre o plano da partilha, no inventário, ou na divisão; resolver; tomar alguma decisão, geralmente importante, depois de pensar com cuidado ou de a discutir com as pessoas*, constrói-se com objeto direto (sujeito na voz passiva) – ***deliberar** algo*:

Deliberada a reconstrução, poderá o condômino eximir-se do pagamento das despesas respectivas, alienando os seus direitos a outros condôminos, mediante avaliação judicial. (CC/2002, art. 1.257, § 1º)

Ouvidas as partes, no prazo comum de dez (10) dias, sobre o cálculo e o plano da divisão, deliberará o juiz a partilha. [...] (CPC, art. 979)

¶ No sentido de *tomar decisão, consultando consigo ou com outros*, aparece construído com a preposição *sobre* ou a locução *quanto a* – ***deliberar** sobre* ou *quanto a*:

O herdeiro, chamado, na mesma sucessão, a mais de um quinhão hereditário, sob títulos sucessórios diversos, pode livremente deliberar quanto aos quinhões que aceita e aos que renuncia. (CC/2002, art. 1.808, § 2º)

Além de outros casos previstos nesta Constituição, a Câmara dos Deputados e o Senado Federal reunir-se-ão em sessão conjunta para: [...] IV – conhecer do veto e sobre ele deliberar. (CRFB, art. 57, § 3º, IV)

Havendo objeção de qualquer credor ao plano de recuperação judicial, o juiz convocará a assembleia geral de credores para deliberar sobre o plano de recuperação. (Lei n. 11.101, de 9-2-2005, art. 56)

O adjetivo *geral* somente admite hífen nas denominações de cargos ou funções e órgãos correspondentes: *Advogado-Geral da União, Advocacia-Geral da União*, etc. É, pois, incabível o hífen em **assembleia geral**.

¶ Nas acepções de *decidir, resolver, pensar com cuidado antes de tomar uma decisão importante, meditar, ponderar, refletir*, também se constrói intransitivamente:

A assembleia não poderá deliberar se todos os condôminos não forem convocados para a reunião. (CC/2002, art. 1.354)

O júri pediu um intervalo de duas horas para deliberar.

Deliberar origina-se do verbo latino **deliber<u>a</u>re**, que, por sua vez, deriva do substantivo **libra**, que significa *balança*. Assim, etimologicamente, ***deliberar*** significa *pesar na balança*, e daí, por extensão, *meditar, refletir, debater antes de fixar posição*. ***Deliberar*** tem, pois, o sentido básico de *examinar por todos os lados e de todos os modos uma questão ou negócio, pesando os prós e os contras*.

Delinquir

¶ No sentido de *cometer infração, incorrer em falha, erro, delito*, constrói-se intransitivamente, ou com objeto indireto introduzido pelas preposições *em* ou *contra*:

As pessoas de bem sentem-se frustradas quando observam a impunidade dos que delinquiram.

É preciso recuperar o cidadão que um dia delinquiu.

Alguns sociólogos afirmam que muitas pessoas delínquem por necessidade.

O mandante do crime e o executor deste, um e outro delínquem.

Os tribunais eclesiásticos tratavam com severidade aqueles que delinquiam em matérias de fé.

No direito penal rege o princípio de que 'as ideias não delínquem'. (Ángel Martín del Burgo y Marchán – *El lenguaje del derecho*, p. 173)

A sociedade não pode delinquir. (Em latim: *Societas delinquere non potest.*)

Em alguns países ainda se infligem punições rigorosas aos que delínquem contra preceitos e costumes religiosos.

1. O verbo *delinquir* admite dois padrões de flexão: a) com *i* tônico acentuado graficamente na formas rizotônicas (tônicas na raiz ou no radical); ou b) com *u* tônico, sem acento gráfico, nessas mesmas formas: padrão *a*: delínquo, delínques, delínque, delínquem; padrão *b*: delinquo, delinquis, delinqui, delinquem. O padrão *a* é o usual no português do Brasil, razão por que se recomenda segui-lo. O padão *b* é próprio do português de Portugal.

2. *Delinquir* origina-se do verbo latino **delinquere,** que significa *faltar*, *não comparecer*, *abandonar*, *desviar-se*; em sentido figurado e usual: *abandonar uma lei*, *desviar-se da lei*, *cometer uma falta*, *pecar*, *errar*, *delinquir*. **Delinquere**, de sua parte, forma-se do verbo **linquere,** que tem o significado de *deixar*, *abandonar*, *largar*.

3. Alguns autores repetem, por atavismo, que o verbo **delinquir** é defectivo, não sendo conjugável nas formas com *quo* e *qua*. Trata-se de lição ultrapassada, obsoleta. Autores de merecido respeito conferem conjugação integral ao verbo em questão. Haja vista João Nunes, em seu *Dicionário de verbos conjugados*, e Emídio Silva e António Tavares, em seu *Dicionário dos verbos portugueses*, obras identificadas na bibliografia.

Demandar

¶ No sentido de *intentar ação judicial*, aparece sob a construção *demandar alguém*, com objeto direto de pessoa (sujeito na voz passiva) ou *demandar alguém por algo* (objeto direto de pessoa e indireto de coisa):

Enquanto alguns dos credores solidários não demandarem o devedor comum, a qualquer daqueles poderá este pagar. (CC/2002, art. 268)

O fiador que pagar integralmente a dívida fica sub-rogado nos direitos do credor; mas só poderá demandar a cada um dos outros fiadores pela respectiva quota. (CC/2002 art. 831)

No exemplo acima, o objeto direto (da pessoa), expresso por pronome indefinido, aparece com preposição, constituindo o chamado *objeto direto preposicionado*.

Tendo mais de um domicílio, o réu será demandado no foro de qualquer deles. (CPC, art. 94, § 1º)

A solidariedade não impede que os devedores solidários demandem conjuntamente o credor ou sejam por ele conjuntamente demandados. (CCp, art. 517º, 1)

¶ Nas acepções de *exigir, pedir, requerer*, aparece sob as construções *demandar algo*, com objeto direto de coisa (sujeito na voz passiva), *demandar algo a alguém* ou *demandar algo de alguém* (objeto direto de coisa e indireto de pessoa):

Sendo indivisível a obrigação, todos os devedores, e seus herdeiros, caindo em falta um deles, incorrerão na pena; mas esta só se poderá demandar integralmente do culpado. [...] (CC/2002, art. 414)

Somente o cônjuge que incidiu em erro, ou sofreu coação, pode demandar a anulação do casamento; [...] (CC/2002, art. 1.559)

São válidas as alienações onerosas de bens hereditários a terceiros de boa-fé, e os atos de administração legalmente praticados pelo herdeiro, antes da sentença de exclusão; mas aos herdeiros subsiste, quando prejudicados, o direito de demandar-lhe perdas e danos. (CC/2002, art. 1.817)

Aquele que detiver a coisa em nome alheio, sendo-lhe demandada em nome próprio, deverá nomear à autoria o proprietário ou o possuidor. (CPC, art. 62)

É lícito aos confinantes do imóvel dividendo [que se deve dividir, que se há de dividir] *demandar a restituição dos terrenos que lhes tenham sido usurpados.* (CPC, art. 974)

O juiz decidirá todas as questões de direito e também as questões de fato, quando este se achar provado por documento, só remetendo para os meios ordinários as que demandarem alta indagação ou dependerem de outras provas. (CPC, art. 984)

No exemplo acima, o verbo **demandar** tem o sentido de *exigir, requerer*, mas com a conotação especial de *necessitar (de)*.

¶ No sentido de *intentar ação judicial contra alguém para obter alguma coisa*, também aparece sob a construção **demandar** *por alguma coisa* (sem a explicitação da pessoa contra quem se propõe a demanda):

Não pode o adquirente demandar pela evicção, se sabia que a coisa era alheia ou litigiosa. (CC/2002, art. 457)

Aquele que demandar por dívida já paga, no todo ou em parte, sem ressalvar as quantias recebidas ou pedir mais do que foi devido, ficará obrigado a pagar ao devedor; [...] (CC/2002, art. 940)

¶ No sentido de *propor, mover demanda, ação judicial, processo*, também se constrói intransitivamente (sem qualquer complemento):

Não pode o réu, em seu próprio nome, reconvir ao autor, quando este demandar em nome de outrem. (CPC, art. 315, parágrafo único)

Demitir

¶ No sentido de *obrigar alguém a abandonar as suas funções profissionais; destituir alguém do cargo ou funções exercidas em determinada empresa ou organismo; afastar de um cargo*, constrói-se com objeto direto (sujeito na voz passiva) – **demitir** *alguém*:

O Presidente da República só pode demitir o Governo quando tal se torne necessário para assegurar o regular funcionamento das instituições democráticas, [...] (CRP, art. 195º, 1)

O servidor foi demitido por transgressão do inciso XIV do art. 117 da Lei n. 8.112, de 11-12-1990.

No serviço público, *demissão* é o desligamento de servidor do cargo, com caráter sancionador, aplicável nas hipóteses legalmente previstas. Não se confunde com *exoneração*. Confira os verbetes **Dispensar** e **Exonerar**.

¶ No sentido de *deixar voluntariamente as funções que vinha exercendo; apresentar demissão, avisar o empregador de que não pretende continuar na empresa, despedir-se*, constrói-se pronominalmente + objeto indireto (apagável) precedido da preposição *de* – **demitir-se**, ou **demitir-se** *de*:

Por não concordar com a nova política de pessoal da empresa, demitiu-se.

Demitiu-se da empresa onde trabalhara por doze anos.

¶ No sentido de *desistir de fazer alguma coisa que é o seu dever, vontade ou obrigação, desistir de, renunciar a*, constrói-se pronominalmente + objeto indireto precedido da preposição *de* – **demitir-se** *de*:

Em caso algum devem os pais demitir-se da educação dos filhos.

Na situação por que ora passa o País, nenhum cidadão consciente pode demitir-se de suas responsabilidades cívicas.

Demorar

¶ No sentido de *atrasar, retardar*, aparece com objeto direto:

Quando o credor, sem justa causa, demorar a execução iniciada contra o devedor, poderá o fiador promover-lhe o andamento. (CC/2002, art. 834)

Denegar

¶ No sentido de *recusar, não conceder, indeferir*, aparece com objeto direto (sujeito na voz passiva) – **denegar** *algo*:

Das decisões dos Tribunais Regionais Eleitorais somente caberá recurso quando: [...] V – denegarem 'habeas corpus', mandado de segurança, 'habeas data' ou mandado de injunção. (CRFB, art. 121, § 4º, V)

Para que se possa alterar o estatuto da fundação é mister que a reforma: [...] III – seja aprovada pelo órgão do Ministério Público, e, caso este a denegue, poderá o juiz supri-la, a requerimento do interessado. (CC/2002, art. 67, III)

Cabe agravo no prazo de 8 (oito) dias: [...]; b) de instrumento, dos despachos que denegarem a interposição de recursos; (CLT, art. 897, *b*)

No exemplo acima, ocorre o desdobramento de artigo em alínea. O artigo pertence à Lei n. 8.432, de 11-6-1992. A partir da LC n. 95, de 26-2-1998 (art. 10, II) e do Decreto n. 4.176, de 28-3-2002 (art. 22, XI), a alínea passou a ser desdobramento exclusivo do inciso.

Também será denegada a homologação para o reconhecimento ou execução da sentença estrangeira, se o Supremo Tribunal Federal constatar que: [...] (Lei n. 9.307, de 23-9-1976, art. 39)

Embora não se trate de diferença rigorosa, pode-se fazer esta distinção entre **denegar** e **negar**: *denega-se* um pedido, uma pretensão; *nega-se* uma afirmação. *O tribunal denegou o pedido de ampliação do prazo. O demandado negou a existência da dívida.*

Denotar

¶ No sentido de *ser sinal ou indicação de alguma coisa, denunciar, manifestar, mostrar, revelar*, constrói-se com objeto direto (sujeito na voz passiva) – *denotar algo*:

As pessoas indicadas para funcionar como árbitro têm o dever de revelar, antes da aceitação da função, fato que denote dúvida justificada quanto à sua imparcialidade e independência. (Lei n. 9.307, de 23-9-1996, art. 14, § 1º)

O rosto do criminoso denotava ódio e frieza.

As declarações do candidato derrotado denotam sua surpresa e decepção diante do resultado das urnas.

Denunciar

¶ No sentido processual de *dar a conhecer por meio de notificação ou citação*, constrói-se com objeto direto (sujeito na voz passiva) de coisa e indireto de pessoa, este com a preposição *a* – *denunciar algo* (a lide) *a alguém*. Portanto, *não se denuncia alguém à lide* – erro de construção em que muitos incorrem –, mas, isto sim, *denuncia-se a lide a alguém*, pois a lide é dada a conhecer a alguém:

O adquirente, proposta por terceiro a ação para evencer [Confira o significado no verbete respectivo.] *bem transmitido, deverá denunciar a lide ao alienante para que intervenha no processo, defendendo a coisa que alienou.* (Maria Helena Diniz – *Dicionário Jurídico*, vol. 2, p. 58)

O autor denunciou a lide ao Instituto de Resseguros do Brasil.

1. Já entre os romanos o verbo **denuntiare** era termo da língua do direito e do ritual, com a significação de *declarar solenemente, fazer conhecer por mensagem, pressagiar, citar em testemunho* (Ernesto Faria – *Dicionário Escolar Latino-Português*, p. 294)

2. Em nosso atual Código de Processo Civil, emprega-se a expressão **denunciação** da lide: *A denunciação da lide é obrigatória: I – ao alienante, na ação em que terceiro reivindica coisa, cujo domínio foi transferido à parte, a fim de que esta possa exercer o direito que da evicção lhe resulta; II – ao proprietário ou ao possuidor indireto quando, por força de obrigação ou direito, em casos como o do usufrutuário, do credor pignoratício, do locatário, o réu, citado em nome próprio, exerça a posse direta da coisa demandada; III – àquele que estiver obrigado, pela lei ou pelo contrato, a indenizar, em ação regressiva, o prejuízo do que perder a demanda.* (CPC, art. 70, I, II e III)

Como se vê, há perfeita correspondência entre a regência do verbo **denunciar** e a do substantivo **denunciação**: em ambos os termos, indica-se claramente que *a lide é denunciada a alguém*.

¶ Fora do âmbito do instituto da *denunciação da lide*, **denunciar**, com o significado de *comunicar, dar a conhecer, participar*, constrói-se com objeto direto (sujeito na voz passiva) ou objeto direto e indireto, este com a preposição *a* – *denunciar algo* ou *denunciar algo a alguém*:

Não correrão os prazos do artigo antecedente na constância de cláusula de garantia; mas o adquirente deve denunciar o defeito ao alienante nos trinta dias seguintes ao seu descobrimento, sob pena de decadência. (CC/2002, art. 446)

O que se mediu presume-se verificado se, em trinta dias, a contar da medição, não forem denunciados os vícios ou defeitos pelo dono da obra ou por quem estiver incumbido da sua fiscalização. (CC/2002, art. 614, § 2º)

[...], o destinatário conserva a sua ação contra o transportador, desde que denuncie o dano em dez dias a contar da entrega. (CC/2002, art. 774, parágrafo único)

O comprador deve denunciar ao vendedor o vício ou a falta de qualidade da coisa, excepto se este houver usado de dolo. (CCp, art. 916º, 1)

Denunciou [deu a conhecer, participou] *ao povo esta sentença de Deus o profeta Isaías, [...]* (Pe. Antônio Vieira – *Sermões*, vol. X, p. 270)

¶ No sentido de *acusar ou oferecer denúncia, formulando acusação contra o autor do crime, dar notícia de um crime à autoridade competente, indicar alguém como responsável por um ato condenável, delatar,* aparece sob as construções **denunciar** alguém, **denunciar** alguém a, **denunciar** alguém perante, **denunciar** alguém como e **denunciar** alguém por:

Qualquer cidadão, partido político, associação ou sindicato é parte legítima para, na forma da lei, denunciar irregularidades ou ilegalidades perante o Tribunal de Contas da União. (CRFB, art. 74, § 2º)

O Ministério Público denunciou fulano de tal como incurso nas sanções do art. 244-A, § 1º, da Lei nº 8.069, de 13-7-1990 (ECA).

O agente do Ministério Público denunciou fulano de tal por infração prevista no art. 171, 'caput', do Código Penal.

Vários pacientes denunciaram o profissional ao órgão de classe da categoria pela cobrança indevida de honorários médicos.

¶ No sentido de *declarar, avisar que chegou a termo convenção, contrato ou tratado,* constrói-se com objeto direto (sujeito na voz passiva) – **denunciar** algo:

Nas relações contratuais a seguir mencionadas prevalecerão as seguintes regras: [...] VII – a falência do locador não resolve o contrato de locação e, na falência do locatário, o administrador judicial pode, a qualquer momento, denunciar o contrato. (Lei n. 11.101, de 9-2-2005, art. 119, VII)

Se, em consequência das alterações, o preço for elevado em mais de vinte por cento, o empreiteiro pode denunciar o contrato e exigir uma indenização equitativa. (CCp, art. 1215º, 2)

Quando o tratado foi denunciado, os dois países atravessaram um período de tensão. (Academia das Ciências de Lisboa – *Dicionário da língua portuguesa contemporânea*, I vol., p. 1109)

Deparar

¶ No sentido de *apresentar-se, oferecer-se, aparecer,* vem construído pronominalmente, com a preposição *a* – *alguém,* ou *alguma coisa se* **depara** *a*:

Quem quer que ache coisa alheia perdida, há de restituí-la ao dono ou legítimo possuidor. Parágrafo único. Não o conhecendo, o inventor fará por descobri-lo, e, quando se lhe não depare, entregará o objeto achado à autoridade competente no lugar. (CC/1916, art. 603, parágrafo único)
Ao rico, mil amigos se deparam; ao pobre, seus irmãos o desamparam. (provérbio)
Dificuldades sem conta se nos depararam naquele empreendimento.
Depara-se aos países em desenvolvimento um aumento crescente da criminalidade urbana.

¶ No sentido de *encontrar, achar alguma coisa*, aparece construído com objeto direto (sujeito na voz passiva) – ***deparar** alguma coisa*:

Deparando-se [o tesouro] em terreno aforado, partir-se-á igualmente entre o inventor e o enfiteuta, ou será deste por inteiro, quando ele mesmo seja o inventor. (CC/1916, art. 609)
Decorridos sessenta dias da divulgação da notícia pela imprensa, ou do edital, não se encontrando quem comprove a propriedade sobre a coisa, será esta vendida em hasta pública e, deduzidas do preço as despesas, mais a recompensa do descobridor, pertencerá o remanescente ao Município em cuja circunscrição se deparou o objeto perdido. (CC/2002, art. 1.237)

Depor

¶ No sentido de *prestar declarações em juízo, como testemunha ou parte num processo, fazer depoimento em juízo*, aparece sob as seguintes construções.

¶ ***depor** de* (a respeito de):

A parte não é obrigada a depor de fatos: I – criminosos ou torpes, que lhe foram imputados; (CPC, art. 347, I)

¶ ***depor** algo* (objeto direto representado por substantivo ou por oração substantiva com a conjunção *que*):

Às testemunhas será perguntado o modo por que souberam o que depõem. [...] (CPPp, art. 233º)
A testemunha depôs fatos estarrecedores.
Depôs que o assalto se dera de madrugada.

¶ ***depor*** (intransitivo, i. e., sem qualquer complemento):

Se a parte intimada não comparecer, ou comparecendo, se recusar a depor, o juiz lhe aplicará a pena de confissão. (CPC, art. 343, § 2º)
É defeso, a quem ainda não depôs, assistir ao interrogatório da outra parte. (CPC, art. 344, parágrafo único)

¶ ***depor** a algo* (construção somente encontrada no Código de Processo Penal de Portugal):

Se entre as testemunhas indicadas houver alguma que tenha de ser inquirida por carta, mencionar-se-ão os factos a que deve depor. (CPPp, art. 382º, § único)

Ao verbo ***depor***, no sentido acima, corresponde o termo **depoente**, ou **deponente**: *aquele que presta declarações em juízo, como testemunha, litigante ou parte interessada.*

¶ No sentido de *desapossar violentamente alguém dum cargo, ou poder*, constrói-se com objeto direto (sujeito na voz passiva) – ***depor** alguém*:
Os rebeldes depuseram o Presidente nesta madrugada.

¶ No sentido de *renunciar voluntariamente, deixar, abandonar*, constrói-se com objeto direto e a preposição *em* – ***depor** algo em*:
O ministro depôs o cargo nas mãos do Presidente da República. (Pedro Nunes – Dicionário de tecnologia jurídica, vol. I, p. 336)

Deprecar

¶ No sentido de *requisitar de juiz de jurisdição estranha à sua a prática de ato ou diligência que se mostra necessária ao andamento do processo sob sua direção, no território do juiz para quem se deprecia, expedir carta precatória ou rogatória*, constrói-se com objeto direto (sujeito na voz passiva) de coisa, objeto direto de coisa e indireto de pessoa, este com a preposição *a* ou somente objeto indireto de pessoa, com a preposição *a* – ***deprecar** algo*, ***deprecar** algo a alguém* ou ***deprecar** a alguém*

Quando o réu estiver no território nacional, em lugar estranho ao da jurisdição, será deprecada a sua prisão, [...] (CPP, art. 289)

Compete, ainda, às Juntas de Conciliação e Julgamento: [...] e) expedir precatórias e cumprir as que lhes forem deprecadas; (CLT, art. 653, *e*)

O produto dos bens penhorados ou por outra forma apreendidos entrará para a massa, cumprindo ao juiz deprecar, a requerimento do administrador judicial, às autoridades competentes, determinando sua entrega. (Lei n. 11.101, de 9-2-2005, art. 108, § 3º)

O verbo **deprecar** deriva do verbo latino **deprecari**, que tem, entre outros, o sentido de *pedir, rogar, suplicar*. Ao verbo **deprecar** correspondem os termos **deprecante** (*juiz ou juízo que expede a precatória, ou rogatória*) e **deprecado** (*juiz ou juízo a que se remete a precatória, ou rogatória; a que se solicita a prática de atos necessários à solução de processo em curso perante o juiz ou juízo deprecante*).

Derrogar

¶ **Derrogar** significa *abolir ou modificar parte de lei*. 'Derogatur legi cum pars detrahitur' – *Derroga-se a lei quando se extrai parte dela* (Modestino). Constrói-se com objeto direto (sujeito na voz passiva) – ***derrogar** algo*:

A lei de 1846, em vez de modificar, ratificou, pelo contrário, nesta parte, o direito existente, derrogando-o, apenas, quanto ao padrão monetário. (Rui Barbosa)

Derrogar não deve confundir-se com *ab-rogar*, que significa *abolir totalmente uma lei*, como consta no verbete respectivo. *Revogar*, por sua vez, tem sentido genérico, significando tanto *ab-rogar* como *derrogar*.

Desacatar

¶ Verbo dos Direitos Administrativo, Penal e Militar, significa *ofender, humilhar, desrespeitar, desprestigiar servidor público civil ou militar*. Constrói-se com objeto direto (sujeito na voz passiva) – ***desacatar** alguém*:

Desacatar funcionário público no exercício da função ou em razão dela: [...] (CP, art. 331)

Desacatar superior, ofendendo-lhe a dignidade ou o decoro, ou procurando deprimir-lhe a autoridade: [...] (CPM, art. 298)

Confira o verbete **Acatar**.

Desacolher

¶ Empregado no sentido de *negar acolhida ou recebimento, não receber, negar provimento*, constrói-se com objeto direto (sujeito na voz passiva) – ***desacolher*** *algo* (embargos, agravo, etc.):

Os componentes da 1ª Câmara Criminal do Tribunal de Justiça, por unanimidade, desacolheram a preliminar de nulidade do julgamento.

O magistrado acolheu a qualificadora do inc. II do § 2º do art. 121 do Código Penal e desacolheu a do inc. IV.

Tal aparição representaria ruptura ou mudança substancial da natureza, que a metafísica desacolhe e que a ciência e a história não registram. (José Nedel – *Crítica da razão popular*, p. 39)

O verbo **desacolher** está registrado no VOLP/09.

Desacreditar

¶ No sentido de *fazer perder o respeito, o prestígio, a reputação de idoneidade, o crédito; desmerecer, depreciar*, constrói-se com objeto direto (sujeito na voz passiva) de pessoa ou de coisa – ***desacreditar*** *alguém* ou *algo*:

Denúncias infundadas ou pouco consistentes eram as armas de que se serviam para desacreditar o governante e seus auxiliares diretos.

Para desacreditarem a embaixada, enxovalharam [= injuriaram, insultaram] o embaixador. (Rui Barbosa)

Os eventuais equívocos de um governo não o desacreditam definitivamente.

Os sucessivos escândalos em que ultimamente se envolveu desacreditaram o jovem político, em detrimento de sua promissora carreira.

¶ No sentido de *não acreditar em, não confiar em, descrer de*, constrói-se com objeto indireto com a preposição *de* ou *em* – ***desacreditar*** *de* ou *em*:

A atrocidade de certos crimes faz-nos desacreditar da racionalidade do ser humano.

É cada vez maior o número das pessoas que desacreditam da honestidade de certos homens públicos.

O aumento acelerado dos assaltos, sequestros e latrocínios leva a população a descacreditar na eficácia das políticas e ações oficiais de segurança.

Eventuais decisões contraditórias ou equivocadas dos tribunais não são suficientes para que desacreditemos na competência e na seriedade de nossos magistrados.

Desaforar

¶ Empregado no sentido de *transferir a causa de um foro para outro, fazer julgar em outro foro*, constrói-se com objeto direto (sujeito na voz passiva) ou objeto direto e as preposições *de* e *para* – **desaforar** *algo* ou **desaforar** *algo de para*:

[...], *o Tribunal de Apelação, a requerimento de qualquer das partes ou mediante representação do juiz, e ouvido sempre o procurador-geral, poderá desaforar o julgamento para comarca ou termo próximo, [...]* (CPP, art. 424)

<small>No artigo acima, *termo* tem a acepção de *circunscrição judiciária de categoria inferior a comarca, na forma do que dispuser a respectiva lei de organização judiciária*.</small>

O magistrado, pelo fato de residir na comarca, melhor do que ninguém pode sentir a necessidade de desaforar, ou não, o julgamento.

Nenhuma causa pode ser desaforada do tribunal competente para outro, a não ser nos casos especialmente previstos em lei. (Adaptação do art. 64º do CPCp)

<small>Ao verbo **desaforar**, no sentido acima, corresponde o substantivo **desaforamento**: *deslocação do processo de um foro para outro*.</small>

Desapensar

¶ Empregado no sentido de *separar ou retirar (dos autos)) o que estava em apenso*, constrói-se com objeto direto (sujeito na voz passiva) e indireto (facultativo), este com a preposição *de* – **desapensar** *algo (de)*:

O juiz mandou desapensar (dos autos) o laudo do perito.

<small>Confira o verbete **Apensar**, especialmente as notas.</small>

Desapossar

¶ Empregado nas acepções de *retirar a posse de alguém, privar da posse de alguma coisa, despojar, esbulhar*, constrói-se com objeto direto (sujeito na voz passiva) – **desapossar** *alguém de algo*:

Os assaltantes desapossaram a vítima de todas a suas joias.

O novo governo desapossou a empresa de todas as suas propriedades e nacionalizou-as.

Desaquinhoar

¶ Nas acepções de *privar herdeiro ou legatário do quinhão cabível na partilha em inventário ou arrolamento, não contemplar em testamento, privar alguém da cota-parte a que teria direito sobre alguma coisa*, constrói-se com objeto direto (sujeito na voz passiva) – **desaquinhoar** *alguém*:

O pai desaquinhoou o filho mais moço, alegando ingratidão deste.

<small>Na linguagem comum, o verbo **desaquinhoar** também pode ser construído com objeto direto e indireto (facultativo), este com a preposição *de*, no sentido de *deixar de conceder algo a alguém, privar alguém de algo*: *A natureza desaquinhoou-o de inteligência*.</small>

<small>Confira o verbete **Aquinhoar** – **Quinhoar**.</small>

Desautorar

¶ Tem as acepções de privar alguém das dignidades ou honras que lhe eram concedidas; degradar; tirar a autoridade antes concedida ou o poder antes outorgado, ou destituí-lo de função, cargo ou posição ocupada ou insígnia, exautorar (*exautoração militar*, p. ex.); por extensão, desrespeitar e desacatar: *desautorar o juiz*; desautorizar (= fazer perder ou perder o respeito, a autoridade); variantes: desautorizar, exautorar. Constrói-se com objeto direto (sujeito na voz passiva) ou pronominalmente (construção reflexiva recíproca) – ***desautorar*** *algo* ou ***desautorar-se***:

Tíbios e inseguros, muitos pais desautoram-se frequentemente em suas atitudes para com os filhos.

As investigações a que se procedeu desautoram (= desautorizam, desacreditam) essa versão dos acontecimentos.

Desavir

¶ Empregado no sentido de *provocar discórdia, conflito ou desavença entre duas ou mais pessoas, pôr em desavença, brigar, indispor*, constrói-se com objeto direto ou pronominalmente, podendo ser seguido de objeto indireto introduzido pela preposição *com* – ***desavir*** *alguém (com)* ou ***desavir-se (com)***:

Questões de hierarquia desavieram os sócios do empreendimento.

O proprietário do apartamento de cobertura desaveio-se com o síndico do prédio.

O proprietário e o inquilino desavieram-se quanto à responsabilidade pela conservação do prédio.

1. **Desavir** forma-se, por derivação prefixal, de **avir**: *ajustar, pôr os litigantes de acordo; conciliar; reconciliar(-se); harmonizar(-se)*.

2. Ao verbo *desavir* correspondem o substantivo **desavença** (contenda, discórdia) e o adjetivo **desavindo** (que está em desavença ou em desacordo: casal *desavindo*, por exemplo).

Desconstituir

¶ No sentido de *desfazer uma relação jurídica, dissolver*, constrói-se com objeto direto (sujeito na voz passiva) – ***desconstituir*** *algo* (uma decisão, uma relação comercial, uma empresa, etc.):

Concessões legais do passado não podem ser desconstruídas. (Walter Ceneviva, FSP, 23-12-2006, p. caderno C, p. 2)

Ante o exposto, provê-se o agravo de instrumento, desconstituindo a decisão monocrática.

O CADE determinou que a empresa desconstituísse as aquisições que fizera, por ameaçarem a livre concorrência.

¶ Na acepção de *tirar poderes outorgados a*, constrói-se com objeto direto + predicativo (do objeto, na voz ativa; do sujeito, na voz passiva) introduzido pela preposição *como* – ***desconstituir*** *alguém como*:

Insatisfeito com o desempenho do sogro, o jogador decidiu desconstituí-lo como seu procurador.

Confira o verbete **Constituir**.

Descriminar – Descriminalizar

¶ **Descriminar** têm os significados de *(a) absolver o réu do crime que lhe foi imputado, inocentando-o, impronunciar, tirar a culpa de, (b) excluir o caráter delituoso do fato abstrato antes definido pela lei como crime.* Constrói-se com objeto direto (sujeito na voz passiva) – *descriminar alguém ou algo*:

Por insuficiência de provas, o juiz descriminou o réu.

Alguns juristas pretendem descriminar o aborto em determinadas circunstâncias.

1. Há autores que fazem distinção entre os verbos *descriminar* e *descriminalizar*, atribuindo àquele a acepção *a*, acima, e, a este, a acepção *b*. A grande maioria dos dicionaristas e tratadistas em geral, entretanto, consideram *descriminalizar* simples forma variante, sinônima, de *descriminar*.

2. O *VOLP/09*, a par dos verbos *descriminalizar* e *descriminar*, registra também o substantivo **descriminalização** e os adjetivos **descriminalizador** e **descriminalizante**, e ainda o substantivo **descriminação** e os adjetivos **descriminado**, **descriminador** (adjetivo e substantivo), **descriminante** e **descriminável**.

3. Segundo o *Dicionário Houaiss da língua portuguesa*, a forma *descriminalizar* foi proposta para substituir *descriminar*, em virtude da paronímia desta com **discriminar** (*diferenciar, discernir, distinguir*). A propósito, não são poucas as pessoas que fazem confusão entre os dois verbos, bem como entre os substantivos correspondentes (**descriminação** e **discriminação**).

Confira o verbete *Discriminar*.

Desentranhar

¶ No sentido de *retirar, mediante autorização do juiz, documento ou peça de um processo*, constrói-se com objeto direto (sujeito na voz passiva), ou com objeto direto e indireto, este com a preposição *de* – *desentranhar algo*, ou *desentranhar algo de*.

Arguída, por escrito, a falsidade de documento constante dos autos, o juiz observará o seguinte processo: [...] IV – se reconhecida a falsidade por decisão irrecorrível, mandará desentranhar o documento e remetê-lo, com os autos do processo incidente, ao Ministério Público. (CPP, art. 145, IV)

O advogado deve restituir os autos no prazo legal. Não o fazendo, mandará o juiz, de ofício, riscar o que neles houver escrito e desentranhar as alegações e argumentos que apresentar. (CPC, art. 195)

Permitir-se-á a cada parte a indicação de um assistente, cujo laudo terá que ser apresentado no mesmo prazo assinado para o perito, sob pena de ser desentranhado dos autos. (Lei . 5.584, de 26-6-1970, art. 3º, parágrafo único)

Desentranhem-se e devolvam-se às partes os documentos por elas apresentados.

Ao verbo *desentranhar* corresponde o substantivo **desentranhamento**.

Desindiciar

¶ Termo do Direito Processual Penal, ***desindiciar*** tem as acepções de *declarar que uma pessoa não deve ser processada criminalmente; declarar a não imputabiliade de um ato delituoso a alguém que tinha sido indiciado*. Constrói-se com objeto direto (sujeito na voz passiva) – ***desindiciar*** *alguém*:

O art. 409 do Código Penal autoriza o juiz a desindiciar o réu quando não se convencer da existência de indício suficiente de ser ele o autor do crime.

Confira o verbete *Indiciar*.

Desonerar

¶ Empregado nas acepções de *dispensar (alguém) do cumprimento de uma obrigação, dispensar, desobrigar, isentar de ônus, retirar ônus ou gravame de, livrar de custos ou encargos*, constrói-se com objeto direto (sujeito na voz passiva) ou objeto direto e indireto, este com a preposição *de* – ***desonerar*** *alguém* ou *algo*, ***desonerar*** *alguém* ou *algo de*:

O tribunal desonerou-o do pagamento da multa.

O Ministério da Saúde pretende desonerar a importação de remédios de uso contínuo.

Despender

No sentido de *fazer despesa de, gastar*, aparece sob as seguintes construções:

¶ objeto direto (sujeito na voz passiva) – ***despender*** *algo*:

O mandatário tem sobre a coisa de que tenha a posse em virtude de mandato, direito de retenção, até se reembolsar do que no desempenho do encargo despendeu. (CC/2002, art. 681)

Prescreve: [...] § 5º Em cinco anos: [...] III – a pretensão do vencedor por haver do vencido o que despendeu em juízo. (CC/2002, art. 206, § 5º, III)

¶ com objeto direto (sujeito na voz passiva) e indireto com a preposição *com* ou *em* – ***despender*** *algo com* ou *em*:

Até a promulgação da lei complementar referida no art. 169, a União, os Estados, o Distrito Federal e os Municípios não poderão despender com pessoal mais do que sessenta e cinco por cento do valor das respectivas receitas correntes. (CRFB, ADCT, art. 38)

Incumbem ao dono as reparações extraordinárias e as que não forem de custo módico; mas o usufrutuário lhe pagará os juros do capital despendido com as que forem necessárias à conservação, ou aumentarem o rendimento da coisa usufruída. (CC/2002, art. 1.404)

O adquirente a título oneroso ou gratuito é obrigado a reembolsar o alienante do que este tiver despendido na satisfação dos encargos da herança. [...] (CCp, art. 2129º, 2)

O verbo ***despender*** corresponde ao verbo latino **dispendere**. Não existe, em português, o verbo **dispender**. Existem, todavia, o substantivo **dispêndio** e o adjetivo **dispendioso**, termos eruditos, que mantiveram o *i* das formas originárias latinas (**dispendium** e **dispendiosus**).

Desprover

¶ No sentido de *recusar provimento (a recurso)*, constrói-se com objeto direto (sujeito na voz passiva) – *desprover o agravo*, etc.

O verbo *desprover* vem registrado no *VOLP/09*, a par dos cognatos **desprovido** e **desprovimento**. Também consignam o verbo, na acepção de *negar provimento a*, entre outros, Pedro Nunes (*Dicionário de tecnologia jurídica*) e Humberto Piragibe Magalhães e Christóvão Piragibe Tostes Malta (*Dicionário jurídico*).

¶ Na acepção de *privar de*, constrói-se com objeto direto ou com objeto direto e indireto, este introduzido pela preposição *de* – *desprover alguém* ou *desprover alguém de algo*:

A verdadeira justiça social baseia-se no equilíbrio econômico, e não no fato de desprover uma classe para prover outra. (Francisco da Silva Borba – *Dicionário gramatical de verbos do português contemporâneo do Brasil*, p. 491)

O Governo precisa tomar cuidado para não desprover os pobres de tudo em prol de obras sociais que eles talvez nunca vejam. (Id., ibid., p. 496)

O verbo *desprover*, à semelhança de **prover**, flexiona-se como *ver* no presente do indicativo, presente do subjuntivo e imperativos, e como *vender* nos demais tempos.

Dessumir

¶ Empregado no sentido de *tirar por ilação, inferir, deduzir, tirar conclusão sobre, concluir*, constrói-se com objeto direto (sujeito na voz passiva) – *dessumir algo*:

Não invento, dessumindo o que está manifesto nos textos citados. (Rui Barbosa – *Réplica*, 52)

Não consigo dessumir o motivo desse procedimento. (Michaelis 2000 – *Moderno dicionário da língua portuguesa*, vol. I, p. 705)

Dessumir, que segue a flexão de **resumir**, origina-se do verbo latino **des<u>u</u>mere**, com o significado de *tomar para si, tirar, concluir por ilação, escolher, encarregar-se de*. **Des<u>u</u>mere**, por sua vez, forma-se do prefixo **de** (ideia de *separação*) + o verbo **s<u>u</u>mere** (tomar [sobre si], encarregar-se, empreender, assumir, tomar por adoção ou escolha)

Detrair

¶ No Direito Civil e no Direito Penal, tem o sentido de *divulgar opiniões ou fatos que levam à diminuição, à perda de prestígio, do crédito, do mérito de alguém ou de alguma coisa; difamar; infamar alguém; atingir a reputação de uma pessoa; denegrir; depreciar*. Constrói-se com objeto direto (sujeito na voz passiva) – *detrair alguém* ou *alguma coisa*:

Diante de numerosa plateia, detraiu o colega com insinuações aviltantes.

Darwin, ao tornar públicos seus estudos acerca da teoria da geração espontânea, teve de ouvir os que a defendiam, mas também os que a detraíam.

Ao verbo *detrair*, no sentido acima, correspondem os termos cognatos **detrator** (substantivo e adjetivo) e **detração**. Tem, como forma variante, o verbo **detratar**.

¶ No Direito Penal, tem o sentido de *diminuir* ou *abater o crédito de*, ou, mais precisamente, *computar, na pena privativa de liberdade e na medida de segurança, o tempo de prisão provisória ou administrativa e o de internação em hospital ou manicômio* – *detrair de* (regime tomado do verbo latino **detrahere: detrahere a**):

Da pena privativa de liberdade e da medida segurança são detraídos o tempo de prisão provisória, o de prisão administrativa e o de internação em hospital ou manicômio.

Uma vez que o Código Penal admite a detração em relação à medida de segurança, o tempo de prisão provisória pode ser detraído do período de seu cumprimento.

Ao verbo *detrair*, no sentido acima, corresponde o termo **detração penal**. Esta vem disciplinada no art. 42 do Código Penal. *Detrair* origina-se do verbo latino **detrahere**, que se compõe do prefixo **de** (ideia de *movimento de cima para baixo, descida, queda*) + o verbo **trahere** (puxar, arrastar). **Detrahere** tem, assim, o sentido de *puxar para baixo, rebaixar, tirar*, em sentido físico e moral).

Devolver

¶ No sentido de *levar, mediante interposição de recurso, o conhecimento da causa ao juízo superior, subir, o recurso, ao juiz 'ad quem' para exame integral da controvérsia*, constrói-se com objeto indireto introduzido pela preposição *a* – *devolver algo a*:

A apelação devolverá ao tribunal o conhecimento da matéria impugnada. (CPC, art. 515)

¶ com objeto direto (sujeito na voz passiva) e indireto, este com a preposição *a* – *devolver alguma coisa a*:

Devolve-se à 'lex fori' a solução do caso a que ela deva ser aplicada. (Pedro Nunes – Dicionário de tecnologia jurídica, vol. I, p. 356)

¶ com a preposição *para* (sem objeto direto expresso) – *devolver para*:

Ficam, todavia, unicamente sujeitos à regra do nº 1 os casos de tutela e curatela, relações patrimoniais entre os cônjuges, poder paternal, relações entre adoptante e adoptado e sucessão por morte, se a lei nacional indicada pela norma de conflitos devolver para a lei da situação dos bens imóveis e esta se considerar incompetente. (CCp, art. 17°, 3)

Se o direito internacional privado da lei designada pela norma de conflitos devolver para o direito interno português, é este o direito aplicável. (CCp, art. 18°, 1)

Na linguagem jurídica, o verbo *devolver* ocorre, ainda, sob as seguintes construções e acepções:

devolver a herança: remetê-la, reenviá-la ou entregá-la, em obediência ao direito sucessório, ao herdeiro a quem compete;

devolver o dinheiro: restituí-lo para cumprir prestação obrigacional ou para pagar dívida consequente de empréstimo.

Difamar

¶ Na terminologia jurídico-penal, significa imputar (= atribuir) a alguém fato não criminoso, mas ofensivo à sua reputação, atingindo-lhe a boa fama (o conceito). Constrói-se com objeto direto (sujeito na voz passiva) – *difamar* alguém:

Difamar alguém, imputando-lhe fato ofensivo à sua reputação: Pena: – detenção de 3 (três) meses a 1 (um) ano, e multa. (CP, art. 139, *caput*)

É um ódio injusto: é um pai que difama sua virtuosa filha. (Camilo Castelo Branco)

Dignar-se

¶ Empregado no sentido de *haver por bem, ter a bondade de, ser servido, condescender*, constrói-se com a preposição *de* ou *a* + infinitivo – ***dignar-se*** *de* ou ***dignar-se*** *a*. A preposição pode ser omitida. São, portanto, admissíveis três construções: ***dignar-se*** *a* + infinitivo, ***dignar-se*** *de* + infinitivo (sintaxes plenas) e ***dignar-se*** + infinitivo (construção elíptica):

V. Exa. se dignou de ouvir-me a respeito. (Rui Barbosa)

Solicitei ao Governador que se dignasse de ouvi-lo por alguns minutos.

Apesar de o termos convidado para a solenidade, ele não se dignou a comparecer.

O motorista nem sequer se dignou socorrer o pedestre que atropelara.

Após muita insistência, o diretor dignou-se reexaminar o caso.

Em requerimentos e petições em geral, sugere-se, em nome da simplicidade e funcionalidade da linguagem, omitir o verbo ***dignar-se***. Assim, em vez de *Fulano de Tal requer a V. Exa. se digne (de) autorizar [...]*, escreva-se apenas: *Fulano de Tal requer a V. Exa. (que) autorize [...]*

Dilapidar

¶ Tem as acepções de gastar desordenadamente, esbanjar, malbaratar; arruinar, danificar; fazer grandes estragos, causar a ruína; gastar desmedidamente, esgotando a fonte de riqueza. Constrói-se com objeto direto (sujeito na voz passiva) – ***dilapidar*** *algo*:

Pessoas descomprometidas com o meio ambiente dilapidam incessantemente os recursos naturais do planeta.

Durante suas duas gestões, dilapidou os cofres do Município.

Em poucos anos, os netos dilapidaram irresponsavelmente a generosa herança que o avô lhes destinara.

O VOLP/09 registra as formas ***dilapidar*** e **delapidar**. Deve-se preferir o emprego da forma ***dilapidar***, tradicional e consentânea com a grafia do verbo originário latino: d<u>i</u>lapid<u>a</u>re.

Dilargar

¶ Empregado no sentido de *dilatar, estender*, constrói-se com objeto direto (sujeito na voz passiva) – ***dilargar*** *algo*:

Esses casos são regulados em lei, não sendo de dilargar as causas de sua instituição [...] (Min. Sálvio de Figueiredo Teixeira, STJ, RT-712, p. 271)

Dilargar origina-se do verbo depoente (forma passiva e significação ativa) latino **dilargiri**: *repartir liberalmente, distribuir com liberalidade, prodigalizar*. Os dicionários em geral não registram o verbo português. O *VOLP/09* e o *Grande dicionário da língua portuguesa*, de Cândido de Figueiredo, trazem, no entanto, o adjetivo **dilargado**.

Diligenciar

¶ No sentido de *empenhar-se na execução de uma tarefa, empregando para tal todos os meios ao seu alcance, providenciar*, constrói-se com objeto direto (sujeito na voz passiva) – **diligenciar** *algo*:

Compete ao síndico: [...] V – diligenciar a conservação e a guarda das partes comuns e zelar pela prestação dos serviços que interessem aos possuidores; (CC/2002, art. 1.348, V)

Na hipótese deste artigo, cabe às partes diligenciar o conhecimento do despacho concessivo ou denegatório, [...] (RISTF, art. 106, parágrafo único)

Ao diligenciar a carta rogatória, a autoridade requerida aplicará os meios processuais coercitivos previstos na sua legislação interna, [...] (Decreto Legislativo n. 55, de 19-1-1995, art. 13)

¶ No sentido assemelhado de *esforçar-se por, empenhar-se*, aparece sob a construção **diligenciar** + oração precedida, ou não, de *para, por*, no sentido *de*:

Se o depositário se tornar incapaz, a pessoa que lhe assumir a administração dos bens diligenciará imediatamente restituir a coisa depositada e [...] (CC/2002, art. 641)

Enquanto esteve na presidência do tribunal, diligenciou promover a capacitação dos servidores.

Diligenciou para que o caso fosse resolvido, mas ainda não obteve resultados.

Como profissional, diligencia por desempenhar com presteza as atividades de que o incumbem.

O clamor da população levou a polícia a diligenciar no sentido de capturar os autores do bárbaro crime.

Dirimir

¶ Empregado nas acepções de *anular, invalidar, desfazer, extinguir, decidir, resolver, pôr termo a*, constrói-se com objeto direto – **dirimir** *algo*:

Para dirimir conflitos fundiários, o Tribunal de Justiça designará juízes de entrância especial, com competência exclusiva para questões fundiárias. (CRFB, art. 126)

O sorteio para dirimir questões ou dividir coisas comuns considera-se sistema de partilha ou processo de transação, conforme o caso. (CC/2002, art. 817)

1. No Direito Penal, **circunstâncias dirimentes** são aquelas que trazem a inculpabilidade e a irresponsabilidade do agente na prática de um delito, anulando, assim, a ação penal.

Diz-se, também, **circunstâncias** (ou **causas**) **escusativas, excludentes, justificativas, descriminantes**, etc.

2. *Dirimir* origina-se do verbo latino **dirimere** (separar, dividir, dsunir), que se forma do prefixo **dis** (ideia de *separação, disjunção, afastamento*) + o verbo **emere (**sentido primitivo de *tomar, receber*; depois, sentido especializado de *comprar*).

Discernir

¶ Empregado nas acepções de *separar, diferençar, apreciar claramente (pela vista, pela audição, pelo tato, etc.), distinguir, discriminar, julgar sensatamente as coisas*, constrói-se com objeto direto (sujeito na voz passiva) – ***discernir** algo*:

São incapazes: I – o interdito por demência; II – o que, acometido por enfermidade, ou debilidade mental, ao tempo em que ocorreram os fatos, não podia discerni-los; [...] (CPC, art. 405, § 1º, I e II)

1. *Discernir* origina-se do verbo latino **discernere** (separar, distinguir, discernir), que, por sua vez, se compõe do prefixo **dis** (ideia de *separação, divisão*) e do verbo **cernere** (*separar, apartar, distinguir*, etc.).

2. *Discernir* é verbo irregular, seguindo a flexão de *ferir*: discirno, discernes, discernem, etc.

Discriminar

Nas acepções de *distinguir, diferençar, separar, narrar, relacionar circunstanciadamente, pormenorizadamente*, constrói-se:

¶ com objeto direto (sujeito na voz passiva) – ***discriminar** algo:*

Os dados divulgados pela União serão discriminados por Estado e por Município; os dos Estados, por Município. (CRFB, art. 162, parágrafo único)

O contrato deve discriminar os comanditados e os comanditários. (CC/2002, art. 1.045, parágrafo único)

Se o testamento nomear dois ou mais herdeiros, sem discriminar a parte de cada um, partilhar-se-á por igual, entre todos, a porção disponível do testador. (CC/2002, art. 1.904)

¶ Com objeto direto (sujeito na voz passiva) e indireto este com a preposição de – ***discriminar** algo de:*

Os legatários e credores da herança podem exigir que do patrimônio do falecido se discrimine o do herdeiro, [...] (CC/2002, art. 2.000)

1. Ao verbo *discriminar*, nas acepções acima, correspondem o substantivo **discriminação**, o adjetivo participial **discriminado** e o adjetivo **discriminatório**:

Institui-se o condomínio edilício por ato entre vivos ou testamento, registrado no Cartório de Registro de Imóveis, devendo constar daquele ato, além do disposto em lei especial: I – a discriminação e individualização das unidades de propriedade exclusiva, estremadas uma das outras e das partes comuns; [...] (CC/2002, art. 1.332, I)

O transportador poderá exigir que o remetente lhe entregue, devidamente assinada, a relação discriminada das coisas a serem transportadas, em duas vias, [...] (CC/2002, art. 744, parágrafo único)

2. *Discriminar* origina-se do verbo latino **discrimin̟are** (separar, distinguir, estremar, diferençar, etc.). Também existe o substantivo **discrimen** (*separação, intervalo*, etc.). Tanto o verbo **discriminare** como o substantivo **discrimen** derivam, por sua vez, do verbo **discer̟nere** (separar, estremar, distinguir, etc.).
Confira os verbetes *Descriminar – Descriminalizar* e *Discernir*.

Dispensar

¶ No sentido de *o empregador fazer cessar o contrato de trabalho com o seu empregado, por não mais lhe convirem os serviços deste, ou por haver este cometido falta grave, despedir*, constrói-se com objeto direto (sujeito na voz passiva) – **dispensar** *alguém*:

O empregador pode dispensar o empregado sem justa causa, devendo, no caso, pagar-lhe as reparações econômicas pertinentes.

O empregador poderá dispensar o empregado com base em justa causa tipificada em lei.

Na técnica do Direito do Trabalho, o termo **dispensa** (do empregado) tem sentido equivalente ao do termo **despedida** (do empregado): dispensa/despedida sem justa causa; dispensa/despedida com justa causa; dispensa/despedida arbitrária, obstativa, retaliativa; etc.

Dispor

¶ Nas acepções de *ter, possuir, agir livremente no uso, gozo, aplicação ou alienação daquilo de que se tem domínio ou posse, deixar em testamento, legar, testar*, aparece com objeto indireto precedido da preposição de – **dispor** de algo:

A isenção de correção monetária a que se refere este artigo só será concedida nos seguintes casos: [...] III – se não for demonstrado pela instituição credora que o mutuário dispõe de meios para o pagamento de seu débito, [...] (CRFB, ADCT, art. 47, § 3º, III)

Se alguém dispuser de uma coisa sob condição suspensiva, e, pendente esta, fizer quanto àquela novas disposições, estas não terão valor, realizada a condição, se com ela forem incompatíveis. (CC/2002, art. 126)

Havendo herdeiros necessários, o testador só poderá dispor da metade da herança. (CC/2002, art. 1.789)

Não poderá dispor de seus bens em testamento cerrado quem não saiba ou não possa ler. (CC/2002, art. 1.872)

O juiz poderá autorizar a alienação. [...] IV – de ações da sociedade quando, reclamada a integralização, não dispuser a herança de dinheiro para o pagamento; (CPC, art. 1.155, IV)

Diz-se testamento o acto unilateral e revogável pelo qual uma pessoa dispõe, para depois da morte, de todos os seus bens ou de parte deles. (CCp, art. 2179º, 1)

No art. 1.900, I, do CC/2002, o verbo *dispor*, no sentido de *legar*, aparece sob a construção *dispor em benefício de*: É nula a disposição: I – que institua herdeiro ou legatário sob condição captatória de que este disponha, também por testamento, em benefício do testador, ou de terceiro; [...]

¶ Nas acepções de *determinar, ordenar, prescrever, regular legislativamente*, aparece sob as seguintes construções:

¶ *dispor* (intransitivo, sem qualquer complemento):

Os Municípios poderão constituir guardas municipais destinadas à proteção de seus bens, serviços e instalações, conforme dispuser a lei. (CRFB, art. 144, § 8º)

As despesas e os riscos da entrega do legado correm à conta do legatário, se não dispuser diversamente o testador. (CC/2002 art. 1.936)

Faz-se a citação por meio de oficial de justiça, não dispondo a lei de outro modo. (CPC, art. 224)

¶ *dispor* algo (objeto direto representado por substantivo – sujeito na voz passiva – ou por oração introduzida pela conjunção integrante *que*):

A remuneração dos Deputados Estaduais será fixada em cada legislatura, para a subsequente, pela Assembleia Legislativa, observado o que dispõem os arts. 150, II, 153, III, e 153, § 2º, I. (CRFB, art. 27, § 2º)

Os tutores, embora o contrário dispusessem os pais dos tutelados, são obrigados a prestar contas da sua administração. (CC/2002, art. 1.755)

Dispondo o testador que não caiba ao herdeiro instituído certo e determinado objeto, dentre os da herança, tocará ele aos herdeiros legítimos. (CC/2002, art. 1.908)

¶ *dispor* sobre algo:

A lei definirá os serviços ou atividades essenciais e disporá sobre o atendimento das necessidades inadiáveis da comunidade. (CRFB, art. 9º, § 1º)

Ao verbo **dispor**, no sentido de *alienar, testar*, corresponde o termo **disponente**, significando *aquele que, por ato inter vivos, ou de última vontade, dispõe de bens em favor de outrem; alienante, testador*:

O encargo não suspende a aquisição nem o exercício do direito, salvo quando expressamente imposto no negócio jurídico, pelo disponente, como condição suspensiva. (CC/2002, art. 136)

Distrair

¶ Nas acepções de *desviar, afastar, dar destino, aplicação ou emprego diverso a, desencaminhar*, aparece construído com objeto direto e indireto, este com a preposição *de* – *distrair* alguma coisa de:

O comissário que distrair do destino ordenado os fundos do seu comitente responderá pelos juros a datar do dia em que recebeu os mesmos fundos, e pelos prejuízos resultantes do não cumprimento das ordens;[...] (C. Com., art. 180 – revogado)

1. **Distrair** origina-se do verbo latino **distra̱here**, que, por sua vez, se compõe do prefixo **dis** (ideia de *separação, divisão*) e do verbo **tra̱here** (puxar, tirar, arrastar, etc.).

2. O verbo *distrair* escreve-se com *i* na segunda e na terceira pessoa do singular do presente do indicativo: (tu) *distrais*, (ele) *distrai*.

Dizer

¶ No sentido de *alegar os argumentos jurídicos, expor as razões que autorizam uma petição de justiça, arrazoar a causa*, aparece construído com a preposição *de* – ***dizer** de*:

Serão citados o adquirente e os demais condôminos para dizerem de seu direito, [...] (CPC, art. 1.119, parágrafo único)

¶ No sentido de *manifestar-se, pronunciar-se a respeito de*, aparece construído com a preposição sobre – ***dizer** sobre*:

Apresentado o plano de partilha, sobre ele dirão os interessados, em prazo comum de cinco (5) dias, que correrá em cartório; e o liquidante, em seguida, dirá, em igual prazo, sobre as reclamações. (Decreto-Lei n. 1.608, de 18-9-1939 [CPC/1939], art. 664)

O verbo *dizer* aparece, ainda, nas seguintes construções e acepções:

¶ ***dizer(-se)*** + objeto direto + predicativo, no sentido de *ter(-se) na qualidade de, alegar ser, pretextar, considerar(se)*:

Os colegas de trabalho diziam-no perito em aparelhos eletrônicos.

Dizia-se representante de um laboratório farmacêutico francês.

¶ ***dizer** a*, no sentido de *importar, interessar*:

Essas considerações não dizem ao caso sob exame.

¶ ***dizer** com*, no sentido de *adequar-se, corresponder, condizer, combinar*:

É uma pessoas cujas ações dizem com as suas palavras.

¶ *a bem **dizer***, no sentido de *falando a verdade, para dizer a verdade, na verdade*:

O ex-marido, a bem dizer, nunca assumira efetivamente a responsabilidade pela educação das duas crianças.

Dotar

¶ No sentido de *dar dote a*, aparece construído com objeto direto (sujeito na voz passiva) – ***dotar** alguém*.

Os imóveis dotais não podem, sob pena de nulidade, ser onerados, nem alienados, salvo em hasta pública, e por autorização do juiz competente, nos casos seguintes; I – Se de acordo o marido e a mulher quiserem dotar suas filhas comuns. (CC/1916, art. 293, I)

O verbo ***dotar*** também se pode construir com objeto direto (sujeito na voz passiva) e indireto, este com a preposição *com* ou *em*: *Dotou a filha com um apartamento mobiliado. Dotou cada uma das sobrinhas em cinquenta mil reais.*

E

Elidir

¶ Empregado no sentido de *eliminar, suprimir, excluir, pôr fim a*, constrói-se com objeto direto (sujeito na voz passiva) – *elidir algo*:

A responsabilidade contratual do transportador por acidente com o passageiro não é elidida por culpa de terceiro, [...] (CC/2002, art. 735)

No pagamento em juízo para elidir a falência, são devidos correção monetária, juros e honorários de advogado. (Súmula 29 do STJ)

O fato de não ter sido exercida a faculdade de protestar o título, por falta de aceite ou de devolução, não elide a possibilidade de protesto por falta de pagamento. (Lei nº 5.474, de 18-7-1968, art. 13, § 2º)

São nulas de pleno direito as cláusulas do contrato de locação que visem a elidir os objetivos da presente Lei, [...] (Lei n. 8.245, de 18-10-1991, art. 45)

Refugiar-se no outro, no social, é recurso que não elide a responsabilidade pessoal. (José Nedel)

1. *Elidir* origina-se do verbo latino **elidere** (fazer sair apertando), que se compõe do prefixo **ex** (com ideia de *movimento de dentro para fora, saída, extração*) + o verbo **laedere** (*bater, ferir*, no sentido físico e moral; donde: *fazer mal a, danificar, injuriar, ultrajar*).

2. Confira o verbete *Ilidir*.

Embargar

¶ Nas acepções de *opor obstáculos, obstar, não permitir, fazer parar, impedir por meio de embargo* (recurso judicial), *opor embargos, recorrer por via de embargos*, constrói-se com objeto direto (sujeito na voz passiva) – *embargar algo* (obra, medida, decisão, etc.):

O proprietário pode embargar a construção do prédio que invada a área do seu, ou sobre este deite goteiras, [...] (CC/1916, art. 573)

O credor não poderá iniciar a execução, ou nela prosseguir, se o devedor cumprir a obrigação; mas poderá recusar o recebimento da prestação, estabelecida no título executivo, se ela não corresponder ao direito ou à obrigação; caso em que requererá ao juiz a execução, ressalvado ao devedor o direito de embargá-la. (CPC, art. 581)

Embolsar

Nas acepções de *pagar o que se deve a, fazer o pagamento de, indenizar, reembolsar, compensar*, aparece sob as seguintes construções:

¶ objeto direto (sujeito na voz passiva) de pessoa e indireto de coisa, com a preposição *de* – **embolsar** *alguém de algo*:

Se o terceiro, sem justo motivo, se recusar a efetuar a exibição, o juiz lhe ordenará que proceda ao respectivo depósito em cartório ou noutro lugar designado, no prazo de cinco (5) dias, impondo ao requerente que o embolse das despesas que tiver; [...] (CPC, art. 362)

¶ objeto direto de coisa (sujeito na voz passiva) e indireto de pessoa, este com a preposição *a* – **embolsar** *algo a alguém*.

[...]; mas terá de embolsar ao vizinho metade do valor da parede e do chão correspondentes. (CC/2002, art. 1.304)

O proprietário que tiver direito a estremar um imóvel com paredes, cercas, muros, valas ou valados, tê-lo-á igualmente a adquirir a meação na parede, muro, valado ou cerca do vizinho, embolsando-lhe metade do que atualmente valer a obra e o terreno por ela ocupado (art. 1.297). (CC/2002, art. 1.328)

1. Ernesto Carneiro Ribeiro somente admitia a construção **embolsar** *alguém de alguma coisa*, apoiado, para tanto, no uso dos bons escritores. Rui Barbosa, tendo empregado a construção **embolsar** *algo a alguém*, assim concluiu em sua defesa, rebatendo censura de Ernesto Carneiro Ribeiro: *Tão regular, pois, é a construção embolsar-lhe a quantia, como embolsá-lo da quantia.* (Fernando Nery – *Rui Barbosa e o código civil*, p. 451) Vale dizer, no entanto, que, em apoio de sua construção, Rui Barbosa não encontrou, nos bons escritores, exemplos em que se pudesse arrimar. Atualmente, ambas as regências têm curso livre no idioma.

2. Há também a construção **embolsar-se** *de*, com a acepção de *pagar-se da dívida*: *Embolsou-se dos juros atrasados* (Laudelino Freire – *Grande e novíssimo dicionário da língua portuguesa*, vol. III, p. 2.061)

Empenhar

¶ No sentido jurídico de *constituir penhor, dar em penhor* (= garantia de direito real em que a pessoa capaz de alienar entrega ao credor, no ato de contrair a dívida, coisa móvel a ser restituída ao saldar a obrigação), constrói-se com objeto direto (sujeito na voz passiva), ou com objeto direto e indireto, este com as preposições *com* ou *em* – **empenhar** *algo*, ou **empenhar** *algo com* ou *em*:

É admissível o pacto de se poder empenhar coisa que faça parte da coletividade. (Pontes de Miranda – *Tratado de direito privado*, tomo XX, § 2.563, 4, p. 401)

Quando se empenha título ao portador o que se empenha é o bem corpóreo. (Id., ibid., § 2.564, 1, p. 403)

A negociação do empréstimo a concluiu ele em três horas, empenhando a sua influência pessoal só com a roupeta remendada com dois negociantes seus amigos e conhecidos do Brasil. (João Francisco Lisboa – *Vida do padre António Vieira*)

As classes privilegiadas achavam ainda recursos para a devassidão e para o luxo, sem empenharem inteiramente nas mãos dos judeus as rendas das suas honras e solares. (João Francisco Lisboa – *Vida do padre António Vieira*)

Termos derivados: **empenhado, empenhador, empenhante, empenhamento, (in)empenhável, (in)empenhabilidade.**

Confira os verbetes *Apenhar – Apenhorar* (formas antiquadas) e *Penhorar*.

Emprazar

¶ No sentido de *ceder por contrato de enfiteuse, enfiteuticar, dar em aforamento, aforar*, constrói-se com objeto direto (sujeito na voz passiva):

Não se efetuará a praça de imóvel hipotecado ou emprazado, sem que seja intimado, com dez (10) dias pelo menos de antecedência, o credor hipotecário ou o senhorio direto, que não seja de qualquer modo parte na execução. (CPC, art. 698)

Ao verbo *emprazar*, na acepção acima, corresponde o substantivo **emprazamento**: *Dá-se a enfiteuse, aforamento, ou emprazamento, quando por ato entre vivos, ou de última vontade, o proprietário atribui a outrem o domínio útil do imóvel, pagando a pessoa, que o adquire, e assim se constitui enfiteuta, ao senhorio direto uma pensão, ou foro, anual, certo e invariável.* (CC/1916, art. 678)

¶ No sentido de *intimar, notificar ou citar alguém para que compareça, em determinada data, perante a autoridade judicial*, constrói-se com objeto direto (sujeito na voz passiva) – *emprazar alguém*:

O juiz emprazou as testemunhas para as 14 horas.

Encabeçar

¶ No sentido de *investir no domínio útil*, aparece com objeto direto (sujeito na voz passiva) de pessoa e indireto de coisa, este com a preposição *em* – *encabeçar alguém em algo*:

Se os instrumentos de trabalho de cada um dos cônjuges tiverem entrado no patrimônio comum por força do regime de bens, o cônjuge que deles necessite para o exercício de sua profissão tem direito a ser neles encabeçado no momento da partilha. (CCp, art. 1731º)

Ao verbo *encabeçar*, no sentido acima, correspondem os substantivos **cabecel** e **encabeçamento**.

Encarregar

No sentido de *incumbir, cometer, confiar*, constrói-se:

¶ com objeto direto (sujeito na voz passiva) de pessoa e indireto de coisa, este com a preposição *de* – *encarregar alguém de algo*:

O testador pode encarregar o testamenteiro do cumprimento dos legados e dos demais encargos da herança, quando este seja cabeça de casal e não haja lugar a inventário obrigatório. (CCp, art. 2327º)

¶ com objeto direto de coisa (sujeito na voz passiva) e indireto de pessoa, este com a preposição *a* – ***encarregar** alguma coisa a alguém*:

[...]; com a única diferença de que os credores terão parte na nomeação da pessoa ou pessoas a quem deva encarregar-se a liquidação. (C. Com., art. 309 – revogado)

[...]; salvo havendo estipulação diversa no contrato, ou querendo os sócios, a aprazimento comum ou por pluralidade de votos em caso de discórdia, encarregar a liquidação a algum dos outros sócios não gerentes, ou a pessoa de fora da sociedade. (C. Com., art. 344 – revogado)

Entender

O verbo *entender* aparece nas seguintes construções e acepções especiais:

¶ ***entender** de* – *(a) tomar conhecimento como autoridade competente, julgar; (b) resolver, decidir; (c) ter conhecimento de, saber; (d) ser perito ou especialista em, ter experiência em, ser hábil*:

Acepção *a*:
A jurisdição civil entende dos litígios que surgem entre pessoas, quer sejam físicas ou jurídicas.
O tribunal militar entende de crimes ou processos militares.

Acepção *b*:
O Ministério da Fazenda entendeu de manter a atual política de juros.

Acepção *c*:
Como entendia de mecânica, foi-lhe fácil conseguir novo emprego.
Embora não tenha formação jurídica, entende de leis como poucos.

Acepção *d*:
A obra foi escrita por uma das pessoas que mais entendem de preservação ambiental.

¶ ***entender** com* – *ter relação com, dizer respeito a*:
O gerente era responsável por tudo que entendia com a área financeira da empresa.

¶ ***entender** por* – *significar, indicar, dar determinada interpretação, ter o significado de*:
No Direito Tributário, entende-se por exação a cobrança ou arrecadação de tributos.

Entranhar

¶ No sentido de *introduzir peça ou documento nos autos do processo para que dele seja parte integrante*, tem a construção ***entranhar** algo em*:

O autor requereu fosse entranhada nos autos do processo a certidão negativa de débitos de tributos e contribuições federais.

Confira o verbete **Desentranhar**.

Envidar

¶ No sentido de *recorrer ao esforço, ao empenho, para atingir um objetivo, empregar*, constrói-se com objeto direto (sujeito na voz passiva) – ***envidar** algo*:

O gestor envidará toda sua diligência habitual na administração do negócio [...], (CC/2002, art. 866)

O governo envidou todos os esforços para amenizar os problemas decorrentes da longa estiagem.

¶ No sentido de *empenhar-se, esforçar-se*, constrói-se com obeto indireto introduzido pela preposição *em* + oração infinitiva – ***envidar-se** em algo*:

Os sócios da empresa envidam-se em provar a procedência legal dos valores investidos na aquisição do imóvel.

Equacionar

¶ Tem o sentido de *dispor os dados de (um problema, uma questão) a fim de encaminhar-lhe a solução, pôr em equação*. Constrói-se com objeto direto (sujeito na voz passiva) – ***equacionar** algo*:

A língua conforma a maneira como apreendemos o mundo, como equacionamos e resolvemos os problemas que ele nos coloca. (José António Pinto Ribeiro, ministro da Cultura de Portugal, em entrevista à FSP)

É necessário equacionar concretamente a questão.

O corpo técnico da corporação foi chamado para equacionar o problema.

O problema da superpopulação carcerária é preocupante, e as autoridades intensificam estudos com vista a equacionar-lhe a solução.

Observe-se que ***equacionar*** significa *dispor os dados a fim de encaminhar uma solução*, e não propriamente *resolver, dar solução a*. Trata-se de ação prévia, preparatória, ao ato de *resolver*.

Escoimar

¶ Empregado no sentido de *livrar de defeito, censura ou impureza, depurar, expungir*, constrói-se com objeto direto e indireto, este com a preposição *de* – *expungir algo* ou *expungir algo de*:

Revisei cuidadosamente o trabalho e escoimei-o de algumas impropriedades jurídicas.

Antes de imprimir esse texto, sugiro que o escoime de eventuais ambiguidades e incorreções.

O verbo ***escoimar*** significa, originariamente, *livrar de coima*. Sobre o sentido do termo **coima**, confira a nota ao verbete *Acoimar*.

Escusar

Aparece sob as seguintes construções e acepções:

¶ pronominal, no sentido de *desculpar-se, eximir-se* – ***escusar-se***:

O perito pode escusar-se (art. 146), ou ser recusado por impedimento ou suspeição (art. 138, III); [...] (CPC, art. 423)

Extingue-se o compromisso arbitral: I – escusando-se qualquer dos árbitros, antes de aceitar a nomeação, [...] (Lei n. 9.307, de 23-9-1996, art. 12, I)

¶ *escusar-se de* ou *a alguma coisa*, no sentido de *eximir-se, desobrigar-se de* (serviço, cargo, etc.) – *alguém se* (objeto direto) *escusa de* ou *a alguma coisa* (objeto indireto):

Podem escusar-se da tutela: I – mulheres casadas; [...] (CC/2002, art. 1.736, I)

O perito tem o dever de cumprir o ofício, no prazo que lhe assina a lei, empregando toda a sua diligência; pode, todavia, escusar-se do encargo alegando motivo legítimo. (CPC, art. 146)

¶ *escusar-se a algo*, no sentido de *negar-se, recusar-se*:

Escusou-se a revelar os nomes dos receptadores.

¶ *escusar alguém de algo*, no sentido de *isentar, dispensar* – *escusar alguém* (objeto direto de pessoa; sujeito na voz passiva) *de algo* (objeto indireto de coisa):

O juiz nomeará tutor idôneo e residente no domicílio do menor: I – na falta de tutor testamenteiro ou legítimo; II – quando estes forem excluídos ou escusados da tutela; [...] (CC/2002, art. 1.732, *caput*, I e II)

A testemunha pode requerer ao juiz que a escuse de depor, alegando os motivos de que trata o art. 406; [...] (CPC, art. 414, § 2º)

O que for escusado da tutela pode ser compelido a aceitá-la, desde que cesse o motivo da escusa. (CCp, art. 1934º, 2)

¶ *escusar de*, no sentido de *não precisar* – *alguém escusa de algo*:

Quem tem a seu favor a presunção legal escusa de provar o facto a que ela conduz. (CCp, art. 350º, 1)

¶ *escusar algo*, no sentido de *não ter necessidade de, não precisar de*:

É aplicável a disposição do artigo antecedente às dívidas contraídas pela mulher, nos casos em que os seus atos são autorizados pelo marido, se presumem sê-lo, ou escusam autorização (arts. 242 a 244, 247, 248 e 233, nº V). (CC/1916, art. 275)

¶ *escusar algo*, no sentido de *dispensar*:

O herdeiro não responde por encargos superiores às forças da herança; incumbe-lhe, porém, a prova do excesso, salvo se existir inventário que a escuse, demonstrando o valor dos bens herdados. (CC/2002 art. 1.792)

Especializar

¶ No sentido de *designar e individuar, no respectivo registro, o imóvel ou direito que fica sujeito a hipoteca legal ou judicial, com menção do valor monetário certo e determinado da responsabilidade a que serve de garantia, inscrever, fixar*, constrói-se com objeto direto (sujeito na voz passiva) – *especializar algo*.

O tutor, antes de assumir a tutela, é obrigado a especializar, em hipoteca legal, que será inscrita, os imóveis necessários, para acautelar, sob a sua administração, os bens do menor. (CC/1916, art. 418)

Ao verbo *especializar*, na acepção acima, corresponde o substantivo **especialização**:

As pessoas, às quais incumbir [sic] o registro e a especialização das hipotecas legais, estão sujeitas a perdas e danos pela omissão. (CC/2002, art. 1.497, § 2º)

Esposar

¶ No sentido originário (denotativo) de *desposar, contrair casamento, receber alguém por esposo ('rectius', marido) ou esposa ('rectius', mulher)*, constrói-se com objeto direto (sujeito na voz passiva), expresso por nome humano – *esposar alguém*:

O rapaz esposara a colega por imposição dos pais desta.

¶ Na acepção derivada (conotativa) de *adotar, perfilhar, seguir* (ideia, corrente, princípio, etc.), *aderir a* (uma causa, ideia, opinião, etc.), constrói-se com objeto direto (sujeito na voz passiva) expresso por nome abstrato – *esposar algo*:

Na interpretação da norma constitucional, o jurista português esposa o princípio da máxima efetividade.

O conferencista afirmou que, no tocante às relações contratuais, esposava a teoria da imprevisão.

Constitui impropriedade o emprego do verbo *esposar* no sentido de *expor, expender* (argumentos, etc.).

Estabelecer

¶ Tem, entre outros, o sentido jurídico de instituir, tornar firme; disciplinar determinado assunto; promulgar ou formular princípios reguladores de determinados atos ou negócios, em virtude dos quais estes se tornam firmes e valiosos, quando fundados neles; dispor, fixar, tornar obrigatório, estipular; estatuir, ordenar, prescrever normas; preceituar. Constrói-se com objeto direto (sujeito na voz passiva) – *estabelecer algo*:

A Constituição da República estabelece a igualdade de todos perante a lei.

As partes reuniram-se para estabelecer as condições da prestação contratual.

Estar

Eis algumas construções especiais do verbo *estar*, com as respectivas acepções:

¶ *estar em* – ser do parecer, ser da opinião:
Estamos em crer que esses fatos acabarão por enfraquecer o Poder Legislativo.

¶ *estar em* – consistir, depender, residir, basear-se, cifrar-se:
Tudo está em distinguir o essencial do acessório.
O problema está na escolha da solução mais adequada para o caso.

¶ *Estar que* (e não *em que*) – ser de opinião, entender, julgar, crer:
Estou que a situação está prestes a mudar.
No caso, estou que a resposta é positiva.

¶ *Estar* por – *anuir, concordar; ser a favor de*:
Estou pelo que propõe a direção do sindicato.
No ponto atual das discussões, a maioria dos congressistas está pela aprovação da proposta governista.

¶ *Estar* em juízo – *intentar ação judicial, encontrar-se (alguém) em demanda com outrem, agir em juízo*:
Quando a pessoa não pode por si ter a qualidade para estar em juízo, esta se defere legalmente a seu representante.

¶ *Estar* por + infinitivo – *ação ainda não executada*:
O negócio está por concluir.
A conta está por pagar.
Ainda está tudo por fazer.

¶ *Estar* por + substantivo ou advérbio de tempo – *proximidade de um acontecimento*:
Sua nomeação está por dias.
A solução do impasse está por pouco.

¶ *Estar para* + infinitivo – *proximidade imediata de um acontecimento; intenção, possibilidade ou probabilidade de algo ocorrer, naturalmente ou por força de alguém*:
Estão para ser criadas novas varas na Justiça Federal.
Estamos para intentar a retomada do imóvel.
Está para ser celebrado novo acordo entre os contendores.

Estatuir

¶ Empregado nas acepções de *regular por meio de lei ou decreto, prescrever, determinar, estabelecer*, constrói-se intransitivamente ou com objeto direto (sujeito na voz passiva); em ambos os casos, podem aparecer adjuntos adverbiais indicativos de matéria (assunto), meio, tempo, etc., introduzidos por preposição ou locução prepositiva (a *respeito de, acerca de, sobre, mediante, para*, etc.) – *estatuir* ou *estatuir algo*:
Aplica-se ao sequestro, no que couber, o que este Código estatui acerca do arresto. (CPC, art. 823)
Esta Consolidação estatui as normas que regulam as relações individuais e coletivas de trabalho, nela previstas. (CLT, art. 1º)
A cláusula compromissária nada estatuiu a respeito da nomeação de árbitros.
Em regra, a lei não retroage e só estatui para o futuro.
Mediante ordem de serviço, o Diretor-Geral estatuiu sobre o uso dos telefones da repartição.

1. O objeto direto do verbo *estatuir* também pode vir expresso por oração:

A Constituição estatui que a investidura em cargo ou emprego público depende de aprovação prévia em concurso público de provas ou de provas e títulos.

2. O verbo *estatuir*, à semelhança dos outros verbos terminados em **-uir**, **-oer** e **-air**, escreve-se com **i** (e não com *e*) na segunda e na terceira pessoa do singular do presente do indicativo: (tu) influis, róis (roer), distrais, etc.; (ele) *estatui*, retribui, mói (moer), distrai, etc.

Estimar

Nas acepções de *calcular, determinar aproximadamente, fazer o cálculo, a avaliação, a estima (a estimação ou a estimativa) de, avaliar, julgar, considerar*, aparece sob as seguintes construções:

¶ *estimar* algo (objeto direto; sujeito na voz passiva) + predicativo (introduzido, ou não, por *como*):

A vida e as faculdades humanas também se podem estimar como objeto segurável, e segurar, no valor ajustado, contra os riscos possíveis, como o de morte involuntária, inabilitação para trabalhar, ou outros semelhantes. (CC/1916, art. 1.440)

O juiz competente para as ações referidas nos §§ 1º e 2º deste artigo poderá determinar a reserva da importância que estimar devida na recuperação judicial ou na falência, [...] (Lei n. 11.101, de 9-2-2005, art. 6º, § 3º)

¶ *estimar* algo (objeto direto; sujeito na voz passiva) *por*:

Para se restituir o equivalente, quando não exista a própria coisa, estimar-se-á ela pelo seu preço ordinário e pelo de afeição, contanto que este não se avantaje àquele. (CC/2002, art. 952, parágrafo único)

¶ *estimar* algo (objeto direito; sujeito na voz passiva) *em*:

Aquele que adquiriu bens hipotecados, registrou o título de aquisição e não é pessoalmente responsável pelo cumprimento das obrigações garantidas tem o direito de expurgar a hipoteca por qualquer dos modos seguintes: [...]; b) Declarando que está pronto a entregar aos credores, para pagamento dos seus créditos, até à quantia pela qual obteve os bens, ou aquela em que os estima, [...] (CCp, art. 721º, a e b)

Alguns estimam a fortuna do industrialista assassinado em mais de dez milhões de reais.

¶ *estimar* algo (objeto direto; sujeito na voz passiva):

Prosseguindo a execução, e não configurada qualquer das hipóteses do art. 684, o juiz nomeará perito para estimar os bens penhorados, [...] (CPC, art. 680)

Ao verbo *estimar*, no sentido acima, correspondem os substantivos **estimação** e **estimativa**: *Não se procederá à avaliação se: I – o credor aceitar a estimativa na nomeação de bens;* (CPC, art. 684, I) *Será dispensado o arbitramento do valor da responsabilidade nas hipotecas legais em favor: I – da mulher casada, para garantia do dote, caso em que o valor será o da estimação, constante da escritura antenupcial.* (CPC, art. 1.206, § 2º, I)

Estremar

¶ No sentido de *delimitar por meio de estremas* (marcos divisórios de terras), *demarcar*, aparece sob as construções *estremar* algo (objeto direto; sujeito na voz passiva), ou *estremar* algo com ou algo de:

Não pode ser objeto de venda com reserva de domínio a coisa insuscetível de caracterização perfeita, para estremá-la de outras congêneres. [...] (CC/2002, art. 523)

O proprietário que tiver direito a estremar um imóvel com paredes, cercas, muros, valas ou valados, tê-lo-á igualmente a adquirir meação na parede, muro ou cerca do vizinho, [...] (CPC/2002, art. 1.328)

Cabe: I – a ação de demarcação ao proprietário para obrigar o seu confiante a estremar os respectivos prédios, fixando-se novos limites entre eles ou aviventando-se os já apagados; (CPC, art. 946, I)

Evencer

¶ Empregado no sentido de *retirar, mediante ação judicial, a posse ou a propriedade de alguém, desapossar, despojar judicialmente*, constrói-se com objeto direto (sujeito na voz passiva), ou objeto direto e indireto, este com a preposição *de* – **evencer** algo ou **evencer** alguém de algo:

Se o credor for evicto da coisa recebida em pagamento, restabelecer-se-á a obrigação primitiva, [...] (CC/2002, art. 359)

O preço, seja a evicção total ou parcial, será o do valor da coisa, na época em que se evenceu, e proporcional ao desfalque sofrido, no caso de evicção parcial. (CC/2002, art. 450, parágrafo único)

Caducará o legado: [...] III – se a coisa for evicta, vivo ou morto o testador, sem culpa do herdeiro ou legatário incumbido do seu cumprimento. (CC/2002, art. 1.939, III)

O adquirente, proposta por terceiro a ação para evencer bem transmitido, deverá denunciar a lide ao alienante para que intervenha no processo, defendendo a coisa que alienou. (Maria Helena Diniz – Dicionário jurídico, vol. 2, p. 58).

Ao verbo *evencer* (que se conjuga como **vencer**, com exceção do particípio, que é **evicto**) correspondem os termos **evicção**, **evicto** (adquirente que perde a coisa adquirida ou sofre a evicção, em favor de terceiro) e **evencente** ou **evictor** (aquele que reivindica o bem sujeito à evicção, por ser o verdadeiro titular de sua posse ou propriedade).

Exarar

¶ Empregado no sentido de *lavrar, consignar por escrito*, aparece sob as construções **exarar** algo (objeto direto; sujeito na voz passiva) ou **exarar** algo em:

[...], aos membros do conselho fiscal incumbem, individual ou conjuntamente, os deveres seguintes: [...] III – exarar no mesmo livro e apresentar à assembleia anual dos sócios parecer sobre os negócios e as operações sociais no exercício em que serviram, [...] (CC/2002, art. 1.069, III)

Além das atribuições exaradas nos artigos antecedentes, terá o testamenteiro as que lhe conferir o testador, nos limites da lei. (CC/2002, art. 1.982)

Se o advogado, ao comparecer em juízo, não exibir o instrumento de mandato outorgado pelo assistido, o juiz determinará que se exarem na ata de audiência os termos da referida outorga. (Lei n. 1.060, de 5-2-1960, art. 16)

Exceder

Aparece sob as seguintes construções e acepções:

¶ *exceder algo* (objeto direto; sujeito na voz passiva), no sentido de *ser superior a, ultrapassar*:

O valor da cominação imposta na cláusula penal não pode exceder o da obrigação principal. (CC/2002, art. 412)

O mandatário que exceder os poderes do mandato, ou proceder contra eles, será considerado mero gestor de negócios, enquanto o mandante lhe não ratificar os atos. (CC/2002, art. 665)

As disposições que excederem a parte disponível reduzir-se-ão aos limites dela, [...] (CC/2002, art. 1.967)

O agente que excede culposamente os limites da legítima defesa responde pelo fato, se este é punível como crime culposo. (CP, art. 21, parágrafo único)

A alíquota do imposto não excederá os limites fixados em resolução do Senado Federal, [...] (CTN, art. 39)

¶ *exceder a algo*, no sentido de *ultrapassar, ser superior a*:

É da competência exclusiva do Congresso Nacional: [...] III – autorizar o Presidente e o Vice-Presidente da República a se ausentarem do País, quando a ausência exceder a quinze dias; (CRFB, art. 49, III)

Procede-se à declaração de insolvência toda vez que as dívidas excedam à importância dos bens do devedor. (CC/2002, art. 955)

[...] Nesse caso, a caução resolver-se-á em valor monetário, devolvendo-se ao condenado o que exceder à satisfação da multa e das custas processuais. (CPP, art. 687, § 2º)

¶ *exceder algo* ou *a algo em*, no sentido de *ultrapassar, ser superior a*:

[...]; mas a indenização ao gestor não excederá, em importância, as vantagens obtidas com a gestão. (CC/2002, art. 870)

No CC/1916, art. 1.340, a mesma frase apresentava a construção *exceder a algo em*, também correta e usual:

[...] Mas nunca a indenização ao gestor excederá em importância às vantagens obtidas com a gestão.
Mercúrio, pois excede em ligeireza ao vento leve [...] (Camões)

¶ *exceder de*, no sentido de *ser superior a, ultrapassar*:

A incomunicabilidade, que não excederá de três dias, será decretada por despacho fundamentado do Juiz, [...] (CPP, art. 21, parágrafo único)

Compete ao Presidente do Tribunal: [...] h) conceder licenças e férias aos servidores do Tribunal, bem como impor-lhes as penas disciplinares que excederem da alçada das demais autoridades; (CLT, art. 707, h)

¶ *exceder* de (tanto) *sobre*, no sentido de *ser superior a, ultrapassar*:

Se as partes concordarem com a proposta, o juiz a homologará, mandando suspender a praça, e correndo a comissão do mediador, que não poderá exceder de 5% (cinco por cento) sobre o valor da alienação, por conta do proponente. (CPC, art. 700, § 2º – revogado)

Excutir

¶ Empregado no sentido de *fazer depositar em juízo coisa que é objeto de penhora, ou penhorar a que se acha gravada por hipoteca, vendendo uma ou outra em hasta pública, executar judicialmente bens do devedor dados em garantia*, constrói-se com objeto direto (sujeito na voz passiva) – *excutir* algo:

O credor hipotecário e o pignoratício têm o direito de excutir a coisa hipotecada ou empenhada, e preferir, no pagamento, a outros credores, observada, quanto à hipoteca, a prioridade no registro. (CC/2002, art. 1.422)

Quando, excutido o penhor, ou executada a hipoteca, o produto não bastar para pagamento da dívida e despesas judiciais, continuará o devedor obrigado pessoalmente pelo restante. (CC/2002, art. 1.430)

[...], o sócio, demandado pelo pagamento da dívida, tem direito a exigir que sejam primeiro excutidos os bens da sociedade. (CPC, art. 596)

Ao fiador é lícito recusar o cumprimento enquanto o credor não tiver excutido todos os bens do devedor sem obter a satisfação do seu crédito. (CCp, art. 638º, 1)

1. Ao verbo *excutir* corresponde o substantivo **excussão**:

O subfiador goza do benefício da excussão, tanto em relação ao fiador como em relação ao devedor. (CCp, art. 643º)

2. O termo **excussão**, a rigor, possui sentido mais restrito que **execução**. Excussão significa a execução da obrigação em que há garantia real, ou seja, em que há entrega da coisa, dada especialmente para a segurança do crédito. (De Plácido e Silva – *Vocabulário Jurídico*, vol. II, p. 653)

Excepcionar

¶ Na linguagem processual (civil e penal) tem o sentido de *opor exceção* (= defesa processual indireta apresentada pelo réu numa ação contra ele proposta) *a (alguém ou alguma coisa) em juízo, opor defesa de natureza processual ou de mérito*. Constrói-se intransitivamente ou com objeto direto – *excepcionar* (sem complemento) ou *excepcionar* alguém ou algo:

O direito de excepcionar pode ser exercido em qualquer tempo ou grau de jurisdição.

Se a parte consentiu que o juiz tivesse tomado conhecimento das causa, sem qualquer oposição imediata, já não poderá depois excepcioná-lo. (De Plácido e Silva – *Vocabulário jurídico*, vol. II, p. 648)

O réu pode excepcionar o juízo ou o foro como relativamente incompetente.

Em contestação, o réu, alegando repetição de ação em curso, excepcionou uma das pretensões do autor.

1. Como variante de *excepcionar,* existe a forma **excecionar.**
2. O verbo *excepcionar* não é sinônimo de *excetuar, isentar* ou *excluir.*

Executar

¶ Nas acepções de *promover, em juízo, a execução do devedor, para que venha a cumprir a prestação a que se obrigara, propor ação executiva, penhorar, promover o cumprimento de sentença que transitou em julgado, consumar, realizar, levar a efeito,* constrói-se com objeto direto (sujeito na voz passiva): *executar algo*:

Quando, excutido o penhor, ou executada a hipoteca, o produto não bastar para pagamento da dívida e despesas judiciais, continuará o devedor obrigado pessoalmente pelo restante. (CC/2002, art. 1.430)

Salvo o caso de insolvência do devedor, o credor da segunda hipoteca, embora vencida, não poderá executar o imóvel antes de vencida a primeira. (CC/2002, art. 1.477)

Quando o juiz decidir relação jurídica sujeita a condição ou termo, o credor não poderá executar a sentença sem provar que se realizou a condição ou que ocorreu o termo. (CPC, art. 572)

Confira os verbetes *Excutir* e *Exequir*, especialmente as diversas notas deste.

Exequir

¶ Empregado no sentido de *dar execução a, executar, levar a efeito, realizar, cumprir*, constrói-se com objeto direto (sujeito na voz passiva) – *exequir algo*:

Se o mandatário, depois de aceito o mandato, vier a ter conhecimento de que o comitente se acha em circunstâncias que ele ignorava ao tempo em que aceitou, poderá deixar de exequir o mandato, fazendo pronto aviso ao mesmo comitente. (C. Com., art. 144 – revogado)

¶ Ao verbo *exequir* (do latim **exequi**, ou **exsequi**, literalmente *seguir até o fim, ou sem interrupção, acompanhar, executar, cumprir*) ligam-se, entre outros, os termos **exequátur, exequenda, exequente, exequível** e **exequibilidade.**

¶ **Exequátur** (originariamente forma verbal latina, que se traduz literalmente por *cumpra-se, execute-se*) significa a autorização dada pelo Presidente do Supremo Tribunal Federal para que possam, validamente, ser executados na jurisdição do juiz competente as diligências ou atos processuais requisitados por autoridade judiciária estrangeira: *Compete ao Supremo Tribunal Federal, precipuamente, a guarda da Constituição, cabendo-lhe: I – processar e julgar, originariamente: [...] h) a homologação das sentenças estrangeiras e a concessão do exequátur às cartas rogatórias, que* *podem ser conferidas pelo regimento interno a seu Presidente;* (CRFB, art. 103, I, *h*)

Também se denomina **exequátur** o ato pelo qual se reconhece que um representante estrangeiro pode exercer suas funções no Estado que dá a autorização.

¶ **Exequenda** designa a sentença que está sendo executada, ou que está em situação legal de poder ser executada:

As dotações orçamentárias e os créditos abertos serão consignados ao Poder Judiciário, recolhendo-se as importâncias respectivas à repartição competente, cabendo ao Presidente do Tribunal que proferir a decisão exequenda determinar o pagamento, segundo as possibilidades do depósito, [...] (CRFB, art. 100, § 2º)

¶ **Exequente**, sinônimo de **executor**, indica a pessoa que promove uma execução judicial, ou o juiz que a dirige. Exemplo do primeiro sentido:

Se executar os bens por falta de pagamento da dívida, ou permitir que outro devedor o [o adquirente dos bens] *execute, sem opor o seu direito de retenção ao exequente, não terá preferência sobre o preço.* (CC/2002, art. 1.509, § 1º)

¶ **Exequível** significa que se pode executar: *sentença exequível, cobrança exequível*, etc.

¶ **Exequibilidade** significa possibilidade, capacidade de ser executado:

Esta sentença é desprovida de exequibilidade porquanto o réu não tem qualquer bem, não possuindo, pois, meios de pagar a importância a cuja prestação foi condenado. (Humberto Piragibe Magalhães e Christovão Piragibe Tostes Malta – *Dicionário Jurídico*, vol. I, p. 421)

¶ A forma **exequátur** está registrada no *VOLP/09* como substantivo masculino.

¶ No verbo *exequir* e em seus cognatos, o *u* é pronunciado átono (*ü*).

Exigir

¶ No sentido de *reclamar* ou *requerer em virtude de direito fundado ou suposto, pedir com autoridade*, aparece construído com objeto direto (sujeito na voz passiva) de coisa, ou com objeto direto de coisa e indireto de pessoa, este com a preposição *de* – *exigir algo*, ou *exigir algo de alguém*:

Nos contratos bilaterais, nenhum dos contraentes, antes de cumprida a sua obrigação, pode exigir o implemento da do outro. (CC/2002, art. 476)

O proprietário ou o possuidor tem direito a exigir do dono do prédio vizinho a demolição, ou a reparação deste, quando ameace ruína, bem como que lhe preste caução pelo dano iminente. (CC/2002, art. 1.280)

A todo tempo será lícito ao condômino exigir a divisão da coisa comum, [...] (CC/2002, art. 1.320)

É admissível o chamamento ao processo: [...] III – de todos os devedores solidários, quando o credor exigir de um ou de alguns deles, parcial ou totalmente, a dívida comum. (CPC, art. 77, III)

Existe também a construção *exigir* alguma coisa a alguém. Na redação dos textos legais, nota-se, todavia, nítida preferência pela construção *exigir* alguma coisa de alguém.

Eximir

¶ No sentido de *desobrigar, isentar, dispensar,* aparece construído com objeto direto (sujeito na voz passiva) de pessoa e indireto de coisa, este com a preposição *de* (construção preferida) ou *a* (apenas um exemplo) – *eximir alguém de algo* ou *a alguma coisa*:

[...], as declarações enunciativas não eximem os interessados em sua veracidade do ônus de prová-las. (CC/2002, art. 219, parágrafo único)

A especificação obtida por alguma das maneiras do art. 62 atribui a propriedade ao especificador, mas não o exime à indenização. (CC/1916, art. 614)

O cumprimento da pena não exime o devedor do pagamento das prestações vencidas e vincendas. (CPC, art. 733, § 2º)

¶ No sentido de *esquivar-se, escusar-se, escapar-se,* aparece construído pronominalmente, com a preposição *de* – *eximir-se de algo*:

[...]; VIII – ninguém será privado de direito por motivo de crença religiosa ou de convicção filosófica ou política, salvo se as invocar para eximir-se de obrigação legal a todos imposta [...]; (CRFB, art. 5º, VIII)

O juiz não se exime de sentenciar ou despachar alegando lacuna ou obscuridade da lei. [...] (CPC, art. 126)

Ninguém se exime do dever de colaborar com o Poder Judiciário para o descobrimento da verdade. (CPC, art. 339)

Exonerar

¶ No sentido de *desligar servidor público do cargo que ocupa ou da função que desempenha; desobrigar, isentar de ônus, encargo ou responsabilidade,* aparece construído com objeto direto (sujeito na voz passiva), ou objeto direto e indireto, este com a preposição *de* – *exonerar alguém* (ou *algo*), ou *exonerar alguém* (ou *algo*) *de alguma coisa*:

O Ministro da Justiça exonerou o servidor com base no inciso I do art. 34 da Lei n. 8.112, de 11-12-1990.

1. A **exoneração** não tem caráter sancionador e tanto pode ser a pedido do servidor, quanto de ofício. Distingue-se, pois da demissão, que tem caráter sancionador: é uma verdadeira expulsão do serviço público.

2. Confira os verbetes *Demitir* e *Dispensar*.

Se o credor exonerar da responsabilidade um ou mais devedores, subsistirá a dos demais. (CC/2002, art. 282, parágrafo único)

Se ao terceiro, em favor de quem se fez o contrato, se deixar o direito de reclamar-lhe a execução, não poderá o estipulante exonerar o devedor. (CC/2002, art. 437)
Cessada a obrigação de prestar alimentos, o juiz mandará, conforme o caso, cancelar a cláusula de inalienabilidade e impenhorabilidade ou exonerar da caução o devedor. (CPC, art. 602, § 4º)

¶ No sentido de *desobrigar-se, dispensar-se, demitir-se, destituir-se*, aparece construído pronominalmente, ou pronominalmente e com a preposição *de – exonerar-se*, ou *exonerar-se de*:
O devedor de obrigação litigiosa exonerar-se-á mediante consignação, [...] (CC/2002, art. 343)
Quando a obrigação incumbir ao dono do prédio serviente, este poderá exonerar-se, abandonando, total ou parcialmente, a propriedade ao dono do dominante. (CC/2002, art. 1.382)
O terceiro só se exonerará da obrigação, depositando em juízo a importância da dívida. (CPC, art. 672, § 2º)

Exorbitar

¶ Nas acepções de *exceder os limites do justo, do poder, desviar-se da norma comum e legítima de agir, ultrapassar os limites legais de suas funções ou de sua autoridade*, constrói-se intransitivamente (no caso de pessoas), ou com objeto indireto com a preposição *de* (no caso de pessoas ou de coisas) – *alguém* **exorbita**, ou *alguém* ou *alguma coisa* **exorbita** *de*:
O juiz exorbitou no despacho.
O delegado exorbitou de suas atribuições.
É da competência exclusiva do Congresso Nacional: [...] V – sustar os atos normativos do Poder Executivo que exorbitem do poder regulamentar ou dos limites de delegação legislativa; (CRFB, art. 49)
Para alienar, hipotecar, transigir, ou praticar outros quaisquer atos que exorbitem da administração ordinária, depende a procuração de poderes especiais e expressos. (CC/2002, art. 661)

Exortar

¶ No sentido de *aconselhar, incitar, animar, concitar, apelar no sentido de que se aja de certo modo*, constrói-se com objeto direto (sujeito na voz passiva), ou objeto direto e indireto, este com a preposição *a* – **exortar** *alguém*, ou **exortar** *alguém a*:
O comandante exortou as tropas antes do combate.
Compete ao juiz em especial: [...] III – exortar os advogados e o órgão do Ministério Público a que discutam a causa com elevação e urbanidade. (CPC, art. 446, III)

Explotar

¶ Este verbo, pouco empregado, tem a significação especial de *extrair das minas ou de outra fonte natural as riquezas que contêm* (J. Corominas – *Diccionario Critico Etimologico de la Lengua Castellana*, vol. II, p. 466), *tirar proveito econômico de determinada área, sobretudo quanto aos recursos naturais* (Aurélio Buarque de Holanda Ferreira – *Aurélio Século XXI: o dicionário da língua portuguesa*, p. 863).

Explotar deriva do verbo francês **exploiter** (*tirar proveito de*), que, por sua vez, se origina do latim **explicitus**, um dos particípios, ao lado de **explicatus**, do verbo **explicare** (*abrir, desdobrar, estender, desenrolar*). É verbo transitivo direto – *explotar* algo (objeto direto; sujeito na voz passiva): *explotar recursos florestais*, etc.

Não encontramos, nos textos legais pesquisados, exemplos de emprego do verbo *explotar*. Todavia, no Decreto n. 55.891, de 31-3-1965, que *Regulamenta o Capítulo I do Título I e a Secção III do Capítulo IV do Título II da Lei 4.504, de 30 de novembro de 1964 – Estatuto da Terra*, encontramos empregado exatamente quarenta vezes o substantivo correspondente – *explotação*. Somente no art. 15 e parágrafos, por exemplo, ele ocorre oito vezes:

No caso de imóveis rurais em que ocorram tipos de explotação que se enquadrem em mais de uma das classes previstas no artigo anterior, o módulo a considerar, nos termos do parágrafo único do art. 5º do Estatuto da Terra, será fixado com a ponderação da média, feita em função das proporções da área agricultável destinada a cada um dos tipos de explotação considerados, ou do valor da produção obtida, em face dos dados cadastrais fornecidos pelo proprietário e a critério do IBRA, observados os princípios estabelecidos nos parágrafos seguintes. § 1º Os tipos de explotação que ocorram, num imóvel, em porcentagem de área ou de valor inferiores a 10%, terão, para determinação das médias ponderadas, suas respectivas áreas adicionais ao tipo de explotação dominante. § 2º Não serão computados os tipos de explotação declarados que contrariem frontalmente as explotações econômicas admissíveis na zona, na forma estabelecida na Instrução referida no parágrafo 3º do art. 14, sendo as áreas correspondentes a tais tipos de explotação também somadas, para os efeitos do disposto no § 1º, à do tipo de explotação predominante e compatível com as características ecológicas da zona respectiva.

Exportar

No sentido de *enviar produtos de um país para outro ou para praças dentro do próprio país*, constrói-se:

¶ intransitivamente – *exportar*:

Naquela época praticamente não exportávamos.

¶ com objeto direto (sujeito na voz passiva) – *exportar alguma coisa*:

O Brasil, anualmente, exporta grande quantidade de minério.

¶ com a preposição *para* – ***exportar*** *para*:
Em decorrência de posições políticas, não exportávamos para os países socialistas.
¶ com objeto direto e a preposição *para* – ***exportar*** *alguma coisa para*:
Estamos exportando vinho e calçados para a América do Norte.
O Rio Grande do Sul exporta produtos agrícolas para a maioria dos demais Estados brasileiros.

Em razão da duplicidade de sentido dos termos *exportar* e *exportação*, a atual Constituição, por mais de uma vez, com intuito de precisão, empregou a expressão pleonástica **exportação para o exterior**:

Compete à União instituir impostos sobre: [...] II – exportação, para o exterior, de produtos nacionais ou nacionalizados; (CRFB, art. 153, II)

Em relação ao imposto previsto no inciso III do 'caput' deste artigo, cabe à lei complementar: [...] II – excluir da sua incidência exportações de serviços para o exterior. (CRFB, art. 156, § 3º, II)

Expropriar

No sentido de *privar o proprietário de sua propriedade; transferir bem do devedor a outra pessoa, a fim de satisfazer o direito do credor, mesmo sem a sua anuência; subtrair alguém de coisa que lhe pertence*, constrói-se com objeto direto (sujeito na voz passiva) ou objeto direto e indireto (omissível), este com a preposição *de*: ***expropriar*** *algo* ou ***expropriar*** *alguém de algo*:

As glebas cultivadas com plantações ilícitas serão expropriadas, [...] (Lei n. 11.343, de 23-8-2006, art. 32, § 4º)

Ninguém pode ser expropriado, total ou parcialmente, senão nos casos legalmente previstos.

Mesmo a contragosto do agropecuarista, o governo expropriou-o de várias terras para construir uma usina elétrica.

1. O termo **expropriação**, segundo de Plácido e Silva – *Vocabulário Jurídico*, p. 587 (edição atualizada por Nagib Slaibi Filho e Gláucia Carvalho), *Possui sentido mais amplo que 'desapropriação', visto que tanto significa a 'venda forçada' que o proprietário faz de sua propriedade para benefício ou utilidade pública, como quer dizer o ato pelo qual é a pessoa, por ação intentada em juízo, 'desapropriada' de sua propriedade.*

2. Expropriador, ou **expropriante**, *é o sujeito ativo da desapropriação;* **expropriado** *é o sujeito passivo da expropriação ou o bem que foi expropriado.*

Expurgar

¶ No sentido de *tomar as providências necessárias para desonerar bens de hipoteca*, constrói-se com objeto direto (sujeito na voz passiva) – ***expurgar*** *algo*:

Aquele que adquiriu bens hipotecados, registrou o título de aquisição e não é pessoalmente responsável pelo cumprimento das obrigações garantidas tem o direito de expurgar a hipoteca por qualquer dos modos seguintes: a) Pagando integralmente aos credores hipotecários as dívidas a que os bens estão hipotecados; b) Declarando que está pronto a entregar aos credores, para pagamento dos seus créditos, até à quantia pela qual obteve os bens, ou aquela em que os estima, quan-

do a aquisição tenha sido feita por título gratuito ou não tenha havido fixação de preço. (CCp, art. 721°, *a* e *b*)

¶ No sentido de *corrigir, eliminar os erros ou vícios*, também se constrói com objeto direto (sujeito na voz passiva) – *expurgar algo*:

No caso previsto no n° 1 [se o Tribunal Constitucional se pronunciar pela inconstitucionalidade de qualquer decreto ou acordo internacional], o decreto não poderá ser promulgado ou assinado sem que o órgão que o tiver aprovado expurgue a norma julgada inconstitucional ou [...] (CRP, art. 279.°, 2)

Ao verbo *expurgar*, nas acepções acima, corresponde o substantivo **expurgação**:

O direito de expurgação é extensivo ao doador ou aos seus herdeiros, relativamente aos bens hipotecados pelo donatário que venham ao poder daqueles em consequência da revogação da liberalidade por ingratidão do donatário, ou da sua redução por inoficiosidade. (CCp, art. 722°)

Extorquir

¶ Empregado nas acepções de *constranger alguém, mediante violência ou grave ameaça, e com o intuito de obter para si ou para outrem indevida vantagem econômica, a fazer, tolerar que se faça ou deixar de fazer alguma coisa* (CP, art. 158), *adquirir com violência*, constrói-se com objeto direto de coisa (sujeito na voz passiva), ou objeto direto de coisa e indireto de pessoa, este introduzido por *a* ou *de* – *extorquir algo*, ou *extorquir algo a* ou *de alguém*:

O casamento é anulável por falta de vontade: [...] c) Quando a declaração de vontade tenha sido extorquida por coacção física; (CCp, art. 1635°, *c*)

Todo o empregado público que extorquir de alguma pessoa, por si ou por outrem, dinheiro, serviços ou qualquer outra coisa que lhe não seja devida, empregando violências ou ameaças, será punido com a pena de prisão maior de dezesseis a vinte anos. (CPp, art. 314°)

Aquele que, por violência ou ameaça, extorquir a alguém a assinatura ou entrega de qualquer escrito ou título, que contenha ou produza obrigação ou disposição, será punido com as penas declaradas para o crime de roubo, segundo as circunstâncias do facto. (CPp, art. 440°)

Queriam extorquir-me dinheiro.

O delegado extorquiu a confissão do preso.

O agente extorquia dinheiro dos detentos.

1. O verbo *extorquir*, no Brasil, é defectivo, não tendo as formas em que o *i* da terminação se transformaria em *o* ou *a*. Em Portugal, modernamente, há autores que lhe dão flexão completa, com a transformação do *o* do radical em *u* nas formas terminadas em *o* ou *a*. Exs.: exturco; exturca, exturcas, exturca,; exturca (você), exturcam (vocês).

2. Os autores, de modo geral, não registram exemplos do verbo *extorquir* com objeto direto de *pessoa*. Francisco Borba, contudo, em seu *Dicionário Gramatical de Verbos do Português Contemporâneo do Brasil* (p. 736), faz esta observação: *O segundo complemento* [objeto indireto de pessoa] *pode ocupar a posição do primeiro* [objeto direto de coisa], *apagando-se este: O rapaz extorquia dinheiro do pai – O rapaz extorquia o pai*. Na acepção técnico-jurídica do verbo, *i. e., de cometer o crime de extorsão*, prevalecem os regimes clássicos do verbo: *extorquir algo*, ou *extorquir algo a* ou *de alguém*.

Extrapolar

¶ Nas acepções *de ir além de, ultrapassar, sair dos limites impostos; estar ou situar-se além de; aplicar a um outro domínio, para daí extrair hipóteses, consequências; analisar fatos e determinar, com base neles, acontecimentos futuros, com apoio no raciocínio e na lógica,* constrói-se com objeto direto (sujeito na voz passiva) – *extrapolar algo:*

Para não extrapolar os limites estabelecidos na Constituição, a atuação do Ministério Público em juízo dar-se-á em regime de substituição processual [..] (Teori Zavascki – Processo coletivo, p. 290).

Os efeitos da crise extrapolaram as previsões das autoridades monetárias.

Ao legislar sobre essa matéria, a Assembleia Legislativa extrapolou sua competência.

Atitudes dessa natureza extrapolam o âmbito das relações entre a classe patronal e os sindicatos profissionais.

O Secretário da Fazenda, ao extrapolar os resultados do ano passado, cometeu alguns equívocos.

O substantivo **extrapolação** indica a *ação de estender mais além de um domínio o que para este foi constatado ou estabelecido.*

Exumar – Inumar

¶ *Exumar* tem o sentido de *desenterrar cadáver. Inumar* significa *enterrar cadáver, sepultar.* Os dois verbos são construídos com objeto direto (sujeito na voz passiva) – *exumar/inumar algo:*

Inumar ou exumar cadáver, com infração das disposições legais: Pena – prisão simples, de 1 (um) ano, ou multa. (LCP, art. 67)

Os verbos *exumar* e *inumar* têm origem no substantivo latino **humus** (*terra*), precedido, aquele, do prefixo **ex** (*fora*); este, do prefixo **in** (*dentro*). Existe em latim o verbo **inhumare** (*meter na terra, cobrir de terra*).

F

Facultar

¶ No sentido de *permitir, ensejar*, constrói-se com objeto direto (sujeito na voz passiva) e indireto com a preposição *a* – *facultar alguma coisa a alguém*:

Se não se verificar nenhuma das hipóteses previstas nas secções precedentes, o juiz, ao declarar saneado o processo: I – decidirá sobre a realização de exame pericial, nomeando o perito e facultando às partes a indicação dos respectivos assistentes técnicos; (CPC, art. 331, I)

O artigo 134 do Regimento faculta essa medida ao síndico.

Falecer

¶ No sentido de *faltar*, constrói-se com objeto indireto introduzido pela preposição *a* – *alguma coisa falece a alguém*:

Não havendo impugnação dentro de cinco (5) dias, o pedido do assistente será deferido. Se qualquer das partes alegar, no entanto, que falece ao assistente interesse jurídico para intervir a bem do assistido, o juiz: [...] (CPC, art. 51)

Favorecer

¶ Nas acepções de *ajudar, apoiar, proteger, dar vantagens, contribuir para o sucesso de, proteger com parcialidade*, constrói-se com objeto direto (sujeito na voz passiva) ou objeto direto e indireto, este com a preposição *com* – *favorecer alguém ou algo*, ou *favorecer alguém ou algo com*:

O plano da Prefeitura favoreceu as populações carentes.

Alguém certamente favoreceu a fuga do detento.

As respostas evasivas do réu favoreceram as suspeitas do juiz.

O nervosismo do réu favoreceu as teses da acusação.

O Presidente favoreceu os aliados com farta distribuição de verbas e cargos.

O Prefeito saiu da audiência aliviado, pois as declarações de duas importantes testemunhas o favoreceram amplamente.

Na CRFB, art. 43, § 2º, II, aparece a expressão **juros favorecidos**, com a significação de *juros privilegiados*. Da mesma forma, **empréstimos favorecidos** são *empréstimos privilegiados, subsidiados*.

Fazer

¶ No sentido de *criar, produzir*, aparece na expressão ***fazer*** *coisa julgada*:

Não fazem coisa julgada: I – os motivos, ainda que importantes para determinar o alcance da parte dispositiva da sentença; (CPC, art. 469, I)

A sentença faz coisa julgada às partes entre as quais é dada, não beneficiando, nem prejudicando terceiros. Nas causas relativas a estado de pessoa, se houverem sido citados no processo, em litisconsórcio necessário, todos os interessados, a sentença produz coisa julgada em relação a terceiros. (CPC, art. 472)

A par de ***fazer*** *coisa julgada*, existe a expressão **produzir** *coisa julgada*, que aparece na segunda parte do último artigo supratranscrito.

¶ Na acepção de *tornar, converter em, transformar em*, constrói-se com objeto direto (sujeito na voz passiva) + predicativo:

Salvo direito adquirido por outrem, o usufrutuário faz seus os frutos naturais, pendentes ao começar o usufruto, [...] (CC/2002, art. 1.396)

¶ No campo da prova dos fatos jurídicos, ocorre na expressão *fazer prova*, com o sentido de *constituir prova, ter força probante*:

A escritura pública, lavrada em notas de tabelião, é documento dotado de fé pública, fazendo prova plena. (CC/2002, art. 215)

O telegrama, quando lhe for contestada a autenticidade, faz prova mediante conferência com o original assinado. (CC/2002, art. 222)

¶ No Direito das Obrigações, aparece nas expressões *obrigação de fazer* e *obrigação de não fazer*; aquela vincula o devedor à prestação de um serviço ou ato positivo; nesta, o devedor assume o compromisso de se abster de algum ato.

O verbo *fazer* aparece em diversas expressões de uso frequente em textos das mais diversas áreas da atividade jurídica, algumas delas tomadas do linguajar comum. Dentre essas expressões, destacam-se as seguintes, com os respectivos significados:

¶ ***fazer*** *as vezes* – *desempenhar as funções de, substituir*:

Se o testador souber escrever, poderá fazer o testamento [testamento militar] *de seu punho, contanto que o date e assine por extenso, e o apresente aberto ou cerrado, na presença de duas testemunhas ao auditor, ou ao oficial de patente, que lhe faça as vezes neste mister.* (CC/2004, art. 1.894)

¶ ***fazer*** *ciente* – *inteirar, dar plena notícia de algum fato, informar cabalmente, pôr a par*:

Na primeira oportunidade, pretendo fazê-lo ciente de tudo quanto se passou em sua ausência.

¶ ***fazer*** *face a* – *enfrentar, suportar, custear; dar solução a, resolver*:

Os seus proventos não eram suficientes para fazer face às despesas da casa.

A assembleia foi posta a par dos principais problemas do condomínio e das possíveis medidas para fazer face a eles.

¶ *fazer* jus a – ser merecedor de, merecer:
Por sua luta incansável pela causa democrática, fez jus à homenagem que lhe prestou o Congresso Nacional.

¶ *fazer* justiça – dar a cada um o que lhe é devido; premiar ou punir segundo o que deve ser; aplicar a lei ao fato objeto da lide, com imparcialidade e acerto; dar a alguém algo que é de seu direito; impor pena ou castigo:
Ao reintegrá-lo no cargo, fez-lhe o Governo justiça.
Fazer justiça e julgar com retidão é mais aceitável ao Senhor do que oferecer-lhe sacrifício. (Salomão – Provérbios, 21, 3)
Em face da inoperância das forças policiais, cresce entre os cidadãos a intenção de fazer justiça com as próprias mãos.

¶ *fazer* menção de – indicar por gesto ou movimento, dispor-se para executar (algum ato):
Quando o motorista fez menção de reagir, o criminoso desferiu-lhe um tiro na cabeça.

¶ *fazer-se* mister – fazer-se necessário:
Faz-se mister examinar as causas profundas do crescimento acelerado do mercado informal de trabalho.

¶ *fazer* pouco de – dar pouca importância, tratar com desprezo:
O Ministro da Fazenda fez pouco das críticas das classes produtoras à política econômica oficial.

¶ *fazer* nexo – concatenar-se, ter sentido:
Os depoimentos das duas principais testemunhas do caso fazem pouco nexo.

¶ *fazer* ouvidos de mercador – fingir que não ouve; fazer-se de desentendido:
O Ministro da Agricultura parece fazer ouvidos de mercador aos apelos dos arrozeiros.

¶ *fazer* parede – fazer greve:
Se não tiverem atendidas suas reivindicações, os metalúrgicos ameaçam fazer parede.

¶ *fazer* saber – dar notícia de; dar a conhecer; noticiar. A expressão aparece no preâmbulo das leis, na parte denominada Autoria ou Fundamento Legal de Autoridade, que contém a declaração do nome da autoridade, do cargo em que se acha investida e da atribuição constitucional em que se funda para promulgar a lei:
O PRESIDENTE DA REPÚBLICA Faço saber que o Congresso Nacional decreta e eu sanciono a seguinte Lei:

Ferir

¶ Além do significado usual de causar ferimentos(s) em alguém, em algo ou em si mesmo, cortar(-se), machucar(-se), tem as acepções e as construções de:

¶ 1. tratar ou cuidar de (qualquer assunto); abordar, referir-se a determinado ponto, para esclarecê-lo ou justificá-lo; tocar determinado ponto de uma matéria, determinando o problema. Constrói-se com objeto direto – *ferir* algo:

Os presentes conversavam animadamente, ferindo ligeiramente assuntos variados.

Ao mencionar a amizade entre os dois rapazes, o advogado feriu o ponto crucial, decisivo, da questão.

¶ 2. ir de encontro a, violar, lesar, contrariar; causar prejuízo a. Constrói-se com objeto direto – *ferir* alguém ou algo:

A decisão do Governo feriu os interesses dos empresários do setor calçadista.

Achando-se dois deles em licença, e o terceiro no desempenho de uma comissão legal, foi precipitada e inoportuna a exoneração que os feriu. (Rui Barbosa)

¶ 3. ofender(-se), melindrar(se), magoar(-se). Constrói-se com objeto direto ou pronominalmente (voz reflexiva), podendo vir seguido de objeto indireto introduzido pela preposição com – *ferir* alguém ou algo, *ferir-se* com algo:

Ele disse aquilo para o ferir.

O resultado é que endureci, calejei, e não é um arranhão que penetra esta casca e vem ferir cá dentro a sensibilidade embotada. (Graciliano – São Bernardo)

Não há quem não se fira com ofensas desse jaez.

¶ 4. dar-se, travar-se. Constrói-se pronominalmente – *ferir-se*:

A eleição dos membros da Mesa feriu-se num clima marcadamente tenso.

As batalhas mais intensas feriram-se nos meses de outubro e novembro.

¶ 5. quebrar, romper. Constrói-se com objeto direto de coisa – *ferir* algo:

Um grito agudo feriu o profundo silêncio que até então reinara na sala.

A expressão *ferir o ponto* tem o significado de tocar na questão essencial ou fundamental:

Ao questionar a falta de unidade nas iniciativas para resolver o problema dos menores infratores, o sociólogo feriu o ponto.

Fornicar

¶ Nas acepções de *praticar adultério, realizar união sexual ilícita, praticar o coito, copular*, constrói-se intransitivamente (regime tradicional), com objeto direto (sujeito na voz passiva) ou com objeto indireto introduzido pela preposição com – *fornicar, fornicar* alguém ou *fornicar* com alguém:

Entre os antigos israelitas, a lei mandava queimar ou apedrejar as mulheres que fornicavam.

Sabiam que, certos dias da semana, ao nascer do sol, o alcaide-mor da cidade da Bahia costumava sair de casa para fornicar uma barregã. (Ana Miranda – Boca do inferno, p. 21)

Queria formar-se em direito canônico e fornicar as mulheres. (Id., ibid., p. 88)

Gostava de ficar conversando e fornicando longas horas com seu hóspede. (Id., ibid., p. 98)

1. **Fornicar** origina-se do verbo latino **fornicari** (prostituir-se), que, por sua vez, provém do substantivo **fornix** (*bordel, lupanar, prostíbulo; abóbada, arco*).

2. Na linguagem moderna, como se observa nos exemplos colhidos no romance *Boca do Inferno*, de Ana Miranda, o verbo *fornicar* passa a ser empregado sem a conotação necessária de *manter relação ilícita, pecaminosa*, aparecendo, então, com o mero sentido de *copular, ter relações sexuais, praticar o coito*.

Forrar

¶ No sentido de *livrar-se, esquivar-se, evitar*, constrói-se pronominalmente, com a preposição *a* – ***forrar-se** a alguma coisa*.

Se o adquirente quiser forrar-se aos efeitos da execução da hipoteca, notificará judicialmente, dentro em trinta dias, o seu contrato, aos credores hipotecários, [...] (CC/1916, art. 815, § 1º)

Fruir

¶ No sentido de *ter posse, uso e gozo de alguma coisa e dela tirar as vantagens que ofereça, desfrutar, aproveitar, gozar*, aparece construído com objeto direto (sujeito na voz passiva) – ***fruir** algo*:

O credor anticrético pode administrar os bens dados em anticrese e fruir seus frutos e utilidades, [...] (CC/2002, art. 1.507)

Também existe a construção ***fruir** de alguma coisa*, que, no entanto, não encontramos nos textos legais pesquisados. Segundo Antenor Nascentes, a preposição (*de*), no caso, traz uma carga afetiva.

Funcionar

¶ Nas acepções de *atuar, estar em exercício, exercer suas funções ou as funções próprias de*, constrói-se intransitivamente (sem qualquer complemento); pode seguir-lhe um predicativo, antecedido de *como* – ***funcionar**, ou **funcionar** como*:

Nos casos previstos nos incisos I e II, funcionará como Presidente o do Supremo Tribunal Federal, [...] (CRFB, art. 52, parágrafo único)

Em qualquer caso, será ouvido o chefe do Ministério Público que funciona perante o tribunal. (CPC, art. 478, parágrafo único)

Na execução e na liquidação das decisões funciona apenas o Presidente. (CLT, art. 649, § 2º)

As pessoas indicadas para funcionar como árbitro têm o dever de revelar, antes da aceitação da função, qualquer fato que denote dúvida quanto à sua imparcialidade e independência. (Lei nº 9.307, de 23-9-1996, art. 14, § 1º)

¶ No sentido de *estar em atividade*, também se constrói *intransitivamente* (sem qualquer complemento) – ***funcionar***:

A penhora de empresa, que funcione mediante concessão ou autorização, far-se-á, conforme o valor do crédito, sobre a renda, sobre determinados bens, ou sobre todo o patrimônio, [...] (CPC, art. 678)

G

Glosar

¶ No sentido de *rejeitar, ou cancelar, por ilegal ou indevida, parte ou a totalidade de uma conta, verba ou orçamento, impugnar*, constrói-se com objeto direto (sujeito na voz passiva) – ***glosar*** *algo*:

[...] *Sendo condenado a pagar o saldo e não o fazendo no prazo legal, o juiz poderá destituí-lo, sequestrar os bens sob sua guarda e glosar o prêmio ou gratificação a que teria direito.* (CPC, art. 919)

O testamenteiro será removido e perderá o prêmio se: I – lhe forem glosadas as despesas por ilegais ou em discordância com o testamento; (CPC, art. 1.140, I)

No exemplo acima, o pronome pessoal oblíquo *lhe* está empregado com valor possessivo:

[...] *se lhe forem glosadas as despesas* [...] (= se forem glosadas suas despesas).

Grassar

¶ Origina-se do verbo depoente (forma passiva e significação ativa) latino **grass<u>a</u>ri** (proveniente do substantivo **gradus, -us**: o andar, passo), que significa andar, caminhar; avançar, atacar.

Em português, com base nas acepções originárias de andar, caminhar, *grassar* passou a ter os significados de estender a sua ação, a sua influência, os seus efeitos nefastos a toda parte; alastrar-se, propagar-se, espalhar-se. Constrói-se com sujeito paciente – *algo* ***grassa***:

Nada mais fácil do que contrair por contágio as enfermidades psicológicas, que andam grassando no ambiente. (Latino Coelho)

O fenômeno da corrupção despudorada grassa em praticamente todos os segmentos da população.

Grassavam na cidade os mais desencontrados boatos sobre a iminente ruptura da ordem política.

Gravar

Nas acepções de *submeter a gravame ou encargo, onerar, vincular*, aparece sob as seguintes construções:

¶ com objeto direto (sujeito na voz passiva) – *gravar* algo:

O vendedor, salvo convenção em contrário, responde por todos os débitos que gravem a coisa até o momento da tradição. (CC/2002, art. 502)

Cada condômino pode usar da coisa conforme sua destinação, sobre ela exercer todos os direitos compatíveis com a indivisão, reivindicá-la de terceiro, defender a sua posse e alhear a respectiva parte ideal, ou gravá-la. (CC/2002, art. 1.314)

¶ com objeto direto (sujeito na voz passiva) e objeto indireto, este com a preposição *de* ou *com* – *gravar* algo *de* ou *com*:

Ressalvado o disposto no art. 1.648, nenhum dos cônjuges pode, sem autorização do outro, exceto no regime da separação absoluta: I – alienar ou gravar de ônus real os bens imóveis; (CC/2002, art. 1.647, I)

Ficam sujeitos à execução os bens: [...] V – alienados ou gravados com ônus real em fraude de execução. (CPC, art. 591, V)

Gravaram o vinho com um imposto adicional.

Ao verbo *gravar* corresponde o adjetivo **gravoso**, no sentido de *oneroso*:

É da competência exclusiva do Congresso Nacional: I – resolver definitivamente sobre tratados, acordos ou atos internacionais que acarretem encargos ou compromissos gravosos ao patrimônio nacional; (CRFB, art. 49, I)

H

Haver

Aparece sob as seguintes principais construções e acepções:

¶ com objeto direto (sujeito na voz passiva) ou com objeto direto e indireto, este com a preposição *de* ou *para*, no sentido de *alcançar, conseguir, obter* – **haver** *algo*, ou **haver** *algo de alguém*, ou **haver** *algo para alguém*:

[...] *O condômino, a quem não se der conhecimento da venda, poderá, depositando o preço, haver para si a parte vendida a estranho, se o requerer no prazo de cento e oitenta dias, sob pena de decadência.* (CC/2002, art. 504)

[...] *Se as partes forem iguais, haverão a parte vendida os coproprietários, que a quiserem, depositando previamente o preço.* (CC/2002, art. 504, parágrafo único)

A doação feita em contemplação de casamento futuro com certa e determinada pessoa, quer pelos nubentes entre si, quer por terceiro a um deles, a ambos, ou aos filhos que, de futuro, houverem um do outro, não pode ser impugnada por falta de aceitação, [...] (CC/2002, art. 546)

O proprietário das sementes, plantas ou materiais poderá cobrar do proprietário do solo a indenização devida, quando não puder havê-la do plantador ou construtor. (CC/2002, art. 1.257)

O depositário ou o administrador responde pelos prejuízos que, por dolo ou culpa, causar à parte, perdendo a remuneração que lhe foi arbitrada; mas tem o direito a haver o que legitimamente despendeu no exercício do encargo. (CPC, art. 150)

Em alguns casos, como no exemplo acima, o verbo **haver** assume significação mais próxima de *reaver*.

Se os interessados não quiserem licitar, será vendida a coisa e cada um deles haverá no produto da venda a parte que deva tocar-lhe. (CCp, art. 1333º, 3)

¶ com objeto direto (sujeito na voz passiva) e predicativo antecedido de *como* ou *por*, no sentido de *considerar, julgar* – **haver** *alguém (ou algo) como* ou *por*:

Enquanto não se transcrever o título de transmissão, o alienante continua a ser havido como dono do imóvel, e responde pelos seus encargos. (CC/1916, art. 860, parágrafo único)

Se os negócios alheios forem conexos aos do gestor, de tal arte que se não possam gerir separadamente, haver-se-á o gestor por sócio daquele cujos interesses agenciar de envolta com os seus. (CC/2002, art. 875)

Se o testador designar certos sucessores individualmente e outros colectivamente, são estes havidos por individualmente designados. (CCp, art. 2227º)

A data da aprovação do testamento cerrado é havida como data do testamento para todos os efeitos legais. (CCp, art. 2207º)

¶ impessoal e com objeto direto, nas acepções de *existir, acontecer, ocorrer*. Havendo verbo auxiliar, este assume a forma impessoal:

Pode haver, em edificações, partes que são propriedade exclusiva, e partes que são propriedade comum dos condôminos. (CC/2002, art. 1.331)

As despesas funerárias, haja ou não herdeiros legítimos, sairão do monte da herança; [...] (CC/2002, art. 1.998)

Se houver corréus, cada um deles será interrogado separadamente. (CPP, art. 189)

Não haverá distinções relativas à espécie de emprego e à condição de trabalhador, nem entre o trabalho intelectual, técnico e manual. (CLT, art. 3º, parágrafo único)

Considera-se finda a coabitação dos cônjuges: [...] c) na data em que deixou de haver notícias do marido, [...] (CCp, art. 1829º, 2, c)

Para prevenção e repressão dos crimes haverá penas e medidas de segurança. [...] (CPp, art. 54º)

¶ como *auxiliar*, formando tempo composto:

[...] Nas causas relativas ao estado de pessoa, se houverem sido citados no processo, em litisconsórcio necessário, todos os interessados, a sentença produz coisa julgada em relação a terceiros. (CPC, art. 472)

Não sendo possível o exame de corpo de delito, por haverem desaparecido os vestígios, a prova testemunhal poderá suprir-lhe a falta. (CPP, art. 167)

¶ **haver** mister + objeto direto, no sentido de *ter necessidade de, precisar*:

Incumbe ao tutor, quanto à pessoa do menor: [...] II – reclamar do juiz que providencie, como houver por bem, quando o menor houver mister correção; (CC/2002, art. 1.740, II)

Ao lado da construção **haver** mister + objeto direto, também existe a construção **haver** mister de:

Mas o seu amor da ciência e da pátria não havia mister de outros incentivos. (Rui Barbosa)

¶ **haver** por bem, no sentido de *dignar-se, resolver, julgar oportuno ou conveniente*:

Incumbe ao tutor, quanto à pessoa do menor: [...] II – reclamar do juiz que providencie, como houver por bem, quando o menor haja mister correção; (CC/2002, art. 1.740, II)

Ao constatar o incêndio no subsolo, o zelador houve por bem desligar a corrente elétrica.

Os dirigentes do sindicato houveram por bem cancelar a manifestação contra o Presidente da República.

¶ pronominal – **haver-se** –, no sentido de *proceder, agir, (com)portar-se, desincumbir-se*:

Em todas as funções que exerceu, houve-se com inexcedível correção.

Temos de reconhecer a grandeza com que se houve o candidato derrotado.

O juiz monocrático houve-se com inteiro acerto ao indeferir a pretensão do autor.

¶ **haver-se** com, no sentido de *avir-se, arranjar-se, entender-se, prestar contas a, responder* (na justiça):

Por ter agredido um condômino, o síndico teve de haver-se com a polícia.

Ou ele paga o que deve, ou terá de haver-se com a justiça.

Quem falar mal dessa senhora terá de haver-se comigo.

¶ **há** de + infinitivo. Denominada *forma perifrástica* **obrigativa**, denota *obrigação, necessidade, dever*. Vem antecedida de sujeito indicativo de *ato* ou *fato*:

A coação, para viciar a declaração de vontade, há de ser tal que incuta ao paciente fundado temor de dano iminente e considerável à sua pessoa, à sua família, ou aos seus bens. (CC/2002, art. 151)

A ratificação há de ser expressa, ou resultar de ato inequívoco, e retroagirá à data do ato. (CC/2002, art. 662, parágrafo único)

A partir da citação, a responsabilidade do possuidor se há de aferir pelas regras concernentes à posse de má-fé e à mora. (CC/2002, art. 1.826, parágrafo único)

¶ **haver** lugar, no sentido de *caber*. A expressão aparece de duas formas: *a) algo* **há** (tem) *lugar*, ou *b)* **há** (existe) *lugar a*.

Construção *a*:

Aquele que, sem título ou causa legítima, exercer funções próprias dum empregado público, arrogando-se esta qualidade, será punido com a pena de prisão de um até dois anos, e multa correspondente, sem prejuízo das penas de falsidade, se houverem lugar. (CPp, art. 235º)

Construção *b*:

Aquele que em terreno seu construir obra ou fizer sementeira ou plantação com materiais, sementes ou plantas alheias adquire os materiais, sementes ou plantas que utilizou, pagando o respectivo valor, além da indemnização a que haja lugar. (CCp, art. 1339º)

Quando haja lugar à extradição do réu, os prazos prescritos nos artigos anteriores para o processo seguir, como de ausentes, começarão a correr desde a data do pedido de extradição. (CPPp, art. 574º)

¶ *não* **há** + infinitivo, no sentido de *não é possível, não cabe*:

Não há fugir a essa evidência.

Não há negar que a analogia é inadmissível em matéria penal para criar delitos e cominar penas. (Damásio E. de Jesus – *Direito Penal*, vol. 1, p. 48)

Não há confundir o interesse público com o interesse de eventuais governantes ou administradores.

Não há falar em direito adquirido contra preceito constitucional.

No caso, não há falar em ofensa à coisa julgada.

¶ **há** que + infinitivo, no sentido de *é preciso*, *é necessário*:

Há que examinar, em primeiro lugar, a questão da inconstitucionalidade do inc. I do art. 29 da Constituição do Estado.

[...] para mais, há que não esquecer o princípio da boa-fé, a que as partes devem obediência. (Francisco Teixeira da Mota – *Escrever Direito*, p. 193)

Num país democrático e liberal, há que respeitar as crenças de cada um.

I

Ilidir

¶ Empregado no sentido de *contestar o que foi argumentado, apresentando provas de sua improcedência, rebater, refutar*, constrói-se com objeto direto (sujeito na voz passiva) – *ilidir algo*:

A prova resultante dos livros e fichas não é bastante nos casos em que a lei exige escritura pública, ou escrito particular revestido de requisitos especiais, e pode ser ilidida pela comprovação da falsidade ou inexatidão dos lançamentos. (CC/2002, art. 226, parágrafo único)

O devedor ilidirá o pedido de insolvência se, no prazo para opor embargos, depositar a importância do crédito, para lhe discutir a legitimidade ou valor. (CPC, art. 757)

Os fatos ilidiram essas acusações.

Os argumentos da defesa não ilidiram a denúncia.

Ilidir origina-se do verbo latino **illidere** (*atirar ou bater contra*), que se compõe do prefixo **in** (ideia de *movimento em direção a*, com semântica acessória de hostilidade) + o verbo **laedere** (*bater, ferir*, em sentido físico e moral; e daí: *fazer mal a, prejudicar, danificar, injuriar, ultrajar*).

Confira o verbete *Elidir*.

Imitir

¶ Empregado no sentido de *investir em, fazer entrar em*, constrói-se com objeto direto (sujeito na voz passiva) de pessoa e indireto de coisa, este com a preposição *em* – *imitir alguém em*:

Os herdeiros, para se imitirem na posse dos bens do ausente, darão garantias da restituição deles, [...] (CC/2002, art. 30)

O credor poderá, a qualquer tempo, ser imitido na posse da coisa, prestando caução ou [...] (CPC, art. 744, § 3º)

Ao verbo *imitir*, no sentido do exemplo anterior, corresponde o substantivo **imissão**:

Comete atentado a parte que no curso do processo: I – viola penhora, arresto, sequestro ou imissão na posse; (CPC, art. 879, I)

Impedir

¶ Nas acepções de *estorvar, tolher, embaraçar, obstar, proibir,* aparece com objeto direto (sujeito na voz passiva) de pessoa e indireto de coisa, este com a preposição *de* – ***impedir** alguém de algo*:

Essa vedação não impede a União de condicionar a entrega de recursos ao pagamento de seus créditos. (CRFB, art. 160, parágrafo único)

Reputa-se justa causa o evento imprevisto, alheio à vontade da parte, o que a impediu de praticar o ato por si ou por mandatário. (CPC, art. 183, § 1º)

O empregado eleito para cargo de administração sindical ou representação profissional [...]não poderá ser impedido do exercício de suas funções, [...] (CLT, art. 543)

O decurso do prazo a que se refere o número anterior não impede o marido de intentar acção de impugnação, nos termos gerais. (CCp, art. 1843º, 2)

1. No Código de Processo Civil, encontramos um exemplo da construção *impedir a alguém de*, com o objeto que representa a pessoa introduzido pela preposição *a*:

A sub-rogação impede ao segurado, se não receber o crédito do devedor, de prosseguir na execução, nos mesmos autos, penhorando outros bens do devedor. (CPC, art. 673, § 2º)

2. Nas mesmas acepções acima arroladas, o verbo ***impedir*** também pode ser construído com objeto direto (sujeito na voz passiva) de coisa e indireto de pessoa introduzido pela preposição *a* – *impedir algo a alguém*: *Impediram-lhe qualquer sorte de diversão. Impediram-lhe sair à rua.*

Impender

¶ No sentido de *caber, competir, tocar,* constrói-se com objeto indireto introduzido pela preposição *a* – *algo* (sujeito) ***impende** a alguém*:

Impende-lhe o dever de executar a lei.

Impende aos ministros pôr em prática as ações governamentais.

¶ No sentido de *ser preciso, cumprir,* constrói-se intransitivamente: *algo* (sujeito) ***impende***:

Impende lembrar que assim passam as glórias do mundo. (Michaelis)

Impende levar em conta as circunstâncias em que se deu o fato.

Impetrar

¶ Nas acepções de *requerer a decretação de certas medidas legais, postular, requerer, pedir em juízo,* aparece construído com objeto direto (sujeito na voz passiva) de coisa, ou com objeto direto de coisa e indireto de pessoa, este com a preposição *a* – ***impetrar** algo*, ou ***impetrar** algo a alguém*. O objeto direto também pode vir expresso por oração introduzida pela conjugação *que*:

[...]; LXX – o mandado de segurança coletivo pode ser impetrado por: [...] (CRFB, art. 5º, LXX)

O possuidor direto ou indireto, que tenha justo receio de ser molestado na posse, poderá impetrar ao juiz que o segure da turbação ou esbulho iminente, [...] (CPC, art. 932)

O titular de direito líquido e certo decorrente de direito, em condições idênticas, de terceiro, poderá impetrar mandado de segurança a favor do direito originário, se o seu titular não o fizer, [...] (Lei n. 1.533, de 31-12-1951, art. 3º)

Em caso de urgência, é permitido, observados os requisitos dessa Lei, impetrar o mandado de segurança por telegrama ou radiograma ao juiz competente, [...] (Lei n. 1.533, de 31-12-1951, art. 4º)

Implicar

¶ Nas acepções de *trazer como consequência, importar, acarretar*, aparece praticamente sempre com objeto direto (sem a preposição *em*, portanto) – *uma coisa* **implica** *outra*:

A não observância do disposto nos incisos II e III implicará a nulidade do ato e a punição da autoridade responsável, nos termos da lei. (CRFB, art. 37, § 2º)

[...]; a invalidade da obrigação principal implica a das acessórias, mas a destas não induz a da obrigação principal. (CC/2002, art. 184)

A absolvição implicará o restabelecimento de todos os direitos perdidos em virtude de condenação, [...] (CPP, art. 627)

A vigência de cláusula de aumento ou reajuste salarial, que implique elevação de tarifas ou de preços sujeitos à fixação por autoridade pública ou repartição governamental, dependerá de prévia audiência dessa autoridade [...] (CLT, art. 624)

A decretação da falência das concessionárias de serviços públicos implica extinção da concessão, na forma da lei. (Lei n. 11.101, de 9-2-2005, art. 195)

A revogação e a renúncia da procuração implicam revogação do mandato. (CCp, art. 1179º)

Observa-se nítida preferência dos redatores, mesmo nos textos legais mais recentes, pelo regime direto do verbo *implicar* quando empregado nas acepções de *trazer como consequência, importar, acarretar*. Assim, dentre os quarenta e sete exemplos que encontramos nos textos pesquisados, apenas dois apresentam o regime indireto do verbo *implicar* (*implicar em*) nas acepções referidas: (Havia mais um exemplo na CLT – no art. 345, parágrafo único – que foi corrigido.)

A lei aplica-se a ato ou fato pretérito: [...] II – tratando-se de ato não definitivamente julgado: [...] b) quando deixe de tratá-lo como contrário a qualquer exigência de ação ou omissão, desde que não tenha sido fraudulento e não tenha implicado em falta de pagamento do tributo; (CTN, art. 106, II, b)

O descumprimento injustificado dos deveres estabelecidos para as unidades federativas implicará na suspensão de qualquer ajuda financeira a elas destinada pela União, [...] (Lei nº 7.210, de 11-7-1984, art. 203, § 4º)

¶ No sentido de *envolver em determinado ato, comprometer*, constrói-se com objeto direto (sujeito na voz passiva) de pessoa e indireto de coisa, este com a preposição *em* – **implicar** *alguém em*:

A sua simpatia pelos rebeldes implicou o empresário na revolta.

Após ter sido dispensado pela empresa em que trabalhava, o jovem implicou-se no tráfico de entorpecentes.

Importar

¶ Nas acepções de *produzir, ter como consequência, redundar, resultar,* aparece com as seguintes construções:

¶ transitivo direto – ***importar** algo* (objeto direto):

Os atos de improbidade administrativa importarão a suspensão dos direitos políticos, a perda da função pública, a indisponibilidade dos bens e o ressarcimento ao erário, [...] (CRFB, art. 37, § 4º)

O poder de transigir não importa o de firmar compromisso. (CC/2002, art. 661, § 2º)

Importa renúncia tácita ao direito de queixa a prática de ato incompatível com a vontade de exercê-lo; [...] (CP, art. 104, parágrafo único)

A conexão e a continência importarão unidade de julgamento, [...] (CPP, art. 79)

A cassação da carta de reconhecimento da entidade sindical não importará o reconhecimento de seu registro, nem, consequentemente, a sua dissolução, [...] (CLT, art. 556)

A absolvição criminal não prejudica a medida de segurança, quando couber, ainda que importe privação da liberdade[...] (Súmula 422 do STF)

A revogação da lei revogatória não importa o renascimento da lei que esta revogara. (CCp, art. 7º, 4)

¶ *transitivo indireto*, com objeto introduzido pela preposição *em* – ***importar** em algo* (objeto indireto):

Se for título de crédito a coisa dada em pagamento, a transferência importará em cessão. (CC/2002, art. 358)

Equipara-se à majoração do tributo a modificação de sua base de cálculo, que importe em torná-lo mais oneroso. (CTN, art. 97, § 1º)

Dos cento e trinta e três exemplos que encontramos nos textos legais pesquisados, em cento e dez o verbo **importar**, nas acepções de *produzir, causar, ter como consequência, resultar, redundar*, aparece com objeto direto, e em apenas vinte e três com objeto indireto (introduzido pela preposição *em*). Nota-se, portanto, acentuada preferência pela construção com objeto direto, sobre a qual Ernesto Carneiro Ribeiro faz a seguinte observação: *De feito, esta é a sintaxe que se observa em todos os escritores de nomeada, e nos que timbram de escrever com pureza.* (Ernesto Carneiro Ribeiro – A redação do projeto do código civil e a réplica do dr. Ruy Barbosa, p. 796) Cumpre ressaltar que, na totalidade dos exemplos colhidos (trinta e nove) no Código Civil de Portugal, o verbo **importar** está empregado como transitivo direto.

¶ Nas acepções de *introduzir no país mercadorias procedentes de outros países,* ou de *receber, num Estado ou Município, mercadorias ou produtos de outro,* constrói-se intransitivamente (sem qualquer complemento), com objeto direto (sujeito na voz passiva), ou com objeto direto e indireto, este com a preposição *de* – ***importar**, **importar** algo,* ou ***importar** alguma coisa de*:

O ideal seria importar menos e exportar mais.

Anualmente importamos uma quantidade enorme de produtos supérfluos.

No período de entressafra, importamos carne do Uruguai.

O fato de a *importação* poder dar-se não somente de outro país, mas também dentro do próprio país, entre Estados e Municípios, justifica a aparente redundância viciosa que, com intuito de precisão e clareza, ocorre na Constituição Federal de 1988, nos artigos a seguir transcritos, com o emprego das expressões *importação de produtos estrangeiros* e *bem ou mercadoria importados do exterior*:

Compete à União instituir impostos sobre: I – *importação de produtos estrangeiros*; (CRFB, art. 153, I)

O imposto previsto no inciso II atenderá ao seguinte: [...] IX – incidirá também: a) sobre a entrada de *bem ou mercadoria importados do exterior* por pessoa física ou jurídica, [...] (CRFB, art. 155, § 2º, IX, a)

Improceder

¶ Empregado no sentido de *não proceder, não ter a consequência que se pretende*, constrói-se intransitivamente – *algo* **improcede**:

Os advogados sustentam que improcede a alegação do recorrente.

Como nenhuma prova trouxe o locador, improcede o pedido desalijatório. (Nagib Slaibi Filho – *Sentença Cível*, p. 344)

O verbo **improceder** está registrado no *VOLP/09*, que, todavia, não apresenta a forma **desproceder**, presente, *v. g.*, nos a dicionários jurídicos de Pedro Nunes (*Dicionário de tecnologia jurídica*) e de Maria Helena Diniz (*Dicionário jurídico*), bem como em textos doutrinários e jurisprudenciais.

Impugnar

¶ Nas acepções de *contrariar (aduzindo razões fundamentadas), opor-se, recusar, não aceitar, não concordar com*, constrói-se com objeto direto (sujeito na voz passiva) – **impugnar** *algo*:

O mandato eletivo poderá ser impugnado ante a Justiça Eleitoral no prazo de quinze dias contados da diplomação, [...] (CRFB, art. 14, § 10)

Se o credor impugnar o preço da aquisição ou a importância oferecida, realizar-se-á licitação, [...] (CC/2002, art. 1.481, § 1º)

O juiz ordenará a publicação de aviso de que as contas foram entregues e se encontram à disposição dos interessados, que poderão impugná-las no prazo de 10 (dez) dias. (Lei n. 11.101, de 9-2-2005, art. 154, § 2º)

Imputar

¶ No sentido de *aplicar um pagamento a determinada dívida (dentre outras que se têm com o mesmo credor, todas de igual natureza, líquidas, certas e vencidas)*, constrói-se com objeto direto (sujeito na voz passiva) e indireto, este com a preposição *em* – **imputar** *alguma coisa em outra*:

Não tendo o devedor declarado em qual das dívidas líquidas e vencidas quer imputar o pagamento, se aceitar a quitação de uma delas, não terá direito a reclamar contra a imputação feita pelo credor, [...]. (CC/2002, art. 352)

Havendo capital e juros, o pagamento imputar-se-á primeiro nos juros vencidos, e depois no capital, [...] (CC/2002, art. 354)

Havendo igualdade na natureza dos débitos, imputar-se-á o pagamento na dívida mais antiga; (C. Com., art. 433, – revogado)

Quando haja sinal, a coisa entregue deve ser imputada na prestação devida, ou restituída quando a imputação não for possível. (CCp, art. 442º, 1)

Ao verbo *imputar*, na acepção acima, corresponde o substantivo **imputação**:

Se o devedor não fizer a indicação do art. 352, e a quitação for omissa quanto à imputação, esta se fará nas dívidas líquidas e vencidas em primeiro lugar; se as dívidas forem todas líquidas e vencidas ao mesmo tempo, a imputação far-se-á na mais onerosa. (CC/2002, art. 355)

¶ No sentido de *deduzir certa quantia da soma maior a pagar*, também se constrói com objeto direto (sujeito na voz passiva) e indireto com a preposição *em* – ***imputar** alguma coisa em outra*:

Se o herdeiro for devedor ao espólio, sua dívida será partilhada igualmente entre todos, salvo se a maioria consentir que o débito seja imputado inteiramente no quinhão do devedor. (CC/2002, art. 2.001)

São imputadas na quota do herdeiro as quantias em dinheiro de que ele é devedor à herança. (CCp, art. 2074º, 2)

Não havendo lugar à colação, a doação é imputada na quota disponível. (CCp, art. 2114º, 1)

No Código Civil de 2002 e no Código de Processo Civil, aparece a construção ***imputar** alguma coisa a* (em vez de *em*) *outra*, na acepção acima:

É permitido estipular que os frutos e rendimentos do imóvel sejam percebidos pelo credor à conta de juros, mas se o seu valor ultrapassar a taxa máxima permitida em lei para as operações financeiras, o remanescente será imputado ao capital. (CC/2002, art. 1.506, § 1º)

Declarada improcedente a oposição, se o herdeiro, no prazo improrrogável de cinco (5) dias, não proceder à conferência, o juiz mandará sequestrar-lhe, para serem inventariados e partilhados, os bens sujeitos à colação, ou imputar ao seu quinhão hereditário o valor deles, se já os não possuir. (CPC, art. 1.016, § 1º)

Encontramos somente esses exemplos nos textos legais pesquisados.

¶ No sentido de *atribuir a alguém autoria e responsabilidade criminal, responsabilizar alguém por alguma coisa, acusar de, assacar*, constrói-se com objeto direto (sujeito na voz passiva) de coisa e indireto de pessoa, este com a preposição *a* – ***imputar** alguma coisa a alguém*:

[...] Se a testemunha negar os fatos que lhe são imputados, a parte poderá provar a contradita com documentos ou com testemunhas, [...] (CPC, art. 414, § 1º)

O Código Penal, em seu art. 138, 'caput', comina pena de detenção, de seis meses a dois anos, e multa, a quem caluniar alguém, imputando-lhe falsamente fato de finido como crime.

O governo imputa à imprensa o desejo de desmoralizá-lo.

Inadmitir

¶ Empregado no sentido de *não admitir, rejeitar*, constrói-se com objeto direto (sujeito na voz passiva) – ***inadmitir** algo*:

Admitidos os embargos, não poderá o Relator reformar seu despacho para inadmiti-los. (RISTF, art. 335, § 1º)

São atribuições do relator: [...] VII – decidir agravo de instrumento interposto de decisão que inadmitiu recurso especial; (RISTJ, art. 34, VII)

À vista do exposto, inadmito o recurso. (Juiz Dória Furquim, TRF da 4ª Região)

O verbo **inadmitir** vem registrado no *VOLP/09*. Registra-o também o *Dicionário Houaiss da Língua Portuguesa*, consignando-lhe o sentido de *não admitir, proibir, vedar*.

Incidir

¶ No sentido de *incorrer, estar sujeito a*, constrói-se com objeto indireto com a preposição *em* – **incidir** em alguma coisa:

Nas mesmas penas incidem os contadores, técnicos contábeis, auditores e outros profissionais que, de qualquer modo, concorrerem para as condutas criminosas descritas neste artigo, [...] (Lei n. 11.101, de 9-2-2005, art. 168, § 3º)

Por ter entrado no território nacional sem autorização, o marinheiro nigeriano incidiu na sanção do art. 125, I, da Lei n. 6.815, de 19-8-1980.

Criticar os erros é fácil; o difícil é não incidir neles.

Devido ao avanço de sinal, o motorista incidiu em multa.

¶ No sentido de *recair*, aparece construído com a preposição *sobre* – **incidir** sobre alguma coisa:

A lei determinará medidas para que os consumidores sejam esclarecidos acerca dos impostos que incidam sobre mercadorias e serviços. (CRFB, art. 150, § 5º)

Ao iniciar a instrução, o juiz, ouvidas as partes, fixará os pontos controvertidos sobre que incidirá a prova. (CPC, art. 451)

Inclinar-se

¶ Nas acepções de *estar propenso, pender, predispor-se, mostrar-se favorável*, constrói-se com a preposição *a* ou *para* – **inclinar-se** *a* ou *para*.

A preposição *a* é preferível diante de *verbos*:

Inclino-me a votar pela absolvição do réu.

Inclinamo-nos a aceitar o fato consumado.

O empresariado nacional inclina-se a negociar com as autoridades fazendárias.

A preposição *para* é preferível diante de *substantivos*:

Seus pensamentos inclinavam-se para a política partidária.

Desde jovem, inclinava-se para o socialismo.

1. O substantivo **inclinação**, nas acepções de *tendência, propensão, pendor*, constrói-se com as preposições *a* ou *para*:

Há, nos professores, uma inclinação natural para o dogmatismo.

Tenho inclinação para as coisas do espírito.

Revela particular inclinação a (ou *para*) *organizar atividades e grupos.*
Nas acepções de *simpatia, atração*, constrói-se com a preposição *por*:
É notória sua inclinação pelo teatro.
Sentia forte inclinação por mulheres esguias.
2. O adjetivo **inclinado**, nas acepções de *propenso, tendente*, constrói-se com a preposição *a*:
Trata-se de pessoa inclinada a lisonjear (ou à lisonja).
Homem inclinado ao bem, em nada e em ninguém via malícia.
Na acepção de *atraído*, constrói-se com a preposição *para*:
Não me sentia inclinado para nenhuma candidatura em particular.

Incorporar

¶ Nas acepções de *juntar num só corpo ou num só todo, unir, reunir, adicionar, agregar*, constrói-se com objeto direto (sujeito na voz passiva), ou objeto direto e indireto, este com a preposição *em* ou *a* – **incorporar** *alguma coisa*, ou **incorporar** *alguma coisa em* ou *a outra*:

Incorporar algo:

A lei estabelecerá as diretrizes e bases do planejamento do desenvolvimento nacional equilibrado, o qual incorporará e compatibilizará os planos nacionais e regionais de desenvolvimento. (CRFB, art. 174, § 1º)

Incorporar em:

[...], o órgão do Ministério Público lhe [da fundação] promoverá a extinção, incorporando-se seu patrimônio [...] em outra fundação, designada pelo juiz, que se proponha a fim igual ou semelhante. (CC/2002, art. 69)

O vendedor de embarcação é obrigação a dar ao comprador uma nota por ele assinada de todos os créditos privilegiados a que a mesma embarcação possa achar-se obrigada (arts. 470, 471 e 474), a qual deverá ser incorporada na escritura de venda [...] [...] (C. Com., art. 476 – revogado)

[...]; estes [os materiais] consideram-se adquiridos pelo dono da obra à medida que vão sendo incorporados no solo. (CCp, art. 1212º, 2)

[...] O juiz ou tribunal decidirá previamente se eles [os documentos] são indispensáveis para a decisão da causa e, neste caso, os mandará incorporar no processo [...] (CPPp, art. 404º, § 2º)

Incorporar a:

Os ganhos habituais do empregado, a qualquer título, serão incorporados ao salário para efeito de contribuição previdenciária e consequente repercussão em benefícios, nos casos e na forma da lei. (CRFB, art. 201, § 4º)

São bens imóveis o solo e tudo quanto se lhe [a ele] incorporar natural ou artificialmente. (CC/2002, art. 79)

A lei poderá autorizar os Estados, o Distrito Federal e os Municípios a incorporar definitivamente à sua receita o produto da arrecadação do imposto a que se refere o inc. II, [...] (CTN, art. 85, § 2º)

Os bens não poderão ser incorporados ao patrimônio da companhia por valor acima do que lhes tiver dado o subscritor. (Lei 6.404, de 15-12-1976, art. 8º, § 4º)

1. Os fatos parecem não confirmar informações e conclusões de que, em determinados casos, caberia o emprego da preposição *a*, e, noutros, o da preposição *em*. Rui Barbosa, após dizer que a preposição *em* caberia melhor quando predominasse a ideia de *inserção*, e a preposição *a* quando prevalecesse a ideia de *agregado, soma*, assim conclui: *Aliás, nada tem de absoluto, na tradição vernácula, a teoria dessa distinção; porque o uso clássico, na escolha entre o 'em' e o 'a', está frequentemente ao revés do uso comum em nossos dias: ora prefere o 'em', onde nós de ordinário damos preferência ao 'a', ora o 'a', onde mais vezes empregamos o 'em'.* (Fernando Nery – *Ruy Barbosa e o código civil*, p. 62) Edmundo Dantès Nascimento, em sua *Linguagem forense* (p. 26), após tecer considerações sobre as duas regências, exemplificando uma e outra, apresenta as seguintes conclusões: *1) Com verbos no futuro e em sentido ativo a preposição mais usada é 'a'. 2) Com verbos no passado ou com sentido passivo a preposição mais corrente é 'em'.* Os exemplos que colhemos nos textos legais pesquisados não ratificam inteiramente essas conclusões. Celso Pedro Luft, em seu *Dicionário prático de regência verbal* (p. 330), traz esta observação: *A inovação regencial 'incorporar a' se explica pela semântica 'unir', 'ligar'.* Vale ressaltar que, em todos os exemplos que encontramos em textos legais de Portugal (Código Civil e Código de Processo Penal), o objeto indireto do verbo **incorporar** é introduzido pela preposição *em*.

2. Na Constituição Federal de 1988, o verbo **incorporar**, no sentido de *juntar-se num só corpo ou todo*, aparece sob a construção **incorporar-se** *entre*:

Os Estados podem incorporar-se entre si, subdividir-se ou desmembrar-se para se anexarem a outros, [...] (CRFB, art. 18, § 3º)

Incorrer

¶ Nas acepções de *incidir em, ficar algo*. A mesma regência vale para o adjetivo verbal *incurso*:

Não havendo fato ou omissão imputável ao devedor, não incorre este em mora. (CC/2002, art. 396)

Na sentença de pronúncia o juiz declarará o dispositivo legal em cuja sanção julgar incurso o réu, [...] (CPP, art. 408, § 1º)

Se a falta for de presidente, incorrerá ele na pena de perda do cargo, além da perda dos vencimentos correspondentes aos dias em que tiver faltado às audiências ou sessões consecutivas. (CLT, art. 727, parágrafo único)

¶ Na área financeira e contábil, emprega-se o adjetivo verbal **incorrido**, aplicado a custos, despesas, encargos, etc., tendo a significação de *existente, ocorrido, concretizado, todavia não pago*:

Na determinação do resultado do exercício serão computados: [...]; b) os custos, despesas, encargos e perdas, pagos ou incorridos, correspondentes a essas receitas e rendimentos. (Lei n. 6.404, de 15-12-1976, art. 187, § 1º, *b*)

Increpar

¶ Empregado no sentido de *acusar, censurar, repreender com severidade, arguir*, constrói-se com objeto direto (sujeito na voz passiva), objeto direto e indireto, este com a preposição *a*, ou objeto direto e indireto, este com a preposição *de* – ***increpar*** *alguém* ou *algo*, ***increpar*** *algo a alguém* ou ***increpar*** *alguém de algo*:

O dono da loja increpou a ma-fé de alguns dos empregados.

Increpou os colegas por terem negado apoio à iniciativa.

Os políticos oposicionistas increpam ao governo a ausência de ações eficazes contra o crime organizado.

E é ele, o Dr. Clóvis, quem [...] me vem increpar [arguir, acusar]*, a mim, de prematuridade na revisão literária e gramatical.* (Rui Barbosa – *Réplica*, 28).

Increpar origina-se do verbo latino **increpare** (elevar a voz contra, censurar, injuriar), que, por sua vez, deriva do verbo **crepare** (estalar, crepitar; gritar, queixar-se em altos brados).

Incumbir

¶ No sentido de *ser da obrigação, do dever de, pertencer, caber*, constrói-se com objeto indireto de pessoa, introduzido pela preposição *a*, daquele a quem incumbe algo, e sujeito, representado por substantivo abstrato ou oração infinitiva, daquilo que *incumbe* – *alguma coisa* (sujeito) ***incumbe*** *a alguém* (objeto indireto):

Às polícias civis, dirigidas por delegados de polícia de carreira, incumbem, ressalvada a competência da União, as funções de polícia judiciária e a apuração de infrações penais, exceto as militares. (CRFB, art. 144, § 4º)

Àquele que voluntariamente pagou o indevido incumbe a prova de tê-lo feito por erro. (CC/2002, art. 877)

Incumbem ao dono as reparações extraordinárias e as que não forem de custo módico; [...] (CC/2002, art. 1.404)

A execução da medida de segurança incumbirá ao juiz da execução da sentença. (CPP, art. 758)

Na falta de disposição em contrário, o cumprimento do legado incumbe aos herdeiros. (CCp, art. 2265º, 1)

¶ No sentido de *encarregar, cometer, confiar*, constrói-se com (*a*) objeto direto (sujeito na voz passiva) de coisa e indireto de pessoa, este com a preposição *a* – ***incumbir*** *alguma coisa a alguém*; ou (*b*) com objeto direto (sujeito na voz passiva) de pessoa e indireto de coisa, este com a preposição *de* – ***incumbir*** *alguém de alguma coisa* (ou ***incumbir-se*** *de algo*, construção pronominal reflexiva):

¶ ***Incumbir*** *alguma coisa a alguém*:

Se a administração se incumbir a dois ou mais sócios, não se lhes discriminando as funções, nem declarando que só funcionarão conjuntamente, cada um de per si poderá praticar todos os atos, que na administração couberem. (CC/1916, 1.384)

É proibido aos corretores: [...] 3. adquirir para si ou para pessoa de sua família coisa, cuja venda lhes for incumbida ou a algum outro corretor, ainda mesmo que seja a pretexto do seu consumo particular; [...] (C. Com., art. 59, 3 – revogado)

¶ **Incumbir** alguém (ou **incumbir-se**) *de algo*:

[...], o empreiteiro que se incumbir de executar uma obra, segundo plano aceito por quem a encomendou, não terá direito a exigir acréscimo no preço, [...] (CC/2002, art. 619)

Se os réus forem dois ou mais, poderão incumbir das recusas um só defensor; [...] (CPP, art. 461)

Os sindicatos poderão, mediante solicitação das respectivas diretorias, incumbir-se da entrega das Carteiras de Trabalho e Previdência Social pedidas por seus associados e pelos profissionais da mesma classe. (CLT, art. 26)

[...]; o associado não pode incumbir outrem de exercer seus direitos pessoais. (CCp, art. 180º)

Confira os verbetes **Caber** e **Competir**.

Indenizar

Empregado nas acepções de *pagar a alguém o dano ou prejuízo que lhe causou, satisfazer, reparar, ressarcir, compensar*, aparece sob as seguintes construções:

¶ com objeto direto (sujeito na voz passiva) de pessoa ou de coisa – **indenizar** alguém ou *algo*:

As benfeitorias úteis e necessárias serão indenizadas em dinheiro. CRFB, art. 184, § 1º)

Anulado o negócio jurídico, restituir-se-ão as partes ao estado em que antes se achavam, e, não sendo possível restituí-las, serão indenizadas com o equivalente. (CC/2002, art. 182)

A denunciação da lide é obrigatória; [...] III – àquele que estiver obrigado, pela lei ou pelo contrato, a indenizar, em ação regressiva, o prejuízo do que perder a demanda. (CPC, art. 70, III)

Quem por dolo requerer a falência será condenado [...] a indenizar o devedor, apurando-se as perdas e danos em liquidação de sentença. (Lei n. 11.101, de 9-2-2005, art. 101)

A limitação voluntária, quando legal, é sempre revogável, ainda que com obrigação de indemnizar os prejuízos causados às legítimas expectativas da outra parte. (CCp, art. 81º, 2)

Caducando o contrato em consequência de expropriação por utilidade pública, o arrendamento é considerado como encargo autónomo para o efeito de o arrendatário ser indemnizado pelo expropriante. (CCp, art. 1115º, 1)

No seguinte exemplo, empregou-se objeto direto preposicionado, com o intuito de evitar ambiguidade, especificamente, confusão entre o sujeito-agente e o objeto-paciente da ação de *indenizar*:

Prescreve: § 1º Em um ano: [...] II – a pretensão do segurado contra o segurador, ou deste contra aquele, contado do prazo: a) para o segurado, no caso de seguro de responsabilidade civil, da data em que é citado para responder à ação de indenização proposta pelo terceiro prejudicado, ou da data que a este [objeto-paciente da ação de *indenizar*] *indeniza, com a anuência do segurador;* (CC/2002, art. 206, § 1º, II, *a*)

¶ objeto direto (sujeito na voz passiva) de coisa e indireto de pessoa, este com a preposição *a* – ***indenizar*** *alguma coisa a alguém*:

O reivindicante, obrigado a indenizar as benfeitorias ao possuidor de má-fé, tem o direito de optar entre o seu valor atual e o seu custo; ao possuidor de boa-fé indenizará pelo valor atual. (CC/2002, art. 1.222)

Na segunda parte do artigo transcrito, o objeto direto (de coisa) está subentendeido (as benfeitorias).

Quando as águas, artificialmente levadas ao prédio superior, ou aí colhidas, correrem dele para o inferior, poderá o dono deste reclamar que se desviem, ou se lhe indenize o prejuízo que sofrer. (CC/2002, art. 1.289)

¶ com objeto direto (sujeito na voz passiva) de pessoa e indireto de coisa, este com a preposição *de* – ***indenizar*** *alguém de alguma coisa*:

Querendo o gestor aproveitar-se da gestão, será obrigado a indenizar o gestor das despesas necessárias, que tiver feito, e dos prejuízos, que, por motivo da gestão, houver sofrido. (CC/2002, art. 868, parágrafo único)

O juiz ou tribunal, de ofício ou a requerimento, condenará o litigante de má-fé a pagar multa não excedente a 1% (um por cento) sobre o valor da causa e a indenizar a parte contrária dos prejuízos que esta sofreu, [...] (CPC, art. 18)

Havendo termo estipulado, o empregado não se poderá desligar do contrato, sem justa causa, sob pena de ser obrigado a indenizar o empregador dos prejuízos que desse fato resultarem. (CLT, art. 480)

Havendo má-fé dos sucessores, o ausente tem direito a ser indemnizado do prejuízo sofrido. (CCp, art. 119º, 2)

¶ com objeto direto (sujeito na voz passiva) de pessoa e indireto de coisa, este com a preposição *por* – ***indenizar*** *alguém por alguma coisa*:

[...], facultado, porém, ao empregador, o direito de indenizá-lo [o empregado] *por rescisão do contrato de trabalho, [...]* (CLT, art. 475, § 1º)

O autor da destruição ou do dano é, todavia, obrigado a indemnizar o lesado pelo prejuízo sofrido, [...] (CCp, art. 339º, 2)

¶ pronominalmente, com objeto indireto ou sem ele – ***indenizar-se*** (compensar-*se*, ressarcir-se), ou ***indenizar-se*** *de alguma coisa*:

Os coerdeiros são reciprocamente obrigados a indenizar-se nos casos de evicção dos bens aquinhoados. (CC/2002, art. 2.024)

Segundo eu soube, eles tentarão indenizar-se.

Trate, ao menos, de indenizar-se dos danos sofridos.

¶ intransitivamente – ***indenizar***:

O dever de indemnizar compreende não só o prejuízo causado, como os benefícios que o lesado deixou de obter em consequência da lesão. (CCp, art. 564º, 1)

Se a responsabilidade se basear numa simples presunção de culpa, a culpa do lesado, na falta de disposição em contrário, exclui o dever de indemnizar. (CCp, art. 570º, 2)

1. A construção *indenizar alguma coisa a alguém* ocorre com extrema raridade. Na célebre polêmica em torno da redação do Código Civil, Ernesto Carneiro Ribeiro criticou o emprego dessa regência por Rui Barbosa, sem que este conseguisse alinhar argumentos convincentes para defendê-la. No Código Civil de Portugal, entre os trinta e sete exemplos do emprego do verbo *indenizar* que encontramos, em nenhum deles aparece a regência *indenizar alguma coisa a alguém*, sendo mais frequente a construção *indenizar alguém de alguma coisa*, com vinte e cinco exemplos, seguida da regência *indenizar alguém* ou *algo*, com seis exemplos, ficando a construção *indenizar alguém por alguma coisa* com quatro exemplos, e a forma intransitiva com dois.

2. No Código Comercial, encontramos uma regência que, por fugir dos padrões usuais, não merece imitada – *indenizar a alguém de alguma coisa* (dois objetos indiretos):

O contrato de seguro marítimo, pelo qual o segurador, tomando sobre si a fortuna e riscos do mar, se obriga a indenizar ao segurado da perda ou do dano que possa sobrevir ao objeto do seguro, mediante um prêmio ou soma determinada, só pode provar-se por escrito, a cujo instrumento se chama apólice; [...] (Art. 666) Trata-se de ocorrência única em todos os textos legais pesquisados.

3. O verbo *indenizar* origina-se do prefixo latino **in** (ideia de *privação, ausência* ou *não existência* do que a palavra simples significa.) e do substantivo **damnum** (*dano*). Portanto *in + damnum* significa *sem dano, indene.*

Indiciar

¶ *Indiciar* tem, no Direito Processual Penal, a acepção de *apontar uma pessoa, diante de certos indícios, como relacionada a um fato criminoso* e, no Direito Administrativo, *declarar, em processo administrativo instaurado contra funcionário público, a existência de indícios que possam inculpá-lo ou acarretar a sua responsabilidade administrativa* (Maria Helena Diniz – *Dicionário jurídico*, vol. 2, p. 821). Constrói-se com objeto direto (sujeito na voz passiva) – *indiciar alguém*:

Com base em depoimentos de várias pessoas e em provas colhidas no local do crime, o delegado indiciou o gerente do bar.

No relatório, a comissão de inquérito indiciou dois servidores.

Indiciar origina-se do substantivo latino **indicium, -ii** (indicação, revelação, descoberta), que deriva do substantivo **index, -icis** (o/a que indica, anuncia). Este, por sua vez, se prende ao verbo **indicere** (dar a saber, anunciar, publicar; significa*r*).

Indigitar

¶ Verbo das áreas penal e processual-penal, *indigitar* tem o sentido de *atribuir a alguém a responsabilidade de um delito, indicar, apontar como autor de ato ilícito, mostrar por indícios, considerar*. Constrói-se com objeto direto (sujeito na voz passiva), com objeto direto e indireto, este com a preposição *a*, ou com objeto direto e predicativo do objeto introduzido pela preposição *como* – *indigitar alguém*, *indigitar alguém a* ou *indigitar alguém como*:

Todos os moradores do bairro prontificaram-se a indigitar o criminoso.

Os empregados da loja indigitaram o chefe do depósito como o principal suspeito pelo desaparecimento das mercadorias.

O mestre de obras indigitou aos policiais o autor dos desvios de material.

Os moradores da favela indigitaram-no como traficante de tóxicos.

Indigitar origina-se do verbo latino **indigitạre** (invocar uma divindade, dirigir-lhe súplicas, chamando-a por seu nome; designar, chamar, nomear).

Individuar

¶ No sentido de *especificar, determinar, individualizar, particularizar*, constrói-se com objeto direto – ***individuar** algo*:

Proceder-se à liquidação, quando a sentença não determinar o valor ou não individuar o objeto da condenação. (CPC, art. 603)

Induzir

¶ No sentido de *instigar, incitar, persuadir alguém, por meio de argumentos artificiosos, a praticar certo ato, de que lhe resulte dano ou prejuízo, ou que importe em erro ou cause um mal a terceiro*, aparece sob a construção ***induzir** alguém a + infinitivo*:

Carecem de capacidade sucessória, por motivo de indignidade: [...] c) O que por meio de dolo ou coacção induziu o autor da sucessão a fazer, revogar ou modificar o testamento, ou disso o impediu; (CCp, art. 2034°, c)

¶ No sentido de *causar, provocar, originar, resultar em*, constrói-se com objeto direto (sujeito na voz passiva) – ***induzir** algo*:

[...]; a invalidade da obrigação principal implica a das obrigações acessórias, mas a destas não induz a da obrigação principal. (CC/2002, art. 184)

Não induzem posse os atos de mera permissão ou tolerância, [...] (CC/2002, art. 1.208)

É permitido trazer do estrangeiro, como bagagem, objetos de uso pessoal e doméstico, desde que, por sua quantidade e natureza, não induzam finalidade comercial. (STF, Súmula n. 64)

A citação válida torna prevento o juízo, induz litispendência e faz litigiosa a coisa; [...] (CPC, art. 219)

O verbo *induzir* origina-se do verbo latino **inducere**, que, por sua vez, é formado da preposição **in**, significando *para*, mais o verbo simples **ducere**: *levar, conduzir*.

Infirmar

¶ Empregado nas acepções de *tirar a firmeza ou a força de um ato jurídico, de uma prova, de um documento*, etc., *anular, revogar, invalidar*, constrói-se com objeto direto (sujeito na voz passiva) – ***infirmar** algo*:

A prisão de natureza processual não infirma a presunção de inocência do acusado.

Entendo que a motivação deduzida não infirma os fundamentos do despacho agravado.

A sentença não infirma a versão da denúncia.

Se a declaração confessória, judicial ou extrajudicial, for acompanhada da narração de outros factos ou circunstâncias tendentes a infirmar a eficácia do facto confessado ou a modificar ou extinguir os seus efeitos, a parte que dela quiser aproveitar-se como prova plena tem de aceitar também como verdadeiros os outros factos ou circunstâncias, salvo se provar a sua inexactidão. (CCp, art. 360º)

1. **Infirmar** origina-se do verbo latino **infirmāre**: *enfraquecer, debilitar; destruir, refutar.* **Infirmare**, por sua vez, formou-se do prefixo **in** (com ideia de *negação*) + o adjetivo triforme **firmus, a, um** (firme, sólido, seguro).

2. Ao verbo *infirmar* correspondem o substantivo **infirmação** (anulação, revogação, invalidação, perda da firmeza ou da força de um ato jurídico) e o adjetivo **infirmativo** (que infirma; que declara nulo ou inválido): decisão *infirmativa*, prova *infirmativa*, etc.

Infligir

¶ Nas acepções de *aplicar, impor (pena, castigo,* etc.*), causar, ocasionar (danos,* etc.*)*, constrói-se com objeto direto (sujeito na voz passiva) de coisa, ou objeto direto de coisa e indireto de pessoa, este com a preposição *a* – *infligir algo*, ou *infligir algo a alguém*:

O réu maltratava a autora com grosseiras e afrontas, além de infligir-lhe maus-tratos físicos.

Por ter infringido normas estatutárias, foi-lhe infligida a pena de suspensão.

Cumpre que todos, sobretudo os comerciantes, inflijam aos violadores da lei a punição moral que o seu indigno procedimento requer; [...] (Rui Barbosa – *Trabalhos jurídicos*, vol. II, t. I, p. 30)

1 *Infligir* origina-se do verbo latino **infligere**: *atirar, arrojar, arremessar contra; aplicar, causar, fazer* (uma coisa desagradável)*; impor.*

2 Ao verbo *infligir* corresponde o substantivo **inflição**: *imposição ou aplicação* (de pena, castigo, etc.).

Informar

No sentido de *dar notícia, prestar informação, avisar, participar, dar a conhecer alguma coisa a alguém*, aparece sob as seguintes construções:

¶ objeto direto (sujeito na voz passiva) de pessoa ou de coisa – *informar algo* ou *alguém*:

No prazo do edital, deverá o devedor comprovar o envio de carta a todos os credores sujeitos ao plano, domiciliados ou sediados no país, informando a distribuição do pedido, as condições do plano e o prazo para a impugnação. (Lei n. 11.101, de 9-2-2005, art. 164, § 1º)

Ontem mesmo informamos todos os condôminos.

As revistas e os jornais informam seus assinantes e o público em geral.

¶ objeto direto (sujeito na voz passiva) de coisa e indireto de pessoa, este com a preposição *a* – ***informar*** *algo a alguém*:

Compete ao terceiro, em relação a qualquer pleito: I – informar ao juiz os fatos e as circunstâncias, de que tenha conhecimento; (CPC, art. 341, I)

No relatório anual, os órgãos da administração da companhia aberta informarão à assembleia geral as disposições sobre política de reinvestimento de lucros e distribuição de dividendos, [...] (Lei n. 6.404, de 15-12-76, art. 118, § 5º)

¶ objeto direto (sujeito na voz passiva) de pessoa e indireto de coisa, este com a preposição *de* – ***informar*** *alguém de algo*. É a regência originária, mais clássica:

[...]; LXIII – o preso será informado de seus direitos, entre os quais o de permanecer calado, [...]; (CRFB, art. 5º, LXIII)

[...], o Ministério Público informará do facto o procurador-geral da República, que tomará ou proporá as providências convenientes. (CPPp, art. 337º, § 2º)

Os processos em que houver réus presos serão apresentados aos magistrados pelo escrivão, que os informará desse facto. (CPPp, art. 355º)

Em lugar de ***informar*** *alguém de algo*, também são possíveis as construções *informar alguém sobre, a respeito de* ou *acerca de algo*; são, todavia, menos usuais:

Compete ao Primeiro-Ministro: [...]; c) Informar o Presidente da República acerca dos assuntos respeitantes à condução da política interna e externa do país;[...] (CRP, art. 201.º, 1, c)

Os cidadãos têm o direito de ser informados pela Administração [...] sobre o andamento dos processos em que sejam directamente interessados, [...] (CRP, art. 268º, 1)

¶ No sentido de *tomar ciência, inteirar-se*, aparece sob as construções ***informar-se*** (pronominal) *acerca de* ou *de algo*:

Se o citando não estiver presente, o oficial de justiça procurará informar-se das razões da ausência, [...] (CPC, art. 228, § 1º)

Ao Conselho Nacional de Política Criminal e Penitenciária, no exercício de suas atividades, em âmbito federal ou estadual, incumbe: [...]; VIII – inspecionar e fiscalizar os estabelecimentos penais, bem assim informar-se [...] acerca do desenvolvimento da execução penal nos Estados, Territórios e Distrito Federal, [...] (LEP, art. 64, VIII)

¶ No sentido de *dar informe ou parecer sobre, esclarecer*, aparece sob a construção ***informar*** *sobre*.

Compete à lei federal: I – regular as diversões e espetáculos públicos, cabendo ao Poder Público informar sobre a natureza deles, as faixas etárias a que não se recomendam, locais e horários em que sua apresentação se mostre inadequada; (CRFB, art. 220, § 3º, I)

¶ No sentido de *instruir, preparar, ordenar, pôr em condições de ser julgado*, constrói-se com objeto direto (sujeito na voz passiva) – ***informar*** *algo*:

Os recursos devem ser interpostos no prazo de 10 (dez) dias, contados do recebimento da notificação, perante a autoridade que houver imposto a multa, a qual, depois de os informar, encaminhá-los-á à autoridade de instância superior. (CLT, art. 636)

¶ No sentido de *nortear, orientar, embasar*, constrói-se com objeto direto (sujeito na voz passiva) – *informar* algo:

O imposto previsto no inciso III: I – será informado pelos critérios da generalidade, da universalidade e da progressividade, na forma da lei, (CRFB, art. 153, § 2º, I)

Infringir

¶ Empregado no sentido de *transgredir, violar, não observar, não cumprir, desobedecer, desrespeitar*, constrói-se com objeto direto (sujeito na voz passiva) – *infringir* algo:

Perderá o mandato o Deputado ou Senador; I – que infringir qualquer das proibições estabelecidas no artigo anterior; (CRFB, art. 55, I)

Quando a obrigação for divisível, só incorre na pena o devedor ou o herdeiro do devedor que a infringir, e proporcionalmente à sua parte na obrigação. (CC/2002, art. 415)

Se o condenado em pena suspensa infringir as obrigações impostas pela sentença, o juiz ordenará a execução da pena [...] (CPPp, art. 635º, § 3º)

1. *Infringir* origina-se do verbo latino **infringere** (atirar, arremessar com força contra; quebrar atirando contra; quebrar, espedaçar), que, por sua vez, se compõe do prefixo **in** (contra) + o verbo **frangere** (quebrar, fazer pedaços, espedaçar, fraturar, partir).
2. Ao verbo *infringir* correspondem os termos **infração**, **infringência** e **infringente**.

Inibir

¶ Nas acepções de *proibir, impedir, embaraçar*, aparece construído com objeto direto (sujeito na voz passiva) de pessoa e indireto de coisa, este com a preposição *de* – *inibir* alguém de alguma coisa:

Em falta de cônjuge, a curadoria dos bens do ausente incumbe aos pais ou aos descendentes, nesta ordem, não havendo impedimento que os iniba de exercer o cargo. (CC/2002, art. 25, § 1º)

A propositura de qualquer ação relativa ao débito constante do título executivo não inibe a Fazenda Pública de promover-lhe a execução. (CPC, art. 585, § 1º)

Injuriar

¶ Nas áreas do Direito Civil e do Direito Penal, tem o significado de ofender, por ações ou ditos, a dignidade ou o decoro de alguém, causando-lhe dano moral ou patrimonial. Constrói-se com objeto direto (sujeito na voz passiva) – *injuriar* alguém:

Injuriar alguém, ofendendo-lhe a dignidade ou o decoro: Pena – detenção de 1 (um) a 6 (seis) meses, e multa. (CP, art. 140)

Podem ser revogadas por ingratidão as doações: [...]; III – se o injuriou gravemente ou o caluniou. (CC, art. 557, III)

Explicitação do inciso III: *se o donatário injuriou gravemente ou caluniou o doador.*

¶ *Injuriar* não é sinônimo de **desacatar**, uma vez que o desacato tem por alvo servidor público no exercício da função ou em razão dela (cf. CP. art. 331).
Confira os verbetes *Acatar, Caluniar* e *Desacatar*.

Inovar

¶ No sentido de *alterar o objeto do pedido ou da defesa da causa, alterar o estado da lide*, aparece construído com a preposição em – *inovar em algo*:
Recebida a apelação em ambos os efeitos, o juiz não poderá inovar no processo; [...] (CPC, art. 521)

¶ No sentido de *introduzir algo novo, fazer inovação*, constrói-se com objeto direto (sujeito na voz passiva) – *inovar algo*:
Ao terceiro, em favor de quem se estipulou a obrigação, também é permitido exigi-la, ficando, todavia, sujeito às condições e normas do contrato, se a ele anuir, e o estipulante não o inovar [...] (CC/2002, art. 436, parágrafo único)

Inquinar

¶ No sentido de *manchar, sujar, corromper, poluir*, aparece construído com objeto direto (sujeito na voz passiva) – *inquinar algo*:
É escusada a confirmação expressa, quando o negócio já foi cumprido em parte pelo devedor, ciente do vício que o inquinava. (CC/2002, art. 174)
O adjetivo **inquinado**, empregado no mesmo sentido do verbo *inquinar*, aparece construído com a preposição de – **inquinado** *de algo*:
São anuláveis as disposições testamentárias inquinadas de erro, dolo ou coação. (CC/2002, art. 1.909)

¶ No sentido de *tachar, qualificar*, assume a construção *inquinar alguma coisa de*:
Inquinaram de desleal a conduta do procurador.
Inquinar origina-se do verbo latino **inqui<u>na</u>re**: sujar, poluir, manchar, em sentido físico e moral; corromper, violar.

Inquirir

¶ No sentido de fazer *perguntas a, interrogar*, aparece sob as construções *inquirir alguém* (objeto direto; sujeito na voz passiva), ou *inquirir alguém sobre* (ou *a respeito de, acerca de*) *algo*:
O herdeiro, o legatário ou o testamenteiro poderá requerer, depois da morte do testador, a publicação em juízo do testamento particular, inquirindo-se as testemunhas que lhe ouviram a leitura e, depois disso, o assinaram. (CPC, art. 1.130)
Durante a arrecadação o juiz inquirirá os moradores da casa e da vizinhança sobre a qualificação do falecido, o paradeiro de seus sucessores e a existência de outros bens, [...] (CPC, art. 1.150)
Se admitir a arguição, o Presidente ouvirá o Ministro recusado e, a seguir, inquirirá as testemunhas indicadas, [...] (RISTF, art. 282)

Instar

¶ Nas acepções de *pedir, solicitar com insistência, insistir com, rogar*, constrói-se com objeto direto de pessoa + objeto indireto oracional (facultativo) com a preposição *a*, objeto indireto (facultativo) de pessoa com a preposição *a* ou *com* + objeto direto oracional ou objeto indireto oracional com a preposição *para*, ou com objeto indireto introduzido pela preposição *em* – *instar alguém* + objeto indireto oracional com a preposição *a*, *instar (a* ou *com) algo* (objeto direto oracional) ou *para algo* (objeto indireto oracional), ou *instar em*:

O conferencista instou o público a manter-se em silêncio.

O deputado somente acedeu ao pedido dos jornalistas depois de muito o instarem.

Os servidores instaram ao Presidente (para) que os recebesse em audiência.

Os amotinados instavam (com a direção do presídio) (para) que lhes ouvisse as queixas.

Os alunos instaram na substituição de alguns professores/em que fossem substituídos alguns professores.

No art. 34, IV, do Decreto n. 4.176, de 28-3-2002, aparece um exemplo da construção *instar alguém a* com o objeto indireto expresso por nome (em lugar de oração):

Compete à Casa Civil da Presidência da República: [...] IV – na hipótese de regulamentação exigida por lei, instar os Ministérios e os órgãos da estrutura da Presidência da República ao cumprimento dessa determinação.

Instituir

¶ No sentido de *beneficiar alguém num legado ou doação*, aparece sob a construção *instituir alguém* (objeto direto, sujeito na voz passiva) *em algo* (objeto indireto):

Quando o testador só em parte dispuser da sua metade disponível, entende-se que instituiu os herdeiros legítimos no remanescente. (CC/1916, art. 1.726)

¶ No sentido de *nomear, declarar, designar*, constrói-se com objeto direto (sujeito na voz passiva) de pessoa e predicativo, este precedido, ou não, de *por* ou *como*:

Morreu esse, instituindo o rapaz como seu herdeiro. (Machado de Assis)

Instituiu-o (como, por) seu herdeiro universal.

¶ Nas acepções de *estabelecer, criar, fundar*, constrói-se com objeto direto (sujeito na voz passiva) – *instituir algo*:

Compete à União instituir impostos sobre: [...] (CRFB, art. 153)

Instruir

¶ No sentido de *preparar, ordenar, fundamentar e esclarecer o processo ou a causa, com a produção de prova testemunhal, documental ou pericial, alegações das partes, preenchimento de formalidades e suprimento de lacunas e defeitos,* aparece sob as construções *instruir alguma coisa* (objeto direto, sujeito na voz passiva), ou *instruir alguma coisa* (objeto direto) *com outra* (objeto indireto):

***Instruir** alguma coisa*:

São funções institucionais do Ministério Público: [...] VI – expedir notificações nos procedimentos administrativos de sua competência, requisitando informações e documentos para instruí-los,[...]; (CRFB, art. 129, VI)

Salvo no Distrito Federal e nas Capitais dos Estados, todas as petições e documentos que instruírem o processo, não constantes de registro público, serão sempre acompanhados de cópia, [...] (CPC, art. 159)

O registro e a averbação serão sigilosos, salvo para efeito de informações requisitadas por órgão judiciário ou pelo Ministério Público, para instruir processo penal. (LEP, art. 163, § 2º)

***Instruir** alguma coisa com outra* (construção mais usual):

O mandato eletivo poderá ser impugnado ante a Justiça Eleitoral no prazo de quinze dias contados da diplomação, instruída a ação com provas de abuso do poder econômico, corrupção ou fraude. (CRFB, art. 14, § 10)

O auto pode ser instruído com desenho, gráfico ou fotografia. (CPC, art. 443, parágrafo único)

O autor indicará o objeto da arbitragem, instruindo o pedido com o documento que contiver a cláusula compromissória. (Lei n. 9.307, de 23-9-1996, art. 7º, § 1º)

Insurgir

¶ Empregado com o sentido de *levar à rebelião ou à revolta, amotinar, revoltar, sublevar, rebelar, insurrecionar*, constrói-se com objeto direto, ou pronominalmente, seguido, ou não, de objeto indireto com a preposição *contra* – ***insurgir*** ou ***insurgir-se*** *(contra alguém* ou *algo)*:

Os baixos salários insurgiram os operários da construção civil.

As péssimas condições do presídio insurgiram os presos.

Quando líder sindical, costumava insurgir os metalúrgicos contra os patrões.

Os habitantes do Município insurgiram-se contra os desmandos do Prefeito.

Inteirar

¶ Nas acepções de (*a*) *tornar inteiro, completar, preencher, integralizar* e (*b*) *pagar a alguém o resto de maior quantia, embolsá-lo do que se lhe deve*, constrói-se com objeto direto (sujeito na voz passiva): – (*a*) ***inteirar*** *algo*, ou (*b*) ***inteirar*** *alguém*:

Acepção *a*:

As crias dos animais pertencem ao usufrutuário, deduzidas quantas bastem para inteirar as cabeças de gado existentes ao começar o usufruto. (CC/2002, art. 1.397)

Se o legatário for ao mesmo tempo herdeiro necessário, poderá inteirar sua legítima no mesmo imóvel, [...] (CC/2002, art. 1.968, § 2º)

Acepção *b*:

Se o testador, prevenindo o caso, dispuser que se inteirem, de preferência, certos herdeiros e legatários, a redução far-se-á nos outros quinhões ou legados,[...] (CC/2002, art. 1.967, § 2º)

Intentar

¶ No sentido de *formular ou propor em juízo, mover ou promover perante a justiça*, aparece sob a construção **intentar** algo (objeto direto; sujeito na voz passiva), ou **intentar** algo contra alguém:

Intentar algo (ação, causa):

[...]: LIX – será admitida ação privada nos crimes de ação pública, se esta não for intentada no prazo legal; (CRFB, art. 5º, LIX)

[...], a ação não será acolhida se a parte, que a intentou, não cumprir a sua prestação, [...] (CPC, art. 640)

Na pendência do processo possessório, é defeso, assim ao autor como ao réu, intentar a ação de reconhecimento do domínio. (CPC, art. 923)

¶ **Intentar** algo (ação, causa) *contra alguém*:

As causas intentadas contra a União poderão ser aforadas na seção judiciária em que for domiciliado o autor, [...] (CRFB, art. 109, § 2º)

O possuidor pode intentar a ação de esbulho, ou a de indenização, contra o terceiro, que recebeu a coisa esbulhada sabendo que o era. (CC/2002, art. 1.212)

¶ No sentido de *tencionar, tentar, planear, planejar, projetar*, aparece sob a construção **intentar** + infinitivo (oração subordinada substantiva objetiva direta, reduzida de infinitivo):

O arresto tem lugar: I – quando o devedor sem domicílio certo intenta ausentar-se ou alienar os bens que possui, ou deixa de pagar a obrigação no prazo estipulado; [...] III – quando o devedor, que possui bens de raiz, intenta aliená-los, hipotecá-los ou dá-los em anticrese, [...] (CPC, art. 813, I e III)

Interpor

¶ Nas acepções de *opor, contrapor, entrar em juízo com recurso, formular e apresentar o recurso à primeira instância, para ser encaminhado à segunda, recorrer ao tribunal superior para obter justiça de juiz inferior no decurso do processo*, aparece sob as seguintes construções:

¶ intransitivamente (sem complemento expresso) – **interpor**:

Na apelação, nos embargos infringentes, no recurso ordinário, no recurso especial, no recurso extraordinário e nos embargos de divergência, o prazo para interpor e para responder é de 15 (quinze) dias. (CPC, art. 508)

¶ com objeto direto (sujeito na voz passiva) – **interpor** algo:

O recurso pode ser interposto pela parte vencida, pelo terceiro prejudicado e pelo Ministério Público. (CPC, art. 499)

Cada parte interporá o recurso, independentemente, no prazo e observadas as exigências legais. [...] (CPC, art. 500)

[...] Se o capitão não puder fretar outro ou outros navios dentro de sessenta dias depois que o navio for julgado inavegável [...], deverá [...] interpor os competentes protestos para sua ressalva; [...] (C. Com., art. 614)

Os recursos serão interpostos por simples petição e terão efeito meramente devolutivo, [...] (CLT, art. 899)

¶ com objeto direto (sujeito na voz passiva) e a preposição *perante* – **interpor** *algo perante*:

[...] O recurso adesivo fica subordinado ao recurso principal e se rege pelas disposições seguintes: I – será interposto perante a autoridade competente para admitir o recurso principal, [...]: (CPC, art. 500, I)

Qualquer tripulante que se julgue prejudicado por ordem emanada de superior hierárquico poderá interpor recurso, em termos, perante a Delegacia do Trabalho Marítimo, por intermédio do respectivo comandante, [...] (CLT, art. 252)

¶ com objeto direto (sujeito na voz passiva) e a preposição *para* – **interpor** *algo para*:

Julgando procedente a reclamação, o Plenário poderá: [...] II – ordenar que lhe sejam remetidos, com urgência, os autos do recurso para ele interposto; (RISTF, art. 161, II)

Ao 1º Vice-Presidente, [...], compete-lhe: [...] IV – julgar a renúncia e a deserção dos recursos interpostos para os Tribunais Superiores, [...]; (RITJRGS, art. 44, IV)

¶ com objeto direto (sujeito na voz passiva) e a preposição *de* – **interpor** *algo de*:

A apelação será recebida em seu efeito devolutivo e suspensivo. Será, no entanto, recebida só no efeito devolutivo, quando interposta de sentença que: I – homologar a divisão ou a demarcação; (CPC, art. 520, I)

Incumbe, ainda, ao Ministério Público: [...]; III – interpor recursos de decisões proferidas pela autoridade judiciária, durante a execução. (LEP, art. 68, III)

Do despacho que impuser a pena a que se refere este artigo poderá interpor-se recurso com efeito suspensivo, que subirá logo em separado. (CPPp, art. 339º, § 2º)

¶ com objeto direto (sujeito na voz passiva) e a preposição *contra* – **interpor** *algo contra*:

Quando interposto contra despacho que houver indeferido o processamento de arguição de relevância, o agravo de instrumento prescindirá de Relator e será julgado em Conselho, [...] (RISTF, art. 315, parágrafo único)

[...] V – os recursos interpostos contra as sentenças terão efeito somente devolutivo. (Lei n. 8.245, de 18-10-1991, art. 58, V)

Entre as regências *interpor algo de* e *interpor algo contra*, deve-se dar preferência à primeira, por mais clássica.

¶ com objeto direto (sujeito na voz passiva) e as preposições *de* e *para* – *interpor algo de para*:

Ao Presidente do Tribunal de Justiça, [...], compete-lhe: [...] XXVII – despachar petição de recurso interposto de decisão originária do Conselho da Magistratura para o Tribunal Pleno; (RITJRGS, art. 42, XXVII)

Com o particípio do verbo *interpor* formou-se a expressão **interposta pessoa**, significando a *pessoa que se interpõe, em negócio de outrem, para o realizar em substituição da que tinha a incumbência de fazê-lo*. Tem como sinônimos *presta-nome, intermediário, testa de ferro*.

Intervir

¶ Nas acepções de *ser ou estar presente, assistir, interferir*, constrói-se com a preposição *em* – *intervir em*:

Os índios, suas comunidades e organizações são parte legítima para ingressar em juízo em defesa de seus direitos e interesses, intervindo o Ministério Público em todos os atos do processo. (CRFB, art. 232)

A transação não aproveita, nem prejudica senão aos que nela intervierem, [...] (CC/2002, art. 844)

O corretor é obrigado a fazer assento exato e metódico de todas as operações em que intervier, [...] (C. Com., art. 47 – revogado)

Quem tiver intervindo como juiz em qualquer processo não poderá ser nele constituído advogado nem nomeado defensor. (CPPp, art. 109º, § 2º)

O verbo *intervir* flexiona-se como seu primitivo, *vir*: ele *intervém*, eles *intervêm*; eu *intervim*, ele *interveio*, eles *intervieram*; etc. Merecem especial atenção o particípio e o gerúndio, que têm, ambos, a forma *intervindo*. Não existe, pois, o particípio *intervido*.

Intimar

¶ Nas acepções de *dar ciência a alguém dos atos e termos do processo, para que faça ou deixe de fazer alguma coisa* (CPC, art. 234), *ordenar, noticiar, cientificar com autoridade*, aparece sob as seguintes construções:

¶ *intimar alguém* (objeto direto de pessoa; sujeito na voz passiva):

O vendedor pode também exercer o seu direito de prelação, intimando o comprador, quando lhe constar que este vai vender a coisa. (CC/2002, art. 514)

Recaindo a penhora em bens imóveis, será também intimado o cônjuge do devedor. (CPC, art. 669, parágrafo único)

¶ *intimar alguém* (objeto direto de pessoa; sujeito na voz passiva) *a* + infinitivo:

Tratando-se de inquirição de testemunha, serão intimados os interessados a comparecer à audiência em que prestará o depoimento. (CPC, art. 848, parágrafo único)

Se é determinada a pessoa ou coisa que se vai procurar, o morador será intimado a mostrá-la. (CPP, art. 245, § 5º)

¶ *intimar* alguém (objeto direto de pessoa; sujeito na voz passiva) *para* + infinitivo:

Se a duas ou mais pessoas couber o direito de retrato sobre o mesmo imóvel, e só uma o exercer, poderá o comprador intimar as outras para nele acordarem, [...] (CC/2004, art. 508)

Ocorrendo a reconvenção, o autor reconvindo será intimado, na pessoa do seu procurador, para contestá-la no prazo de 15 (quinze) dias. (CPC, art. 316)

Feita a penhora, intimar-se-á o devedor para embargar a execução no prazo de 10 (dez) dias. (CPC, art. 669)

¶ *intimar* alguém (objeto direto de pessoa; sujeito na voz passiva) *para alguma coisa* (substantivo):

Havendo antecipação da audiência, o juiz, de ofício ou a requerimento da parte, mandará intimar pessoalmente os advogados para ciência da nova designação. (CPC, art. 242, § 2º)

Concluída a inquirição de testemunhas, serão intimadas a acusação e a defesa, para requerimento de diligências no prazo de cinco dias. (RISTJ, art. 226)

¶ *intimar* alguém (objeto direto de pessoa; sujeito na voz passiva) *de alguma coisa* (objeto indireto de coisa):

O oficial intimará do protesto o devedor, por carta registrada ou entregando-lhe em mãos o aviso. (CPC, art. 883)

Todo aquele que desejar prevenir responsabilidade, prover a conservação e ressalva de seus direitos ou manifestar qualquer intenção de modo formal, poderá fazer por escrito o seu protesto, em petição dirigida ao juiz, e requerer que do mesmo se intime a quem de direito. (CPC, art. 867)

<small>No exemplo acima, *a quem* é *objeto direto preposicionado*. O objeto direto costuma vir precedido de preposição, entre outros casos, quando seu núcleo é um destes pronomes: *alguém, ninguém, outro, quem, todo*. O redator do artigo poderia der evitado o desastrado *do mesmo*, substituindo-o, *v. g.*, por *dele*.</small>

O escrivão intimará os réus das obrigações e sanções previstas neste artigo. (CPP, art. 350, parágrafo único)

O processo não prosseguirá até que o réu seja intimado da sentença de pronúncia. (CPP, art. 413)

¶ *intimar a* alguém (objeto indireto de pessoa):

A prescrição interrompe-se por algum dos modos seguintes: [...] 3. Por meio de protesto judicial, intimando pessoalmente ao devedor, ou por éditos ao ausente de que se não tiver notícia. (C. Com., art. 453, 3 – revogado)

¶ *intimar* algo (objeto direto de coisa; sujeito na voz passiva) *a* alguém (objeto indireto de pessoa):

[...] *Recusando o consignatário fazer na carta de fretamento a declaração requerida, deverá protestar e fazer-lhe intimar o protesto, e avisar o fretador.* [...] (C. Com., art. 606)

Daí a nada o barbeiro, acompanhado de alguns de seus tenentes, entrava na sala da vereança, e intimava à Câmara a sua queda. (Machado de Assis – O alienista)

¶ ***intimar*** a alguém (objeto indireto de pessoa) *que* (objeto direto oracional):

Ao credor, em penhor de título de crédito, compete o direito de: [...] *III – fazer intimar ao devedor do título que não pague ao seu credor, enquanto durar o penhor.* (CC/2002, art. 1.459, III)

Quando, por três vezes, o oficial de justiça houver procurado o réu em seu domicílio ou residência, sem o encontrar, deverá, havendo suspeita de ocultação, intimar a qualquer pessoa da família, ou em sua falta a qualquer vizinho, que, no dia imediato, voltará, a fim de efetuar a citação, na hora que designar. (CPC, art. 227)

Os dragões pararam, o capitão intimou à multidão que se dispersasse. (Machado de Assis – O alienista)

Investir

¶ No sentido de *pôr, com certas formalidades, na posse de um poder ou autoridade, fazer entrar de posse, dar posse ou investidura a, empossar*, constrói-se com objeto direto (sujeito na voz passiva) de pessoa e indireto de coisa, este com a preposição *em* ou *de* (raramente empregada) – ***investir*** alguém *em* ou *de* alguma coisa:

Na sentença, o juiz nomeará administrador que será investido de todos os poderes que concernem ao usufrutuário. (CPC, art. 719)

Somente ao associações profissionais constituídas para os fins e na forma do artigo anterior e registradas de acordo com o art. 558 poderão ser reconhecidas como Sindicatos e investidas nas prerrogativas definidas em lei. (CLT, art. 512)

O prefeito investiu sua mulher no cargo de secretária particular.

¶ No sentido de *aplicar, empregar* (dinheiro, capitais, economias), constrói-se intransitivamente (sem qualquer complemento), com objeto direto (sujeito na voz passiva), com objeto direto e objeto indireto, este com a preposição *em*, ou somente com objeto indireto precedido da preposição *em* – ***investir***, ***investir*** algo *em* ou ***investir*** *em*:

Hoje, mais do que nunca, é preciso investir.

A empresa investiu somas vultosas na modernização de seu parque industrial.

[...], *ficando o Poder Público obrigado a investir prioritariamente na expansão de sua rede* [de ensino] *na localidade.* (CRFB, art. 213, § 1º)

Irrogar

¶ Empregado nas acepções de *fazer recair sobre outrem, imputar, atribuir, assacar, infligir*, constrói-se com objeto direto (sujeito na voz passiva), ou com objeto direto e indireto, este com a preposição *a* – ***irrogar*** *alguma coisa*, ou ***irrogar*** *alguma coisa a alguém*:

Irrogaram ao líder metalúrgico a responsabilidade da greve.

Deverá responder pelas ofensas que irrogou ao deputado.

Por mais rigoroso que eu seja na apreciação dos governantes do meu País, não lhes irrogo a injúria de imaginar sequer, já não digo de dizer, mas de imaginar sequer que eles procedam mal deliberadamente e para fazer o mal, tendo a intenção de mal fazer. (Paulo Brossard – *No senado*, p. 371)

Não pratica delito de injúria, calúnia ou difamação o advogado que, no exercício da profissão, irroga ofensas a terceiro, em manifestações que guardam pertinência com a defesa dos interesses que patrocina.

Também se emprega o verbo pronominalmente – ***irrogar-se*** –, com o sentido de *impor a si mesmo*, ou *atribuir-se*: ***irrogou-se*** *o direito*.

Isentar

¶ No sentido de *livrar, eximir, desobrigar*, constrói-se com objeto direto (sujeito na voz passiva) de pessoa e indireto de coisa, com a preposição *de* – ***isentar*** *alguém de algo*:

O substabelecimento, sem reserva de poderes, não sendo notificado ao constituinte, não isenta o procurador de responder pelas obrigações do mandato. (CC/1916, art. 1.328)

J

Juntar

¶ Na linguagem jurídico-processual, tem o significado de fazer unir ao processo um documento ou uma peça que lhe era estranha e passa a fazer parte dele, integrando-se em seus autos. Constrói-se com objeto direto (sujeito na voz passiva) e indireto, este introduzido pela preposição *a* – *juntar algo a*:

À vista da certidão do acórdão que cassar a sentença condenatória, o juiz mandará juntá-la imediatamente aos autos, para inteiro cumprimento da decisão. (CPP, art. 629)

Os documentos produzidos eletronicamente e juntados aos processos eletrônicos [rectius, autos eletrônicos] com garantia da origem e de seu signatário, na forma estabelecida nesta Lei, serão considerados originais para todos os efeitos legais. (Lei n. 11.419 [Lei da Informatização do Processo Judicial], de 19-2--2006, art. 11, *caput*)

Jurisdicionar

¶ No sentido de *exercer jurisdição em, ter jurisdição sobre*, constrói-se com objeto direto (sujeito na voz passiva) – *jurisdicionar algo*:

Naquela época, o atual Presidente do Tribunal jurisdicionava a Comarca de Passo Fundo.

Os juízes federais reuniram-se para tratar de questões concernentes às circunscrições que jurisdicionam.

¶ Nas acepções de *estar ou pôr sob a jurisdição de, submeter à jurisdição de*, constrói-se com objeto direto (sujeito na voz passiva) e indireto, este com a preposição *a* – *jurisdicionar algo ou alguém a*:

O novo Município foi jurisdicionado à Comarca de Três Arroios.

O Presidente do País pretendia jurisdicionar os Poderes Legislativo e Judiciário ao Poder Executivo.

Justiçar

¶ No sentido de *executar a lei ou castigar, impondo a sanção legal; aplicar a justiça com extremo rigor; punir com pena de morte ou com suplício*, constrói-se com objeto direto (sujeito na voz passiva) de pessoa – ***justiçar*** *alguém*:

O traficante foi justiçado pelos próprios companheiros de crime.

O tirano mandou justiçar os líderes da revolta.

A multidão enfurecida justiçou, com seu próprios meios, o assassino da garotinha. (Francisco da Silva Borba (coordenador) – *Dicionário gramatical de verbos do português contemporâneo do Brasil*, p. 867)

¶ No sentido de *fazer justiça a, desagravar*, também se constrói com objeto direto (sujeito na voz passiva) – *justiçar alguém*:

Um grupo de advogados reuniu-se para justiçar o colega injustamente acusado de deslize ético.

Na agressão à propriedade, quando já cessada esta, não pode o dono justiçar-se [fazer justiça a si mesmo, desagravar-se] *pelas próprias mãos, ainda que legítima sua pretensão.*

L

Lançar

¶ No sentido de *efetuar lanço, em leilão, ou praça pública*, constrói-se de forma intransitiva – *lançar*:

É admitido a lançar todo aquele que estiver na livre administração de seus bens. (CPC, art. 690, § 1º)

Não serão admitidos a lançar em nova praça ou leilão o arrematante e o fiador remissos. (CPC, art. 695, § 3º)

Ao verbo **lançar**, no sentido acima, corresponde o substantivo **lançador** (*o que faz lanço ou oferece certo preço pela coisa que é apregoada em leilão, ou praça pública*):

Não havendo lançador, far-se-á a alienação do imóvel em sua integridade. (CPC, art. 702, parágrafo único)

Lavrar

¶ No sentido de *fazer* e *consignar por escrito*, constrói-se com objeto direto (sujeito na voz passiva) – *lavrar algo*:

O escrivão lavrará, sob ditado do juiz, termo que conterá, em resumo, o ocorrido na audiência, [...] (CPC, art. 457)

No caso do § 1º do art. 159, o escrivão lavrará o auto respectivo, que será assinado pelos peritos e, se presente ao exame, também pela autoridade. (CPP, art. 179)

Ao verbo **lavrar**, no sentido acima, corresponde o termo **lavratura** (*de ata, de auto de flagrante*, etc.).

Libelar

¶ Empregado no sentido de *produzir libelo, articular a acusação*, constrói-se intransitivamente, ou com objeto indireto introduzido pela preposição *contra* – *libelar*, ou *libelar contra*:

O agente do Ministério Público libelou, e a defesa ofereceu a contrariedade.

Após a nova elevação dos juros, os jornais libelaram contra o Banco Central.

Em todos os segmentos da sociedade, está-se libelando contra a corrupção.

1. Nos dois últimos exemplos, o verbo está empregado em sentido não técnico.

2. O verbo *libelar* vem registrado no *VOLP/09*. Consta também em diversos dicionários da linguagem comum. Trata-se, no entanto, de verbo pouco usual.

3. Ao verbo *libelar* correspondem os termos **libelo**: *exposição escrita e articulada do fato criminoso e de suas circunstâncias, presentes os demais requisitos do art. 417 do CPP, feita pelo órgão do Ministério Público após a pronúncia*; **libelado**: *acusado contra quem se formou libelo*; **libelário** e **libelista** (sinônimos): *aquele que produz libelo*. Como observa J. M. Othon Sidou, em seu *Dicionário jurídico* (p. 520), é supérflua a adjetivação empregada no art. 416 do CPP – *libelo acusatório* –, porquanto o termo *libelo*, no Direito Processual Penal, já contém a ideia de *acusação*.

Litigar

¶ No sentido de *empenhar-se em questão no juízo contencioso, sustentar litígio no foro, contender, discutir, disputar*, aparece construído intransitivamente ou com a preposição *sobre* – *litigar* ou *litigar sobre algo*:

O direito de pedir o legado não se exercerá, enquanto se litigue sobre a validade do testamento, [...] (CC/2002, art. 1.924)

Duas ou mais pessoas podem litigar, no mesmo processo, em conjunto, ativa ou passivamente, quando: [...] (CPC, art. 46)

Ao verbo *litigar* correspondem, entre outros, os termos **litigante**: *cada uma das partes em um processo litigioso, contendor*; **litigância** (substantivo dicionarizado): *ação de litigar, de contender em juízo*; **litígio**: *controvérsia judicial que tem início com a contestação da demanda, contenda, lide, questão*; **litigioso**: *que envolve litígio, contencioso*. Para o verbo, também existe a forma **litigiar**, menos usual.

Louvar

¶ No sentido de *nomear alguém para seu louvado* (árbitro, perito, assistente técnico), constrói-se pronominalmente, ou pronominalmente e com a preposição *em* – *louvar-se* ou *louvar-se em alguém*:

As pessoas capazes de contratar poderão, em qualquer tempo, louvar-se, mediante compromisso escrito, em árbitros, que lhes resolvam as pendências judiciais, ou extrajudiciais. (CC/1916, art. 1.037)

[...] Não se querendo as partes louvar, a nomeação de árbitros será feita pelo Tribunal do Comércio respectivo, ou pelo juiz de direito do Comércio a que pertencer, [...] (C. Com., art. 783)

Ao verbo *louvar*, no sentido acima, corresponde o substantivo **louvado**: *perito, experto, arbitrador*, etc.

M

Malferir

¶ Empregado nas acepções de *ferir gravemente, ferir de morte, afetar, prejudicar*, constrói-se com objeto direto (sujeito na voz passiva) – ***malferir** alguém* ou *algo*:

Assim, a regra do art. 185 do CPP não foi malferida, pois ainda pendia outro momento processual adequado para a efetivação do interrogatório do acusado. (Procurador de Justiça Carlos Otaviano Brenner de Morais, MPRS)

Malferindo o v. aresto, foi interposto recurso especial, com fulcro no art. 105, inc. III, alíneas a e c, da CF, sob a alegação de que houve contrariedade ao art. 2º, §§ 1º e 2º, da Lei n. 4.591-64 e divergência com julgados de outros tribunais. (Min. Milton Luiz Pereira, STJ)

Estamos diante de uma iniciativa que malfere substancialmente a imprescindível legalidade dos atos administrativos públicos.

O acidente que o malferiu ocorreu de madrugada.

Malsinar

¶ Empregado nas acepções de *atribuir caráter mau ou censurável a, censurar, condenar, reprovar*, constrói-se com objeto direto (sujeito na voz passiva) – ***malsinar** alguém* ou *algo*:

Do ato malsinado resultaram lesões irreparáveis aos direitos, prerrogativas e patrimônio do impetrante, [...] (Min. Demócrito Reinaldo, STJ)

Não admira que quem começou injuriando a pátria, terminasse malsinando as autoridades que mantêm as leis no seio dela. (Rui Barbosa – *Trabalhos Jurídicos*, vol. II, t. I, p. 32)

Alguns aprovam, outros malsinam esse tratado.

O verbo **malsinar** origina-se do substantivo **malsim**: *fiscal alfandegário; zelador dos regulamentos policiais;* p. ext.: *espião, denunciante, delator.*

Mandar

No sentido de *ordenar* ou *determinar imperativamente* (como senhor ou superior), admite as seguintes construções:

¶ ***Mandar*** que:
O juiz mandou que os espectadores ficassem em absoluto silêncio.
Mandou que os candidatos permanecessem na sala.
¶ ***Mandar*** a alguém que:
O juiz mandou ao oficial de justiça que efetuasse a diligência de citação.
Mandou aos seguranças que vigiassem os portões de acesso ao estádio.
O Dr. ...., MM. Juiz Federal da Vara ...., manda ao Sr. Oficial de Justiça que, à vista do presente mandado e em seu cumprimento, se dirija à .... e proceda à penhora e avaliação de ....
Mandou aos fiscais que recolhessem as provas.
Porque escrito está que mandou aos seus anjos que cuidem de ti, [...] (Evangelho de S. Mateus, 3, 6 – tradução do Pe. Antonio Pereira de Figueiredo)
Mandou-lhes que lacrassem as portas do estabelecimento.

Também é correto, embora não usual, o emprego do *o(s), a(s)*, em vez de *lhe(s)*: *Mandou-o que rasgasse as fotografias. Mandou-as que se retirassem do local.*

¶ ***Mandar*** + oração infinitiva:
O juiz mandou os espectadores ficar(em) em absoluto silêncio.
Mandou os candidatos permanecer(em) na sala.
Mandou-os abandonar o recinto.

1. O pronome pessoal oblíquo *o* (os, a, as) impede a flexão do infinitivo. É errada, pois, a construção *Mandou-os abandonarem o recinto.*

2. Se o verbo da oração infinitiva tiver *objeto direto* (que não seja pronome pessoal), tanto se pode empregar *o* (os, a, as), como *lhe* (lhes):
Mandei-o digitar os relatórios. Mandei-lhe digitar os relatórios.
Mandou-os suspender as encomendas. Mandei-lhes suspender as encomendas.
Mas (somente):
Mandei-o sair (e não: *Mandei-lhe sair*).
Mandei-a soltá-los (e não: *Mandei-lhe soltá-los*).

Meter

¶ Empregado no sentido de *formular ou propor (ação) em juízo*, constrói-se com objeto direto (sujeito na voz passiva), que pode vir seguido das preposições *contra*, *em* ou *para* – **meter** *algo* (uma ação) *contra*, *em* ou *para*:
O seu advogado mete uma ação no tribunal procurando responsabilizar o funcionário e o Estado pelos prejuízos [...] (Francisco Teixeira da Mota – *Escrever direito*, p. 139)
E os prazos para meter acções judiciais contra os vendedores de coisas defeituosas são muito mais curtos do que os prazos para intentar as mesmas acções contra os empreiteiros. (Id., ibid., p. 210)
Depois, tem seis meses para meter a acção judicial para responsabilizar o construtor. (Id., ibid., p. 211)

Não encontramos registros nem exemplos da construção em dicionários e outras obras do Brasil. Os três exemplos foram colhidos num livro de Portugal, supraidentificado.

Militar

¶ No sentido de *lutar, pugnar, combater* (real ou figuradamente), aparece, de acordo com o caso, sob as construções **militar** *contra, por, pró, em (a) favor de*, etc.:

Não dependem de prova os fatos: [...] IV – em cujo favor milita presunção legal de existência ou de veracidade. (CPC, art. 334, IV)

De outra parte, não há evidência de que milite, em favor do paciente, o direito de apelar em liberdade. (Des. Dínis Garcia, TJSP)

Montar

¶ No sentido de *chegar a, importar, atingir determinada soma*, constrói-se com objeto indireto, com a preposição *a* ou *em* (por influência de *importar*) – **montar** *a* ou *em*:

Se não for possível a divisão, e o excesso do legado montar a mais de um quarto do valor do prédio, o legatário deixará inteiro na herança o imóvel legado, [...] (CC/2002, art. 1.968, § 1º)

As despesas com a recuperação do prédio montam em mais de sessenta mil reais.

N

Necessitar

¶ No sentido de *precisar, ter necessidade de, carecer*, constrói-se com objeto direto ou com objeto indireto introduzido pela preposição *de* – *necessitar algo* ou *de algo*:

Se ao filho for deixada herança ou legado, ou for feita proposta de doação que necessite de ser aceite, devem os pais aceitar a liberalidade, [...] (CCp, art. 1890º, 1)

Podem os parentes exigir uns dos outros os alimentos que necessitam para subsistir. (Rui Barbosa)

Estes projetos necessitam (de) exame mais acurado dos congressistas.

Nomear

No sentido de *designar, indicar*, aparece sob as seguintes construções:

¶ ***nomear*** *alguém* (objeto direto; sujeito na voz passiva):

O juiz nomeará um perito que avaliará o custo da prestação do fato, [...] (CPC, art. 634, § 1º, revogado)

¶ ***nomear*** *alguém para* (finalidade da nomeação):

Decorrido o prazo a que se refere o artigo antecedente, o juiz nomeará perito para proceder ao exame do interditando. [...] (CPC, art. 1.183)

¶ ***nomear*** *alguém a* (destinação do nomeado):

Decretando a interdição, o juiz nomeará curador ao interdito. (CPC, art. 1.183, parágrafo único)

Em caso de extrema gravidade, poderá o juiz suspender do exercício de suas funções o tutor ou curador, nomeando-lhe interinamente substituto. (CPC, art. 1.197)

Se houver necessidade de fazer valer em juízo os direitos e obrigações do herdeiro, e este for o cabeça de casal, será nomeado à herança, para esse fim, um curador especial. (CCp, art. 2074º, 2)

Fora de acepção acima, o verbo ***nomear*** aparece em duas construções específicas da linguagem jurídica:

¶ **nomear** alguém à autoria – *ato de a pessoa que possui em nome de terceiro a coisa objeto de demanda indicar ou nomear em juízo o seu verdadeiro dono, ou possuidor indireto, a fim de que seja citado pelo autor e contra ele corra a ação:*

Aquele que detiver a coisa em nome alheio, sendo-lhe demandada em nome próprio, deverá nomear à autoria o proprietário ou o possuidor. (CPC, art. 62)

¶ **nomear** bens à penhora – *ato de o executado oferecer e designar bens patrimoniais livres e desembaraçados, sobre os quais tem o direito de preferir que incida a penhora:*

O fiador, quando executado, poderá nomear à penhora bens livres e desembargados do devedor. [...] (CPC, art. 595)

¶ O verbo **nomear** aparece também na expressão forense **nomeio e constituo**, ou **nomeia e constitui**, empregada nas procurações, indicando que o outorgante *designa* o outorgado (advogado, se for o caso) pelo nome e o *investe na função*, com os poderes que especifica:

Por este instrumento particular, fulano de tal [...] nomeia e constitui beltrano de tal [...] seu bastante procurador para o fim especial de [...]

Normatizar – Normalizar

¶ Empregado no sentido de *estabelecer normas para, submeter a normas*, constrói-se com objeto direto (sujeito na voz passiva) – ***normatizar** algo*:

Para assegurar a efetividade desse direito, o Estado desenvolverá ações permanentes de proteção, restauração e fiscalização do meio ambiente, incumbindo-lhe, primordialmente: [...] III – fiscalizar e normatizar a produção, o armazenamento, o transporte, o uso e o destino final de produtos, embalagens e substâncias potencialmente perigosas à saúde e aos recursos naturais. (CERS/89, art. 251, III)

1. **Normatizar** é um neologismo que se formou do adjetivo **normativo**, com o acréscimo do sufixo verbal **izar**. **Normativo**, por sua vez, originou-se do adjetivo francês **normatif**.

2. Enquanto **normatizar** expressa especificamente a ideia de *estabelecer normas para, submeter a normas*, **normalizar** firma-se com a acepção especializada de *tornar normal, fazer voltar à normalidade, regularizar*. Todavia, em Portugal – e em algumas instituições científicas brasileiras –, este verbo também é empregado na acepção específica daquele. A fim de se evitarem indesejáveis ambiguidades, recomenda-se o uso distintivo dos dois verbos. Há, v. g., nítida diferença entre **normatizar** *o transporte de produtos tóxicos* e **normalizar** *o transporte desses produtos*.

Notar

¶ No sentido de *anotar, registrar*, constrói-se com objeto direto (sujeito na voz passiva) – ***notar** algo*:

O auditor, ou o oficial a quem o testamento se apresente notará, em qualquer parte dele, lugar, dia, mês e ano, em que lhe for apresentado, nota esta que será assinada por ele e pelas testemunhas. (CC/2002, art. 1.894, parágrafo único)

Noticiar

¶ Nas acepções de *comunicar, participar, dar ciência a, inteirar, dar judicialmente conhecimento de*, constrói-se com objeto direto (sujeito na voz passiva) de pessoa ou coisa, ou com objeto direto de coisa e indireto de pessoa, este com a preposição *a* – **noticiar** *alguém* ou *algo*, ou **noticiar** *alguma coisa a alguém*:

Em breve noticiaremos a data do julgamento.

Noticiaremos todos os interessados.

Acontecendo presa [apreensão, captura] *ou desastre de mar ou navio ou fazendas sobre que recaiu o empréstimo a risco, o tomador tem obrigação de noticiar o acontecimento ao dador, apenas tal nova chegar ao seu conhecimento. [...]* (C. Com., art. 664)

Notificar

¶ Empregado nas acepções de *participar judicialmente, comunicar, ou avisar em forma legal, dar conhecimento ou ciência de um fato judicial, de uma decisão, da realização de um ato do processo ou de uma providência, medida ou diligência a ser efetuada*, este verbo aparece sob as seguintes construções:

¶ com objeto direto (sujeito na voz passiva) de pessoa – **notificar** *alguém*:

O adquirente notificará o vendedor e os credores imobiliários, deferindo-lhes, conjuntamente, a posse do imóvel, [...] (CC/2002, art. 1.480)

O reclamante será notificado no ato da apresentação da reclamação ou na forma do parágrafo anterior. (CLT, art. 841, § 2º)

¶ com objeto direto (sujeito na voz passiva) de pessoa e indireto de coisa, este com a preposição *de* – **notificar** *alguém de alguma coisa*:

Para poder exercer o direito que da evicção lhe resulta, o adquirente notificará do litígio o alienante imediato, [...] (CC/2002, art. 456)

Da decisão serão os litigantes notificados, pessoalmente, ou por seu representante, na própria audiência. [...] (CLT, art. 852)

O réu será notificado do dia do julgamento com a antecipação de cinco dias, pelo menos. (CPPp, art. 528º, § único)

¶ objeto direto (sujeito na voz passiva) de coisa e indireto de pessoa, este com a preposição *a* – **notificar** *algo a alguém*:

A cessão do crédito não tem eficácia em relação ao devedor, senão quando a este notificada; [...] (CC/2002, art. 290)

O dia designado para funcionário público comparecer em juízo, como acusado, será notificado assim a ele como ao chefe de sua repartição. (CPP, art. 359)

Ao defensor oficiosamente nomeado será notificada a nomeação, quando não estiver presente no acto dela. (CPPp, art. 24º)

Por facilmente subentendível, um dos objetos – o direto ou o indireto – pode não vir expresso:
Não notificando o adquirente, nos trinta dias do art. 815, § 1º, aos credores, fica obrigado:

(CC/1916, art. 816, § 2º) No texto, subentende-se o termo *o seu contrato* (objeto direto), constante no § 1º do art. 815.

¶ objeto direto (sujeito na voz passiva) de pessoa e a preposição *para (para que, a fim de, a fim de que)* – **notificar** *alguém para* (A preposição, no caso, indica a *finalidade* da notificação.):

[...] III – em seguida, o oficial dará ciência dos termos da dúvida ao apresentante, fornecendo-lhe cópia da suscitação e notificando-o para impugná-la, perante o juízo competente, [...] (Lei n. 6.015, de 31-12-1973, art. 198, III)

Interposto o recurso, será notificado o recorrido para oferecer as suas razões, em prazo igual ao que tiver o recorrente. (CLT, art. 900)

A autoridade ou agente da autoridade notificará o ofendido para comparecer, quando julgue necessária a sua comparência. (CPPp, art. 557º, § 1º)

Novar

¶ No sentido de *extinguir a obrigação primitiva pela sua substituição por outra, distinta e autônoma*, constrói-se intransitivamente ou com objeto direto (sujeito na voz passiva) – **novar**, ou **novar** *algo* (contrato, obrigação):

Não havendo ânimo de novar, expresso ou tácito mas inequívoco, a segunda obrigação confirma simplesmente a primeira. (CC/2002, art. 361)

Ao verbo **novar**, no sentido acima, corresponde o substantivo **novação**:

A novação extingue os acessórios e garantias da dívida, sempre que não houver estipulação em contrário. [...] (CC/2002, art. 364)

O

Obedecer – Desobedecer

¶ Estes dois verbos aparecem, invariavelmente, com a regência que lhes é comum, hoje, no modelo culto formal da língua: objeto indireto, com a preposição *a* – *(des)obedecer a alguém* ou *a algo*:

As universidades gozam de autonomia didático-financeira, administrativa e de gestão financeira e patrimonial, e obedecerão ao princípio da indissociabilidade entre ensino, pesquisa e extensão. (CRFB, art. 207)

O regime de bens, legal ou convencional, obedece à lei do país em que tiverem os nubentes domicílios, e, se este for diverso, à do primeiro domicílio conjugal. (LINDB, art. 7º, § 4º)

A adoção por estrangeiro obedecerá aos casos e condições que forem estabelecidos em lei. (CC/2002, art. 1.629)

Desobedecer a ordem legal de funcionário público: Pena – detenção, de quinze dias a seis meses, e multa. (CP, art. 330)

A homologação obedecerá ao que dispuser o regimento interno do Supremo Tribunal Federal. (CPC, art. 483, parágrafo único)

A Carteira de Trabalho e Previdência Social e respectiva Ficha de Declaração obedecerão aos modelos que o Ministério do Trabalho adotar. (CLT, art. 13, § 2º)

A proposição, admissão e proposição de provas, no Tribunal, obedecerão às leis processuais, [...] (RISTJ, art. 139)

Em tudo quanto não seja ilícito ou imoral, devem os menores não emancipados obedecer a seus pais ou tutor e cumprir os seus preceitos. (CCp, art. 128º)

Sobre a construção passiva com os verbos *obedecer* e *desobedecer*, veja, sob o título **CASOS ESPECIAIS,** *Voz Passiva com Verbos Transitivos Indiretos.*

Objurgar

¶ Empregado no sentido de *censurar asperamente, repreender com severidade, exprobrar, lançar (algo) em rosto de (alguém)*, constrói-se com objeto direto, objeto direto e indireto, este com a preposição *a*, ou objeto indireto com a preposição *contra* – **objurgar** *algo,* **objurgar** *algo a alguém* ou **objurgar** *contra algo*:

Educadores e cidadãos em geral objurgam as cenas de sexo e violência apresentadas na televisão.

Cresce a cada dia o número das pessoas que objurgam aos governantes o descaso para com a segurança e a saúde pública.

Na imprensa, jornalistas e cidadãos em geral objurgam contra os gastos excessivos do Congresso.

1. **Objurgar** origina-se do verbo latino **obiurgare** (altercar, contender sem razão; repreender, censurar).

2. Ao verbo *objurgar* correspondem os substantivos **objurgação** ou **objurgatória** (forte censura, repreensão, reprimenda) e o adjetivo **objurgatório** (que desaprova ou censura algo com energia).

Obrigar

¶ Nas acepções de *pôr na obrigação, no dever, colocar como obrigação, impor a obrigação a, exigir o cumprimento de certos deveres, comprometer, ligar por contrato*, aparece sob as seguintes construções:

¶ intransitivamente – ***obrigar***:

As deliberações não obrigarão, não sendo tomadas por maioria absoluta, isto é, por votos que representem mais de meio do valor total. (CC/1916, art. 637, § 1º)

Este contrato não obriga antes de reduzido a escrito, [...] (CC/1916, art. 1.433)

¶ objeto direto de pessoa – ***obrigar*** *alguém*:

As dívidas contraídas por um dos condôminos em proveito da comunhão, e durante ela, obrigam o contratante; [...] (CC/2002, art. 1.318)

É facultado ao empregador fazer-se substituir pelo gerente, ou qualquer outro preposto que tenha conhecimento do fato, e cujas declarações obrigarão o proponente. (CLT, art. 843, § 1º)

O foro contratual obriga os herdeiros e sucessores das partes. (CPC, art. 111, § 2º)

¶ objeto indireto de pessoa – ***obrigar*** *a alguém*:

[...]; contudo julga-se subsistente [o contrato de seguro marítimo] *para obrigar reciprocamente ao segurador e ao segurado desde o momento em que as partes se convierem, [...]* (C. Com., art. 666)

Contra os embargos do credor com garantia real, somente poderá o embargado alegar que: [...] II – o título é nulo ou não obriga a terceiro. (CPC, art. 1.054, II)

O decreto fixando o salário mínimo, decorridos 60 (sessenta) dias de sua publicação no Diário Oficial, obrigará a todos que utilizem o trabalho de outrem mediante remuneração. (CLT, art. 116)

Nos exemplos acima, especialmente nos dois últimos, pode-se interpretar o *objeto direto de pessoa* como *objeto direto preposicionado*.

¶ pronominalmente, seguido, ou não, de objeto(s) indireto(s), com as preposições *a, para (com)* ou *por* (Tem, aqui, a acepção especial de *comprometer-se, responsabilizar-se.*):
Ocorre a lesão quando uma pessoa, sob premente necessidade, ou por inexperiência, se obriga a prestação manifestamente desproporcional ao valor da prestação oposta. (CC/2002, art. 157)
Os bens dados em compensação da renda caem, desde a tradição, no domínio da pessoa que por aquela se obrigou. (CC/2002, art. 809)
Não aproveita este benefício ao fiador: [...] II – se se obrigou como principal pagador, ou devedor solidário; (CC/2002, art. 828, II)
Quando a dívida houver sido contraída por todos os condôminos, sem se discriminar a parte de cada um na obrigação coletiva, nem se estipular a solidariedade, entende-se que cada qual se obrigou proporcionalmente ao seu quinhão na coisa comum. (CC/2002, art. 1.317)
¶ objeto direto de coisa – ***obrigar*** (*comprometer, ligar por contrato*) algo:
As dívidas, contraídas por qualquer dos cônjuges na administração de seus bens particulares e em benefício destes, não obrigam os bens comuns. (CC/2002, art. 1.666)
¶ objeto indireto de coisa (representado por substantivo ou infinitivo) – ***obrigar*** (*impor a obrigação de*) a alguma coisa:
O dolo acidental só obriga à satisfação das perdas e danos, [...] (CC/2002, art. 146)
O pagamento feito por terceiro, com desconhecimento ou oposição do devedor, não obriga a reembolsar aquele que pagou, se o devedor tinha meios para ilidir a ação. (CC/2002, art. 306)
As dívidas de jogo ou de aposta não obrigam a pagamento; [...] (CC/2004, art. 814)
A queixa contra qualquer dos autores do crime obriga ao processo de todos, e o Ministério Público velará pela sua indivisibilidade. (CPP, art. 48)
¶ objeto direto de pessoa e indireto de coisa, este com a preposição *a* – ***obrigar*** alguém a alguma coisa:
O dolo do representante legal de uma das partes só obriga o representado a responder civilmente até a importância do proveito que teve; [...] (CC/2002, art. 149)
Todo proprietário pode obrigar o seu confinante a proceder com ele à demarcação entre os dois prédios, a aviventar rumos apagados e a renovar marcos destruídos ou arruinados [...] (CC/1916, art. 569)

Obstar
No sentido de *impedir, negar prosseguimento*, aparece sob as seguintes construções:

¶ objeto indireto de coisa, com a preposição *a* – ***obstar*** *a*. O objeto ora vem expresso por substantivo, ora por oração. A construção com objeto indireto é a mais frequente nos textos legais que pesquisamos: quarenta e oito exemplos dentre os sessenta e um anotados. É a única regência que encontramos nos códigos de Portugal, com vinte e quatro exemplos anotados.

¶ objeto indireto expresso por substantivo – ***obstar*** *a*:
A desistência da ação, ou a existência de qualquer causa que a extinga, não obsta ao prosseguimento da reconvenção. (CPC, art. 317)
O perdão do ofendido, nos crimes em que somente se procede mediante queixa, obsta ao prosseguimento da ação. (CP, art. 105)
Se a infração for inafiançável, a falta de exibição do mandado não obstará à prisão,[...] (CPP, art. 287)
O disposto neste artigo não obsta à extinção da acção penal pelo perdão da parte nos casos em que a lei o permite. (CPPp, art. 18°, § único)

¶ objeto indireto expresso por oração – ***obstar*** *a que*:
O conflito de competência não obsta, porém, a que a parte, que o não suscitou, ofereça exceção declinatória do foro. (CPC, art. 117, parágrafo único)
[...] A aprovação das contas do caixa dada pela maioria dos compartes do navio não obsta a que a minoria dos sócios intente contra eles as ações que julgar competentes. (C. Com., art. 495)
A rejeição do incidente pelo tribunal não obsta a que se dê participação pelo crime de falsidade. (CPPp, art. 118°, § 2°)

¶ objeto direto (sujeito na voz passiva) de coisa – ***obstar*** *alguma coisa*:
Reputa-se verificada, quanto aos efeitos jurídicos, a condição cujo implemento foi maliciosamente obstado pela parte a quem desfavorecer, [...] (CC/2002, art. 129)
Os prazos de favor, embora consagrados pelo uso geral, não obstam a compensação. (CC/2002, art. 372)
A aplicação provisória de medida de segurança obstará a concessão de fiança, e tornará sem efeito a anteriormente concedida. (CPP, art. 380)

¶ objeto direto de coisa e indireto de pessoa, este com a preposição *a* – ***obstar*** *alguma coisa a alguém*.
A despedida que se verificar com o fim de obstar ao empregado a aquisição de estabilidade sujeitará o empregador a pagamento em dobro da indenização prescrita nos arts. 477 e 478. (CLT, art. 499, § 3°)

Obtemperar

¶ Empregado nas acepções de *ponderar*; *dizer em resposta*, aparece construído com objeto direto oracional – ***obtemperar*** *algo*:

A esse respeito obtempera o jurista que a inobservância de preceito de ordem pública faz com que o contrato de trabalho não gere qualquer direito ou garantia, sendo devido apenas o pagamento de salários referentes aos dias trabalhados.

Após ouvir atentamente as explicações do médico, o paciente obtemperou que preferia não se submeter a nova cirurgia.

Ocorrer

¶ No sentido de *acudir, prevenir, remediar,* aparece com objeto indireto introduzido pela preposição *a* – ***ocorrer*** *a alguma coisa*:

Nesta forma de seguro, em lugar do prêmio, os segurados contribuem com as quotas necessárias para ocorrer às despesas da administração e aos prejuízos verificados. [...] (CC/1916, art. 1.467)

São da responsabilidade de ambos os cônjuges: [...] b) As dívidas contraídas por qualquer dos cônjuges, antes ou depois da celebração do casamento, para ocorrer aos encargos normais da vida familiar. (CCp, art. 1691°, 1, *b*)

Ofender

¶ Nas acepções de *injuriar, ultrajar, agredir, afrontar,* constrói-se com objeto direto (sujeito na voz passiva) de pessoa ou de coisa, ou com objeto direto de pessoa e indireto de coisa, este com a preposição *em* – ***ofender*** *alguém* ou *algo,* ou ***ofender*** *alguém em alguma coisa*:

O orador ofendeu as autoridades presentes à cerimônia.

Essas atitudes ofendem os bons costumes.

São justas causas para dar o locador por fim o contrato: [...] VII – Ofendê-lo o locatário ou tentar ofendê-lo na honra de pessoa de sua família. (CC/1916, art. 1.226, VII)

Oferecer

¶ Na terminologia do Direito Processual, aparece com as acepções de *apresentar* (contestação, embargos, etc.) ou *exibir* (documentos, provas, etc.). Constrói-se com objeto direto (sujeito na voz passiva) – ***oferecer*** *algo*:

O réu poderá oferecer [...] contestação, exceção e reconvenção. (CPC, art. 297)

A contestação e a reconvenção serão oferecidas simultaneamente, em peças autônomas; [...] (CPC, art. 299)

Oficiar

¶ No sentido de *praticar um ato, exercer uma função do ofício, atuar no exercício de suas funções,* aparece construído das seguintes formas:

¶ ***oficiar*** *em algo*:

O Ministério Público fiscalizará a execução da pena e da medida de segurança, oficiando no processo executivo e nos incidentes da execução. (LEP, art. 67)

¶ *oficiar* perante (tribunal):

Compete ao Superior Tribunal de Justiça: I – processar e julgar, originariamente: a) [...], os membros dos Conselho ou Tribunais de Contas dos Municípios e os do Ministério Público da União que oficiem perante tribunais; (CRFB, art. 105, I, a)

Além das garantias asseguradas pela Constituição, os membros do Ministério Público dos Estados gozarão das seguintes prerrogativas: I – receber o tratamento dispensado aos membros do Poder Judiciário perante os quais oficiem; (Lei Complementar n. 40, de 14-12-1981, art. 20, I)

¶ *oficiar* junto a (tribunal):

Os Procuradores Regionais do Trabalho serão designados para oficiar junto aos Tribunais Regionais do Trabalho. (LC n. 75, de 20-5-1993, art. 110)

Constituem prerrogativas dos membros do Ministério Público, no exercício de sua função, além de outras previstas na Lei Orgânica: I – receber o mesmo tratamento jurídico e protocolar dispensado aos membros do Poder Judiciário junto aos quais oficiem; (Lei Federal nº 8.625, de 12-2-1993, art. 41, I)

Entre as construções *oficiar* junto a e *oficiar* perante (tribunal), deve-se preferir esta àquela, por mais clássica. A locução *junto a* tem cabimento quando tem o significado de *adido*, como se lê no art. 130 da CRFB:

Aos membros do Ministério Público junto aos Tribunais de Contas aplicam-se as disposições desta seção pertinentes a direitos, vedações e forma de investidura.

¶ *oficiar* como + predicativo:

É defeso ao juiz exercer as suas funções no processo contencioso ou voluntário: [...] II – em que interveio como mandatário da parte, oficiou como perito, [...] (CPC, art. 134, II)

¶ No sentido de *dirigir ofício a alguém*, constrói-se com objeto indireto de pessoa, com a preposição a – *oficiar* a alguém:

[...], o Presidente do Tribunal expedirá mandado de prisão contra o desobediente e oficiará ao Ministério Público, a fim de que promova a ação penal. (RISTF, art. 197)

Oficie-se aos estabelecimentos bancários do Município, requisitando informações sobre os saldos das contas dos requerentes.

Por se tratar de verbo transitivo indireto, *oficiar*, no sentido de *dirigir ofício a alguém*, recusa a forma passiva, que se deve substituir, em despachos e petições, v. g., pela construção de sujeito indeterminado com o pronome *se*: Oficie-se aos estabelecimentos bancários do Município [...] (e não: 'Sejam oficiados' os estabelecimentos bancários do Município, [...]). Isto posto, requer se (próclise por causa da conjunção subordinativa integrante *que*, subentendida) oficie ao Procurador Regional do Trabalho, [...] (e não: Isto posto, requer 'seja oficiado' o Procurador Regional do Trabalho, [...]).

Operar

¶ No sentido de *suceder, ocorrer, realizar-se*, constrói-se pronominalmente – *alguma coisa se* **opera**:

Opera-se o mandato quando alguém recebe de outrem poderes para, em seu nome, praticar atos ou administrar interesses. (CC/2002, art. 653)

Opor

Nas acepções de *contrapor, oferecer obstáculos, oferecer recurso contra uma decisão judicial*, aparece sob as seguintes construções:

¶ objeto direto (sujeito na voz passiva) de coisa – ***opor*** *algo*:

Salvo os casos previstos nos arts. 633 e 634, não poderá o depositário furtar-se à restituição do depósito, alegando não pertencer a coisa ao depositante, ou opondo compensação, [...] (CC/2002, art. 638)

As sociedades sem personalidade jurídica, quando demandadas, não poderão opor a irregularidade de sua constituição. (CPC, art. 12, § 2º)

Na execução por quantia certa contra a Fazenda Pública, citar-se-á a devedora para opor embargos em dez (10) dias; se esta não os opuser, no prazo legal, observar-se-ão as seguintes regras: (CPC, art. 730)

É vedado à parte interessada suscitar conflitos de jurisdição quando já houver oposto na causa exceção de incompetência. (CLT, art. 806)

Os embargos de divergência e os embargos infringentes serão opostos no prazo de quinze dias, perante a Secretaria, [...] (RISTF, art. 334)

¶ objeto direto (sujeito na voz passiva) de coisa e indireto de pessoa ou de coisa, com a preposição *a* – ***opor*** *alguma coisa a alguém* ou *a algo*:

O devedor demandado pode opor ao credor as exceções que lhe forem pessoais e as comuns a todos; [...] (CC/2002, art. 281)

Se o oficial opuser dúvidas ou dificuldades à tomada do protesto ou à entrega do respectivo instrumento, poderá a parte reclamar ao juiz. [...] (CPC, art. 884)

O devedor pode opor ao cessionário, ainda que este os ignorasse, todos os meios de defesa que lhe seria lícito invocar contra o cedente, com ressalva dos que provenham de facto posterior ao conhecimento da cessão. (CCp, art. 585º)

¶ objeto direto (sujeito na voz passiva) de coisa e indireto de pessoa ou de coisa, com a preposição *contra* – ***opor*** *alguma coisa contra alguém* ou *contra algo*:

Nas mesmas penas incorrerá o juiz: I – que celebrar o casamento antes de levantados os impedimentos opostos contra algum dos contraentes. (CC/1916, art. 228, I)

Quando opostos contra sentença, os embargos de declaração suspenderão o prazo para o recurso. (Lei n. 9.099, de 26-9-1995, art. 83, § 2º)

¶ No sentido de *fazer obstáculo ou oposição, ser contrário*, constrói-se pronominalmente, seguido, ou não, de objeto indireto com a preposição *a* – ***opor-se***, ou ***opor-se*** *a algo*:

Em falta de estipulações explícitas quanto à gerência social: presume-se que cada sócio tem o direito de administrar, e válido é o que fizer, ainda em relação aos associados que não consentiram, podendo, porém, qualquer destes opor-se, antes de levado o ato a efeito; (CC/1916, art. 1.386, I)

O credor só poderá se opor ao pedido de desmembramento do ônus, provando que o mesmo importa em diminuição de sua garantia. (CC/2002, art. 1.488, I)

O desastrado *mesmo* poderia ter sido substituído, em nome da propriedade vocabular, pelo pronome *este*.

No prazo de 30 (trinta) dias contado da publicação do edital, qualquer credor pode opor-se ao pedido do falido. (Lei n. 11.101, de 9-2-2005, art. 159, § 2º)

Ao verbo **opor**, nas acepções apresentadas, correspondem os termos **opoente**, ou **oponente**, e **oposto**: o primeiro, com sua forma variante, designa a parte ativa na *oposição*; o segundo, a parte passiva:

O opoente deduzirá o seu pedido, observando os requisitos exigidos para a proposição da ação (arts. 282, 283). Distribuída a oposição por dependência, serão os opostos citados, na pessoa dos seus respectivos advogados, para contestar o pedido no prazo comum de 15 (quinze) dias. (CPC, art. 57)

¶ Na Ciência Política, o verbo *opor* ocorre na expressão ***opor* veto a**, com o significado de *negar, o Poder Executivo, sanção a um projeto de lei, no todo ou em parte, obstando, assim, à sua conversão em lei*:

O veto deve ser oposto no prazo de quinze dias úteis, contados da data do recebimento do projeto.

O Governador pretende opor veto a um projeto de interesse do Poder Judiciário.

1. Tenha-se presente que *o veto é* **oposto**, e nunca *aposto*, porquanto **apor** significa *acrescentar*.

2. O termo **veto** origina-se da primeira pessoa do singular do verbo latino **vetāre** (proibir), significando, pois, literalmente, *(eu) proíbo*.

Ordenar

¶ Empregado no sentido de *regular, organizar*, aparece com objeto direto (sujeito na voz passiva) – ***ordenar** algo*:

Ao sistema único de saúde compete, além de outras atribuições, nos termos da lei: [...]; III – ordenar a formação de recursos humanos na área da saúde; (CRFB, art. 200, III)

Outorgar

¶ Nas acepções de *conceder formalmente, conferir (atribuições, poderes,* etc.*), dar por direito*, constrói-se com objeto direto (sujeito na voz passiva) de coisa, ou objeto direto de coisa e indireto de pessoa, este com a preposição *a* – ***outorgar** alguma coisa*, ou ***outorgar** alguma coisa a alguém*:

Compete ao Ministro de Estado, além de outras atribuições estabelecidas nesta Constituição e na lei: [...] IV – praticar os atos pertinentes às atribuições que lhe forem outorgadas ou delegadas pelo Presidente da República. (CRFB, art. 87, parágrafo único, IV)

Compete ao Poder Executivo outorgar e renovar concessão, permissão e autorização para o serviço de radiodifusão sonora e de sons e imagens, [...] (CRFB, art. 223)

Quando a lei não exigir poderes especiais, considera-se o gerente autorizado a praticar todos os atos necessários ao exercício dos poderes que lhe foram outorgados. (CC/2002, art. 1.173)

Num Estado bem administrado, há poucas punições, não porque se outorguem muitos perdões, mas porque há poucos criminosos. (Jean Jacques Rousseau – *O Contrato Social*, p. 40)

Em sessão solene, a Universidade outorgou o título de doutor 'honoris causa' ao cientista alemão.

Prometeu outorgar nova carta constitucional.

¶ No sentido de *intervir como parte interessada* (em escritura, etc.), constrói-se com objeto indireto de coisa introduzido pela preposição *em* – *outorgar em alguma coisa*:

A convenção antenupcial é livremente revogável ou modificável até à celebração do casamento, desde que na revogação ou modificação consintam as pessoas que nela outorgaram ou os respectivos herdeiros. (CCp, art. 1712º, 1)

A falta de intervenção de alguma das pessoas que outorgaram na primeira convenção, ou dos respectivos herdeiros, tem como efeito facultar àqueles ou a estes o direito de resolver as cláusulas que lhes digam respeito. (CCp, art. 1712º, 3)

1. Ao verbo *outorgar* correspondem os termos **outorga**, **outorgante** (aquele que concede a outorga) e **outorgado** (aquele que recebe a outorga). A **outorga** pode ser **judicial**, **uxória** (da mulher ao marido) ou **marital** (do marido à mulher). **Uxória** liga-se à palavra latina **uxor**: *esposa, mulher legitimamente casada*. **Marital**, por sua vez, prende-se à palavra latina **maritus**: *marido, esposo*. **Maritus**, finalmente, provém do substantivo (latino) **mas** (genitivo **maris**): *o que tem o sexo masculino, macho*.

2. *Outorgar* origina-se do verbo do latim vulgar **auctoricare**, que significa *autorizar*.

P

Pagar

Aparece sob as seguintes construções e acepções:

¶ *pronominal*, acompanhado de objeto indireto com a preposição *de*, no sentido de *indenizar-se, reembolsar-se, ressarcir-se* – **pagar-se** *de*:

Se o credor furtar ou roubar alguma coisa pertencente ao seu devedor para se pagar da dívida, esta circunstância não justificará o facto criminoso, mas será considerada como circunstância atenuante. (CPp, art. 439°)

¶ *passivo*, nas acepções de *ser embolsado, ser ressarcido, receber seu crédito*. Pode vir seguido de objeto indireto com a preposição *de*, indicando *aquilo de que o credor é* **pago**, ou com a preposição *por*, indicando *aquilo com que se* **paga**:

Sem complemento:

Os sócios podem resolver, por maioria de votos, antes de ultimada a liquidação, mas depois de pagos os credores, que o liquidante faça rateios por antecipação da partilha, [...] (CC/2002, art. 1.107)

O credor mão pode ser constrangido a devolver a coisa empenhada, ou uma parte dela, antes de ser integralmente pago, [...] (CC/2002, art. 1.434)

Privilégio creditório é a faculdade que a lei, em atenção à causa do crédito, concede a certos credores, independentemente do registro, de serem pagos com preferência a outros. (CCp, art. 733°)

Os créditos com privilégio mobiliário graduam-se pela ordem seguinte: a) Os créditos por impostos, pagando-se em primeiro lugar o Estado e só depois as autarquias locais; (CCp, art. 747°, 1, *a*)

Objeto indireto com a preposição *de* (aquilo de que o credor é pago). É a construção mais frequente:

Havendo contestação sobre a conta, o capitão tem direito para ser pago imediatamente das soldadas vencidas, prestando fiança de as repor, a haver lugar. (C. Com., art. 535)

Decretado o usufruto, perde o devedor o gozo do imóvel ou da empresa, até que o credor seja pago do principal, juros, custas e honorários advocatícios. (CPC, art. 717)

No CC/2002, art. 1752, *aquilo de que o credor é pago* está expresso por objeto indireto com a preposição *por*: *O tutor responde pelos prejuízos que, por culpa, ou dolo, causar ao tutelado; mas tem direito a ser pago pelo que realmente despender no exercício da tutela, [...]* No texto correspondente do CC/1916, art. 431, constava a preposição *de*: *[...]; mas tem direito de ser pago do que realmente despender no exercício da tutela [...]*

Objeto indireto com a preposição *por* (aquilo com que se paga):

Não existindo causas legítimas de preferência, os credores têm o direito de ser pagos proporcionalmente pelo preço dos bens do devedor, quando ele não chegue para integral satisfação dos débitos. (CCp, art. 604º, 1)

A hipoteca confere ao credor o direito de ser pago pelo valor de certas coisas imóveis, ou equiparadas, pertencentes ao devedor ou a terceiro, [...] (CCp, art. 686º, 1)

¶ transitivo indireto, com objeto indireto de pessoa introduzido pela preposição *a*, no sentido de *reembolsar alguém do que lhe é devido, dar a outra pessoa certa soma de dinheiro ou coisa de valor equivalente, para satisfazer prestação ou extinguir dívida* – **pagar** a alguém:

Se o mesmo crédito for objeto de vários penhores, só ao credor pignoratício, cujo direito prefira aos demais, o devedor deve pagar; [...] (CC/2002, art. 1.456)

Ao credor por esta caução compete o direito de: [...] II – fazer intimar ao devedor do título que não pague ao seu credor, enquanto durar o penhor; (CC/2002, art. 1.459, III)

Se, porém, antes da notificação ou aceitação, o devedor pagar ao cedente ou celebrar com ele algum negócio jurídico relativo ao crédito, nem o pagamento nem o negócio é oponível ao cessionário, se este provar que o devedor tinha conhecimento da cessão. (CCp, art. 583º, 2)

Alguns autores, na esteira de Mário Barreto, que a considera *de todo rejeitável* (*Novíssimos Estudos*, p. 330), reprovam a construção do verbo **pagar** com objeto direto de pessoa. Atualmente, no entanto, essa construção é bastante usual, mesmo entre escritores de primeira linha, tais como Rachel de Queiroz, Mário de Andrade, Manuel Bandeira, Érico Veríssimo, etc. Sobre o assunto, vale registrar, como indicadora de meio-termo, esta observação de Celso Pedro Luft (*Dicionário prático de regência verbal*, p. 380): *Quando muito, pode-se dizer que, na língua escrita formal, a sintaxe 'pagar a alguém' é preferível a 'pagar alguém', 'pagá-lo'.*

¶ transitivo direto, com objeto direto (sujeito na voz passiva) de coisa, nas acepções de *satisfazer* (*dívida, encargo, valor, preço*, etc.), *recompensar, retribuir* – **pagar** algo:

O fiador que pagar integralmente a dívida fica sub-rogado nos direitos do credor; [...] (CC/2002, art. 831)

Salvo direito adquirido por outrem, o usufrutuário faz seus os frutos naturais, pendentes ao começar o usufruto, sem encargo de pagar as despesas de produção. (CC/2002, art. 1.396)

A matrícula deve ser feita no porto do armamento da embarcação, e conter: [...] 4. as quantias adiantadas, que se tiverem pago ou prometido pagar por conta das soldadas; (C. Com., art. 467, 4)

¶ transitivo direto e indireto, com objeto direto (sujeito na voz passiva) de coisa e indireto de pessoa, este com a preposição *a*, nas acepções de *satisfazer (dívida, encargo, valor, preço, etc.), dar a outra pessoa certa soma de dinheiro ou coisa de valor equivalente, para satisfazer uma prestação ou extinguir uma dívida* – **pagar** *alguma coisa a alguém*:

Ninguém pode reclamar o que, por uma obrigação anulada, pagou a um incapaz, se não provar que reverteu em proveito dele a importância paga. (CC/2002, art. 181)

O depositante é obrigado a pagar ao depositário as despesas feitas com a coisa, e os prejuízos que do depósito provierem. (CC/2002, art. 643)

O depositante é obrigado. a) A pagar ao depositário a retribuição devida, (CCp, art. 1199º, a)

¶ intransitivo, no sentido de *satisfazer (dívida, encargo)* – **pagar**:

Se a dívida solidária interessar exclusivamente a um dos devedores, responderá este por toda ela e para com aquele que pagar. (CC/2002, art. 285)

O devedor, que paga, tem direito a quitação regular, e pode reter o pagamento, enquanto lhe não for dada. (CC/2002, art. 319)

¶ com a preposição *por*, no sentido de *satisfazer* (dívida, encargo, compromisso, etc.) *em substituição a outrem* – **pagar** *por alguém*:

Aquele que ressarcir o dano causado por outrem pode reaver o que houver pago daquele por quem pagou, [...] (CC/2002, art. 934)

A expressão **pagar** por alguém significa também, na linguagem comum, *sofrer imerecidamente o castigo por culpa de outros, ser castigado em vez dos verdadeiros culpados*: Outros roubaram, e ele é que foi para a cadeia: mais uma vez, pagou o justo pelo pegador.

Participar

¶ No sentido de *comunicar, avisar*, constrói-se com objeto direto (sujeito na voz passiva) de coisa, ou com objeto direto de coisa e indireto de pessoa, este com a preposição *a* – **participar** *alguma coisa*, ou **participar** *alguma coisa a alguém*:

Sob pena de perder o direito à indenização, o segurado participará o sinistro ao segurador, logo que o saiba, [...] (CC/2002, art. 771)

A concessão das férias será participada, por escrito, ao empregado, com antecedência de, no mínimo, 30 (trinta) dias. [...] (CLT, art. 135)

Toda a pessoa que tiver notícia de qualquer infracção penal poderá participá-la ao juiz da comarca em que foi cometida, ao respectivo agente do Ministério Público, ou finalmente ao juiz de paz do respectivo julgado, [...] (CPPp, art. 160º)

Nos casos em que a acção penal dependa de acusação ou participação de certas pessoas, só estas podem participar a infracção. (CPPp, art. 160º, § 3º)

¶ No sentido de *tomar ou ter parte em alguma coisa, (com)partilhar*, constrói-se com objeto indireto introduzido pelas preposições *de* ou *em* – **participar** *de* ou *em alguma coisa*:

São também responsáveis pela reparação civil: [...] V – os que houverem participado nos produtos do crime, [...] (CC/2002, art. 932, V)

Salvo estipulação em contrário, o sócio participa dos lucros e das perdas, na proporção das respectivas quotas, [...] (CC/2002, art. 1007)

Aplicam-se aos Procuradores do Estado as seguintes vedações: [...] III – participar de sociedade comercial, na forma da lei; (CERS/89, art. 116, § 2º, III)

O acórdão será assinado pelo Presidente, que lhe rubricará todas as folhas, e pelos Ministros que houverem participado do julgamento, [...] (RISTF, art. 98, parágrafo único)

Os professores e alunos têm o direito de participar na gestão democrática das escolas, nos termos da lei. (CRP, art. 77º, 1)

[...] Têm obrigação de guardar segredo de justiça os magistrados que dirijam a instrução e os funcionários que nela participem. (CPPp, art. 70º)

1. **Participar** *de* parece sugerir mais a ideia de *ter parte em*, ao passo que **participar** *em* parece traduzir melhor a ideia de *tomar parte em*. Nos textos legais de Portugal, somente encontramos a regência com a preposição *em*.

2. **Participar** origina-se do verbo latino **participare** (ser participante, participar, ter parte, quinhão em, partilhar), que, por sua vez, se compõe do substantivo **pars** (parte, quinhão, porção) e do verbo **capere** (tomar, agarrar, pegar).

Particularizar

¶ No sentido de *individualizar, assinalar, caracterizar*, constrói-se com objeto direto (sujeito na voz passiva) – **particularizar** *algo*:

Incumbe também ao devedor: [...] II – quanto aos móveis, particularizar-lhes o estado e o lugar em que se encontram; (CPC, art. 655, § 1º, II)

O verbo **particularizar** liga-se ao substantivo latino **particula** (parte pequena, parcela, partícula), diminutivo de **pars** (parte, porção, quinhão).

Passar

Entre as muitas construções e acepções deste verbo, peculiares, ou não, à linguagem jurídica, vale ressaltar as seguintes:

¶ *objeto direto* (sujeito na voz passiva) de coisa, ou objeto direto de coisa e indireto de pessoa, este com a preposição *a*, nas acepções de: *despedir, despachar* (telegrama, telex, etc.); *pôr em circulação, introduzir, dar curso a* (moeda falsa, etc.); *preencher, assinar e entregar* (cheque, etc.); *lavrar, reduzir a escrito* (contrato, escritura, etc.); *legar, transmitir* (bens, etc.); *fazer chegar* (ordem, aviso, etc.); *entregar, fornecer, alcançar* (dados, etc.).

¶ *objeto indireto* com a preposição *a*, no sentido de *transmitir-se, transferir-se*:

A obrigação do fiador passa aos herdeiros; [...] (CC/2002, art. 836)

¶ *passar* em julgado, no sentido de *(a decisão judiciária) não mais comportar recurso, tornar-se irrecorrível, ser coisa julgada, transitar em julgado* (expressão equivalente):

A sentença que determinar a abertura de sucessão provisória só produzirá efeito seis (6) meses depois de publicada pela imprensa; mas, logo que passe em julgado, se procederá à abertura do testamento, se houver, [...] (CPC, art. 1.165)

A decisão considera-se passada ou transitada em julgado, logo que não seja susceptível de recurso ordinário, ou de reclamação nos termos dos artigos 668º e 669º. (CPCp, art. 677º)

Penalizar

¶ Nas acepções modernas de *impor pena a, condenar, punir, castigar,* constrói-se com objeto direto (sujeito na voz passiva) de pessoa – ***penalizar alguém***:

Penalizar os infratores da lei. (Celso P. Luft – *Dicionário prático de regência verbal*, p. 396)

Você não pode penalizar um indivíduo sem verificar as razões de seu ato. (Francisco da Silva Borba – *Dicionário gramatical de verbos do português contemporâneo do Brasil*, p. 993)

As autoridades da área econômico-financeira já penalizaram suficientemente a classe dos trabalhadores.

O emprego do verbo **penalizar** nas acepções de *punir, castigar, submeter a pena, declarar punível pela lei*, etc. constitui um neologismo de origem inglesa. Comprovam-no, entre outras, as seguintes fontes: a) *Oxford advanced learner's dictionary of current english*, de A. S. Hornby (*Oxford University Press, Ninth Impression*, 1978, p. 629), que, para o verbo **penalize**, traz os seguintes significados: *make penal; declare to be punishable by law*; b) *The randon house dictionary* (Ballantine Books, New York, 1980, p. 662), que atribui ao verbo **penalize** o significado de *to suject to a penalty*. Entre nós, o verbo ***penalizar*** vem registrado nas seguintes obras, com as acepções em destaque (a par das tradicionais): *Dicionário Houaiss da língua portuguesa – aplicar, infligir pena; Novo Aurélio Século XXI – infligir pena a; Dicionário de usos do português do Brasil* (de Francisco S. Borba) – *impingir penalidade; punir; prejudicar.* Também o registra o *Dicionário da língua portuguesa contemporânea* (da Academia de Ciências de Lisboa), com o sentido, entre outros, de *aplicar pena, multa ou castigo*. A aceitação, portanto, que o neologismo tiver entre os usuários, principalmente no meio especializado, decidirá de sua validade ou não validade. Apadrinhamento respeitável, como se vê, não lhe falta!

Confira o verbo **Apenar**.

Penhorar

¶ **Penhorar**, no sentido jurídico de *vincular bens* (de quem foi condenado a determinado pagamento) *ao cumprimento da obrigação, efetuar a penhora* (= *ato judicial pelo qual se apreendem ou tomam bens do devedor para que neles se cumpra o pagamento da dívida ou da obrigação executada*), constrói-se com objeto direto (sujeito na voz passiva), ou objeto direto e indireto, este com a preposição *a* – ***penhorar** algo*, ou ***penhorar** algo a alguém*:

Quando se penhora o bem gravado, penhoradas ficam as ações de reivindicação e as ações possessórias. (Pontes de Miranda – *Tratado de direito privado*, tomo XX, § 2.437, 3, *c*, p. 61)

Se o devedor não pagar, nem fizer nomeação válida, o oficial de justiça penhorar-lhe-á tantos bens quantos bastem para o pagamento do principal, juros, custas e honorários advocatícios. (CPC, art. 659)

A sub-rogação não impede ao sub-rogado, se não receber o crédito do devedor, de prosseguir na execução, nos mesmos autos, penhorando outros bens do devedor. (CPC, art. 673, § 2º)

Na execução movida contra o herdeiro só podem penhorar-se os bens que ele tenha recebido do autor da herança. (CPCp, art. 827º, 1)

Termos derivados: *penhorado, penhorador, (im)penhorável, (im)penhorabilidade, penhorante*.

Precisa observação de Pontes de Miranda (*Tratado de direito privado*, § 2.561, 3, p. 395), envolvendo os conceitos de ***empenhar*** e ***penhorar***:

Quase sempre o que é empenhável é penhorável; e vice-versa. Todavia, há coisas e direitos que, por serem intransferíveis, são inempenháveis, sem serem impenhoráveis. Não se podem empenhar, mas podem ser penhoradas.

Confira os verbetes *Apenhar – Apenhorar* e *Empenhar*.

Pensar

¶ Ligado ao substantivo *penso* (*tratamento de comida, limpeza, etc., que se faz a crianças e animais*), aparece, na linguagem jurídica, com objeto direto (sujeito na voz passiva), no sentido específico de *dar sustento a um animal e aplicar-lhe o tratamento próprio* – ***pensar** alguém* ou *algo*:

Parceria pecuária é o contrato pelo qual uma ou mais pessoas entregam a outra ou outras um animal ou certo número deles, para estas os criarem, pensarem e vigiarem, com o ajuste de repartirem entre si os lucros futuros em certa proporção. (CCp, art. 1121º)

1. No contrato de *parceria pecuária*, a pessoa que recebe os animais para os criar, ***pensar*** e vigiar tem a denominação de **parceiro pensador**:

O parceiro pensador é obrigado a empregar na guarda e tratamento dos animais o cuidado de um pensador diligente. (CCp, art. 1124º)

2. Fora da linguagem jurídica, o verbo ***pensar*** também aparece aplicado a pessoas, no sentido de *cuidar de alguém ou de alguma coisa, aplicar curativo*:

Joaninha pensava os feridos, velava os enfermos, tinha palavras de consolação para todos, [...] (Almeida Garret – *Viagens na Minha Terra*, apud Mário Barreto – *De gramática e de linguagem*, p. 79)

[...]; alucinou-se, chamou por João Canga, pensaram a ferida, e Lucrécia não contraiu nem o canto dos olhos. (Luiz Antonio de Assis Brasil – *Cães de província*, p. 228)

Rezar é santo. Mas os fariseus rezavam. E continuam a rezar. Deles estão repletas as sinagogas. O difícil é descer da sela; socorrer o pobre; tomá-lo nos braços; pensar-lhe as feridas; [...] (João Mangabeira, apud Paulo Brossard – *No senado*, p. 441)

Pensionar

¶ No sentido de, *a intervalos certos, entregar importância a determinada pessoa, para atender a despesas desta, dar pensão a*, constrói-se com objeto direto (sujeito na voz passiva) de pessoa – ***pensionar** alguém*:

A pessoa obrigada a suprir alimentos poderá pensionar o alimentando, ou dar-lhe hospedagem e sustento, sem prejuízo do dever de prestar o necessário à sua educação, quando menor. (CC/2002, art. 1701)

Perceber

¶ No sentido de *receber* (vencimentos, gratificações, honorários), constrói-se com objeto direto (sujeito na voz passiva) – ***perceber** algo*:

Ao servidor público da administração direta, autárquica e fundacional, no exercício de mandato eletivo, aplicam-se as seguintes disposições: [...] III – investido no mandato de Vereador, havendo compatibilidade de horários, perceberá as vantagens de seu cargo, emprego ou função, [...] (CRFB, art. 38, III)

Os vencimentos, a remuneração, as vantagens e os adicionais, bem como os proventos de aposentadoria que estejam sendo percebidos em desacòrdo com a Constituição serão imediatamente reduzidos aos limites dela decorrentes, [...] (CRFB, ADCT, art. 17)

Perdoar

Nas acepções de *conceder perdão, relevar, remitir* (falta, pena, culpa, etc.), apresenta as seguintes construções mais usuais:

¶ intransitivo (sem qualquer complemento):

Se você perdoar, eu também perdoo.

¶ objeto indireto de pessoa, com a preposição *a* – ***perdoar** a alguém*:

A doação não é revogável por ingratidão do donatário: [...] c) Se o doador houver perdoado ao donatário. (CCp, art. 975º, c)

O marido não poderá querelar, se perdoou a qualquer dos corréus, ou se se reconciliou com a mulher. (CPp, art. 402º)

¶ objeto direto (sujeito na voz passiva) de coisa – ***perdoar** algo*:

Perdoou as ofensas que lhe dirigiram.

Em razão da calamidade, foram perdoados os juros dos débitos em atraso.

¶ objeto direto (sujeito na voz passiva) de coisa e indireto de pessoa, este com a preposição *a* – ***perdoar** alguma coisa a alguém*:

Perdoou a totalidade dos débitos aos seus clientes.

O banco perdoou os juros aos mutuários em atraso.

¶ **passivo**, tendo a pessoa que recebe o perdão por *sujeito*. Este sujeito, em princípio, representaria o objeto direto da voz ativa:

Nos casos do inciso II, a aplicação da lei brasileira depende do concurso das seguintes condições: [...] e) não ter sido o agente perdoado no estrangeiro [...] (CP, art. 7°, § 2°, *e*)

Bastante usual entre os escritores antigos, mas condenada por grande parte dos gramáticos atuais, a regência do verbo *perdoar* com objeto direto de pessoa é empregada com frequência na literatura modernista brasileira, segundo pesquisas feitas por Luiz Carlos Lessa (*O modernismo brasileiro e a língua portuguesa*, pp. 273 a 275) e Raimundo Barbadinho Neto (*Sobre a norma literária do modernismo*, p. 71). Pode tratar-se de um desenvolvimento da construção *perdoar algo a alguém*, com a omissão do objeto direto de coisa e, em seguida, a transformação do objeto indireto de pessoa em objeto direto de pessoa, à semelhança do que se deu com o verbo *pagar*: *pagar/perdoar algo a alguém –> pagar/perdoar alguém –> pagar os salários aos empregados –> pagar os empregados; perdoar as faltas aos subordinados –> perdoar os subordinados*. A construção passiva, por sua vez, pode representar um dos casos do moderno apassivamento de verbos transitivos indiretos, como se dá, entre outros, com os verbos *obedecer, visar* e *proceder* (Veja, sob o título **CASOS ESPECIAIS**, *Voz Passiva com Verbos Transitivos Indiretos.*), ou a simples transformação do moderno objeto direto de pessoa, da voz ativa, em sujeito da passiva.

Perfilhar

¶ Tecnicamente, significa *o ato de reconhecer voluntária e legalmente filho ilegítimo, extramatrimonial*. Figuradamente, tem o sentido de *abraçar, adotar, defender* (doutrina, regime, teoria, etc.). Em qualquer dos sentidos, constrói-se com objeto direito (sujeito na voz passiva) – *perfilhar* alguém ou algo:

Comprometeu-se a, caso se dispusesse a casar com ele, perfilhar suas três filhas.

Se o filho tiver sido perfilhado por pessoa diferente do marido da mãe, a perfilhação só prevalecerá se for afastada, nos termos do número anterior, a presunção de paternidade. (CCp, art. 1823°, 2)

Não são consentidas associações armadas nem de tipo militar, militarizadas ou paramilitares, nem organizações que perfilhem a ideologia fascista. (CRP, art. 46°, 4)

Ao verbo *perfilhar* correspondem os termos **perfilhação**, ou **perfilhamento** (reconhecimento como filho; adoção), **perfilhado** (aquele que foi reconhecido como filho; adotado) e **perfilhante**, ou **perfilhador** (aquele que reconhece como filho; adotante):

Durante a menoridade do filho a acção deve ser intentada pelo marido da pretensa mãe; neste caso deverá sê-lo contra a pretensa mãe e contra o filho e, se existir perfilhação, também contra o perfilhante. (CCp, art. 1822°, 2)

Perguntar – Reperguntar

¶ No sentido de *(re)interrogar, (re)inquirir*, estes dois verbos aparecem construídos com objeto direto (sujeito na voz passiva) de pessoa, ou com objeto direito de pessoa e indireto de coisa, este com a preposição *por* ou *sobre (acerca de)* – ***perguntar*** alguém, ou ***perguntar*** alguém *por* ou *sobre (acerca de)* alguma coisa. Dos quinze exemplos que encontramos na legislação pesquisada, apenas um aparece sob a construção ativa:

O réu será perguntado sobre o seu nome, naturalidade, estado, idade, filiação, residência, meios de vida ou profissão e lugar onde exerce a sua atividade e se sabe ler e escrever, [...] (CPP, art. 188)

Os acareados serão reperguntados, para que expliquem os pontos de divergências, reduzindo-se a termo o ato de acareação. (CPP, art. 229, parágrafo único)

Finda a instrução, o Tribunal procederá, em sessão plenária, ao julgamento do processo, observando-se o seguinte: [...] IV – o relator passará depois a inquirir as testemunhas de acusação e de defesa, que não tiverem sido dispensadas pelas partes e pelo Tribunal, podendo repergunta-las os outros juízes, o órgão do Ministério Público e as partes; (CPP, art. 561, IV)

As testemunhas serão perguntadas pelos seus nomes, estado, idade, morada, mesteres [ofício, profissão] *ou quaisquer outras circunstâncias destinadas a estabelecer a sua identidade, se são partes, criados, domésticos ou por qualquer forma dependentes do arguído, do ofendido ou da parte acusadora, se são amigos ou inimigos de qualquer deles e, em seguida, acerca de todos os elementos e circunstâncias da infracção, [...]* (CPPp, art. 231º)

Se o arguído confessar a infracção, será especialmente perguntado pelos motivos dela, tempo, lugar, modo e meios empregados para o seu cometimento. (CPPp, art. 256º)

No Código de Processo Penal de Portugal, aparece um exemplo do verbo **perguntar** sob a regência **perguntar** *alguma coisa* (objeto direto; sujeito na voz passiva) *a alguém*, e, logo a seguir, no mesmo artigo, o verbo se apresenta sob a construção **perguntar** *alguém*. [...]:

Às testemunhas será perguntado o modo por que souberam o que depõem. Se disserem o que sabem de vista, serão perguntadas em que tempo e lugar o viram, se estavam aí outras pessoas que também vissem e quais eram. Se disserem que o sabem de ouvido, serão perguntadas a quem o ouviram, [...] (CPPp, art. 233º)

Periciar

¶ Termo do Direito Processual, o verbo **periciar** tem o sentido de *executar perícia*. Constrói-se com objeto direto (sujeito na voz passiva) – **periciar** *algo* ou *alguém*:

Técnicos do Ministério da Fazenda periciaram os documentos contábeis do banco intervindo.

A polícia deverá periciar as armas apreendidas em poder dos assaltantes.

O réu foi periciado para ser apurada a extensão de seu sofrimento em face das sequelas do acidente de que foi vítima.

O verbo **periciar** está registrado, entre outras, nas seguintes obras: *Dicionário de usos do português do Brasil*, de Francisco S. Borba; *Dicionário jurídico*, da Academia Brasileira de Letras Jurídicas/J. M. Othon Sidou; e *Dicionário jurídico*, de Maria Helena Diniz.

Perigar

¶ Empregado no sentido de *correr perigo*, constrói-se intransitivamente – *alguma coisa* **periga**:

O cabeça de casal pode cobrar as dívidas activas da herança, quando a cobrança possa perigar com a demora ou o pagamento seja feito espontaneamente. (CCp, art. 2089º)

Perimir

¶ Empregado no sentido de *extinguir, pôr termo a ação ou instância, tornar perempto* (extinto, por haver decorrido o prazo legal), constrói-se com objeto direto (sujeito na voz passiva) de coisa – ***perimir** alguma coisa*:

Se a ação tiver sido iniciada pelo filho, poderão continuá-la os herdeiros, salvo se o autor desistiu, ou a instância foi perempta. (CC/1916, art. 351)

A transação concernente a obrigações resultantes de delito não perime a ação penal da justiça pública. (CC/1916, art. 1.033)

Ao verbo **perimir** (derivado do verbo latino **perimere**: *destruir, anular, abolir*) correspondem os termos **perempção, perempto** e **peremptório**.

Perempção é, em síntese, *a perda, a extinção do direito de ação*:

Extingue-se o processo, sem julgamento do mérito: [...] V – quando o juiz acolher a alegação de perempção, litispendência ou de coisa julgada; (CPC, art. 267, V)

Perempto (particípio e adjetivo) significa *perdido, extinto, por haver decorrido o prazo legal*:

Nos casos em que somente se procede mediante queixa, considera-se perempta a ação penal: I – quando, iniciada esta, o querelante deixar de promover o andamento do processo durante 30 dias seguidos; (CPP, art. 60, I)

O CPP relaciona, a seguir, outros três casos de perempção da ação penal.

Peremptório tem o sentido de *improrrogável e fatal, extintivo, definitivo, inalterável, inflexível*:
É defeso às partes, ainda que todas estejam de acordo, reduzir ou prorrogar os prazos peremptórios. [...] (CPC, art. 182)

O adjetivo **peremptório** também se aplica às provas. Assim, *provas peremptórias* são aquelas que não admitem réplica, porque se apresentam decisivas e definitivas.

Perpetrar

¶ Empregado no sentido de *cometer, praticar, consumar* (crime, delito, erro, etc.), constrói-se com objeto direto (sujeito na voz passiva) de coisa – ***perpetrar** algo*:

Os hospedeiros responderão como depositários, assim como pelos furtos e roubos que perpetrarem as pessoas empregadas ou admitidas nos seus estabelecimentos. (CC/2002, art. 649, parágrafo único)

As disposições precedentes aplicam-se ainda ao caso em que a morte, ou lesão, resulte de ato considerado crime justificável, se não foi perpetrado pelo ofensor em repulsa de agressão do ofendido. (CC/1916, art. 1.540)

Perpetrar deriva do verbo latino **perpetrare**, que, por sua vez, é composto da preposição **per** (através de) + **patrare** (executar, realizar). Assim, **perpetrar** tem o sentido específico de *executar até o fim, consumar*. Derivado de **perpetrar**, existe o substantivo **perpetração**, significando *consumação, execução concluída* (de crime, delito, etc.).

Pertinir

¶ Empregado nas acepções de *dizer respeito a, referir-se, ter relação com, concernir a*, constrói-se com objeto indireto – *algo* **pertine** *a*:

Esse é o problema que não nos vai ocupar [...] por não pertinir ao seu interesse imediato. (F. W. Cunha, *Ficção e Ideologia*, p. 19, apud Francisco da Silva Borba – *Dicionário Gramatical de Verbos do Português Contemporâneo do Brasil*, p. 1009).

[...], embora o exemplo dado por Frederico Marques pertina à classificação alternativa. (José Antonio Paganella Boschi, *Ação Penal – Denúncia, Queixa e Aditamento*, p. 142)

¶ Às mais das vezes, o verbo aparece sob a expressão *no que* **pertine** *a*:

No que pertine ao mérito, assiste razão à recorrente.

A Constituição de 1988, em seu art. 7º, XXX, proíbe qualquer discriminação por motivo de idade, sexo, cor ou estado civil, no que pertine a trabalho ou concurso.

No que pertine à correção monetária, não tem razão a recorrente.

1. É incorreta a regência *pertinir* com, empregada por algumas pessoas.
2. *Pertinir* origina-se do verbo latino **pertinere**: *estender-se até, ir até, tender a; tocar a, referir-se a, dizer respeito a, concernir, pertencer a, ser de*.

Portar

¶ No sentido de *certificar, dar fé, afirmar (o serventuário público, ou de justiça) a verdade, a autenticidade de*, aparece sob a construção **portar** *por fé alguma coisa* (objeto direto). O objeto (direto) pode vir expresso por substantivo ou em forma de oração:

O oficial público, especificando cada uma dessas formalidades, portará por fé, no testamento, haverem sido todas observadas. (CC/1916, art. 1.634)

Incumbe ao oficial de justiça procurar o réu e, onde o encontrar, citá-lo: [...] II – portando por fé se aceitou ou recusou a contrafé; (CPC, art. 226, II)

Contrafé é *a cópia autenticada da citação ou intimação judicial extraída pelo oficial de justiça para ser entregue ao que for citado ou intimado*. Compõe-se da preposição **contra**, na acepção de *em troca de*, mais o substantivo **fé**, na de *firmeza* na execução de um compromisso, conforme explica J. M. Othon Sidou em seu *Dicionário Jurídico*.

As reproduções fotográficas ou obtidas por outros processos de repetição, dos documentos particulares, valem como certidão, sempre que o escrivão portar por fé a sua conformidade com o original. (CPC, art. 384)

Postergar

¶ Empregado no sentido de *preterir, adiar, deixar para trás*, constrói-se com objeto direto (sujeito na voz passiva) – **postergar** *algo*:

Se a audiência, pela impossibilidade da produção de toda a prova oral no mesmo dia, tiver que ser postergada, em nenhuma hipótese será ela marcada para data posterior a 3 (três) dias. (Lei n. 8.257, de 26-11-1991, art. 12, parágrafo único).

1. Na linguagem comum, o verbo *postergar* tem, muitas vezes, a conotação de *desdenhar, desprezar, deixar de lado*: Pessoa simples e discreta, o Ministro postergava quaisquer honrarias e vantagens pessoais.

2. *Postergar* origina-se do verbo latino **postergare**, que se forma do advérbio **post** (atrás de) e do substantivo **tergum** (costas).

Postular

¶ Emprega-se nas acepções de *requerer em juízo, alegando fatos e fundamentos jurídicos, devidamente comprovados, que baseiam a pretensão; pedir, requerer*. Constrói-se intransitivamente ou com objeto direto (sujeito na voz passiva) – *postular* ou *postular algo*:

O advogado postula, em juízo ou fora dele, fazendo prova do mandato. (Lei n. 8.906 [*Estatuto da Advocacia*], de 4-7-1994, art. 5º)

O reclamante postula o pagamento de indenização por dano moral, cujo valor requer seja fixado pelo Juízo, [...]

O advogado postulou a soltura do acusado, alegando ter este praticado o ato em legítima defesa.

Preceder

No sentido de *anteceder, vir antes*, aparece sob as seguintes construções:

¶ intransitivamente – *algo* **precede**:

Efetuar-se-á a penhora onde quer que se encontrem os bens, ainda que em repartição pública; caso em que precederá requisição do juiz ao respectivo chefe. (CPC, art. 659, § 1º)

¶ com objeto direito (sujeito na voz passiva) de pessoa ou coisa – **preceder** *alguém* ou *alguma coisa*:

Entre os descendentes, os mais próximos precedem os mais remotos. (CC/2002, art. 25, § 2º)

O reconhecimento pode preceder o nascimento do filho ou ser posterior ao seu falecimento, se deixar descendentes. (CC/2002, art. 1.609, parágrafo único)

A arrematação será precedida de edital, [...] (CPC, art. 686)

[...]; em qualquer caso, o casamento deve ser precedido do processo de publicações, [...] (CCp, art. 51º, 2)

O adoptante considera-se ascendente em primeiro grau do adoptado para os efeitos da obrigação de lhe prestar alimentos, precedendo os pais naturais na ordem estabelecida no nº 1 do art. 2009º; o adoptante não precede, no entanto, o progenitor do adoptado com quem seja casado. (CCp, art. 2000º, 2)

A construção transitiva direta é a única que aparece no Código Civil de Portugal.

¶ com objeto indireto de pessoa ou de coisa, introduzido pela preposição *a* – **preceder** *a alguém* ou *a alguma coisa*.

Se dois ou mais indivíduos falecerem na mesma ocasião, não se podendo averiguar se algum dos comorientes precedeu aos outros, presumir-se-ão simultaneamente mortos. (CC/2002, art. 8º)

Entre os descendentes, os mais próximos precedem aos mais remotos. (CC/2002, art. 1.775, § 2º)

Observe-se que, para a mesma frase, se empregou regência diversa nos arts. 25, § 2º, e 1.775, § 2º, do CC/2002, supratranscritos.

A arguição de suspeição precederá a qualquer outra, quando fundada em motivo superveniente. (CPP, art. 96)

Quando o salário for pago por percentagem, comissão ou viagem, apurar-se-á a média percebida pelo empregado nos 12 (doze) meses que precederem à concessão das férias. (CLT, art. 142, § 3º)

É absoluta a nulidade do julgamento pelo júri, quando os quesitos da defesa não precedem aos das circunstâncias agravantes. (Súmula 162 do STF)

Precisar

¶ No sentido de *determinar, indicar, calcular de modo preciso, com exatidão, citar ou dizer com a máxima exatidão e clareza*, constrói-se com objeto direto – **precisar** alguma coisa:

Se não puder instruir a oposição com as provas, precisará o oponente o lugar, onde existam, [...] (CC/1916, art. 189, parágrafo único)

A lei poderá precisar as tipificações criminais constantes do nº 2 do artigo 2º, do art. artigo 3º, da alínea b) do artigo 4º e do artigo 5º do diploma referido no artigo anterior. (CRP, art. 294º, 2)

Precluir

¶ No sentido de *ser uma faculdade processual atingida por preclusão (encerramento do processo ou impedimento para que ele prossiga ou se inicie)*, constrói-se intransitivamente (sem qualquer complemento) – *alguma coisa* **preclui**:

A nulidade dos atos deve ser alegada na primeira oportunidade em que couber à parte falar nos autos, sob pena de precluir. (O exemplo é do art. 245 do CPC, tendo-se, apenas, substituído o substantivo *preclusão*, do original, pelo verbo correspondente.)

[...] Preclusa esta decisão, é defeso ao devedor requerer, reclamar, recorrer ou praticar no processo quaisquer atos, [...] (CPC, art. 601)

O direito do recorrente precluiu.

1. Do verbo **precluir**, além do substantivo **preclusão**, forma-se o adjetivo **preclusivo**, aplicado principalmente a *prazo*. Assim, **prazo preclusivo** *é todo aquele dentro do qual deve ser executado ou cumprido certo ato, sob pena de se tornar inoperante* (Pedro Nunes – *Dicionário de Tecnologia Jurídica*, vol. II, p. 708).

2. O verbo **precluir** (do latim **praecludere**: *fechar diante ou na cara de, tapar, obstruir, proibir, vedar, impedir, tolher*) conjuga-se como *atribuir*, mas somente se emprega na terceira pessoa (do singular e do plural).

Preconizar

¶ Nas acepções mais comuns de: (a) *antecipar mentalmente a ocorrência de determinado evento, prever,* (b) *salientar os aspectos positivos ou benéficos de alguma coisa, recomendando a sua utilização, aconselhar, sugerir,* (c) *ser adepto, partidário ou defensor de, defender, propor,* constrói-se com objeto direto (sujeito na voz passiva) – *preconizar algo*:

acepção *a*:

Alguns cientistas políticos preconizam a derrocada do regime capitalista.

acepção *b*:

Os médicos preconizam, cada vez mais, a prática regular de exercícios físicos.

acepção *c*:

Algumas autoridades preconizam soluções drásticas para o problema da violência urbana.

Muitos juristas preconizam a descriminalização do aborto.

1. **Preconizar** origina-se do verbo latino **praeconari**: *proclamar* (nomes), *anunciar, predizer*. Este, por sua vez, deriva do substantivo masculino **praeco, onis**: *pregoeiro, arauto; oficial de justiça*.

2. **Preconizar** não tem o sentido de *determinar, estabelecer*; nem o de *pedir, pleitear, requerer*.

Preferir

No sentido de *ter primazia, ter preferência*, apresenta-se:

¶ *intransitivamente* (sem qualquer complemento):

O prejudicado, se preferir, poderá exigir que a indenização seja arbitrada e paga de uma só vez. (CC/2002, art. 950, parágrafo único)

Concorrendo à remição vários pretendentes, preferirá o que oferecer maior preço; [...] (CPC, art. 789)

¶ *preferir entre*:

Os credores contemplados nos arts. 470 e 471 preferem entre si pela ordem dos números em que estão colocados; [...] (C. Com., art. 473)

¶ *preferir a* (objeto indireto de pessoa ou de coisa):

O crédito real prefere ao pessoal de qualquer espécie; o crédito pessoal privilegiado, ao simples; e o privilégio especial, ao geral. (CC/2002, art. 961)

No caso deste artigo, as instituições particulares preferirão sempre às públicas. (CC/2002, art. 1.902, parágrafo único)

Preferirá aos demais o recurso cujo julgamento tenha sido iniciado. (CPC, art. 562)

O crédito tributário prefere a qualquer outro, [...] (CTN, art. 186)

¶ *preferir em alguma coisa* (objeto indireto de coisa):

Se algum comparte na embarcação quiser vender o seu quinhão, será obrigado a afrontar os outros parceiros; estes têm direito a preferir na compra em igualdade de condições, [...] (C. Com., art. 489)

Confira o verbete **Afrontar**.

¶ **preferir** *a alguém* (objeto indireto de pessoa) *em alguma coisa* (objeto indireto de coisa):

Todos os compartes têm direito de preferir no fretamento a qualquer terceiro, em igualdade de condições; [...] (C. Com., art. 490)

No sentido de *antepor, dar primazia ou preferência a, querer antes*, constrói-se:

¶ com objeto direto (sujeito na voz passiva) de pessoa ou de coisa – **preferir** *alguém ou alguma coisa*:

Na alienação judicial de coisa comum, será preferido: [...] III – o condômino proprietário de quinhão maior, se não houver benfeitorias. (CPC, art. 1.118, III)

¶ objeto direto (sujeito na voz passiva) de pessoa ou de coisa e indireto, com a preposição *a*, de pessoa ou de coisa – **preferir** *alguém ou alguma coisa a outro ou a outra*:

Verificada a mora, poderá a maioria dos demais sócios preferir, à indenização, a exclusão do sócio remisso, [...] (CC/2002, art. 1.004, parágrafo único)

[...]; resolvendo [a maioria] alugá-la [a coisa comum], preferir-se-á, em condições iguais, o condômino ao que não o é. (CC/2002, art. 1.323)

Na alienação judicial de coisa comum, será preferido: I – em condições iguais, o condômino ao estranho; (CPC, art. 1.118, I)

¶ objeto direto (sujeito na voz passiva) de pessoa ou de coisa, objeto indireto, de pessoa ou de coisa, com a preposição *a*, ou objeto indireto, de coisa, com a preposição *em* – **preferir** *alguém ou alguma coisa a outro ou a outra em algo*:

Os legatários e credores da herança podem exigir que do patrimônio do falecido se discrimine o do herdeiro, e, em concurso com os credores deste, ser-lhes-ão preferidos no pagamento. (CC/2002, art. 2.000)

Os processos de falência e os seus incidentes preferem a todos os outros na ordem dos feitos, em qualquer instância. (Le n. 11.101, de 9-2-2005, art. 79)

1. O verbo *preferir* origina-se do verbo latino **praeferre**, que, por sua vez, se compõe da preposição **prae** (diante de, adiante de) mais o verbo **ferre** (levar, trazer). As formas básicas do verbo latino são: **praefero** (primeira pessoa do singular do presente do indicativo), **praetuli** (primeira pessoa do singular do pretérito perfeito do indicativo), **praelatum** (supino – forma que não passou ao português) e **praeferre** (infinitivo presente). Da forma (supino) **praelatum** originou-se o substantivo **praelatio** (ação de preferir, preferência, escolha), que deu, em português, o substantivo **prelação**, com o significado, na linguagem jurídica, de *ordem de preferência que a lei estabelece em favor de certos créditos, que são pagos antes de outros da mesma natureza, com os quais concorrem* (Pedro Nunes – *Dicionário de tecnologia jurídica*, vol. II, p. 713):

A preempção, ou preferência, impõe ao comprador a obrigação de oferecer ao vendedor a coisa que aquele vai vender, ou dar em pagamento, para que este use de seu direito de prelação na compra, tanto por tanto. (CC/2002, art. 513)

2. A construção **preferir** *alguém ou algo que* (ou *do que*), bem como as variantes pleonásticas **preferir** *antes ou (muito) mais [...]*, embora encontráveis em alguns escritores antigos e modernos, são de nível popular, familiar. A ideia de *antes* ou *mais* já está contida no verbo **preferir** (*querer antes*), e o objeto indireto deve ser introduzido por preposição (*a*, no caso). Assim, na linguagem culta formal, cabe dar primazia à construção clássica **preferir** *alguém ou alguma coisa a [...]*

Prejudicar

Empregado nas acepções de *tornar sem efeito ou inoperante, anular, causar prejuízo a*, aparece sob as seguintes construções:

¶ com objeto direto (sujeito na voz passiva) de pessoa ou de coisa – *prejudicar alguém ou alguma coisa*:

Art. 204. [...] § 2º A interrupção operada contra um dos herdeiros do devedor solidário não prejudica os outros herdeiros ou devedores, senão quando se trate de obrigações e direitos indivisíveis. § 3º A interrupção produzida contra o principal devedor prejudica o fiador. (CC/2002, art. 204, §§ 2º e 3º).

A confissão judicial faz prova contra o confitente, não prejudicando, todavia, os litisconsortes. (CPC, art. 350)

A interposição de recurso para o Supremo Tribunal Federal não prejudicará a execução do julgado. (CLT, art. 893, § 2º)

A confusão não prejudica os direitos de terceiro. (CCp, art. 817º, 1)

¶ com objeto indireto de pessoa ou de coisa, introduzido pela preposição *a* – **prejudicar** *a alguém ou a alguma coisa*:

A interrupção da prescrição por um credor não aproveita aos outros; semelhantemente, a interrupção operada contra o codevedor, ou seu herdeiro, não prejudica aos demais coobrigados. (CC/2002, art. 204)

Como se verifica, no *caput* do art. 204 do CC/2002, o redator empregou o regime *indireto* de **prejudicar**, ao passo que, nos §§ 2º e 3º, transcritos no tópico anterior, preferiu o regime *direto*.

A transação não aproveita, nem prejudica senão aos que nela intervierem, ainda que diga respeito a coisa indivisível. (CC/2002, art. 844)

[...], esta ressalva não prejudica a terceiros, se estes nisso não convierem expressamente; [...] (C. Com., art. 343)

[...] pode o segurado exigir o adiantamento do direito preciso para a reclamação intentada ou que se possa intentar, sem que o mau sucesso desta prejudique ao embolso do segurado pelas despesas ocorridas. (C. Com., art. 721)

A construção com objeto indireto, que ocorre com maior frequência nos textos legais mais antigos, está hoje praticamente em desuso. Recomenda-se, portanto, a construção com objeto direto, por mais consentânea com as tendências atuais do padrão culto do idioma.

Prenotar

¶ Tem, no Direito Registral, o sentido de *anotar, prévia e provisoriamente, no Livro I (Protocolo), o título dependente de registro apresentado pelo interessado ao oficial*. Constrói-se com objeto direto (sujeito na voz passiva) – *prenotar algo*:

O registro é eficaz desde o momento em que se apresentar o título ao oficial de registro, e este o prenotar no protocolo. (CC/2002, art. 1.246)

Quando se apresentar ao oficial do registro título de hipoteca que mencione a constituição de anterior, não registrada, sobrestará ele na inscrição da nova, depois de a prenotar, até trinta dias, [...] (CC/2002, art. 1.495)

Ao verbo **prenotar** corresponde o substantivo **prenotação**:

Se tiver dúvida sobre a legalidade do registro requerido, o oficial fará, ainda assim, a prenotação do pedido. [...] (CC/2002, art. 1.496)

Preparar

¶ No sentido de *pagar as despesas processuais exigidas para que um processo ou recurso possa ter andamento*, constrói-se com objeto direto (sujeito na voz passiva) – *preparar algo*:

Será cancelada a distribuição do feito que, em trinta (30) dias, não for preparado no cartório em que deu entrada. (CPC, art. 257)

Sob pena de deserção, deve o recorrente preparar o recurso para que seja recebido e o juiz dele conheça.

Ao verbo **preparar**, no sentido acima, corresponde o substantivo **preparo**, formado mediante derivação regressiva, ou deverbal:

São dispensados de preparo os recursos interpostos pelo Ministério Público, pela União, pelos Estados e Municípios e respectivas autarquias, e pelos que gozam de isenção legal. (CPC, art. 511, § 1º)

Prescindir

No sentido de *pôr de lado, renunciar, abrir mão de, dispensar*, constrói-se com objeto indireto introduzido pela preposição *de* – **prescindir** *de alguém* ou *de alguma coisa*:

Quando interposto contra despacho que houver indeferido o processamento de arguição de relevância, o agravo de instrumento prescindirá de Relator e será julgado em Conselho, [...] (RISTF, art. 315, parágrafo único)

O advogado do réu prescindiu de algumas testemunhas.

O julgamento poderá adiar-se por dois dias, se faltarem testemunhas de acusação de que o Ministério Público não prescinda, [...] (CPPp, art. 558º, § 1º)

Quando a acusação ou a defesa declararem que não prescindem do recurso, a produção da prova será por escrito, [...] (CPPp, art. 561º, § 1º)

Prescrever

¶ No sentido de *determinar, ordenar, mandar, fixar, preceituar, estabelecer*, constrói-se com objeto direto (sujeito na voz passiva) – ***prescrever*** *algo*:

Lei complementar organizará a Defensoria Pública da União e do Distrito Federal e dos Territórios e prescreverá normas grais para a sua organização nos Estados, [...] (CRFB, art. 134, parágrafo único)

Quando a lei prescrever determinada forma, sob pena de nulidade, a decretação desta não pode ser requerida pela parte que lhe deu causa. (CPC, art. 243)

¶ No sentido de *ficar sem efeito, anular-se, extinguir-se um direito, que se conservou sem exercício por certo lapso de tempo*, constrói-se intransitivamente – *alguma coisa **prescreve***:

Com o principal prescrevem os direitos acessórios. (CC/1916, art. 167)

A exceção prescreve no mesmo prazo em que a pretensão. (CC/2002, art. 190)

O direito de ação quanto a créditos resultantes das relações de trabalho prescreve: I – em 5 (cinco) anos para o trabalhador urbano, [...] (CLT, art. 11, I)

Presidir

Nas acepções de *exercer função de presidente, dirigir como presidente*, aparece sob as seguintes construções:

¶ com objeto direto (sujeito na voz passiva) – ***presidir*** *alguma coisa*:

Compete privativamente ao Presidente da República: [...] XVIII – convocar e presidir o Conselho da República e o Conselho de Defesa Nacional. (CRFB, art. 84, XVIII)

A instrução contraditória é sempre presidida pelo juiz. [...] (CPPp, art. 330º)

Subscrevem o acórdão o Ministro que presidiu o julgamento e o Relator que o lavrou. (RISTF, art. 94)

¶ com objeto indireto – ***presidir*** *a alguma coisa*:

Em caso de prisão em flagrante, será competente para conceder a fiança a autoridade que presidir ao respectivo auto, [...] (CPP, art. 332)

O juiz poderá determinar que se proceda, novamente, a interrogatório do réu ou a inquirição de testemunhas e do ofendido, se não houver presidido a estes atos na instrução criminal. (CPP, art. 502, parágrafo único)

Competem privativamente aos Presidentes das Juntas, além das que lhes forem conferidas neste Título e das decorrentes de seu cargo, as seguintes atribuições: I – presidir às audiências das Juntas; (CLT, art. 659, I)

Ao tribunal colectivo presidirá o juiz da comarca ou juízo onde se proceder ao julgamento, salvo se for substituto, pois neste caso presidirá o juiz efectivo mais antigo. (CPPp, art. 409º, § único)

1. Verifica-se, hoje, nos documentos normativos em geral (códigos, leis, regimentos internos, etc.), preferência crescente pelo regime direto do verbo ***presidir***. Assim, dos vinte e quatro exemplos anotados, dezenove apresentam esse regime. Ocorreu, inclusive, a troca

do regime indireto pelo direto, em documentos editados em substituição aos anteriores sobre a mesma matéria, *v. g.* no Código Civil de 2002, que substituiu o de 1916. O regime indireto continua sendo o preferido em Portugal, tanto que é o único que aparece nos exemplos (quatro ao todo) constantes sob o verbete *presidir* no *Dicionário da língua portuguesa contemporânea*, edição de 2001, publicado sob a responsabilidade da Academia das Ciências de Lisboa.

2. O verbo *presidir* origina-se do verbo latino **praesid<u>e</u>re** (ocupar o primeiro lugar, estar à testa de), que, por sua vez, é formado da preposição **prae** (diante de, adiante de) + o verbo **sed<u>e</u>re** (estar sentado, tomar assento). Ao verbo **sed<u>e</u>re** pode estar associada a ideia de *autoridade: estar sentado* ou *tomar assento como autoridade*.

Prestar

¶ No sentido de *realizar, efetuar, praticar, por imposição legal ou contratual,* constrói-se com objeto direto (sujeito na voz passiva) – **prestar** *algo*:

Nenhum juiz prestará a tutela jurisdicional senão quando a parte ou o interessado a requerer, nos casos e forma legais. (CPC, art. 2º)

Se o fato puder ser prestado por terceiros, é lícito ao juiz, a requerimento do credor, decidir que aquele o realize à custa do devedor. (CPC, art. 634)

¶ No sentido de *dar, dispensar, conceder,* constrói-se com objeto direto (sujeito na voz passiva) de coisa, ou com objeto direto de coisa e indireto de pessoa, este com a preposição *a* – **prestar** *algo*, ou **prestar** *algo* (alimentos, pensão) *a alguém*:

A obrigação de prestar alimentos transmite-se aos herdeiros do devedor, [...] (CC/2002, art. 1.700)

O cônjuge responsável pela separação judicial prestará ao outro, se dela necessitar, a pensão que o juiz fixar. (Lei n. 6.515, de 26-12-1977, art. 19)

Presumir

¶ No sentido de *supor-se*, aparece construído pronominalmente, seguido de *predicativo*:

Presumem-se a cargo do devedor as despesas com o pagamento e a quitação; [...] (CC/2002, art. 325)

[...] Presumem-se verdadeiros os fatos não impugnados, [...] (CPC, art. 302)

¶ No sentido de *entender baseando-se em certas probabilidades, conjeturar sobre probabilidades, formar opinião mais ou menos fundada, supor, pressupor, admitir, crer diante de certos indícios,* constrói-se com objeto direto (sujeito na voz passiva), ou com objeto direto e indireto, este com a preposição *de* – **presumir** *algo*, ou **presumir** *algo de*:

[...]; tácita é a renúncia, quando se presume de fatos do interessado, incompatíveis com a prescrição. (CC/2002, art. 191)

O verbo *presumir* origina-se do verbo latino **praes<u>u</u>mere**, formado da preposição **prae** (antes, diante de, adiante de, em frente de) + o verbo **s<u>u</u>mere** (tomar, agarrar, apoderar-se de). Em face do sentido etimológico do verbo, seu emprego cabe melhor no caso de presunções relativas (*iuris tantum*) Confira os verbetes **Considerar** e **Reputar**.

Prevaricar

¶ Empregado na acepção de *cometer o crime contra a Administração Pública consistente em retardar ou deixar de praticar, indevidamente, ato de ofício, ou praticá-lo contra disposição expressa de lei, para satisfazer interesse ou sentimento pessoal* (CP, art. 319), constrói-se intransitivamente – **prevaricar**:

O ministro prevaricou no exercício de sua função.

O governo punirá os funcionários que prevaricarem.

Os magistrados não devem prevaricar.

1. É usual também o emprego do verbo **prevaricar** com a acepção de *violar o dever conjugal, cometer adultério*.

2. **Prevaricar** origina-se do verbo depoente (forma passiva e significação ativa) latino **praevaricari** (que tem a forma variante **praevaricare**): *afastar-se da linha reta quando está arando, não levar direito o rego, desviar-se*; na linguagem dos tribunais, pasou a ter o significado de *entrar, o advogado, em conivência com a parte contrária; trair os interesses do cliente; transgredir, desobedecer*. **Praevaricari** (ou **praevaricare**), em seu significado originário, compõe-se do prefixo **prae** (ideia de *anteposição, contraposição, precedência, anterioridade*) + o verbo **varicare**: *abrir muito as pernas ao andar; caminhar a passos largos*. **Varicare** liga-se ao adjetivo triforme **varicus, -a, -um**: *que aparta as pernas ao andar*. **Varicus, -a, -um**, finalmente, procede do adjetivo triforme **varus, -a, -um**: *cambado, que tem as perna voltadas para dentro*; donde, por extensão: *curvado, recurvado*.

Prevenir

¶ No sentido de *fixar, segurar a competência do juízo por meio de prevenção* (*circunstância de uma determinada questão dever ser julgada por certo juiz, entre outros da mesma competência*), constrói-se com objeto direto – **prevenir** *alguma coisa*:

A distribuição realizada para o efeito da concessão de fiança ou da decretação de prisão preventiva ou de qualquer diligência anterior à denúncia ou queixa prevenirá a da ação penal. (CPP, art. 75, parágrafo único)

A distribuição do pedido de falência ou de recuperação judicial previne a jurisdição para qualquer outro pedido de recuperação judicial ou de falência, relativo ao mesmo devedor. (Lei n. 11.101, de 9-2-2005, art. 6°, § 8°)

Ao verbo **prevenir**, no sentido acima, corresponde o adjetivo **prevento**. Assim, **juiz** ou **juízo prevento** é o que teve sua competência firmada por *prevenção*:

A citação válida torna prevento o juízo, induz litispendência e faz litigiosa a coisa; [...] (CPC, art. 219)

¶ Nas acepções de *evitar, impedir que se execute ou que suceda, precaver, preparar, antecipar-se a*, constrói-se com objeto direto (sujeito na voz passiva) – **prevenir** *algo*:

A polícia federal, instituída por lei como órgão permanente, organizado e mantido pela União e estruturado em carreira, destina-se a: [...] II – prevenir e reprimir o tráfico ilícito de entorpecentes e drogas afins, o contrabando e o descaminho, [...] (CRFB, art. 144, § 1°, II)

É lícito aos interessados prevenirem ou terminarem o litígio mediante concessões mútuas. (CC/2002, art. 840)

O juiz dirigirá o processo conforme as disposições deste Código, competindo-lhe: [...] III – prevenir ou reprimir qualquer ato contrário à dignidade da Justiça. (CPC, art. 125, III)

¶ No sentido de *avisar ou informar com antecedência, acautelar,* constrói-se com objeto direto (sujeito na voz passiva) de pessoa, ou com objeto direto de pessoa e indireto de coisa, este com a preposição *de* (melhor construção) ou *contra* – **prevenir** alguém, ou **prevenir** alguém *de* ou *contra alguma coisa*:

Dada a ação cada vez mais intensa e ousada dos traficantes, cabe aos pais prevenir os filhos.

Previno-o de que o querem prender. (Caldas Aulete – *Dicionário Contemporâneo da Língua Portuguesa,* vol. 4, p. 2.939)

A campanha visa a prevenir as pessoas contra os perigos da radioatividade.

O verbo *prevenir* origina-se do verbo latino **praevenire**, que é formado da preposição **prae** (diante de, adiante de) + o verbo **venire** (vir, chegar).

Priorizar

¶ Empregado no sentido de *dar **prioridade** a*, constrói-se com objeto direto (sujeito na voz passiva) – ***priorizar*** *algo*:

A distribuição de recursos públicos priorizará o atendimento das necessidades sociais, nos termos da política estadual de habitação, [...] (CERS/89, art. 173)

O Estado priorizará as formas cooperativas e associativas de assentamento. (CERS/89, art. 182)

Priorizar origina-se do adjetivo comparativo latino **prior** (que está adiante; precedente, anterior, primeiro; superior, mais importante), a que se acrescentou o sufixo verbal **izar**.

Proceder

Aparece sob as seguintes construções e acepções:

¶ acompanhado de expressão indicativa de *modo,* no sentido de *agir, comportar-se, dirigir seus atos*:

Se ambas as partes procederem com dolo, nenhuma pode alegá-lo para anular o negócio, ou reclamar indenização. (CC/2002, art. 150)

Proceder-se-á do mesmo modo se o credor receber e der quitação. (CPC, art. 897, parágrafo único)

O possuidor de boa-fé só responde pela perda ou deterioração da coisa se tiver procedido com culpa. (CCp, art. 1269º)

¶ com a preposição *contra,* no sentido de *instaurar processo judicial contra alguém* – ***proceder*** *contra*:

O morador que se recusar a entregar o réu oculto em sua casa será levado à presença da autoridade, para que se proceda contra ele como for de direito. (CPP, art. 293, parágrafo único)

[...]; mas, se exigir judicialmente a um deles a totalidade ou parte da prestação, fica inibido de proceder judicialmente contra os outros pelo que ao primeiro tenha exigido, salvo se houver razão atendível, [...] (CCp, art. 519º, 1)

Proceder contra não implica, necessariamente, a ideia de *instaurar processo judicial contra alguém*. Pode, simplesmente, ter a ideia de *agir em desacordo com as determinações ou instruções de alguém*, como neste exemplo:

O mandatário que exceder os poderes do mandato, ou proceder contra eles, reputar-se-á mero gestor de negócios, enquanto o mandante lhe não ratificar os atos. (CC/2002, art. 665)

¶ com a preposição *de*, no sentido de *originar-se* – **proceder** *de*:

[...]; salvo se a sua dívida proceder de título igual. (C. Com., art. 440 – revogado)

A parte que revogar o contrato deve indemnizar a outra do prejuízo que esta sofrer: [...] c) Se a revogação proceder do mandante e versar sobre mandato oneroso, sempre que o mandato tenha sido conferido por certo tempo ou para determinado assunto, ou que o mandante o revogue sem a antecedência conveniente; d) Se a revogação proceder do mandatário e não tiver sido realizada com antecedência conveniente. (CCp, art. 1172º, c e d)

¶ *intransitivamente,* no sentido de *ter fundamento, apoio*:

A queixa procede.

Suas críticas não procedem.

¶ com objeto indireto introduzido pela preposição *a*, no sentido de *fazer, executar, realizar*. Na hipótese de o objeto ser expresso por pronome pessoal, emprega-se *a ele(s), a ela(s),* em lugar de *lhe(s)*:

Compete privativamente à Câmara dos Deputados: [...] II – proceder à tomada de contas do Presidente da República, [...] (CRFB, art. 51, II)

Obtida a autorização e constituída a sociedade, proceder-se-á à inscrição dos seus atos constitutivos. (CC/2002, art. 1.132, § 2º)

[...], a autoridade policial poderá proceder a novas pesquisas, se de outras provas tiver notícia. (CPP, art. 18)

Procede-se ao arrolamento sempre que há fundado receio de extravio ou de dissipação dos bens. (CPC, art. 855)

Julgada subsistente a penhora, o juiz ou presidente mandará proceder logo à avaliação dos bens penhorados. (CLT, art. 886, § 2º)

O juiz, mesmo que o auto de notícia faça fé em juízo, poderá mandar proceder a quaisquer diligências que julgue necessárias para a descoberta da verdade. (CPPp, art. 169º, § 3º)

1. Dos 185 exemplos que encontramos, nos textos pesquisados, do verbo **proceder** com o sentido de *realizar*, constatamos apenas dois casos de voz passiva (um na analítica e outro na sintética), ambos na CLT, arts. 532 (voz passiva analítica) e 636, § 4º (voz passiva sintética), não se tratando, todavia, de textos originais desse diploma legal, mas de acréscimos

feitos mediante legislação posterior. Não encontramos um caso sequer de objeto direto de *proceder* com sentido de *realizar*, o que mostra que esse regime não tem a simpatia dos legisladores, como não a tem da quase unanimidade dos gramáticos. Os fatos, portanto, validam as normas, dando-lhes o necessário suporte.

2. O verbo *proceder* origina-se do verbo latino **proc<u>e</u>dere**, formado, por sua vez, da preposição **pro** (diante de, defronte de) + o verbo **c<u>e</u>dere** (ir, vir, caminhar, andar).

Processar

¶ Nas acepções de *organizar processo de, reunir em processo, autuar, conferir, verificar (algum documento), para validar, juntar e reunir em caderno (documentos de assunto judicial ou administrativo) escrevendo nele os autos e termos que as leis prescrevem, apurar em processo judicial ou administrativo*, constrói-se com objeto direto (sujeito na voz passiva) – ***processar** algo*:

O imposto previsto no inciso I: [...] II – relativamente a bens móveis, títulos e créditos, compete ao Estado onde se processar o inventário ou arrolamento, ou tiver domicílio o doador, ou ao Distrito Federal; (CRFB, art. 155, § 1º, I)

[...]; o juiz mandará processar o incidente em separado e sem suspensão da causa, [...] (CPC, art. 138, § 1º)

Nos tribunais caberá ao relator processar e julgar o incidente. (CPC, art. 138, § 2º)

Procrastinar

¶ No sentido de *atrasar, protelar indevidamente, de má-fé*, constrói-se com objeto direto (sujeito na voz passiva) – ***procrastinar** algo*:

O carcereiro ou o diretor da prisão, o escrivão, o oficial de justiça ou a autoridade judicial, policial ou militar que embaraçarem ou procrastinarem o encaminhamento do pedido de 'habeas corpus', as informações sobre a causa da violência, coação ou ameaça, ou a condução e apresentação do paciente, serão multados na forma da legislação processual vigente, [...] (RISTF, art. 196)

As partes ficam revoltadas quando o juiz procrastina a expedição de um mandado ou a prolação da sentença.

E não há interesse pessoal que possa procrastinar medidas que têm que ser adotadas. (Paulo Brossard – *No Senado*, p. 380)

Procrastinar origina-se do verbo latino **procrastin<u>a</u>re** (deixar para amanhã, adiar), que, por sua vez, procede, por derivação e sufixação, do prefixo **pro** (ideia *adiamento, avanço*) e do advérbio **cras** (amanhã). Correspondem-lhe, entre outros, os termos **procrastinação**, **procrastinamento**, **procrastinante** e **procrastinatório**.

Procurar

¶ No sentido de *tratar de negócios ou interesses de outrem, como seu mandatário, ou, nesta qualidade, representá-lo e defender-lhe os direitos em juízo ou fora dele, desempenhar o ofício ou as funções de procurador*, constrói-se intransiti-

vamente (sem qualquer complemento). O verbo aparece comumente empregado sob a expressão **procurar** *em juízo*:

O mandato judicial pode ser conferido por instrumento público ou particular, devidamente autenticado, a pessoa que possa procurar em juízo. (CC/1916, art. 1.324)

Sem instrumento de mandato, o advogado não será admitido a procurar em juízo. [...] (CPC, art. 37)

Proferir – Prolatar

¶ Empregados no sentido de *publicar solenemente, dar, lavrar, dizer, enunciar*, estes verbos sinônimos (perfeitos) constroem-se com objeto direto (sujeito na voz passiva) de coisa – **proferir/prolatar** *alguma coisa*:

Recebe a denominação de acórdão o julgamento proferido pelos tribunais. (CPC, art. 163)

Os juízes têm o dever de administrar justiça, proferindo despacho ou sentença sobre as matérias pendentes [...] (CPCp, art. 156°, 2)

Encerrada a instrução, o juiz prolatará a sentença em 5 (cinco) dias. (Lei n. 8.257, de 26-11-1991, art. 13)

[...]: um homem, um homem só, solitariamente soberano, do alto de sua onisciência, prolata a sentença de interdição sobre milhões de brasileiros, homens e mulheres, jovens e velhos, enfim, sobre um povo inteiro. (Paulo Brossard – *No Senado*, p. 319).

1. Os verbos *proferir* e *prolatar* originam-se do verbo latino **profero** (presente do indicativo), **protuli** (pretérito perfeito do indicativo), **prolatum** (supino), **proferre** (infinitivo), que tem as significações mais comuns de *exibir, mostrar; levar para diante, estender; publicar, divulgar*. **Proferre**, por sua vez, compõe-se da prefixo *pro* (diante de, defronte de) e do verbo **ferre** (levar, trazer; conduzir, impelir).

2. De *proferir* deriva-se o substantivo **proferimento**; a *prolatar* ligam-se os termos **prolação** (proferimento, promulgação, publicação) e **prolator** (aquele que prolata, profere). De *prolatar* também se origina o substantivo **prolapso**, termo médico que significa *a queda ou saída de um órgão ou parte dele para fora do lugar normal*; tem como sinônimo *procidência*.

Proibir

¶ No sentido genérico de *impedir, vedar, tornar defeso*, aparece sob as construções **proibir** *algo* (objeto direto de coisa; sujeito na voz passiva), **proibir** *algo* (objeto direto de coisa) *a alguém* (objeto indireto de pessoa) ou **proibir** *alguém* (objeto direto de pessoa) *de algo* (objeto indireto de coisa):

É nula a cláusula que proíbe ao proprietário alienar imóvel hipotecado. (CC/2002, art. 1.475)

Proibiram aos manifestantes a entrada no prédio.

É igualmente nula a convenção que proíba o respectivo dono de alienar ou onerar os bens hipotecados, [...] (CCp, art. 695°)

A querela será articulada e deverá conter: [...] 4º A indicação da lei que proíbe o facto e o pune; (CPPp, art. 359º, 4º)

Promover

¶ Nas acepções de *tomar certa medida em juízo, requerendo alguma coisa, propondo uma causa, dando curso a um processo, realizar, levar a efeito, diligenciar por, fomentar, desenvolver,* constrói-se com objeto direto (sujeito na voz passiva) – ***promover** algo*:

São funções institucionais do Ministério Público: I – promover, privativamente, a ação penal pública, na forma da lei; II – zelar pelo efetivo respeito dos Poderes Públicos e dos serviços de relevância pública aos direitos assegurados nesta Constituição, promovendo as medidas necessárias a sua garantia; (CRFB, art. 129, I e II)

A educação, direito de todos e dever do Estado e da família, será promovida e incentivada com a colaboração da sociedade, [...] (CRFB, art. 205)

¶ No sentido de *elevar alguém na hierarquia do cargo ou posto,* aparece sob as construções ***promover** alguém* (objeto direto de pessoa; sujeito na voz passiva), ***promover** alguém* (objeto direto) *a* (objeto indireto) ou ***promover** alguém* (objeto direto) *de* (predicativo) *a* (objeto indireto):

Mediante decreto publicado no Diário Oficial desta data, o Sr. Governador promoveu centenas de funcionários.

Sua Santidade promoveu ao cardinalato dois bispos brasileiros.

Promoveu-o de escriturário a chefe de seção. (Rui Barbosa)

Promulgar

¶ Empregado no sentido de *declarar a autenticidade de uma lei, ordenando seu cumprimento, atestar a existência da lei e determinar a todos sua observância,* constrói-se com objeto direto (sujeito na voz passiva) – ***promulgar** algo*:

O Município reger-se-á por lei orgânica, votada em dois turnos, com o interstício mínimo de dez dias, e aprovada por dois terços dos membros da Câmara Municipal, que a promulgará, [...] (CRFB, art. 29)

Se a lei não for promulgada dentro de quarenta e oito horas pelo Presidente da República, nos casos dos §§ 3º e 5º, o Presidente do Senado a promulgará, [...] (CRFB, art. 66, § 7º)

Pronunciar – Despronunciar – Impronunciar

¶ No sentido de *dar, prolatar, decretar uma sentença judicial, declarar com autoridade,* constrói-se com objeto direto (sujeito na voz passiva) de coisa – ***pronunciar** algo*:

Extingue-se o processo com julgamento de mérito: [...] IV – quando o juiz pronunciar a decadência ou a prescrição; (CPC, art. 269, IV)

O juiz que pronunciar a nulidade declarará os atos a que ela se estende. (CPP, art. 573, § 2º)

A nulidade não será pronunciada: a) quando for possível suprir-se a falta ou repetir o ato; (CLT, art. 796, *a*)

¶ No sentido de *proferir sentença de pronúncia* (ato pelo qual o juiz-presidente de um processo-crime, em face das provas colhidas no sumário de culpa, reconhece ou declara o réu como suspeito do crime ou da contravenção que é objeto da queixa, denúncia ou procedimento de ofício), constrói-se com objeto direto (sujeito na voz passiva) de pessoa – ***pronunciar*** *alguém*:

Se o juiz se convencer da existência do crime e de indícios de que o réu seja o seu autor, pronunciá-lo-á, dando os motivos do seu convencimento. (CPP, art. 408)

A mesma regência de ***pronunciar***, no sentido acima, têm-na os verbos antônimos ***despronunciar*** (alterar um julgamento anterior, em que o réu foi pronunciado) e ***impronunciar*** (julgar, desde logo, improcedente a denúncia ou queixa contra o indiciado, determinando a sua soltura):

A decisão que impronunciar ou absolver o réu fará cessar a aplicação provisória da interdição anteriormente determinada. (CPP, art 376)

Caberá recurso, no sentido estrito, da decisão, despacho ou sentença: [...] IV – que pronunciar ou impronunciar o réu; (CPP, art. 581, IV)

Mantém-se a culpa formada até à decisão final, a não ser que em qualquer recurso o arguído seja despronunciado ou absolvido. (CPPp, art. 308º, § 3º)

¶ No sentido de *emitir opinião, manifestar-se,* constrói-se pronominalmente, acompanhado, ou não, das preposições ou locuções prepositivas *acerca de, a favor de, contra, em, por, sobre,* etc.:

Antes de pronunciar-se acerca da interdição, o juiz, assistido por especialistas, examinará pessoalmente o arguído de incapacidade. (CC/2002, art. 1.771)

Os tímidos cultores da decência real pronunciavam-se pelo sigilo. (Rui Barbosa)

Propalar

¶ Empregado no sentido de *tornar público, fazer circular (correr, vogar), espalhar, propagar,* constrói-se com objeto direto, representado por substantivo ou oração – ***propalar*** *algo*:

Divulgar ou propalar, por qualquer meio, informação falsa sobre devedor em recuperação judicial, com o fim de levá-lo à falência ou de obter vantagem: Pena – reclusão, de 2 (dois) a 4 (quatro) anos, e multa. (Lei n. 11.101, de 9-2-2005, art. 170)

O próprio governo propalava esses boatos.

Políticos oposicionistas propalavam que, após dois anos de exercício do mandato, o Prefeito renunciaria ao cargo.

1. Damásio E. de Jesus (*Direito penal*, vol. 2, p. 187) estabelece uma distinção entre **propalar** e **divulgar**: *Propalar é o relato verbal. Divulgar é narrar algum fato por qualquer meio.*

2. **Propalar** origina-se do verbo latino **propala̠re**, derivado, por sua vez, do advérbio **propalam**, que tem o significado de *ostensivamente, publicamente, abertamente*. **Propalar** é, pois,

algo mais do que simplesmente **divulgar**, contendo a semântica de *fazer correr, espalhar*, geralmente algo desfavorável, desabonador a alguém (boatos, calúnias, segredos, etc.).

3. O verbo *propalar* também aparece sob a construção pronominal, no sentido de *difundir-se, espalhar-se, propagar-se*:

O escândalo propalou-se rapidamente entre os moradores do povoado.

Associadas às enchentes, várias doenças propalaram-se pela região.

Propor

¶ Nas acepções de *dispor-se a, ter em vista, ter intenção de*, constrói-se com objeto direto de coisa e indireto de pessoa, este representado pelo pronome *se* – *propor-se alguma coisa*. Sendo o objeto direto uma oração infinitiva, vem precedido muitas vezes da preposição *a*, com mera função enfônica, estilística, sem qualquer valor sintático, portanto – *alguém se propõe (a) + infinitivo*. Talvez por influência das orações infinitivas, ou por analogia com a construção de verbos sinônimos (como *dispor-se*), esse *a* eufônico algumas vezes também aparece diante do pronome relativo *que* e mesmo diante de substantivos em geral.

Exemplos sem a preposição *a*:

A consignação só pode versar sobre o crédito que o consignante se propõe pagar. (CTN, art. 164, § 1º)

O senhorio pode, porém, denunciar o contrato, para o termo do prazo ou da renovação, nos casos seguintes: [...] b) Quando se proponha ampliar o prédio ou construir novos edifícios em termos de aumentar o número de locais arrendáveis. (CCp, art. 1096º, 1, b)

Para além do caso de flagrante delito, só é autorizada a prisão preventiva quando, cumulativamente, se verifiquem os seguintes requisitos: [...] c) Insuficiência da liberdade provisória para a realização dos fins que se propõe realizar. (CPPp, art. 291º, c)

Exemplos com a preposição *a*:

Aplica-se a disposição do artigo antecedente, quando a gestão se proponha a acudir a prejuízos iminentes, ou redunde em proveito do dono do negócio ou da coisa; [...] (CC/2002, art. 870)

Quem, mediante anúncio, placas, cartões comerciais ou outros meios capazes de ser identificado, se propuser ao exercício da química, em qualquer dos seus ramos, sem que esteja devidamente registrado, fica sujeito às penalidades aplicáveis ao exercício ilegal da profissão. (CLT, art. 332)

Se dentro de três dias o criminoso der liberdade ao retido, sem que tenha conseguido qualquer objeto a que se propusesse com a retenção, e antes do começo de qualquer procedimento contra ele, a pena será atenuada. (CPp, art. 330º, § 3º)

A anteposição da preposição *a* ao objeto direto do verbo **propor** representado por oração infinitiva é aceita pela maioria dos gramáticos. Estes, todavia, desaconselham o emprego da preposição quando o objeto (direto) é expresso pelo pronome relativo *que* ou por substantivo. Estas últimas duas construções, todavia, como se vê pelos exemplos, estão bem apadrinhadas...

¶ No sentido de *ingressar alguém em juízo, por meio de petição ou libelo, para pleitear o reconhecimento de um direito seu, ou a proteção ou restauração de certa relação jurídica ameaçada ou violada, requerer em juízo, intentar*, constrói-se com objeto direto (sujeito na voz passiva) de coisa – ***propor** algo*:

O decreto que declarar o imóvel como de interesse social, para fins de reforma agrária, autoriza a União a propor a ação de desapropriação. (CRFB, art. 184, § 2º)

Ao verbo **propor**, no sentido acima, corresponde o substantivo **propositura**:

[...] A propositura da ação, todavia, só produz, quanto ao réu, os efeitos mencionados no art. 219 depois que for validamente citado. (CPC, art. 263)

¶ Nas acepções de *apresentar, oferecer ou submeter a exame, a apreciação ou a julgamento, sugerir*, constrói-se com objeto direto (sujeito na voz passiva), ou com objeto direto e indireto, este com a preposição *a* – ***propor** algo*, ou ***propor** algo a*:

Ao Ministério Público é assegurada autonomia funcional e administrativa, podendo, observado o disposto no art. 169, propor ao Poder Legislativo a criação e extinção de seus cargos e serviços auxiliares, [...] (CRFB, art. 127, § 2º)

O Presidente da República poderá enviar mensagem ao Congresso Nacional para propor modificação nos projetos a que se refere este artigo [...] (CRFB, art. 166, § 5º)

O verbo ***propor*** origina-se do verbo latino **propo̱nere**, que, por sua vez, é formado da preposição **pro** (diante de, defronte de) e do verbo **po̱nere** (pôr, colocar, pousar).

Propugnar

¶ Empregado no sentido de *defender lutando, lutar em defesa de*, constrói-se com objeto direto, regência mais comum, ou com objeto indireto introduzido pela preposição *por* – ***propugnar** algo* ou *por algo*:

O Brasil propugnará pela formação de um tribunal internacional dos direitos humanos. (CRFB, ADCT, art. 7º)

Incumbe ao testamenteiro: [...] II – propugnar a validade do testamento; (CPC, art. 1.137, II)

O que fazemos, é propugnar o direito de reunião em toda a sua elasticidade natural. (Rui Barbosa)

Prosperar

¶ Empregado no sentido de *dar bons resultados, desenvolver-se com êxito, progredir*, aparece construído intransitivamente – *algo **prospera***:

Dada a fragilidade dos argumentos que o embasam, o pedido não tem condições de prosperar.

Desde que consigamos provas robustas e argumentos convincentes, uma ação nesse sentido terá todas as condições de prosperar.

Prosseguir

¶ Nas acepções de *fazer seguir, continuar, dar seguimento a, levar por diante, seguir caminho ou rumo encetado,* constrói-se habitualmente com a preposição *em – alguém **prossegue** em algo*:

Contestada a filiação, os herdeiros do impugnante têm direito de prosseguir na ação. (CC/2002, art. 1.601, parágrafo único)

O credor não poderá iniciar a execução, ou nela prosseguir, se o devedor cumprir a obrigação; [...] (CPC, art. 581)

Comete atentado a parte que no curso do processo: [...] II – prossegue em obra embargada; (CPC, art. 879)

[...] Esgotando esse prazo, poderão os interessados prosseguir diretamente na negociação coletiva até final. (CLT, art. 617, § 1º)

[...]; mas podem prosseguir na acção os seus parentes, afins na linha recta, herdeiros ou adoptantes, se o autor falecer na pendência da causa. (CCp, art. 1641º)

¶ No sentido de *seguir, ir adiante,* constrói-se intransitivamente ou com a preposição *em – alguma coisa **prossegue**, ou **prossegue** em*:

Não se procedendo à citação no prazo marcado, a ação prosseguirá unicamente em relação ao denunciante. (CPC, art. 72, § 2º)

Sobrevindo a noite, prosseguirá a praça ou leilão no dia útil imediato, à mesma hora em que teve início, independentemente de novo edital. (CPC, art. 689)

[...]; versando sobre alguns deles [bens], prosseguirá o processo principal somente quanto aos bens não embargados. (CPC, art. 1.052)

Havendo autos suplementares, nestes prosseguirá o processo. (CPC, art. 1.063, parágrafo único)

No Código de Processo Civil, aparece um exemplo de ***prosseguir***, no sentido de *seguir*, sob a construção *alguma coisa prossegue algo* (objeto direto):

[...]; recaindo, porém, [a penhora] sobre todo o patrimônio, prosseguirá a execução [sujeito] os seus ulteriores termos [objeto direto], ouvindo-se, antes da arrematação ou da adjudicação, o poder público, que houver outorgado a concessão. (CPC, art. 678, parágrafo único)

¶ No sentido de *buscar, perseguir, procurar, seguir,* constrói-se com objeto direto (sujeito na voz passiva) de coisa – ***prosseguir** algo*:

As associações prosseguem livremente os seus fins sem interferência das autoridades públicas e não podem ser dissolvidas pelo Estado ou suspensas as suas actividades senão nos casos previstos na lei e mediante decisão judicial. (CRP, art. 46º, 2)

O negócio nulo ou anulado pode converter-se num negócio de tipo ou conteúdo diferente, do qual contenha os requisitos essenciais de substância e de forma, quando o fim prosseguido pelas partes permita supor que elas o teriam querido, se tivessem previsto a invalidade. (CCp, art. 293º)

Prosseguir origina-se do verbo depoente latino **prosequi** (ir atrás de, perseguir, seguir, acompanhar, buscar, procurar). Correspondem-lhe os termos **prosseguimento** e **prossecução**:

É garantida a liberdade de ensino de qualquer religião praticado no âmbito da respectiva confissão, bem como a utilização de meios de comunicação social próprios para o prosseguimento das suas actividades. (CRP, art. 41º, 5)

As autarquias locais são pessoas colectivas territoriais dotadas de órgãos representativos, que visam à prossecução de interesses próprios das populações respectivas. (CRP, art. 237º, 2)

Protestar

¶ No sentido de *afirmar solene e categoricamente, prometer solenemente, assegurar,* constrói-se com objeto direto, ou com objeto direto e indireto, este com a preposição *a* – **protestar** *algo,* ou **protestar** *algo a alguém*:

A caminho da forca, protestava incessantemente sua inocência.

Todos os governos protestam erradicar a miséria.

Protestou a seus eleitores que defenderia energicamente a liberdade de opinião.

Antigamente, na cerimônia de casamento, a mulher devia protestar obediência ao marido.

Na correspondência oficial, em fechos de ofícios, costumam aparecer os **protestos** de estima (consideração, apreço, etc.). A palavra **protestos** tem, aí, o sentido de *afirmações, expressões solenes.* Trata-se de arcaísmo evitável, até porque não entendido pela maioria dos destinatários...

¶ No sentido de *mandar a protesto* (título, promissória, letra) *por falta ou recusa de aceite, devolução, ou pagamento* (conforme o caso) constrói-se com objeto direto (sujeito na voz passiva) – **protestar** *algo*:

O fato de não ter sido exercida a faculdade de protestar o título, por falta de aceite ou de devolução, não elide a possibilidade de protesto por falta de pagamento. (Lei n. 5.474, de 18-7-1968, art. 13, § 2º)

¶ Nas acepções de *levantar-se, insurgir-se, pronunciar-se com veemência, reclamar, declarar formalmente sua oposição, sua hostilidade, sua recusa,* constrói-se intransitivamente, ou com a preposição *contra* ou com as locuções prepositivas *a favor de, em favor de* – **protestar,** ou **protestar** *contra, a favor de, em favor de*:

Protesto, Excelência!

Não se deixe intimidar, proteste!

Protesta incansavelmente a favor das classes oprimidas.

A população do bairro protestou contra as arbitrariedades policiais.

¶ No sentido de *pleitear, requerer,* constrói-se com a preposição *por* – **protestar** *por algo*:

Dando à presente causa o valor de R$ ...., protesta por todos os meios de prova admitidos (ou permitidos) em direito.

O autor, em sua petição, menciona expressamente as provas com que pretende demonstrar a verdade dos fatos alegados (CPC, art. 282, VI). Ao final, requer lhe seja facultado juntar oportunamente outros meios de prova. É esse o sentido da expressão **protestar** *por todos os meios de prova admitidos em direito.* Trata-se de uma espécie de pedido-promessa: requer-se a juntada de provas e promete-se apresentá-las.

A defesa protestou por novo júri.

No Processo Penal brasileiro, prevê-se o *protesto por novo júri* (CPP, arts. 607 e 608): *recurso privativo da defesa, nos termos da lei, para que novo júri reforme o veredito proferido.* **Protestar** *por novo júri* é, assim, o ato de a defesa dirigir-se, por petição ou termo nos autos, ao Juiz-Presidente do Tribunal do Júri, solicitando-lhe novo julgamento.

¶ No sentido de *pugnar por, fazer valer algo, quando ofendido, bater-se por*, constrói-se com a preposição por – **protestar** *por*:

Sentindo-se prejudicado, protestou pelos seus direitos.

Protestar *por seus direitos* significa, pois, *lutar por seus direitos, bater-se por eles, fazê-los valer quando ofendidos ou negados.*

Protocol(iz)ar

¶ Empregado no sentido de *inscrever, registrar em protocolo*, constrói-se com objeto direto (sujeito na voz passiva) – **protocol(iz)ar** *algo*:

O agravo regimental será protocolado e, sem qualquer formalidade, submetido ao prolator do despacho, [...] (RISTF, art. 317, § 2º)

Recebida a petição, protocolada e autuada, o oficial a submeterá [...] ao órgão do Ministério Público, [...] (Lei n. 6.015, de 31-12-1973, art. 110)

Protocolizado o título, proceder-se-á ao registro, dentro do prazo de 30 (trinta) dias, [...] (Lei nº 6.015, de 31-12-1973, art. 188)

Como se observa, o redator da Lei n. 6.015, de 31-12-1973, empregou, em artigos distintos, as duas formas do verbo: **protocolar** e **protocolizar**.

Todos os documentos apresentados ou distribuídos no horário regulamentar serão protocolizados dentro de vinte e quatro horas, [...] (Lei n. 9.492, de 10-9-1997, art. 5º)

1. A forma variante **protocolizar** é pouco usada, entre nós, no sentido de *inscrever, registrar em protocolo*. Ela tem, aliás, o significado específico de *dar feição de protocolo a*, sob o qual aparece na novela A Filha do Arcediago, capítulo 27, de Camilo Castelo Branco:

O dono da estalagem, e o meu criado vieram protocolizar a desordem, distribuindo alguns murros indistintamente, de que resultou a fuga desordenada das galegas, para o seu arraial, ficando considerado o meu quarto campo neutro. (Obras completas, vol. I, p. 1.132)

2. O verbo **protocolar** e o substantivo correspondente **protocolação** constam no *VOLP/09*, que também registra o verbo **protocolizar**, ignorando, todavia, o substantivo **protocolização**, embora este apareça em documentos normativos, como, *v. g.*, na Lei n. 9.492, de 10-9-1997, art. 12, *caput* e § 1º.

Provar

¶ Na linguagem jurídica, tem o significado de tornar patente a certeza de um ato ou a verdade do que se alega, mediante a apresentação de razões, instrumentos, confissão, perícias ou testemunhos, com o intuito de ver acolhida a causa trazida a Juízo ou o direito que se quer defender.

Constrói-se com objeto direto (sujeito na voz passiva) expresso por nome abstrato, oração conjuntiva ou infinitiva – **provar** *algo*, **provar** *que* ou **provar** *+ infinitivo*:

A invalidade do instrumento não induz a do negócio jurídico sempre que este puder provar-se por outro meio. (CC, art. 183)

Cumpre ainda ao credor: [...]; IV – provar que adimpliu a contraprestação, que lhe corresponde, [...] (CPC, art. 615, IV)

Quem tem a seu favor a presunção legal escusa de provar o facto[1] a que ela conduz. (CCp, art. 350°, 1)

[1] Quanto à diferença entre **fato** e **facto** na linguagem de Portugal, consulte a obra de Adalberto J. Kaspary *Nova ortografia integrada: o que continuou + o que mudou = como ficou*. 2. ed., Porto Alegre: EDITA, 2013.

Confira o verbete *Comprovar*.

Prover

Aparece sob as seguintes construções e acepções:

¶ com objeto direto (sujeito na voz passiva), ou com objeto indireto introduzido pela preposição *a* (construção mais frequente), no sentido de *acudir, atender* – ***prover*** *alguma coisa* ou ***prover*** *a alguma coisa*:

A assistência social será prestada a quem dela necessitar, independentemente de contribuição à seguridade social, e tem por objetivos: [...] V – a garantia de um salário mínimo de benefício mensal à pessoa portadora de deficiência e ao idoso que comprovem não possuir meios de prover à própria manutenção ou tê-la provida por sua família, conforme dispuser a lei. (CRFB, art. 203, V)

Considerar-se-á pobre a pessoa que não puder prover às despesas do processo sem privar-se dos recursos indispensáveis ao próprio sustento ou da família. (CPP, art. 32, § 1°)

Salvo as disposições concernentes à justiça gratuita, cabe às partes prover as despesas dos atos que realizam ou requerem no processo, [...] (CPC, art. 19)

Mediante o cultivo de alimentos básicos, os agricultores do assentamento proviam o sustento de toda a comunidade.

¶ com objeto direto, ou com objeto indireto introduzido pela preposição *a*, no sentido de *providenciar* – ***prover*** *alguma coisa* ou ***prover*** *a alguma coisa*:

Para assegurar a efetividade desse direito, incumbe ao Poder Público: I – preservar e restaurar os processos ecológicos essenciais e prover o manejo ecológico das espécies e ecossistemas; (CRFB, art. 225, § 1°, I)

A renúncia do mandato será comunicada ao mandante, que, se for prejudicado pela sua inoportunidade, ou pela falta de tempo, a fim de prover à substituição do procurador, será indenizado pelo mandatário, [...] (CC/2002, art. 688)

Todo aquele que desejar prevenir a responsabilidade, prover a conservação e ressalva de seus direitos ou manifestar qualquer intenção de modo formal, poderá fazer por escrito o seu protesto, em petição dirigida ao juiz, [...] (CPC, art. 867)

Ao juiz incumbirá prover à regularidade do processo e manter a ordem no curso dos respectivos atos, [...] (CPP, art. 251)

Cabe às partes prover o pagamento antecipado das despesas dos atos que realizem ou requeiram no processo, [...] (RISTF, art. 61)

O objeto do verbo **prover**, no sentido acima, pode ser expresso por oração:

Separado o dote, terá por administradora a mulher, mas continuará inalienável, provendo o juiz, quando conceder a separação, a que sejam convertidos em imóveis os valores entregues pelo marido em reposição dos bens dotais. (CC/1916, art. 309)

¶ com a preposição *sobre*, no sentido de *dispor* – **prover** *sobre alguma coisa*:

Se nenhuma aplicação tiver sido prevista e a comissão não quiser aplicar os bens a um fim análogo, cabe à autoridade administrativa prover sobre o seu destino, respeitando na medida do possível a intenção dos subscritores. (CCp, art. 201º, 2)

¶ com objeto direto e objeto indireto, este introduzido pela preposição *de*, no sentido de *dotar* – **prover** *alguém ou alguma coisa de*:

Toda empresa é obrigada: I – a prover os estabelecimentos de medidas concernentes à higienização dos métodos e locais de trabalho [...] (CLT, art. 389, I)

¶ com objeto direto (sujeito na voz passiva), no sentido de *preencher* (cargo, função, posto, etc.) *por nomeação ou despacho* – **prover** *algo*:

A União, no Distrito Federal e nos Territórios, e os Estados criarão: I – juizados especiais, providos por juízes togados, ou togados e leigos, [...] (CRFB, art. 98, I)

Ao Ministério Público é assegurada autonomia funcional e administrativa, podendo, observado o disposto no artigo 169, propor ao Poder Legislativo a criação e extinção de seus cargos e serviços auxiliares, provendo-os por concurso público de provas e de provas e títulos; [...] (CRFB, art. 127, § 2º)

¶ com objeto direto (sujeito na voz passiva) de pessoa e objeto indireto de coisa, este introduzido pela preposição *em*, no sentido de *nomear ou despachar alguém para ocupar cargo ou ofício público* – **prover** *alguém em alguma coisa*:

O Senhor Governador proveu seu filho no ofício de escrivão.

João de Couros e Francisco Dias do Amaral foram retirados de seus ofícios, provendo neles o governador dependentes do alcaide-mor. (Ana Miranda – *Boca do inferno*, p. 120)

¶ com objeto direto (sujeito na voz passiva), nas acepções de *admitir um recurso, a fim de reformar ou anular a decisão de que se recorre, deferir* (recurso) – **prover** *algo*:

O tribunal proveu o agravo.

A comissão julgadora proveu os recursos de vários candidatos.

O verbo **prover**, composto de **ver**, conjuga-se como este apenas no presente do indicativo, no presente do subjuntivo e nos imperativos. Nos demais tempos, segue a conjugação de **vender** (regular da segunda conjugação). O particípio é *provido*. Exs.: *O examinador proveu meu recurso. Se provessem meu recurso, eu alcançaria a nota mínima de aprovação. Vários recursos foram providos.*

Providenciar

Com o sentido de *dar ou tomar providências*, aparece sob as seguintes construções:

¶ com objeto direto (sujeito na voz passiva) – ***providenciar** algo*:

Ocorrida a dissolução, cumpre aos administradores providenciar imediatamente a investidura do liquidante, [...] (CC/2002, art. 1.036)

Transitado em julgado o acórdão, o escrivão, ou secretário, independentemente de despacho, providenciará a baixa dos autos ao juízo de origem, no prazo de cinco (5) dias. (CPC, art. 510)

¶ oração introduzida por *para (que)* – ***providenciar** para (que)*:

O juiz ou presidente providenciará para que o depoimento de uma testemunha não seja ouvido pelas demais que tenham de depor no processo. (CLT, art. 824)

¶ com a preposição *sobre* ou locuções prepositivas sinônimas: *acerca de, a respeito de, relativamente a,* – ***providenciar** sobre*, etc.:

Compete à secretaria. [...] e) providenciar sobre o suprimento do material necessário; (CLT, art. 753, e)

¶ com a preposição *em* – ***providenciar** em alguma coisa*:

Ficará subsidiariamente responsável o juiz que conceder a alienação fora dos casos e sem as formalidades do artigo antecedente, ou não providenciar na sub-rogação do preço em conformidade com o parágrafo único do mesmo artigo. (CC/1916, art. 294)

¶ com a preposição *a*, na expressão *a bem de* – ***providenciar** a bem de*:

Se falecer o mandatário, pendente o negócio a ele cometido, os herdeiros, tendo ciência do mandato, avisarão o mandante, e providenciarão a bem dele, como as circunstâncias exigirem. (CC/2002, art. 690)

¶ *intransitivamente*:

Cabe ao tutor, quanto à pessoa do menor: [...] II – reclamar do juiz que providencie, como houver por bem, quando o menor haja mister correção. (CC/2002, art. 1.740, II)

Enquanto o dono não providenciar, velará o gestor pelo negócio, até o levar a cabo, [...] (CC/2002, art. 865)

Com o sentido de *prover*, o verbo **providenciar** se constrói com objeto indireto introduzido pela preposição *a* – *providenciar a algo*: *providenciar aos gastos, providenciar às necessidades,* etc.

Provir

¶ Nas acepções de *derivar, ter origem, originar-se, descender, resultar, advir*, constrói-se com a preposição *de* – ***provir** de*:

São bens da União: [...] III – os lagos, rios e quaisquer correntes de água em terrenos de seu domínio, ou que banhem mais de um Estado, sirvam de limites com outros países, ou se estendam a território estrangeiro ou dele provenham, bem como os terrenos marginais e as praias fluviais; (CRFB, art. 20, III)

A diferença de causa nas dívidas não impede a compensação, exceto: I – se provier de esbulho, furto ou roubo; (CC/2002, art. 373)

Provir é derivado de **vir**, cuja flexão adota integralmente: (ele) *provém*; (eles) *provêm*; *proveio, provieram; provier, provierem; proviesse, proviessem; provindo* (gerúndio e particípio), etc.

Publicar

¶ Na significação jurídica de *divulgar ou tornar público, dar conhecimento ou fazer conhecido*, constrói-se com objeto direto (sujeito na voz passiva) – *publicar algo* (lei, sentença, etc.):

Compete privativamente ao Presidente da República: [...] IV – sancionar, promulgar e fazer publicar as leis, bem como expedir decretos e regulamentos para sua fiel execução; (CRFB, art. 84, IV)

Lavrado o acórdão, serão as suas conclusões publicadas no órgão oficial dentro de dez (10) dias. (CPC, art. 564)

O órgão oficial da União e os dos Estados publicarão gratuitamente, no dia seguinte ao da entrega dos originais, os despachos, intimações, atas das sessões dos tribunais e notas de expediente dos cartórios. (CPC, art. 1.216)

Purgar

¶ Proveniente do verbo latino **purgare** (purificar, limpar), tem, na linguagem jurídica, o sentido de *desembaraçar, reparar, corrigir a falta, os efeitos de*. Constrói-se com objeto direto (sujeito na voz passiva) – *purgar algo* (a mora, o débito):

Purgar-se a mora: I – por parte do devedor, oferecendo este a prestação mais a importância dos prejuízos decorrentes até o dia da oferta; (CC/2002, art. 401, I)

Purgada a mora, convalescerá o contrato. (Lei n. 6.766, de 19-12-1979, art. 32, § 2º)

[...] o agente fiduciário, nos 10 (dez) dias subsequentes, comunicará ao devedor que lhe é assegurado o prazo de 20 (vinte) dias para vir purgar o débito. (Decreto-Lei n. 70, de 21-11-1966, art. 31, § 1º)

Q

Querelar

¶ Empregado no sentido de *apresentar, em juízo, queixa-crime contra alguém, exercer o direito de queixa, dando início à ação penal privada*, constrói-se com objeto indireto introduzido pelas preposições *contra* ou *de* – **querelar** *contra ou de alguém*:

Querelou do sócio por desvio de fundos e ganhou o processo. (Academia das Ciências de Lisboa – *Dicionário da língua portuguesa contemporânea*, vol. 2, p. 3038)

Se alguém querelar maliciosamente contra determinada pessoa, será condenado a prisão maior de dois a oito anos. (CPp, art. 244°)

Se querelar de crime, que só tenha pena correccional, ou acusar nos casos em que não tem lugar a querela, será condenado em prisão de seis meses a dois anos, e multa correspondente. (CPp, art. 244°, § único)

1. Ao verbo *querelar* correspondem, entre outros, os cognatos **querela** (queixa, acusação, ação penal privada), **querelado** (aquele contra quem se formulou uma queixa-crime) e **querelante** (autor de queixa-crime).

2. *Querelar* origina-se do verbo depoente (forma passiva e significação ativa) latino **queri**: *queixar-se*. O substantivo latino **querela** (ü) tem o significado de *queixa*.

Quitar

¶ No sentido de *dar quitação, tornar quite* (livre de certa dívida ou obrigação, desobrigado), *desobrigar da dívida*, constrói-se *intransitivamente*, com objeto direto de pessoa – **quitar** *alguém* –, ou com objeto direto de pessoa e indireto de coisa, este com a preposição *de* – **quitar, quitar** *alguém* ou *quitar alguém de alguma coisa*:

Não vale o pagamento cientemente feito ao credor incapaz de quitar, se o devedor não provar que em benefício dele efetivamente reverteu. (CC/2002, art. 310)

Aquele que, sendo credor num título de crédito, depois de o ter caucionado, quitar o devedor, ficará, por esse fato, obrigado a saldar imediatamente a dívida, [...] (CC/1916, art. 795)

Em troca do investimento, a Prefeitura quitou o empresário de todos os tributos em atraso.

O adjetivo **quite** deve concordar em número com o substantivo a que se refere: *Somente tem direito a voto o sócio quite com a tesouraria. Para viajar, deves estar quite com a Receita Federal. Agora estamos quites, meu amigo.*

R

Ratear

¶ Empregado no sentido de *repartir ou dividir proporcionalmente*, constrói-se com objeto direto, ou com objeto direto e indireto, este introduzido pela preposição *entre* – **ratear** *algo*, ou **ratear** *algo entre* (construção mais frequente):

Nos procedimentos de jurisdição voluntária, as despesas serão adiantadas pelo requerente, mas rateadas entre os interessados. (CPC, art. 24)

Na companhia aberta, o órgão que deliberar sobre a emissão mediante subscrição particular deverá dispor sobre as sobras de valores mobiliários não subscritos, podendo: [...] b) rateá-las, na proporção dos valores subscritos, entre os acionistas que tiverem pedido, no boletim ou lista de subscrição, reserva de sobras; [...] (Lei n. 6.404, de 15-12-1976, art. 171, § 7º, b)

Os associados resolveram ratear (entre si) as despesas da viagem.

Ratificar – Rerratificar – Retirratificar – Retirratificação

¶ **Ratificar**, nas acepções de *confirmar, alguém, por ato expresso posterior, o ato inoperante que anteriormente havia praticado, aprovar o ato praticado por outrem em seu nome, embora sem autorização ou mandato, confirmar, aprovar*, constrói-se com objeto direto (sujeito na voz passiva) de coisa – **ratificar** *algo*:

Os atos praticados por quem não tenha mandato, ou o tenha sem poderes suficientes, são ineficazes em relação àquele em cujo nome foram praticados, salvo se este os ratificar. (CC/2002, art. 662)

Se qualquer dos cônjuges não comparecer à audiência designada ou não ratificar o pedido, o juiz mandará autuar a petição e documentos e arquivar o processo. (CPC, art. 1.122, § 2º)

1. Ratificação, substantivo correspondente ao verbo *ratificar*, origina-se do substantivo do latim medieval **ratificatio**. Este, por sua vez, é formado do particípio (passado) do verbo **reri, ratus, -a, -um** (calculado, computado, contado, confirmado, levado a efeito, cumprido), e do verbo **facere** (fazer). Os romanos empregavam, para significar **ratificação**, o termo **ratihabitio**, formado do particípio **ratus, -a, -um** e do verbo **habere** (*ter, considerar, reputar como*). *O VOLP/09* registra o termo **ratiabição** (correspondente ao latim **ratihabitio**), que não encontramos em outro dicionário, mesmo jurídico.

¶ *Rerratificar*, composto *retificar* e *ratificar*, é verbo derivado, resultante da junção do prefixo **re** (que não admite hífen) com o verbo ratificar. Ora, uma vez que o prefixo **re** traduz ideia de *repetição, reiteração*, a forma *rerratificar* significa, na realidade, *ratificar novamente*. Destarte, atribuir ao verbo **rerratificar** o significado de *retificar em parte um documento e ratificar os demais termos não alterados* constitui equívoco semântico-jurídico.

¶ Para designar a ação de, num documento, corrigir algum erro ou omissão (*retificar*) e, ao mesmo tempo, confirmar os demais termos não alterados (*ratificação*), existe o verbo *retirratificar*, composto do elemento **reti** (redução de *retificar* – ideia de tornar reto, direito, expurgado de erro) + o verbo *ratificar*. Um exemplo explicitado:

Por haver erros no edital do concurso, a Assembleia Legislativa resolveu retirratificá-lo, alterando (= retificando) os itens com erro e confirmando (= ratificando) os demais termos do ato.

¶ Do verbo *retirratificar* formou-se, por derivação sufixal, o substantivo *retirratificação*, termo constante em dicionários jurídicos (v. g., no v. 4 do *Dicionário Jurídico* de Maria Helena Dinis – São Paulo: Saraiva, 1998, p. 196; e no *Dicionário jurídico* de J. M. Othon Sidou – 9. ed., Rio de Janeiro: Forense Universitária, 2004, p. 762). O autor deste último dicionário faz esta judiciosa observação (p. 762): *Forma de melhor emprego que rerratificação, cujo elemento inicial, confundindo as partículas* reti *(correção) e* re *(repetição), deixa induzir que se trata de ratificar novamente, em vez de corrigir e confirmar.*

2. Numa pesquisa despretensiosa e não exaustiva, mediante acesso à internet (Google), encontramos dezenas de menções ao termo *retirratificação* em documentos das mais diversas procedências e dos mais diferentes tipos (dezenove no DOU de 15-2-11, p. 90, Seção 3).

Tudo, pois, leva a crer que o termo já tem cadeira cativa no repertório léxico-jurídico pátrio. Nos cartórios também é usual a forma abreviada **retirrati** – escritura de **retirrati**, por exemplo. O ato *retirratificado* vem muitas vezes introduzido pelo título *Termo de Retirratificação*.

3. O elemento **ret(i)**, pelo novo sistema ortográfico, liga-se diretamente ao termo seguinte: retângulo, retangularidade; reticórneo, retilíneo, retilineidade, retirrostro (de bico reto), etc.

Confira o verbete *Retificar*.

Reaver

¶ Empregado no sentido de *haver novamente, recobrar, reconquistar*, constrói-se com objeto direto de coisa, ou com objeto direto de coisa e indireto de pessoa, este com a preposição *de* (mais usual) ou *a* – *reaver algo*, ou *reaver algo de* (ou *a*) *alguém*:

Eles reouveram o preço pago.

Para reaver o que perdeu, serve-se de todos os meios. (Coelho Neto)

O país reouve (do ou *ao invasor) as terras perdidas.* (Celso Pedro Luft)

O mútuo feito a pessoa menor, sem prévia autorização daquele sob cuja guarda estiver, não pode ser reavido nem do mutuário, nem de seus fiadores. (CC/2002, art. 588)

Aquele que ressarcir o dano causado por outrem pode reaver o que houver pago daquele por quem pagou, [...] (CC/2002, art. 934)

O verbo **reaver** é derivado de **haver** (re + haver), cuja flexão adota. É, todavia, defectivo, tendo apenas as formas em que o verbo **haver** conserva o *v*: *Ele reouve os documentos perdidos. Se nós reouvermos esse dinheiro, compraremos um apartamento de dois quartos. Esperávamos que, com a ajuda da polícia, ele reouvesse as bagagens extraviadas.*

Recair

¶ No sentido de *incidir*, constrói-se com a preposição *em* ou *sobre* – *recair em* ou *sobre algo*:

Se o usufruto recair num patrimônio, ou parte deste, será o usufrutuário obrigado aos juros da dívida que onerar o patrimônio ou parte dele. (CC/2002, art. 1.405)

No caso dos incisos IV e V, só se vencerá a hipoteca antes do prazo estipulado se o perecimento ou a desapropriação recair sobre o bem dado em garantia, e esta não abranger outras; [...] (CC/2002, art. 1.425, § 2º)

Quando a penhora recair em crédito do devedor, o oficial de justiça o penhorará. (CPC, art. 671)

Recair é derivado prefixal do verbo **cair**, cuja flexão adota: *O usufruto recai em coisa singular.*

Recepcionar

¶ No sentido de *revitalizar ou acolher, uma nova Constituição, automaticamente normas anteriores infraconstitucionais compatíveis com ela, apesar de a antecederem, confirmando sua vigência, eficácia e validade*, constrói-se com objeto direto (sujeito na voz passiva) – *recepcionar algo*:

A Constituição da República Federativa do Brasil de 1988 recepcionou, parcial ou totalmente, diversas normas de documentos legislativos anteriores à sua promulgação.

[...], os projetos de lei de consolidação conterão apenas as seguintes alterações: [...] X – supressão de dispositivos não recepcionados pela Constituição em vigor; (Decreto n. 4.176, de 28-3-2002, art. 27, X)

Ao verbo *recepcionar*, na acepção acima, corresponde o substantivo **recepção**. O verbo e o substantivo em apreço também se aplicam ao *ato de um país adotar a ordem jurídica de outro*, bem como ao de um Estado signatário incorporar um tratado internacional ao seu direito interno. (Cfr. Maria Helena Diniz – *Dicionário jurídico*, v. 4.)

¶ No sentido de *receber (por meio de comunicação, remessa, entrega ou transmissão)*, também se constrói com objeto direto (sujeito na voz passiva) – *recepcionar algo*:

Os títulos e documentos de dívida serão recepcionados, distribuídos e entregues na mesma data aos Tabelionatos de Protesto, [...] **(Lei n. 9.492, de 10-9-1997, art. 8º)**

Poderão ser recepcionadas as indicações a protestos das duplicatas mercantis e de prestações de serviços, por meio magnético ou de gravação eletrônica de dados, [...] (Lei n. 9.492, art. 8º, parágrafo único)

Nos dois exemplos acima, o verbo **recepcionar** poderia estar vantajosamente substituído por **receber**, uma vez que aquele tem significação mais específica na linguagem jurídica, como explicitado no primeiro tópico do verbete.

Reclamar

¶ Nas acepções de *exigir, reivindicar, pedir, solicitar,* aparece sob as construções **reclamar** algo (objeto direto; sujeito na voz passiva), **reclamar** *algo* (objeto direto) *de alguém* (objeto indireto) ou **reclamar** *algo* (objeto direto) *a alguém* (objeto indireto):

O senado ergue-se contra essa afronta à moral pública, reclamando os papéis concernentes ao assunto. (Rui Barbosa)

O dono do prédio rústico, ou urbano, que se achar encravado em outro, sem saída pela via pública, fonte ou porto, tem direito a reclamar do vizinho que lhe deixe passagem, [...] (CC/1916, art. 559)

Qualquer dos coerdeiros pode reclamar a universalidade da herança ao terceiro, que indevidamente a possua, [...] (CC/1916, art. 1.580, parágrafo único)

Recobrar

¶ No sentido de *retomar, recuperar,* constrói-se com objeto direto (sujeito na voz passiva) de coisa ou objeto direto de coisa e indireto de pessoa, este com a preposição *de* – **recobrar** *algo,* ou **recobrar** *algo de alguém*:

Se o regime de bens não for o da comunhão universal, o marido recobrará da mulher as despesas, que com a defesa dos bens e direitos particulares desta houver feito. (CC/1916, art. 241)

Já recobrei os gastos que tive com a retomada do imóvel.

Na linguagem atual, o verbo **recobrar** vem substituído por seu sinônimo **recuperar**.

Recomendar

¶ No sentido de *indicar à atenção de alguém, solicitar a atenção de alguém relativamente a determinada pessoa,* aparece, no Direito Processual Penal, sob a construção **recomendar** *alguém* (o réu pronunciado) *em* (na prisão):

Na sentença de pronúncia o juiz declarará o dispositivo legal em cuja sanção julgar incurso o réu, recomendá-lo-á na prisão em que se achar, ou expedirá as ordens necessárias para a sua captura. (CPP, art. 408, § 1º)

1. O juiz, ao *recomendar o réu na prisão em que se achar*, evidentemente não está solicitando que, na prisão, tratem o réu com benevolência ou regalias, mas, sim, que o tenham sob atenta observação, para que não possa evadir-se à ação da justiça.

2. Evite-se a construção *Recomende-se-o na prisão*, pois é incorreta a combinação do pronome (apassivador) *se* com o pronome *o* (*objeto direto*). No caso, as construções corretas seriam: *Recomende-se ele na prisão*; *Recomende-se o réu na prisão*; *Seja ele recomendado na prisão*; ou *Seja o réu recomendado na prisão*. Para explicações mais pormenorizadas sobre o assunto, consulte o livro *Habeas verba – português para juristas*, deste autor, sob o verbete **Se + o, a, os, as (combinações impróprias)**.

Reconvir

¶ No sentido de *intentar, oferecer, propor reconvenção* (contra-ataque movido pelo réu ao autor no mesmo processo em que é demandado, por ocasião da contestação, invertendo-se, assim, a posição dos contendores), constrói-se com objeto indireto de pessoa, com a preposição *a* – ***reconvir a alguém***:

O réu pode reconvir ao autor no mesmo processo, toda vez que a reconvenção seja conexa com a ação principal ou com o fundamento da defesa. (CPC, art. 315)

Não pode o réu, em seu próprio nome, reconvir ao autor, quando este demandar em nome de outrem. (CPC, art. 315, § 1º)

1. Ao verbo *reconvir* correspondem os termos **reconvenção** (acima definido), **reconveniente**, **reconvente** ou **reconvinte** (*a parte que intenta ou propõe reconvenção; reconvinte é a forma mais usual*), e **reconvindo** (particípio de **reconvir**, designa *o autor contra quem se intenta reconvenção*; é o réu da reconvenção e o autor da ação):

Oferecida a reconvenção, o autor reconvindo será intimado na pessoa do seu procurador, para contestá-la no prazo de quinze (15) dias. (CPC, art. 316)

O reconvinte deve ainda declarar o valor da reconvenção; se o não fizer, a contestação não deixa de ser recebida, mas o reconvinte é convidado a indicar o valor, sob pena de a reconvenção não ser atendida. (CPCp, art. 501º, 2)

2. Como sinônimo de *reconvir*, também existe o verbo **reconvencionar**, do qual se formou o termo **reconvencionante**, com o mesmo significado de **reconvinte**. As formas costumeiramente empregadas são, como verbo, **reconvir**, e, como substantivos e adjetivos, **reconvindo** e **reconvinte**.

3. *Reconvir*, formado do prefixo **re** e do verbo **convir**, segue a conjugação de *vir*:

O réu reconveio. Eu reconvim. Esperava-se que o réu reconviesse. Se o réu tivesse reconvindo, [...]

Recorrer

No sentido de *interpor recurso judicial ou administrativo*, aparece sob as seguintes construções:

¶ *intransitivamente* (sem qualquer complemento) – ***recorrer***:

A parte que aceitar expressa ou tacitamente a sentença ou decisão, não poderá recorrer. (CPC, art. 503)

A medida de segurança não será aplicada em segunda instância, quando só o réu tenha recorrido. (Súmula 525 do STF)

¶ com a preposição *de* – ***recorrer** de* (sentença, despacho, etc.):

Se da decisão não se tiver recorrido, ou se ela passar em julgado, apesar dos recursos interpostos, o juiz mandará registrá-la no livro do Registro dos Casamentos. (CC/2002, art. 1.541, § 3º)

A sentença que homologa a repartição das avarias grossas com condenação de cada um dos contribuintes tem força definitiva, e pode executar-se logo, ainda que dela se recorra. (C. Com., art. 793)

O réu não poderá recorrer da pronúncia senão depois de preso, salvo se prestar fiança, nos casos em que a lei a admitir. (CPP, art. 585)

Compete à Procuradoria-Geral da Justiça do Trabalho: [...] f) recorrer das decisões do Tribunal, nos casos previstos em lei; (CLT, art. 746, f)

¶ com a preposição *para* – ***recorrer** para*:

Ainda que o compromisso contenha a cláusula sem recurso e pena convencional contra a parte insubmissa, terá esta o direito de recorrer para o tribunal superior, [...] (CC/1916, art. 1.046)

¶ com as preposições *de* e *para* – ***recorrer** de* (decisão, ato, etc.) *para* (instância mais elevada):

Da decisão do Delegado Regional do Trabalho poderão os interessados recorrer, no prazo de dez (10) dias, para o órgão de âmbito nacional competente em matéria de segurança e medicina do trabalho, [...] (CLT, art. 161, § 3º)

Emprega-se também o particípio, **recorrido**, para indicar o Tribunal de cuja decisão é interposto o recurso, a parte contra a qual ou em face da qual se interpõe recurso, ou a decisão de que se recorre:

O julgamento proferido pelo tribunal substituirá a sentença ou a decisão recorrida no que tiver sido objeto de recurso. (CPC, art. 512)

Se o recorrido for o réu, será intimado do prazo na pessoa do defensor. (CPP, art. 588, parágrafo único)

¶ No sentido de *apelar, dirigir-se a alguém pedindo socorro, proteção*, aparece construído com as preposições *a* e *para* – ***recorrer** a* (alguém) *para* (indicação da finalidade do ato):

Divergindo os pais quanto ao exercício do poder familiar, é assegurado a qualquer deles recorrer ao juiz para solução do desacordo. (CC/2002, art. 1.631)

Recursar

¶ Empregado no sentido de *recorrer, interpor recurso judicial ou administrativo*, aparece construído intransitivamente – *recursar*:

Todos poderão recursar em liberdade, pois são primários, compareceram a todos os atos do processo e têm residência fixa. (Juiz de Direito Ernane Barbosa Neves, TAMG, RT-717, p. 449)

Trata-se de neologismo já registrado no *VOLP/09*. Em seu lugar, recomenda-se, todavia, usar a forma **recorrer**, de longa tradição no idioma e consagrada na linguagem técnico-jurídica.

Redarguir

¶ Empregado nas acepções de *replicar argumentando, refutar justificando, contraditar arguindo, retrucar,* constrói-se intransitivamente, com objeto direto (representado por oração introduzida por *que*), objeto indireto introduzido pela preposição *a* ou com objeto direto e indireto – **redarguir, redarguir** *que*, **redarguir** *a* ou **redarguir** *a alguém* ou *algo que*:

Embora se considerasse ofendido, não redarguiu.
Como questionassem minha posição, redargui que agia de acordo com a consciência.
O Procurador-Geral de Justiça, em manifestação final, redarguiu às objeções da defesa e reiterou o pedido inicial.
O deputado redarguiu com veemência ao seu opositor.
Pedi a palavra e redargui ao acusador que jamais proferira tais palavras.

Redibir

¶ Empregado no sentido de *tornar nula ou sem efeito a compra e venda da coisa em que se descobre vício oculto, e que é, por isso, devolvida ao vendedor,* constrói-se com objeto direto (sujeito na voz passiva) – **redibir** *algo*:

Em vez de rejeitar a coisa, redibindo o contrato (art. 441), pode o adquirente reclamar abatimento no preço. (CC/2002, art. 442)

Redibir origina-se do verbo latino **redhibere**, que, por sua vez, é formado do prefixo **re** (indica *movimento para trás, repetição*) e do verbo **habere** (ter, possuir, entrar de posse de, receber). Correspondem-lhe os termos **redibição** (resolução ou desfazimento, por via judicial, da compra da coisa móvel ou semovente que apresenta defeito oculto ou não declarado pelo vendedor) e **redibitório** (que se refere ou é concernente à redibição; que tem por objeto a redibição):

Se a coisa foi vendida em hasta pública, não cabe a ação redibitória, nem a de pedir abatimento no preço. (CC/1916, art. 1.106)

Redundar

¶ No sentido de *reverter, converter-se, vir a dar, ser causa de, resultar em,* aparece sob a construção **redundar** *em algo,* ou **redundar** *em algo a* (ou *para*) *alguém*:

Aplica-se, outrossim, a disposição do artigo antecedente, quando a gestão se proponha a acudir a prejuízos iminentes, ou redunde em proveito do dono do negócio ou da coisa; [...] (CC/2002, art. 870)

A parte e o terceiro se escusam de exibir, em juízo, o documento ou coisa: [...] III – se a publicidade do documento redundar em desonra à parte ou ao terceiro, bem como a seus parentes consanguíneos ou afins até o terceiro grau; [...] (CPC, art. 363, III)

Reduzir

¶ Dentre outras acepções sob as quais aparece, este verbo, na linguagem forense, é empregado na expressão **reduzir** *(alguma coisa) a termo,* que significa *fazer constar, escrever, registrar no processo (nos autos) alguma coisa* (um depoimento, o resultado de uma vistoria, etc.):

A partilha amigável, lavrada em instrumento público, reduzida a termo nos autos do inventário ou constante de escrito particular homologado pelo juiz, pode ser anulada, por dolo, coação, erro essencial ou intervenção de incapaz. (CPC, art. 1.029)

Termo, na expressão **reduzir** *a termo* e em outras similares, significa *registro escrito de um ato processual*. Assim, *lavrar um termo* é *anotar, registrar* (nos autos) *algo que sucedeu*.

Reembolsar

No sentido de *indenizar, compensar, satisfazer pelo pagamento o que é devido*, aparece sob as seguintes construções:

¶ objeto direto (sujeito na voz passiva) de pessoa – *reembolsar alguém*:

O pagamento feito por terceiro, com desconhecimento ou oposição do devedor, não obriga a reembolsar aquele que pagou, se o devedor tinha meios para ilidir a ação. (CC/2002, art. 306)

Se o locador antecipar os pagamentos, a ele pertencerão as vantagens daí advindas, salvo se o locador reembolsá-lo integralmente. (Lei n. 8.245, de 18-10-1991, art. 25, parágrafo único)

¶ objeto direto (sujeito na voz passiva) de pessoa e indireto de coisa, com a preposição *de* – *reembolsar alguém de alguma coisa*. É a construção mais usual:

O mandante é obrigado: [...] c) A reembolsar o mandatário das despesas feitas que este fundadamente tenha considerado indispensáveis, [...] (CCp, art. 1167°, c)

O adquirente a título oneroso ou gratuito é obrigado a reembolsar o alienante do que este tiver despendido na satisfação dos encargos da herança e a pagar-lhe o que a herança lhe dever. (CCp, art. 2129°, 2)

¶ objeto direto (sujeito na voz passiva) de coisa e indireto de pessoa, com a preposição *a* – *reembolsar alguma coisa a alguém*:

Se o negócio for utilmente administrado, cumprirá ao [sic] dono as obrigações contraídas em seu nome, reembolsando ao gestor as despesas necessárias ou úteis que houver feito, com os juros legais, desde o desembolso, [...] (CC/2002, art. 869)

No exemplo acima, é incorreta a presença da preposição *a* combinada com o artigo *o*, na sequência *[...], cumprirá ao dono as obrigações [...]*, porquanto o termo *o dono* é o sujeito da forma verbal *cumprirá*, que tem por objeto direto o termo *as obrigações: [...], cumprirá o dono* (sujeito) *as obrigações* (objeto direto) *[...]*. Na redação do dispositivo correspondente do CC/1916 (art. 1.339) não constava essa preposição. Trata-se, pois, de outra mudança para pior.

[...]; faltando a coisa [objeto de usurpação ou esbulho], *dever-se-á reembolsar o seu equivalente ao prejudicado.* (CC/2002, art. 952)

¶ No sentido de *receber de volta o que se despendeu, ressarcir-se do gasto feito*, constrói-se pronominalmente (reflexivo), com objeto indireto de coisa introduzido pela preposição *de* – ***reembolsar-se*** *de alguma coisa*:

O terceiro não interessado, que paga a dívida em seu próprio nome, tem direito a reembolsar-se do que pagar; [...] (CC/2002, art. 305)

O mandatário tem sobre a coisa de que tenha a posse em virtude do mandato, direito de retenção, até se reembolsar do que no desempenho do cargo despendeu. (CC/2002, art. 681)

Reformar

¶ Empregado no sentido processual de *modificar, o juiz que a prolatou ou magistrado de instância superior, total ou parcialmente, uma decisão ao apreciar o recurso interposto pela parte inconformada*, constrói-se com objeto direto (sujeito na voz passiva) – ***reformar*** *algo*:

Indeferida a petição inicial, o autor poderá apelar, facultado ao juiz, no prazo de 48 (quarenta e oito) horas, reformar sua decisão. (CPC, art. 296)

[...] – VIII – mantida a decisão apelada ou agravada, o escrivão remeterá os autos ou o instrumento à superior instância dentro de vinte e quatro horas, independentemente de novo pedido do recorrente; se a reformar, a remessa dos autos dependerá de pedido expresso da parte interessada [...] (ECA, art. 198, VIII)

Reinquirir

¶ Empregado no sentido de *tornar a inquirir ou interrogar, sobre o mesmo assunto, a mesma pessoa que já havia prestado depoimento*, tem a mesma construção do verbo primitivo, *inquirir* – ***reinquirir*** *alguém* (objeto direto; sujeito na voz passiva), ou ***reinquirir*** *alguém sobre* (ou *a respeito de, acerca de*) *algo*:

Serão reinquiridas as mesmas testemunhas; [...] (CPC, art. 1.066, § 1º)

A autoridade policial pretende reinquirir algumas testemunhas a respeito do sequestro.

Reintegrar

¶ Nas acepções de *restituir ao primeiro estado, restabelecer alguém na posse da coisa ou do direito de que fora privado ou espoliado, repor o funcionário na posse e gozo do cargo de que havia sido exonerado*, constrói-se com objeto direto (sujeito na voz passiva) de pessoa, ou com objeto direto de pessoa e indireto de coisa, com a preposição *em* – ***reintegrar*** *alguém*, ou ***reintegrar*** *alguém em alguma coisa*:

Demitiram-no, mas, em obediência a ordem judicial, acabaram reintegrando-o.

O novo diretor reintegrou nas cátedras os professores demitidos. (Aurélio Buarque de Holanda Ferreira)

Na LEP, art. 25, I, aparece a construção *reintegrar alguém a alguma coisa*:

A assistência ao egresso consiste: I – na integração e apoio para reintegrá-lo à vida em liberdade.

Reivindicar

¶ No sentido de *afirmar alguém o seu domínio sobre determinada coisa e procurar, por via judicial, reavê-la da pessoa que se acha na posse dela injustamente,* aparece sob a construção **reivindicar** *alguma coisa* (objeto direto; sujeito na voz passiva) *de alguém* (objeto indireto):

Cada condômino pode usar da coisa conforme sua destinação, sobre ela exercer todos os direitos compatíveis com a indivisão, reivindicá-la de terceiro, [...] (CC/2002, art. 1.314)

Qualquer que seja o regime de bens, tanto o marido quanto a mulher podem livremente: [...] V – reivindicar os bens comuns, móveis ou imóveis, doados ou transferidos pelo outro cônjuge ao concubino, [...] (CC/2002, art. 1.642)

O legatário pode reivindicar de terceiro a coisa legada, contanto que esta seja certa e determinada. (CCp, art. 2279°)

Reivindicar origina-se do genitivo do substantivo latino **res** (coisa; no caso, da coisa) e do verbo **vindicare** (reclamar em juízo). **Reivindicação** é, assim, literalmente, a *reclamação judicial da coisa*. Denomina-se **reivindicante**, ou **reivindicador**, *aquele que reivindica;* **reivindicando**, *aquele contra quem se faz uma reivindicação;* e **reivindicado**, o objeto sobre o qual recai a reivindicação de propriedade.

Relaxar

¶ Nas acepções de *relevar culpa, suspender, voluntariamente, a execução de pena ou corretivo imposto ou prisão ilegal, não fazer cumprir ordem ou determinação própria,* constrói-se com objeto direto (sujeito na voz passiva) de coisa – **relaxar** *algo*:

Na vigência do estado de defesa: I – a prisão por crime contra o Estado, determinada pelo executor da medida, será por este comunicada imediatamente ao juiz competente, que a relaxará, se não for legal, [...] (CRFB, art. 136, § 3°, I)

Caberá recurso, no sentido estrito, da decisão, despacho ou sentença: [...] V – que conceder, negar, arbitrar, cessar ou julgar inidônea a fiança, indeferir requerimento de prisão preventiva ou relaxar prisão em flagrante; (CPP, art. 581, V)

Relaxar origina-se do verbo latino **relaxare**, que tem a significação básica de *afrouxar, alargar, desapertar* (laços).

Relegar

¶ No sentido de *manter ou pôr em estado ou situação inferior, colocar em plano inferior no tempo ou no espaço, abandonar, protelar,* constrói-se com objeto direto (sujeito na voz passiva), ou objeto direto e indireto, este com as preposições *a* ou *para* – **relegar** *algo* ou *alguém* (pouco usual), ou **relegar** *alguém* ou *algo a* ou *para*:

Com a vinda do novo profissional, os habitantes da vila relegaram os mais velhos.

Após um breve sucesso, o jovem escritor foi relegado ao esquecimento pelos leitores.

Muitos profissionais da área jurídica relegam para plano secundário os cuidados com a clareza e a precisão de seus textos.

Certos políticos costumam relegar a plano secundário sentimentos de ética e nacionalismo.

Relegaram para plano secundário o que respeita à moralidade e à virtude. (Ernesto Carneiro Ribeiro)

Cansado e irritado, relegou a solução do problema para depois das férias de verão.

Relegar origina-se do verbo latino **relegare**, com as acepções de *afastar, mandar para longe, banir; fazer recair em, imputar.* Os dicionários brasileiros atribuem-lhe somente sinônimos de sentido negativo, pejorativo. Daí por que é questionável seu emprego nos exemplos a seguir – colhidos em decisões monocráticas e plurais, em que o verbo, sob a construção **relegar** algo para, aparece nas acepções de *deixar a cargo de, deixar para, adiar,* sem a referida conotação pejorativa:

A Lei n. 9.605-98 previu, entre as penalidades aplicáveis às infrações de ordem administrativa, as sanções de multa diária e multa simples, relegando à [deixando a cargo da] norma regulamentadora sua fixação.

Por se tratar de questão substantiva, relego [adio] seu exame para a decisão do mérito da causa.

Trata-se, no caso, de uma semântica nova atribuída ao verbo **relegar**. O tempo e o uso decidirão de sua validade.

Relevar

¶ Nas acepções de *perdoar, dispensar de, eximir de uma obrigação ou prestação,* constrói-se com objeto direto (sujeito na voz passiva) de coisa, com objeto direto de coisa e indireto de pessoa, este com a preposição *a*, ou com objeto direto de pessoa e indireto de coisa, este com a preposição *de* – **relevar** algo, **relevar** algo a alguém ou **relevar** alguém de algo:

O pagamento parcial feito por um dos devedores e a remissão por ele obtida não aproveitam aos outros devedores, senão até à ocorrência da quantia paga ou relevada. (CC/2002, art. 277)

Provando o apelante justo impedimento, o juiz relevará a pena de deserção, fixando-lhe prazo para efetuar o preparo. (CPC, art. 519)

Não podemos relevar ao procurador um erro dessa natureza.

A cláusula inserta na apólice – 'valha mais ou valha menos' – não releva o segurado da condenação por fraude; [...] (C. Com., art. 701)

¶ No sentido de *ser de relevo ou importância, importar, interessar,* constrói-se intransitivamente, ou com objeto indireto introduzido pela preposição *para* – algo **releva**, ou algo **releva** para:

A condenação a que se referem as alíneas a e b do artigo anterior pode ser posterior à abertura da sucessão, mas só o crime anterior releva para o efeito. (CCp, art. 2035º, 1)

A confissão extrajudicial só releva quando for realizada por escrito. (CCp, art. 313º, 2)

Releva [= importa, é necessário, é conveniente] *notar que a vítima não era menor, pois contava 23 anos por ocasião do óbito.*

Ao verbo **relevar**, no sentido acima, corresponde o adjetivo **relevante** (importante, apreciável): *Estando dependente de condição suspensiva a instituição de herdeiro ou a nomeação de legatário, é relevante o crime cometido até à verificação da condição.* (CCp, art. 2035º, 2)

Remir

¶ Empregado no sentido de *livrar de ônus, de obrigação, de execução, readquirir, resgatar (por dinheiro), livrar (pagando um preço)*, constrói-se com objeto direto (sujeito na voz passiva) de coisa – *remir, remir algo*:

Os sucessores do devedor não podem remir parcialmente o penhor ou a hipoteca na proporção dos seus quinhões; [...] (CC/2002, art. 1.429)

Antes de arrematados ou adjudicados os bens, pode o devedor, a todo tempo, remir a execução, [...] (CPC, art. 651)

O direito a remir será exercido no prazo de vinte e quatro (24) horas,[...] (CPC, art. 788 – revogado)

No exemplo acima, a construção intransitiva do verbo *remir* tem explicação no fato de, pelo contexto, se subentender facilmente o objeto direto, explicitado no artigo anterior (CPC, art. 787).

Para remir o imóvel hipotecado, o adquirente requererá, no prazo legal, a citação dos credores hipotecários propondo, para a remição, no mínimo, o preço por que adquiriu o imóvel. (Lei n. 6.015, de 31-12-1974, art. 266)

O condenado que cumpre a pena em regime fechado ou semiaberto poderá remir, pelo trabalho, parte do tempo de execução da pena. (LEP, art. 126)

1. **Remir** é forma evoluída de **redimir**, que se origina do verbo latino **red<u>i</u>mere**. Este, por sua vez, é formado do prefixo **re(d)** (movimento para trás, repetição) e do verbo **emere** (*comprar*). **Redimere** significa, pois, etimologicamente, *resgatar, reaver por compra* (uma coisa vendida).

2. Ao verbo **re(di)mir** corresponde o substantivo **remição** (resgate, pagamento, liberação de um ônus, de um direito, de uma obrigação, etc.):

Concorrendo à remição vários pretendentes, preferirá o que oferecer maior preço; [...] (CPC, art. 789)
Constitui o crime do art. 299 do Código Penal declarar ou atestar falsamente prestação de serviço para fim de instruir pedido de remição. (LEP, art. 130)

3. Para a maioria dos autores (gramáticos, dicionaristas, etc.) *remir* é verbo defectivo, tendo apenas as formas em que o **m** da raiz é seguido de *i*: *remimos; remiu, remiram; remisse, remissem;* etc. As formas que faltam podem ser supridas com as do verbo sinônimo *redimir*. Há, todavia, autores (p. ex.: Albertina Fortuna Barros e Zélio dos Santos Jota – *Verbos*, p. 233 e 234) que advogam o emprego de *remir* em todas as suas formas, dando-lhe flexão idêntica à do verbo **agredir**: *rimo, rimes, rime, remimos, remis, rimem;* etc.

4. Consulte o livro *Habeas verba – português para juristas*, deste autor, sob o verbete **Remição – Remissão – Remisso**, especialmente a nota 1, a respeito da forma errônea *remissão*, em lugar de *remição*, para designar o ato de *remir, resgatar*, equívoco registrado no CC/1916 e repetido, lastimavelmente, em alguns artigos do CC/2002, nos casos em que se aproveitou, *ipsis litteris*, a redação dos artigos correspondentes daquele Código.

Remitir

¶ Empregado no sentido de *renunciar total ou parcialmente ao direito a certo crédito, exonerando o devedor da obrigação, perdoar, relevar a dívida*, constrói-se com objeto direto (sujeito na voz passiva) de coisa – *remitir alguma coisa*:

Se um dos credores remitir a dívida, a obrigação não ficará extinta para com os outros; mas estes só a poderão exigir, descontada a quota do credor remitente. (CC/2002, art. 262)

Remitente designa a pessoa que *remite*, que concede a *remissão*, que dá quitação graciosa. É sinônimo de *remissor*.

O credor pode remitir a dívida por contrato com o devedor. (CCp, art. 863º, 1)

1. **Remitir** origina-se do verbo latino **remittere**, que, entre suas inúmeras acepções, apresenta estas: *enviar, remeter, mandar; fazer voltar, reenviar, tornar a mandar; despedir, deixar ir, licenciar, renunciar a; perdoar, remitir; afrouxar, relaxar, diminuir, abrandar, enfraquecer, negligenciar.*

2. Ao verbo **remitir**, no sentido de *perdoar, relevar a dívida*, etc., corresponde o substantivo **remissão** (perdão, indulgência, absolvição, liberação graciosa de ônus ou dívida, renúncia a direitos creditórios):

A remissão concedida a um dos codevedores extingue a dívida na parte a ele correspondente, [...] (CC/2002, art. 285)

Extingue-se a execução quando: [...] II – o devedor obtém, por transação ou por qualquer outro meio, a remissão total da dívida; (CPC, art. 794, II)

A lei pode autorizar a autoridade administrativa a conceder, por despacho fundamentado, remissão total ou parcial do crédito tributário, [...] (CTN, art. 172)

Quando tiver o carácter de liberalidade, a remissão por negócio entre vivos é havida como doação, na conformidade dos artigos 940º e seguintes. (CCp, art. 863º, 2)

3. Diretamente ao verbo latino **remittere**, no sentido de *enviar, remeter*, se liga o substantivo **remissão** com o significado de *remessa, envio, ato ou efeito de remeter ou enviar* (em texto):

Quando, nos termos dos artigos precedentes, se houver de aplicar a lei estrangeira, ter-se-á em vista a disposição desta, sem considerar-se qualquer remissão por ela feita a outra lei. (LINDB, art. 16)

4. Ainda diretamente ao verbo latino **remittere**, no sentido de *afrouxar, relaxar, negligenciar*, se liga o adjetivo participial **remisso** (negligente, descuidado, relaxado, relapso; inadimplente de mora):

Não serão admitidos a lançar em nova praça ou leilão o arrematante e o fiador remissos. (CPC, art. 695, § 3º)

Não integralizada a quota de sócio remisso, os outros sócios podem [...] tomá-la para si ou transferi-la a terceiros, [...] (CC/2002, art. 1.058)

5. O verbo **remitir** também é empregado nas acepções de *perder a intensidade, diminuir, mitigar-se, afrouxar-se, acalmar-se*. No caso, aparece construído com objeto direto, intransitivamente ou pronominalmente: *As fortes chuvas remitiram o calor. A febre remitiu. A dor remitiu-se.* Nessas acepções, ao verbo **remitir** também corresponde o substantivo **remissão**, com o sentido específico, na área médica, de: *diminuição temporária dos sintomas de uma doença*. Ex.: *O estado depressivo do empregado, afirma o perito, está em remissão.*

Render

¶ Nas acepções de *ocupar, durante certo tempo, o lugar, a função de alguém, substituir; obrigar a entregar-se, a capitular, sujeitar*, constrói-se com objeto direto (sujeito na voz passiva) – **render** *alguém*:

O depoente rendia [substituía] um senhor que trabalhava na Casa de Bombas 1.
Dois policiais civis renderam [sujeitaram] os sequestradores.

Renunciar

Nas acepções de *não querer mais, abandonar espontaneamente, desistir de, resignar,* aparece sob as seguintes construções:

¶ com objeto direto (sujeito na voz passiva) de coisa – *renunciar alguma coisa*:

Pode o credor não exercer, porém lhe é vedado renunciar o direito a alimentos, [...] (CC/2002, art. 1.707)

Não aproveita este benefício ao fiador: I – se ele o renunciou expressamente; (CC/2002, art. 828, I)

O direito de queixa não pode ser exercido quando renunciado expressa ou tacitamente. (CP, art. 104)

O direito a alimentos não pode ser renunciado ou cedido, bem que estes possam deixar de ser pedidos e possam renunciar-se as prestações vencidas. (CCp, art. 2008º, 1)

¶ com objeto indireto de coisa introduzido pela preposição *a* – *renunciar a alguma coisa*:

O credor pode renunciar à solidariedade em favor de um, de algum ou de todos os devedores. (CC/2002, art. 282)

Renunciando o afretador ao contrato antes de começarem a correr os dias suplementares da carga, será obrigado a pagar metade do frete e primagem. (C. Com., art. 594)

A diferença entre *fretador* e *afretador*: *[...] Entende-se por fretador o que dá, e por afretador o que toma a embarcação a frete.* (C. Com., art. 566)

O advogado poderá, a qualquer tempo, renunciar ao mandato, [...] (CPC, art. 45)

Ninguém pode renunciar, no todo ou em parte, à sua capacidade jurídica. (CCp, art. 69º)

A procuração extingue-se quando o procurador a ela renuncia, ou quando cessa a relação jurídica que lhe serve de base, [...] (CCp, art. 265º, 1)

¶ intransitivamente (sem qualquer complemento) – *renunciar*:

Extingue-se o penhor: [...] III – renunciando o credor. (CC/2002, art. 1.436)

No CC/1916, havia nítida preferência pelo regime indireto do verbo *renunciar*: dezenove entre os vinte e dois exemplos anotados. No CC/2002, há um relativo equilíbrio entre o regime direto e o indireto: oito exemplos deste e dez daquele, entre os dezenove anotados, havendo um do regime intransitivo. No CCp, predomina o regime indireto: vinte dos vinte e dois exemplos colhidos. Atualmente, nos textos jurídicos e forenses em geral, prevalece o regime indireto.

Repetir

¶ No sentido de *vindicar, reclamar, recuperar por via judiciária aquilo que se pagou sem causa legítima, ou por erro, ou a mais do que era devido*, constrói-se com objeto direto (sujeito na voz passiva) de coisa, ou com objeto direto de coisa e indireto de pessoa, este com a preposição *de* – *repetir* alguma *coisa*, ou *repetir* alguma coisa de alguém:

Não se pode repetir o que se pagou para solver dívida prescrita, ou cumprir obrigação judicialmente inexigível. (CC/2002, art. 882)

O devedor que paga juros não estipulados não pode repeti-los, salvo excedendo a taxa da lei; e neste caso só pode repetir o excesso, ou imputá-lo no capital. (C. Com., art. 251 – revogado)

O associado que por qualquer forma deixar de pertencer à associação não tem direito de repetir as quotizações que haja pago e perde o direito ao patrimônio social, [...] (CCp, art. 181º)

O fiador que, nos termos do número anterior, perder o seu direito contra o devedor pode repetir do credor a prestação feita, como se fosse indevida. (CCp, art. 645º, 2)

Ao verbo *repetir*, no sentido acima, corresponde o substantivo **repetição** (ação de ressarcimento, atribuída à pessoa que pagou indevidamente ou que cumpriu obrigação de outrem, para reclamar do suposto credor o que pagou sem dever fazê-lo, ou do verdadeiro devedor, a quem competia o pagamento):

Não terá direito à repetição aquele que deu alguma coisa para obter fim ilícito, imoral, ou proibido por lei. (CC/2002, art. 883)

¶ No sentido de *renovar, fazer novamente*, constrói-se com objeto direto (sujeito na voz passiva) de coisa – *repetir* alguma coisa:

[...]; d) na apuração de antiguidade, o tribunal somente poderá recusar o juiz mais antigo pelo voto de dois terços de seus membros, conforme procedimento próprio, repetindo-se a votação até fixar-se a indicação; (CRFB, art. 93, II, *d*)

Se por qualquer motivo cessar a medida, é defeso à parte repetir o pedido, salvo por novo fundamento. (CPC, art. 808, parágrafo único)

Se o desaparecimento dos autos tiver ocorrido depois da produção das provas em audiência, o juiz mandará repeti-las. (CPC, art. 1.066)

Repor

¶ No sentido de *devolver, restituir*, ou, mais precisamente, *fazer a(s) torna(s)* (compensação em dinheiro, ou coisa apreciável, que o coerdeiro, favorecido na partilha com o pagamento de bens de maior valor, dá a outros coerdeiros, para igualar os quinhões), constrói-se com objeto direto (sujeito na voz passiva) de coisa e indireto de pessoa, este com a preposição *a* – *repor* alguma coisa a alguém:

Não se fará a venda judicial se o cônjuge sobrevivente ou um ou mais herdeiros requererem lhes seja adjudicado o bem, repondo aos outros, em dinheiro, a diferença, após avaliação atualizada. (CC/2002, art. 2.019, § 1º)

O ato de *repor*, no sentido acima, denomina-se **reposição**, ou **torna(s)**:

As tornas em dinheiro, quando não sejam logo efectuados os pagamentos, estão sujeitas a actualização nos termos gerais. (CCp, art. 2029º, 3)

Representar

¶ No sentido de *expor, por escrito, à autoridade competente, ou ao superior hierárquico, certos fatos, faltas ou irregularidades de terceiro que exigem providências*, toma a construção **representar** *a alguém*, ou **representar** *a alguém sobre alguma coisa* (objeto da representação) ou *para alguma coisa* (finalidade da representação):

O controle externo, a cargo do Congresso Nacional, será exercido com o auxílio do Tribunal de Contas da União, ao qual compete: [...] XI – representar ao Poder competente sobre irregularidades ou abusos apurados. (CRFB, art. 71, XI)

Ao Conselho Nacional de Política Criminal e Penitenciária, no exercício de suas atividades, em âmbito federal ou estadual, incumbe: [...] IX – representar ao juiz da execução ou à autoridade administrativa para instauração de sindicância ou procedimento administrativo, em caso de violação das normas referentes à execução penal; X – representar à autoridade competente para a interdição, no todo ou em parte, de estabelecimento penal. (LEP, art. 64, IX e X)

¶ No sentido de *apresentar reclamação, fazer queixa fundada contra determinada pessoa*, assume a construção **representar** *contra alguém*, ou **representar** *a alguém contra outrem*:

Qualquer das partes ou o órgão do Ministério Público poderá representar ao Presidente do Tribunal de Justiça contra o juiz que excedeu os prazos previstos em lei. [...] (CPC, art. 198)

Compete, ainda, aos Tribunais Regionais, ou suas Turmas: [...] f) requisitar às autoridades competentes as diligências necessárias ao esclarecimento dos feitos sob apreciação, representando contra aquelas que não atenderem a tais requisições; (CLT, art. 680, f)

A autoridade administrativa, a partir da data em que tiver ciência da prática de crime relacionado com o serviço postal ou com o serviço de telegrama, é obrigada a representar, no prazo de 10 (dez) dias, ao Ministério Público Federal contra o autor ou autores do ilícito penal, [...] (Lei n. 6.538, de 22-6-1978, art. 45)

¶ No sentido de *substituir alguém, agir como **representante***, constrói-se com objeto direto (sujeito na voz passiva) de pessoa – **representar** *alguém*:

É facultado ao empregador fazer-se representar na audiência pelo gerente, ou por qualquer outro preposto que tenha conhecimento do dissídio, [...] (CLT, art. 861)

Os antigos juízes classistas da Justiça do Trabalho representavam, paritariamente, empregadores e empregados.

Repristinar

¶ Empregado no sentido de *restituir ao valor, caráter ou estado primitivo, prístino, retornar ao antigo, voltar ao passado*, ou, mais precisamente, *adotar preceito que já não se encontrava em voga*, constrói-se com objeto direto (sujeito na voz passiva) de coisa – ***repristinar*** *alguma coisa* (lei, preceito, norma, etc.):

O Supremo Tribunal Federal repristinou norma que vigorava sob a Constituição de 1946.

Ao cabo de um tempo mais ou menos longo, muito em breve a meu ver, a igualdade na união (conjugal) repristinará o único princípio que faz desaparecer a desordem, isto é, a força. (H. Coulon)

Repristinar origina-se do prefixo latino **re** (movimento para trás, repetição) e do adjetivo, também do latim, **pr**i**stinus** (antigo, precedente, primitivo). Assim, na língua latina, existem as expressões *in pristinum statum red*i*re* (voltar ao seu primitivo estado), *in pr*i*stinum restit*u*ere* (restabelecer, restituir ao antigo), etc. O *VOLP/09* registra, além do verbo **repristinar**, os termos **repristinação, repristinado, repristinador, repristinamento, repristinante, repristinável** e **repristinatório**.

Reputar

¶ No sentido de *julgar, ter, reconhecer como certo, considerar convictamente,* constrói-se com objeto direto (sujeito na voz passiva) + predicativo do objeto (predicativo do sujeito na voz passiva) – ***reputar*** *algo* + *termo* (nome, expressão) *designativo de qualidade, estado,* etc.:

Reputar-se-á celebrado o contrato no lugar em que foi proposto. (CC/2002, art. 435)

[...] Não sendo cumprido o despacho dentro do prazo, se a providência couber: [...] II – ao réu, reputar-se-á revel; (CPC, art. 13, II)

Anulado o ato, reputam-se de nenhum efeito todos os atos subsequentes, que dele dependam; (CPC, art. 249)

Não sendo requerida a escusa no prazo estabelecido neste artigo, reputar-se-á renunciado o direito de alegá-la. (CPC, art. 1.192, parágrafo único)

Expressões usuais:

¶ ***Reputar*** *como próprio*: ter a convicção de que é próprio.

¶ ***Reputar*** *como filho*: ter a certeza de que é filho.

1. Reputar origina-se do verbo latino **reput**a**re** (fazer e refazer as contas, calcular; e daí, por extensão: refletir, examinar), que, por sua vez, se compõe do prefixo **re** (repetição, reiteração) + o verbo **put**a**re** (verificar uma conta; e daí, por extensão: contar, calcular; depois: avaliar; e, finalmente, por generalização: julgar, pensar).

2. Em face do sentido etimológico dos dois verbos, faz sentido aplicar o verbo **presumir** às presunções relativas (*iuris tantum*), reservando o verbo **reputar** às presunções absolutas (*iuris et de iure*). Confira os verbetes **Considerar** e **Presumir**.

Os médicos e os educadores reputam indispensável uma campanha de conscientização dos jovens sobre os danos que o fumo causa à saúde do organismo.

Requerer

¶ Nas acepções de *postular ou reclamar em juízo, por meio de petição, peticionar, pleitear, reivindicar,* constrói-se com objeto direto (sujeito na voz passiva) de coisa, ou com objeto direto de coisa e indireto de pessoa, este com a preposição *a* – *requerer alguma coisa*, ou *requerer alguma coisa a alguém*. O objeto direto pode ser expresso por substantivo ou por oração substantiva:

Os que, por motivos exclusivamente políticos, foram cassados ou tiveram seus direitos políticos suspensos no período de 15 de julho a 31 de dezembro de 1969 [...] poderão requerer ao Supremo Tribunal Federal o reconhecimento dos direitos e vantagens interrompidos pelos atos punitivos, [...] (CRFB, ADCT, art. 9º)

O depósito requerer-se-á no lugar do pagamento, [...] (CC/2002, art. 337)

Ao depositário será facultado, outrossim, requerer depósito judicial da coisa, quando, por motivo plausível, não a possa guardar, [...] (CC/2002, art. 635)

Poderá o possuidor requerer ao juiz seja declarada adquirida, mediante usucapião, a propriedade imóvel. (CC/2002, art. 1.241)

O testamenteiro nomeado, ou qualquer parte interessada, pode requerer, assim como o juiz pode ordenar, de ofício, ao detentor do testamento que o leve a registro. (CC/2002, art. 1.979)

A testemunha pode requerer ao juiz o pagamento da despesa que efetuou para comparecimento à audiência, [...] (CPC, art. 419)

Nos casos previstos no número antecedente, qualquer interessado tem a faculdade de requerer ao tribunal a fixação de um prazo para a repartição da herança ou do legado ou nomeação do legatário, [...] (CCp, art. 2182º, 3)

¶ No sentido de *exigir, alguma coisa, determinadas condições para sua validade, ou a obtenção de resultados,* constrói-se com objeto direto (sujeito na voz passiva) – *requerer algo*:

O contrato de constituição de renda requer escritura pública. (CC/2002, art. 807)

Aquele trabalho requer grande concentração.

1. **Requerer** origina-se do verbo latino **requ**i**rere** (ü), que, por sua vez, é composto do prefixo **re** (ideia de *repetição*) e do verbo **quaero**, **qu**a**erere** (buscar, procurar, andar à cata de, em busca de, aspirar a).

2. *Requerer*, composto de **querer**, conjuga-se como este no presente do indicativo (exceto na primeira pessoa do singular, *requeiro*), no presente do subjuntivo e nos imperativos. Nos demais tempos, flexiona-se como verbo regular da segunda conjugação (como **vender**, portanto): eu *requeri*, ele *requereu*; quando eu *requerer*, quando nós *requerermos*; se eu *requeresse*, se eles *requeressem*; eu *tenho requerido*; etc.

Requisitar – Requestar

¶ *Requisitar* tem a significação técnica de *pedir ou exigir com autoridade pública (a prestação de um serviço, a entrega de um bem,* etc.). Constrói-se com objeto direto (sujeito na voz passiva) de coisa, ou com objeto direto de coisa e indireto de pessoa, este com a preposição *a* ou *de* – *requisitar algo*, ou *requisitar algo a* ou *de alguém*. O objeto direto pode ser expresso por substantivo ou por oração substantiva:

O juiz requisitará às repartições públicas em qualquer tempo ou grau de jurisdição: I – as certidões necessárias à prova das alegações das partes; (CPC, art. 399, I)

[...], o juiz requisitará à autoridade policial que proceda à arrecadação e ao arrolamento dos bens. (CPC, art. 1.148)

No curso do processo, e depois de subirem os autos conclusos para sentença, o juiz poderá, dentro em cinco dias, requisitar de autoridades ou de repartições todos os esclarecimentos para a restauração. (CPP, art. 544)

Foi necessário requisitar força, e veio um sargento com oito homens garantir o trabalho. (Coelho Neto)

Compete, ainda, privativamente, aos Tribunais Regionais: [...] XII – requisitar a força necessária ao cumprimento de suas decisões e solicitar ao Tribunal Superior a requisição de força federal; (CE, art. 30, XII)

1. *Requisitar* origina-se do prefixo latino **re** (ideia de *repetição*) e do verbo **quaesitare**, forma frequentativa (que exprime ação repetida ou frequente) de **quaeso, qua̱erere** (buscar, procurar, pedir, pedir com instância).

2. A par da forma erudita *requisitar*, predominante na linguagem jurídica, existe a variante *requestar*, com a acepção, entre outras, de *solicitar, pedir com insistência: Devido às constantes ameaças dos traficantes de drogas, o jornalista requestou proteção à polícia.*

Resguardar

¶ No sentido de *defender, pôr a salvo, proteger, garantir*, constrói-se com objeto direto (sujeito na voz passiva) de pessoa e indireto de coisa, este com a preposição *de* – *resguardar alguém de alguma coisa*:

O locador resguardará o locatário dos embaraços e turbações de terceiros, que tenham ou pretendam ter direito sobre a coisa alugada, [...] (CC/2002, art. 568)

Há a expressão *resguardar direitos*, com o significado de *praticar atos defensivos ou acauteladores para que se assegurem ou garantam*:

Mediante o contrato celebrado entre fulano e beltrano, os direitos de ambos sobre o imóvel ficaram resguardados.

Residir – Morar

¶ No sentido de *estabelecer a sua residência ordinária em alguma parte, morar no lugar onde se exercem quaisquer funções*, constrói-se, na linguagem culta formal, com a preposição *em*:

O juiz titular residirá na respectiva comarca, salvo autorização do tribunal; (CRFB, art. 93, VII)

A obrigação resultante do contrato reputa-se constituída no lugar em que residir o proponente. (LINDB, art. 9º, § 2º)

A pessoa tem domicílio no lugar da sua residência habitual; se residir alternadamente em diversos lugares, tem-se por domiciliada em qualquer deles. (CCp, art. 82º, 1)

Residíamos, naquela época, na Avenida João Pessoa, 437 – ap. 601, em Porto Alegre.

O gerente reside na Travessa Acelino de Carvalho, 45 – ap. 70.

1. Têm a regência de **residir** outros verbos de quietação (que indicam lugar fixo), tais como *morar, situar-se, estabelecer-se*, bem como os adjetivos deles derivados e seus sinônimos (**residente, sito, situado, estabelecido, morador, domiciliado**, etc.):

Aos juízes federais compete processar e julgar: [...] II – as causas entre Estado estrangeiro ou organismo internacional e Município ou pessoa domiciliada ou residente no País; (CRFB, art. 109, II)

O fiador que alegar o benefício de ordem, a que se refere este artigo, deve nomear bens do devedor, sitos no mesmo município, livres e desembargados, quantos bastem para solver o débito. (CC/2002, art. 827)

A citação pelo correio só é admissível quando o réu for comerciante ou industrial, domiciliado no Brasil. (CPC, art. 222)

Alugamos uma loja sita nesta Capital, na Av. Osvaldo Aranha, 308.

O prédio situa-se na Rua Demétrio Ribeiro, 678, em Canoas (RS).

2. A preposição **a**, nas indicações de rua, avenida, travessa, etc., indica *movimento, direção para*:

Os assaltantes dirigiam-se à Rua Pinto Bandeira.

Qual é o nome da rua a que devo dirigir-me?

3. Residência é o lugar de parada ou permanência da pessoa natural, não importa se em caráter transitório ou efetivo. A permanência transitória ou a habitação passageira caracteriza propriamente a **morada**, ao passo que a **residência** permanente ou definitiva determina o **domicílio**, segundo dispõe o art. 70 do CC/2002: *O domicílio civil da pessoa natural é o lugar onde ela estabelece a sua residência com ânimo definitivo.*

Resignar

¶ Empregado nas acepções de *deixar espontaneamente o cargo, demitir-se dele, em favor de outrem, renunciar*, constrói-se com objeto direto – *resignar algo*:

Resignei a cadeira de senador pela Bahia. (Rui Barbosa – *Escritos e discursos seletos*, p. 217)

No meu ato de renúncia não deixei entrever o menor pensamento de recuperar a cadeira, que resignava. Resignei-a em plena campanha contra a ditadura desenfreada, que, por eufemismo intolerável, se chamava legalidade. (Id., ibid., p. 221)

Aconselhava, todavia, que ele próprio resignasse o cargo. (Alexandre Herculano)

1. No dizer de Machado de Assis (*Crônica: A semana*, 12-3-1893), *Resignar, como abdicar, exprime a entrega de um poder legítimo, que o uso tornou pesado, ou os acontecimentos fizeram caduco.*

2. *Resignar* origina-se do verbo latino **resignare**: *rasgar o selo, abrir* (carta ou testamento); *violar segredo, desvendar, descobrir; anular, cancelar, rescindir, romper, violar; entregar, renunciar*.

3. Ao verbo *resignar* ligam-se os termos **resignação** (demissão voluntária, renúncia, abandono, exoneração a pedido) e **resignatário** (aquele que renuncia, que pede demissão, que abandona cargo ou dignidade).

Resilir

No sentido de *dissolver um contrato por mútuo consentimento, ou por provocação de uma das partes*, aparece sob as seguintes construções:

¶ com objeto direto (sujeito na voz passiva) – *resilir algo*:

Se a demora exceder a dez dias, pode o passageiro resilir o contrato, sendo-lhe restituída a passagem, se a tiver pago. (C. Com. p., art. 568º)

¶ com objeto indireto introduzido pela preposição *de* – **resilir** *de algo*:

[...] Se o navio não for livre, o fretador pode resilir do contrato, com direito ao frete vencido, estadias e sobrestadias e avaria grossa, [...] (C. Com., art. 611)

1. O art. 473 do CC/2002 dispõe sobre a *resilição unilateral*:

A resilição unilateral, nos casos em que a lei expressa ou implicitamente o permitir, opera mediante denúncia notificada à outra parte.

2. **Resilir** origina-se do verbo latino **resilire**, que, de sua parte, é composto do prefixo **re** (repetição, movimento para trás) e do verbo **salire** (saltar, pular). **Resilire** tem, pois, o sentido de *saltar para trás, voltar, tornar saltando* e, por extensão, *fugir de, esquivar-se, furtar-se a, desdizer-se, retratar-se*.

3. O regime indireto de *resilir*, com a preposição *de*, certamente decorre da regência adotada pelo verbo originário latino: **resilire a**.

4. *Resilir* é verbo defectivo da terceira conjugação. Flexiona-se somente nas formas em que, ao radical, **resil**, segue a vogal **e** ou **i**: *resile, resilem; resiliu, resiliram; resilirmos, resilirem; resilisse, resilíssemos; resiliríamos*; etc.

Resolver

¶ Nas acepções de *extinguir ou revogar* (direitos ou obrigações), *dissolver* (contratos), *rescindir, desfazer*, constrói-se com objeto direto (sujeito na voz passiva) de coisa – **resolver** *algo*:

Deteriorada a coisa, não sendo o devedor culpado, poderá o credor resolver a obrigação, abatido de seu preço o valor que perdeu. (CC/2002, art. 866)

Se a prestação do fato tornar-se impossível sem culpa do devedor, resolver-se-á a obrigação; [...] (CC/2002, art. 248)

O mutuante pode resolver o contrato, se o mutuário não pagar os juros no seu vencimento. (CCp, art. 1150º)

Os contratos bilaterais não se resolvem pela falência e podem ser cumpridos pelo administrador judicial [...] (Lei n. 11.101, de 9-2-2005, art. 117)

Diz-se a retro a venda em que se reconhece ao vendedor a faculdade de resolver o contrato. (CCp, art. 927º)

¶ No sentido de *converter-se, transformar-se*, constrói-se pronominalmente, com a preposição *em* – **resolver-se** *em alguma coisa* (objeto indireto):

Perde a qualidade de indivisível a obrigação que se resolver em perdas e danos. (CC/2002, art. 263)

Não sendo possível desfazer-se o ato, a obrigação resolve-se em perdas e danos. (CPC, art. 643, parágrafo único)

Julgada procedente a ação principal, o arresto se resolve em penhora.

¶ No sentido de *decidir, solucionar*, constrói-se com objeto direto (sujeito na voz passiva) de coisa – **resolver** *alguma coisa*:

A sentença, que resolver o incidente, declarará a falsidade ou autenticidade do documento. (CPC, art. 395)

Aceito o laudo ou resolvidas as impugnações suscitadas a seu respeito, lavrar-se-á em seguida o termo de últimas declarações, [...] (CPC, art. 1.011)

Resolver origina-se do verbo latino **resolvere** (desligar, desatar, desfazer, romper, anular, etc.), que, por sua vez, é composto do prefixo **re** (movimento para trás, repetição) e do verbo **solvere** (desunir as partes de um composto, decompor, dissolver, separar, romper, livrar de, *etc.*).

Respeitar

¶ No sentido de *dizer respeito a, concernir, relacionar-se a, ser relativo a*, constrói-se com objeto indireto introduzido pela preposição *a* – *alguma coisa* **respeita** *a*:

O juiz da causa principal é também competente para a reconvenção, a ação declaratória incidente, as ações de garantia e outras que respeitam ao terceiro interveniente. (CPC, art. 109)

Se houver vários mandatários com obrigação de agir conjuntamente, o mandato caduca em relação a todos, embora a causa de caducidade respeite apenas a um deles, salvo convenção em contrário. (CCp, art. 1177º)

¶ No sentido de *seguir, observar, cumprir*, constrói-se com objeto direto (sujeito na voz passiva) *de coisa* – **respeitar** *alguma coisa*:

Na ausência de norma legal específica, caberá ao Tribunal Superior Eleitoral editar as normas necessárias à realização das eleições de 1988, respeitada a legislação vigente. (CRFB, ADCT, art. 5º, § 2º)

O contrato foi declarado nulo, pois as partes não respeitaram as normas legais pertinentes.

Responder

No sentido de *ser ou ficar responsável, responsabilizar-se, tomar a responsabilidade*, aparece sob as seguintes construções:

¶ intransitivamente:

A ação de impugnação de mandato tramitará em segredo de justiça, respondendo o autor, na forma da lei, se temerária ou de manifesta má-fé. (CRFB, art. 14, § 11)

¶ com a preposição *por* – **responder** *por alguma coisa* (objeto indireto):

Salvo estipulação em contrário, o cedente não responde pela solvência do devedor. (CC/2002, art. 296)

[...] O capitão que deixar de cumprir o referido termo responderá pessoalmente pela dívida, salvo o caso de força maior, e a sua falta será qualificada de barataria [dano voluntário praticado num navio pelo capitão ou pela tripulação, acarretando prejuízo ao navio ou à carga]. (C. Com., art. 481)

A partir da mora, o devedor apenas responde, quanto ao objecto da prestação, pelo seu dolo; relativamente aos proventos da coisa, só responde pelos que hajam sido percebidos. (CCp, art. 814º, 1)

¶ com as preposições *a* e *por* – **responder** *a alguém* (objeto indireto de pessoa) *por alguma coisa* (objeto indireto de coisa):

Cada condômino responde aos outros pelos frutos que percebeu da coisa e pelo dano que lhe causou. (CC/2002, art. 1.319)

[...]; e tanto em um como em outro caso, o vendedor responde ao comprador pela restituição do preço com os juros legais, [...] (C. Com., art. 206)

¶ com a locução prepositiva *para com* e a preposição *por* – **responder** *para com alguém* (objeto indireto de pessoa) *por algo* (objeto indireto de coisa). É uma variante da construção anterior:

Se a dívida solidária interessar exclusivamente a um dos devedores, responderá este por toda ela para com aquele que pagar. (CC/2002, art. 285)

O navio e frete respondem para com os donos da carga pelos danos que sofrerem por delitos, culpa ou omissão culposa do capitão ou gente da tripulação, perpetrados em serviço do navio; [...] (C. Com., art. 565)

¶ No sentido de *dar resposta a algo*, aparece sob as seguintes construções:

¶ com objeto direto (sujeito na voz passiva) – **responder** *algo*:

Consignar-se-ão as perguntas que o réu deixar de responder e as razões que invocar para não fazê-lo. (CPP, art. 191)

O interrogatório do mudo, do surdo ou do surdo-mudo será feito pela forma seguinte: I – ao surdo serão apresentadas por escrito as perguntas, que ele responderá oralmente; II – ao mudo as perguntas serão feitas oralmente, respondendo-as ele por escrito; (CPP, art. 192, I e II)

Distribuídas as cédulas, o juiz lerá o quesito que deva ser respondido [...] (CPP, art. 486)

¶ com objeto indireto introduzido pela preposição *a* – **responder** *a algo*:

A citação abrangerá também terceiros interessados, para responderem à ação. (CPC, art. 909, parágrafo único)

Os peritos elaborarão o laudo pericial, onde descreverão minuciosamente o que examinaram, e responderão aos quesitos formulados. (CPP, art. 160)

Quando for requerido algum exame, indicar-se-ão logo os quesitos a que os peritos devem responder; [...] (CPPp, art. 333º)

¶ com a preposição *sobre* – **responder** *sobre alguma coisa*:

A parte responderá pessoalmente sobre os fatos articulados, não podendo servir-se de escritos adrede [intencionalmente] *preparados; [...]* (CPC, art. 346)

¶ intransitivamente:

Quando forem citados para a ação vários réus, o prazo para responder ser-lhes-á comum, salvo o disposto no art. 191. (CPC, art. 298)

Segundo os gramáticos tradicionais, o verbo *responder* pede objeto direto *daquilo que se responde* (conteúdo da resposta) e objeto indireto, com a preposição *a, daquilo ou daquele a que se responde.* Atualmente, no entanto, o verbo *responder* está tendendo para a transitividade direta também no sentido de *dar resposta a,* o que se comprova, inclusive, pela frequência das construções passivas, que, aliás, há muito tempo, têm curso tranquilo no idioma. Celso Pedro Luft, em seu *Dicionário prático de regência verbal* (p. 457) sugere preservar-se a regência primária (*responder a [...]*) na língua culta formal, sem condenar a regência evoluída (objeto direto), quando o verbo *responder* está empregado no sentido de *dar resposta a algo.*

¶ No sentido de *submeter-se ou encontrar-se submetido a* (processo, inquérito, etc.), constrói-se com objeto indireto introduzido pela preposição *a* – *responder* a alguma coisa:

O juiz dar-se-á por suspeito, e, se não o fizer, poderá ser recusado por qualquer das partes: [...] II – se ele, seu cônjuge, ascendente ou descendente, estiver respondendo a processo por fato análogo, sobre cujo caráter criminoso haja controvérsia; III – se ele, seu cônjuge, ou parente, consanguíneo, ou afim, até o 3º grau, inclusive, sustentar demanda ou responder a processo que tenha de ser julgado por qualquer das partes; (CPP, art. 254, II e III)

Não será considerada falta ao serviço, para os efeitos do artigo anterior, a ausência do empregado: [...] V – durante a suspensão preventiva para responder a inquérito administrativo ou de prisão preventiva, [...[; (CLT, art. 131, V)

Responsabilizar

Aparece sob as seguintes construções e acepções:

¶ *responsabilizar* algo (objeto direto de coisa; sujeito na voz passiva), ou *responsabilizar* algo (objeto direto de coisa) *para com alguém* (objeto indireto de pessoa), no sentido de *comprometer, obrigar, tornar responsável*:

O sócio de indústria não responsabilizará o seu patrimônio particular para com os credores da sociedade. [...] (C. Com., art. 321 – revogado)

Se o contrato social for da natureza daqueles que só valem sendo feitos por escritura pública, nenhum sócio pode responsabilizar a firma social validamente sem autorização especial dos outros sócios, [...] (C. Com., art. 332 – revogado)

¶ *responsabilizar* alguém (objeto direto de pessoa; sujeito na voz passiva), ou *responsabilizar* alguém (objeto direto de pessoa) *por algo* (objeto indireto de coisa), no sentido de: *a) compelir a pessoa a satisfazer a obrigação que se tenha gerado do ato ou do fato que lhe é atribuído (imputado);* ou *b) exigir o cumprimento da obrigação derivada de fato de outrem, quando se é responsável por ele*:

Eles pretendem responsabilizá-lo.

Responsabilizou o inquilino pelos danos que o imóvel sofrera.

Responsabilizaremos o fazendeiro pelos danos que seus empregados causaram em nossa lavoura.

Responsabilizar, na verdade, não é sinônimo de **imputar**, que significa, segundo De Plácido e Silva (*Vocabulário jurídico*, vol. IV, p. 1.369), *mostrar a pessoa a quem se atribui a ação* *ou a omissão*. Pode haver imputabilidade sem responsabilidade; não pode, todavia, existir responsabilidade sem imputabilidade, já que esta determina aquela.

¶ *responsabilizar-se* (pronominal), ou *responsabilizar-se* (pronominal) *por alguém ou alguma coisa*, no sentido de *obrigar-se, comprometer-se, ficar responsável, assumir a responsabilidade, aceitar a responsabilidade*. O emprego da forma pronominal caracteriza responsabilidade voluntária, isto é, assumida espontaneamente:

Não se preocupem, pois eu me responsabilizo.

Responsabilizou-se pelos danos que seu filho causara ao veículo do reclamante.

Responsabilizamo-nos por quaisquer falhas que o aparelho venha a apresentar dentro dos próximos seis meses.

Ressarcir

Nas acepções de *pagar o prejuízo causado, indenizar, satisfazer o dano, reparar o dano, compensar*, aparece sob as seguintes construções:

¶ com objeto direto (sujeito na voz passiva) de coisa – *ressarcir alguma coisa*:

Praticado pelo devedor o ato, a cuja abstenção se obrigara, o credor pode exigir dele que o desfaça, sob pena de se desfazer à sua custa, ressarcindo o culpado perdas e danos. (CC/2002, art. 251)

A mora do credor subtrai o devedor isento de dolo à responsabilidade pelo conservação da coisa, obriga o credor a ressarcir as despesas empregadas em conservá-la, [...] (CC/2002, art. 400)

¶ com objeto direto de coisa e indireto de pessoa, este introduzido pela preposição *a* – *ressarcir alguma coisa a alguém*:

O gestor envidará toda sua diligência habitual na administração do negócio, ressarcindo ao dono o prejuízo resultante de qualquer culpa na gestão. (CC/2002, art. 866)

Ao possuidor de má-fé serão ressarcidas somente as benfeitorias necessárias; [...] (CC/2002, art. 1.220)

¶ com objeto direto de pessoa (sujeito na voz passiva) e indireto de coisa, este introduzido pela preposição *de* – *ressarcir alguém de algo*:

Se o adquirente deixar de remir o imóvel, sujeitando-o a execução, ficará obrigado a ressarcir os credores hipotecários da desvalorização que, por sua culpa, o mesmo [sic] vier a sofrer,[...]

¶ com objeto direto de pessoa (sujeito na voz passiva) e indireto de coisa, este introduzido pela preposição *por* – *ressarcir alguém por algo*:

Se o comissário for despedido sem justa causa, terá direito a ser remunerado pelos trabalhos prestados, bem como a ser ressarcido pelas perdas e danos resultantes de sua dispensa. (CC/2002, art. 705)

¶ pronominalmente (reflexivo: *compensar-se, pagar-se*), com objeto indireto introduzido pela preposição *de* – **ressarcir-se** *de algo*:

Não caberá a restituição por enriquecimento, se a lei conferir ao lesado outros meios para se ressarcir do prejuízo sofrido. (CC/2002, art. 886)

O credor que de boa-fé receber a prestação de coisa que o devedor não pode alhear tem o direito de impugnar o cumprimento, sem prejuízo da faculdade de se ressarcir dos danos que haja sofrido. (CCp, art. 765°, 1)

O fato de os criminosos estarem presos não me satisfaz ou ressarce dos prejuízos morais. (José Aristodemo Pinotti, FSP, 1°-9-95, cad. 1-3)

1. Conforme judiciosamente observa De Plácido e Silva (*Vocabulário jurídico*, vol. IV, p. 1370-1371), *Embora ligados à mesma ideia de reparação ou indenização do dano ou do prejuízo sofrido,* **ressarcir** *e* **responder** *exprimem sentidos distintos:* **Responder** *é estar obrigado pelo dano causado, ou a* **ressarcir** *o dano.* **Ressarcir** *é pagar o dano ou satisfazer a obrigação, resultante ou fundada na responsabilidade.* **Responder** *é sujeitar-se à obrigação ou a ela prender-se.* **Ressarcir** *é cumprir a obrigação.*

2. **Ressarcir** origina-se do verbo latino **resarcire**, que, por sua vez, se compõe do prefixo **re** (ideia de *repetição*) e do verbo **sarcire** (remendar, reparar, consertar; reparar dano causado, indenizar).

3. Segundo alguns, **ressarcir** é verbo defectivo, flexionando-se apenas nas formas em que ao radical, **ressarc-**, segue a vogal **i**: *ressarcimos, ressarciram; ressarcirmos, ressarcirem;* etc. Outros, no entanto, aceitam a conjugação integral deste verbo: *ressarço, ressarces, ressarcem,* etc.

Restar

Nas acepções de *subsistir como resto, sobrar, ficar, sobreviver*, aparece sob as seguintes construções:

¶ intransitivamente – *algo* **resta**:

Agora já não restam dúvidas: o crime foi encomendado por grileiros.

¶ com objeto indireto de pessoa ou de coisa, com a preposição *de* – *algo* **resta** *de*:

Do bando originário só restam dois participantes, ambos presos.

Do velho prédio restam apenas ruínas.

¶ com dois objetos indiretos, um com a preposição *de* e outro com a preposição *a* – *de* – *algo* **resta** *a alguém de*:

Da antiga fortuna somente lhe restam um pequeno apartamento e um sítio nos arredores da Capital.

¶ No sentido de *subsistir como alternativa*, constrói-se com objeto indireto introduzido pela preposição *a* – **resta** *algo a alguém*:

Resta ao governo tomar as medidas que o caso exige.

¶ No sentido de *faltar* (para completar, concluir algo), constrói-se intransitivamente ou com objeto indireto introduzido pela preposição *a* – *algo* **resta**, ou *algo* **resta** *a alguém*:

Resta ainda identificar os receptadores das mercadorias.

Resta estabelecer as bases do contrato.

Somente resta à comissão corrigir algumas imperfeições técnicas do projeto.

¶ No sentido de *haver, existir*, constrói-se intransitivamente – *algo* **resta**:

Não resta a menor dúvida de que os donos da cooperativa estão envolvidos na fraude fiscal.

Não resta qualquer dúvida: há muita propaganda, mas faltam ações concretas no combate à criminalidade.

Os gramáticos em geral, ou não registram, ou então criticam, e os dicionários não registram a construção do verbo **restar** com predicativo, fato gramatical corrente em francês. Criticam-se, assim, frases como *A lei restou revogada, Restou evidente a culpa do motorista do lotação*, recomendando substituí-las por *A lei foi revogada, Ficou evidente a culpa do motorista do lotação*. Todavia, a construção indigitada tem trânsito cada vez mais livre na linguagem forense. Haja vista estes exemplos:

A certeza da existência de crimes contra os costumes [...] restou evidenciada pela comunicação de ocorrência (fls. 09-11) e auto de exame de corpo de delito (fl. 15), [...] (TJRGS – Revista de jurisprudência, 241, p. 88)

Quanto ao delito de atentado violento ao pudor, a pena-base foi fixada em 6 anos de reclusão, restando definitiva neste patamar, [...] (TJRGS – Revista de jurisprudência, 240, p. 69)

Não resta observada esta hipótese [decisão *ultra et extra petita*]*, pois o objeto principal da decisão não foi diverso do pretendido na exordial.* (Revista do Tribunal Regional Federal da 4ª Região, 55, p. 149)

Nos exemplos transcritos e em outras situações análogas, o verbo **restar** pode ser substituído, com elegância e propriedade, pelas formas dos verbos **ser** ou **ficar**.

Confira a nota ao final do verbete **Resultar**.

Restituir

¶ Nas acepções de *devolver, dar de volta, recolocar a coisa em mãos de seu legítimo proprietário ou em poder de quem licitamente deve estar, entregar o que se tirou ou possuía ilicitamente*, constrói-se com objeto direto (sujeito na voz passiva) de coisa, ou com objeto direto de coisa e indireto de pessoa, este com a preposição *a* – **restituir** *algo*, ou **restituir** *algo a alguém*:

Os frutos pendentes ao tempo em que cessar a boa-fé devem ser restituídos, depois de deduzidas as despesas de produção e custeio; devem ser também restituídos os frutos colhidos com antecipação. (CC/2002, art. 1.214, parágrafo único)

Juntos os documentos e cumprido pela secretaria o disposto no art. 526º, o juiz, logo que o processo lhe seja concluso, se não tiver ordenado a junção e verificar que os documentos são impertinentes ou desnecessários, mandará retirá-los do processo e restituí-los ao apresentante, [...] (CPCp, art. 543º)

A empresa restituiu as importâncias que cobrara indevidamente.

Obrigaram o rapaz a restituir ao comerciante as quantias que, na condição de seu empregado, lhe subtraíra.

¶ No sentido de *restabelecer, reintegrar*, constrói-se com objeto direto (sujeito na voz passiva) de pessoa e indireto de coisa, este com a preposição *em* ou *a* – **restituir** *alguém em algo* ou *a algo*:

Verificada a insuficiência do depósito, não será o vendedor restituído no domínio da coisa, [...] (CC/2002, art. 506, parágrafo único)

No caso de esbulho violento, pode o possuidor pedir que seja restituído provisoriamente à sua posse, [...] (CPCp, art. 393º)

¶ No sentido de *reintegrar-se, reempossar-se, recuperar o perdido*, constrói-se pronominalmente – ***restituir-se***:

O possuidor turbado, ou esbulhado, poderá manter-se, ou restituir-se por sua própria força, contanto que o faça logo; (CC/2002, art. 1.210, § 1º)

Resultar

Nas acepções de *provir, proceder, originar-se, seguir-se*, aparece sob as seguintes construções:

¶ ***resultar de*** (objeto indireto de coisa):

As decisões do Tribunal de que resulte imputação de débito ou multa terão eficácia de título executivo. (CRFB, art. 71, § 3º)

Não se anulará, por motivo de idade, o casamento de que resultou gravidez. (CC/2002, art. 1.551)

O sucessível chamado à herança, se ainda não tiver aceitado nem repudiado, não está inibido de providenciar acerca da administração dos bens, se do retardamento das providências puderem resultar prejuízos. (CCp, art. 2047º, 1)

¶ ***resultar a*** (objeto indireto de pessoa):

Dar-se-á o aproveitamento dos atos praticados, desde que não resulte prejuízo à defesa. (CPC, art. 250, parágrafo único)

Nos contratos individuais de trabalho só é lícita a alteração das respectivas condições por mútuo consentimento, e ainda assim desde que não resultem, direta ou indiretamente, prejuízos ao empregado, [...] (CLT, art. 468)

¶ ***resultar de*** (objeto indireto de coisa) ***a*** (objeto indireto de pessoa):

Para poder exercer o direito que da evicção lhe resulta, o adquirente notificará do litígio o alienante. (CC/2002, art. 456)

A indenização por injúria, difamação ou calúnia consistirá na reparação do dano que dela resulte ao ofendido. (CC/2002, art. 953)

¶ No sentido de *ter determinado efeito, redundar*, constrói-se com objeto indireto precedido da preposição *em* – algo ***resulta em***:

A tentativa de resgatar as vítimas do sequestro resultou em fracasso.

As negociações com os grevistas resultaram em melhoria significativa da proposta inicial.

¶ No sentido de *dar resultado, ter resultado positivo relativamente ao que se espera*, constrói-se intransitivamente – algo ***resulta***:

Se, no processo de divórcio litigioso, a tentativa de conciliação não resultar, o juiz procurará obter o acordo dos cônjuges para o divórcio por mútuo consentimento; [...] (CCp, art. 1774º, 2)
O cientista fez com que a experiência resultasse.

Grande número de gramáticos e dicionaristas condenam o uso do verbo **resultar** com predicativo, considerando-o espanholismo. Assim, por exemplo, em vez de *a diligência resultou inútil*, recomendam *a diligência foi inútil, a diligência foi improfícua, a diligência não deu resultado*. O fato é que esse uso de *resultar* como verbo de ligação, que já se encontra em Euclides da Cunha (*Os sertões*), recebe, atualmente, cada vez mais adeptos, certamente por seu sintetismo expressivo. Vejamos alguns exemplos, antigos e atuais, da construção inquinada de errônea:

A operação, porém, e os seus efeitos que eram impacientemente aguardados, resultou inútil. (Euclides da Cunha – *Os sertões*, p. 338)

Este recurso bárbaro, porém, por sua vez, resultara inútil. (Id., ibid., p. 562)

Chega um tempo em que não se diz mais: meu Deus./Tempo de absoluta depuração./Tempo em que não se diz mais: meu amor./Porque o amor resultou inútil. (Carlos Drummond de Andrade – *Os ombros suportam o mundo*)

As tentativas para salvar o navio resultaram inúteis. (Academia das Ciências de Lisboa – *Dicionário da língua portuguesa contemporânea*, II vol., p. 3230)

[...]; aliás, formalmente resultou negada a Orimes a oportunidade para alegações prévias, [...] (TARGS – *Julgados*, 41, p. 65)

Retificar

¶ Empregado no sentido de *emendar o que não está certo, corrigir o que tem defeito ou falha*, constrói-se com objeto direto (sujeito na voz passiva) – *retificar algo*:

O juiz, ao pronunciar a nulidade, declarará que atos são atingidos, ordenando as providências necessárias, a fim de que sejam repetidos, ou retificados. (CPC, art. 249)

[...] o juiz ordenará que se expeça mandado para que seja lavrado, restaurado ou retificado o assento, indicando, com precisão, os fatos ou circunstâncias que devam ser retificados, [...] (Lei n. 6.015, de 31-12-1973, art. 109, § 4º)

Confira o verbete *ratificar – rerratificar – retirratificar – retirratificação*.

Retornar

¶ No sentido de *voltar*, constrói-se com a preposição *a* – *retornar a*:

A União, os Estados, o Distrito Federal e os Municípios, quando a respectiva despesa de pessoa exceder o limite previsto neste artigo, deverão retornar àquele limite, [...] (CRFB, ADCT, art. 38, parágrafo único)

¶ No sentido de *devolver*, constrói-se com objeto direto – *retornar algo*:

[...] Quando a fraude estiver da parte do segurador, este será condenado a retornar o prêmio recebido, [...] (C. Com., art. 679)

Retratar

¶ Nas acepções de *desfazer alguém o que havia afirmado ou aprovado anteriormente, revogar ou anular um ato próprio, retirar o que se disse*, constrói-se com objeto direto (sujeito na voz passiva), pronominalmente, ou pronominalmente e com objeto indireto, este com a preposição *de* – ***retratar*** *algo*, ***retratar-se***, ou ***retratar-se*** *de algo*:

Até a celebração do matrimônio podem os pais, tutores e curadores retratar o seu consentimento. (CC/1916, art. 187)

O nubente que, por algum dos fatos mencionados neste artigo, der causa à suspensão do ato, não será admitido a retratar-se no mesmo dia. (CC/2002, art. 1.538, parágrafo único)

[...] A aceitação pode retratar-se, se não resultar prejuízo a credores, [...] (CC/1916, art. 1.590)

E só me arrependo e retrato deste pensamento. (Antônio Vieira)

1. **Retratar**, na linguagem jurídica, tem também a significação de *resgatar ou readquirir a propriedade vendida sob condição de retrato ou retrovenda*. Veja o verbete **retrovender** e respectivas notas.

2. Nas acepções acima registradas, inclusive na da *nota 1*, o verbo **retratar** origina-se do verbo latino **retractare**, ou **retrectare**, frequentativo (que indica ação repetida ou frequente) de **retrahere**, e que tem as significações de: *levar para trás, trazer para si, revogar, retirar, dar o dito por não dito*, etc.

Retroagir

¶ No sentido de *ter, produzir efeito retroativo, refletir no passado os efeitos de ato legislativo, jurídico ou judiciário, exercer ação atual sobre situação jurídica anteriormente firmada, para certos efeitos de direito*, constrói-se intransitivamente, ou com a preposição *a* – ***retroagir***, ou ***retroagir*** *a* (objeto indireto):

A lei penal não retroagirá, salvo para beneficiar o réu; (CRFB, art. 5º, XL)

A ratificação pura e simples do dono do negócio retroage ao dia do começo da gestão, [...] (CC/2002, art. 873)

Retroagir origina-se do verbo latino **retroagere** (*fazer recuar*, ou, literalmente, *levar, conduzir, impelir, empurrar para trás*).

Retrotrair

¶ No sentido de *fazer recuar ou retroceder a, dar efeito retroativo a, fazer retroagir*, constrói-se com objeto direto e indireto, este com a preposição *a* – ***retrotrair*** *alguma coisa a*:

O assento assim lavrado retrotrairá os efeitos do casamento, quanto ao estado dos cônjuges, à data da celebração. (CC/2002, art. 1.540, § 4º)

¶ No sentido de *recuar, ter efeito retroativo, retroagir*, constrói-se pronominalmente, com a preposição *a* – ***retrotrair-se*** *a*:

Invocada a usucapião, os seus efeitos retrotraem-se à data do início da posse. (CCp, art. 1288º)

Retrotrair forma-se do prefixo e advérbio latino **retro** (para trás) e do verbo **trahere** (tirar, puxar, arrastar). Flexiona-se como **trair**, sendo de notar que a segunda e a terceira pessoa do singular do presente do indicativo se grafam com **i** (e não com **e**): *retrotrais, retrotrai*.

Retrovender

¶ No sentido de *vender sob a condição ou com a cláusula de retrato* (cláusula ou condição imposta pelo vendedor ao comprador, para que lhe revenda, dentro de certo prazo, a coisa vendida) ou *vender com a faculdade de readquirir a coisa vendida*, constrói-se com objeto direto (sujeito na voz passiva) – *retrovender algo*:

Se os diferentes condôminos do prédio alheado o não retrovenderem conjuntamente e no mesmo ato, poderá cada qual, de per si, exercer sobre o respectivo quinhão o seu direito de retrato, [...] (CC/1916, art. 1.143, § 2º)

1. Como sinônimo de *retrovender*, existe o verbo **retratar**, pouco usual, mas que, por derivação regressiva, ou deverbal, deu origem ao termo **retrato**, na acepção acima indicada.

2. **Retrovenda** e **retrato** são termos sinônimos, ambos de uso corrente na linguagem jurídica. O Código Civil de 2002 empregou a forma **retrato** nos artigos 507 e 508, e a forma **retrovenda** no título da subseção respectiva (Subseção I). No Código Civil de Portugal, o termo correspondente a **retrato** ou **retrovenda** é constituído pela expressão **venda a retro**:

Diz-se a retro a venda em que se reconhece ao vendedor a faculdade de resolver o contrato. (CCp, art. 927º)

Reverter

¶ Nas acepções de: *a) voltar ao estado, à condição ou à posição anterior, para ser o que era antes, voltar à posse de*; e *b) ser entregue a, passar a pertencer a*, constrói-se com objeto indireto, introduzido pela preposição *a* – *reverter a*:

Exemplos da acepção *a*:

Nas hipóteses previstas nos parágrafos anteriores, comprovada a ilegalidade, ou havendo interesse público, as terras reverterão ao patrimônio da União, dos Estados, do Distrito Federal ou dos Municípios. (CRFB, art. 51, § 3º)

Reverterá à herança o prêmio que o testamenteiro perder, por ser removido ou por não ter cumprido o testamento. (CC/2002, art. 1.990)

Exemplos da acepção *b*:

O montante das cominações previstas neste artigo reverterá sucessivamente: a) ao Sindicato respectivo; b) à Federação respectiva, na ausência de Sindicato; c) à Confederação respectiva, inexistindo Federação. (CLT, art. 600, § 1º, *a*, *b* e *c*)

1. Na linguagem administrativa, *reverter ao cargo* ou *reverter à função* é retornar à atividade do cargo ou da função, de que se fora aposentado ou reformado. É voltar ao serviço ativo:

Aposentado há dois anos, acaba de reverter à antiga função.

2. *Reverter*, **readmitir** e **reintegrar** têm sentidos diferentes na linguagem administrativa. Enquanto *reverter* tem a acepção acima registrada, **readmitir** *é aceitar de novo ou admitir de novo em cargo ou função de que se fora exonerado ou demitido*; e **reintegrar** *é restabelecer no cargo ou função de que se fora injustamente exonerado ou demitido, com todas as vantagens perdidas* (De Plácido e Silva – *Vocabulário jurídico*, vol. IV, p. 1.381).

¶ No sentido de *converter-se, redundar*, constrói-se com objeto indireto, introduzido pela preposição *em* – *reverter em*:

Os impostos arrecadados não têm sentido se não reverterem em benefício do povo.

Reverter origina-se do verbo latino **revertere** (arcaico) ou **reverti** (forma passiva e significação ativa), com as acepções de *voltar, tornar*. O verbo aparece duas vezes na passagem do *Gênesis* (capítulo III, versículo 19) em que Deus inflige a Adão a pena por ter cedido às palavras de Eva, comendo do fruto proibido: *In sudore vultus tui vesceris pane, donec revertaris in terram de qua sumptus es: quia pulvis es et in pulverem reverteris* (Tu comerás o teu pão no suor do teu rosto, até que tornes na terra de que foste tomado: porque tu és pó, e em pó te hás de tornar). (Tradução do Padre Antonio Pereira de Figueiredo)

Revestir

¶ No sentido de *adotar, apresentar, assumir, ter, tomar*, constrói-se com objeto direto (sujeito na voz passiva) ou pronominalmente, com objeto indireto introduzido pela preposição *de* – *revestir algo* (forma, etc.) ou *revestir-se de*:

É nulo o ato jurídico quando: [...] IV – não *revestir a forma* prescrita em lei; (CC/2002, art. 166)

A aceitação da pessoa nomeada não será eficaz se não se *revestir da mesma forma* que as partes usaram para o contrato. (CC/2002, art. 468, parágrafo único)

Revestem a forma de lei constitucional os actos previstos na alínea a) do artigo 161°. (CRP, art. 166°, 1)

As palavras da lei não devem *revestir dupla significação*.

Rezar

¶ No sentido de *determinar, estatuir, preceituar, conter escrito, dizer*, constrói-se com objeto direto representado por oração – *rezar* + oração subordinada substantiva objetiva direta:

O art. 5° da CRFB *reza que a menoridade cessa aos dezoito anos completos*.

A Súmula n° 265 do TST *reza que a transferência para o período diurno de trabalho implica a perda do direito ao adicional noturno*.

Reza o art. 13 [do CP], 'caput' 2ª parte, *que é considerada causa a ação sem a qual o resultado não teria ocorrido*. (Damásio E. de Jesus – *Direito Penal*, vol. 2, p. 20)

O verbo **rezar** ocorre na expressão **rezar pela mesma cartilha**, que tem o significado de *ser da mesma opinião*: Geralmente o corrupto e o corruptor *rezam pela mesma cartilha* em matéria de direito ao patrimônio público.

Romper

¶ Nas acepções de: *a) revogar, desfazer ou resolver um ato jurídico*; e *(b) infringir, não cumprir*, constrói-se com objeto direto (sujeito na voz passiva) – *romper algo*:

Acepção *a*:

Sobrevindo descendente sucessível ao testador, que não o tinha ou não o conhecia quando testou, rompe-se o testamento em todas as suas disposições, se esse descendente sobreviver ao testador. (CC/2002, art. 1.973)

Acepção *b*:

Ai daqueles que romperam o pacto do Criador com a criatura. (Alexandre Herculano)

A parte que tomar a iniciativa de romper o contrato terá de pagar a multa convencional.

¶ Nas acepções de: *a) cessar relações com alguém, inimizar-se, malquistar-se;* e *b) desprezar, desrespeitar, ignorar, desafiar,* constrói-se com objeto indireto introduzido pela preposição *com* – **romper** *com*:

Acepção *a*:

Ricardo rompeu com a namorada, ao saber que, na sua ausência, ela fora a um baile na companhia de outro.

Acabo de saber que a Isaura rompeu com o noivo e já não há casamento.

Acepção b:

Para se tornar bailarino, o jovem teve de com todos os preconceitos da família.

Rompendo com todos preconceitos, o filho do industrialista casou-se com uma empregada de restaurante.

Romper origina-se do verbo latino **rumpere** (*quebrar com força, romper* – com a ideia acessória de *arrancar, arrebentar* –, *fender, rasgar, abrir, separar, violar, infringir, interromper, fazer sair com força,* etc.). Tem os particípios **rompido** (regular) e **roto** (irregular).

S

Sancionar

¶ No sentido de *o chefe do Poder Executivo aprovar o projeto de lei que é enviado pela câmara legislativa que lhe concluiu a votação*, constrói-se com objeto direto (sujeito na voz passiva) – ***sancionar** algo*:

A casa na qual tenha sido concluída a votação enviará o projeto de lei ao Presidente da República, que, aquiescendo, o sancionará. (CRFB, art. 66)

Compete privativamente ao Presidente da República: [...] IV – sancionar, promulgar e fazer publicar as leis, bem como expedir decretos e regulamentos para sua fiel execução; (CRFB, art. 84, IV)

¶ Na acepção de *infligir pena pela infração de norma punitiva*, constrói-se com objeto direto (sujeito na voz passiva) de pessoa e indireto de coisa, este com a preposição com – ***sancionar** alguém com*:

O réu foi autuado pelo IBAMA, que o sancionou com multa administrativa.

Sancionar origina-se do verbo latino **sancire** (tornar sagrado ou inviolável, consagrar, prescrever, mandar, estabelecer por lei, confirmar). Têm a mesma raiz de **sancire**, entre outras, as palavras **sanctus** (particípio passado de **sancire**: *tornado sagrado ou inviolável, consagrado*), **sanctio** (sanção da lei, pena, punição), **sanctitas** (santidade, caráter sagrado, inviolabilidade). Todas essas palavras, enfim, prendem-se à raiz **sac**, presente também em **sacer**, dando a ideia básica de *sagrado, inviolável*.

San(e)ar

¶ No sentido de *remover o defeito, ou o vício, para que se legitime o ato e possa ele surtir os efeitos legais*, constrói-se com objeto direto (sujeito na voz passiva) – ***san(e)ar** algo*:

Se o direito em litígio não admitir transação, ou se as circunstâncias da causa evidenciarem ser improvável sua obtenção, o juiz poderá, desde logo, sanear o processo, [...] (CPC, art. 331, § 3º)

Findos aqueles prazos, serão os autos imediatamente conclusos, para sentença, ao juiz que, dentro em cinco dias, poderá ordenar diligências para sanar qualquer nulidade [...] (CPP, art. 502)

Após o tríduo para a defesa, os autos serão conclusos ao juiz, que, depois de sanadas as nulidades, mandará proceder às diligências indispensáveis ao esclarecimento da verdade, [...] (CPP, art. 538)

1. *Sanar* e *sanear*, no sentido acima, trazem igual conceito: [...], exprimindo sanar o sentido de remover o defeito, remediar a falha, ou suprir a omissão, possui significação equivalente a sanear (De Plácido e Silva – *Vocabulário jurídico*, vol. IV, p. 1.402). Na prática, nota-se preferência pela forma *sanar*, quando o verbo tem por objeto os termos *falta, falha, defeito, omissão, nulidade*, ou equivalente, sendo a variante *sanear* mais usual em relação a processo: *sanear o processo*.

2. *San(e)ar* origina-se do verbo latino **sanare**, que, por sua vez, provém do adjetivo triforme **sanus, -a, -um** (são, que está de saúde, que está bom, que passa bem de saúde, curado, sarado).

3. Derivados diretamente da variante *sanear*, existem os termos **saneamento** e **saneador** (este empregado na expressão **despacho saneador**):

A alteração do pedido ou da causa de pedir em nenhuma hipótese será permitida após o saneamento do processo. (CPC, art. 264, parágrafo único)

Não cabe recurso do despacho saneador que, por falta de elementos, relegue para a sentença o conhecimento das matérias de que lhe cumpre conhecer nos termos das alíneas a) a c) do nº 1. (CPCp, art. 510º, 5)

Satisfazer

¶ Nas acepções de *cumprir, observar, pagar, preencher, ser bastante, suficiente*, aparece construído com objeto direto (sujeito na voz passiva), ou com objeto indireto introduzido pela preposição *a* – ***satisfazer** alguma coisa*, ou ***satisfazer** a alguma coisa*. A construção com objeto direto é a mais usual nos textos pesquisados (quarenta e dois dos quarenta e oito anotados).

Com objeto direto (ou sujeito, na voz passiva):

O contrato pode ser também a título oneroso, entregando-se bens móveis ou imóveis à pessoa que se obriga a satisfazer as prestações a favor do credor ou de terceiros. (CC/2002, art. 804)

Reputam-se válidos todos os atos indicados no artigo anterior e celebrados pelos cônsules brasileiros na vigência do Decreto-Lei n. 4.657, de 4 de setembro de 1942, desde que satisfaçam todos os requisitos legais. (LINDB, art. 19)

Salário mínimo é a contraprestação mínima devida e paga diretamente pelo empregador a todo trabalhador [...]e capaz de satisfazer [...]as suas necessidades normais de alimentação, habitação, vestuário, higiene e transporte. (CLT, art. 76)

No mútuo oneroso o prazo presume-se estipulado a favor de ambas as partes, mas o mutuário pode antecipar o pagamento, desde que satisfaça os juros por inteiro. (CCp, art. art. 1147º)

Além do objeto direto, pode aparecer um objeto indireto, com a preposição *com* – *satisfazer alguma coisa com outra*:

Em todos os casos em que é defeso a um contraente, antes de cumprida a sua obrigação, exigir o implemento da do outro, não se procederá à execução, se o devedor se propõe satisfazer a prestação, com meios considerados idôneos pelo juiz, [...] (CPC, art. 582)

Com objeto indireto:

[...] O título, para ter eficácia executiva, há de satisfazer aos requisitos de formação exigidos pela lei do lugar de sua celebração e indicar o Brasil como o lugar de cumprimento da obrigação. (CPC, art. 585, § 2º)

O senhorio que tiver diversos prédios arrendados só pode denunciar o contrato relativamente àquele que, satisfazendo às necessidades de habitação própria e da família, esteja arrendado há menos tempo. (CCp, art. 1098°, 2)

¶ No sentido de *pagar, indenizar, reparar*, aparece construído com objeto direto (sujeito na voz passiva) de coisa e indireto de pessoa, este com a preposição *a* – **satisfazer** *alguma coisa a alguém*:

Pelo contrato de fiança, uma pessoa garante satisfazer ao credor uma obrigação assumida pelo devedor, caso este não a cumpra. (CC/2002, art. 818)

O devedor não é obrigado a satisfazer a prestação ao representante voluntário do credor nem à pessoa por este autorizada a recebê-la, se não houver convenção nesse sentido. (CCp, art. 771°)

Satisfazer origina-se do verbo latino **satisfacere** (cumprir, executar, desobrigar-se para com). **Satisfacere**, por sua vez, compõe-se do advérbio **satis** (bastante, suficientemente) e do verbo **facere** (fazer, obrar, executar, levar a efeito, desempenhar, cumprir, etc.).

Segurar

¶ No sentido de *livrar de dano ou prejuízo, pôr a coberto de risco ou perigo a coisa que é objeto da lide, ou certo direito, ou interesse, por meio de providências ou medidas acautelatórias de natureza judicial, assegurar, garantir contra*, aparece construído com objeto direto (sujeito na voz passiva) de pessoa e indireto de coisa, este com a preposição *de* – **segurar** *alguém de alguma coisa*:

O possuidor tem direito a ser mantido na posse em caso de turbação, restituído no de esbulho, e segurado de violência iminente, se tiver justo receio de ser molestado. (CC/2002, art. 1.210)

O possuidor direto ou indireto, que tenha justo receio de ser molestado na posse, poderá impetrar ao juiz que o segure da turbação ou esbulho iminente, [...] (CPC, art. 932)

No Direito Processual, o verbo **segurar** aparece na expressão **segurar o juízo**, com as acepções de *Fazer penhora ou depósito da coisa que é objeto da condenação, ou seu equivalente, para que possam ser admitidos embargos do executado. Depositar, em poder do escrivão do feito, a quantia necessária para cobrir as despesas de uma diligência* (Pedro Nunes – *Dicionário de tecnologia jurídica*, vol. II, p. 813).

¶ No sentido de *pôr no seguro, garantir contra dano, perda ou risco, mediante a paga de um prêmio* (prestação paga pelo *segurado* ao *segurador* como preço do risco), constrói-se com objeto direto (sujeito na voz passiva) – **segurar** *alguém* ou *algo* (contra algo, por tanto, em tanto):

O segurado que, na vigência do contrato, pretender obter novo seguro sobre o mesmo interesse, e contra o mesmo risco junto a outro segurador, deve previamente comunicar sua intenção por escrito ao primeiro, indicando a soma por que pretende segurar-se, [...] (CC/2002, art. 782)

Não se pode segurar uma coisa por mais do que valha, nem pelo seu todo mais de uma vez. [...] (CC/1916, art. 1.437)

Servir

¶ Nas acepções de *dedicar a sua vida à defesa de uma causa, de um país, estar a serviço de, prestar serviço a, em razão de encargo, função ou ofício que se exerce, ser servidor público*, constrói-se usualmente com *objeto direto*: **servir** *a pátria*; **servir** *o governo*; **servir** *a magistratura*; **servir** *a justiça*; etc.

Servindo a abolição, ele tinha certeza de que não teria nenhum desgosto, porque servia a causa da eterna justiça. (Joaquim Nabuco – *Escritos e discursos*, p. 248)

¶ No sentido de *convir, ser adequado, interessar, agradar*, constrói-se intransitivamente ou com objeto indireto introduzido pela preposição *a* – **servir** ou **servir** a:

Queremos ações; promessas não nos servem.

O locador é obrigado: I – a entregar ao locatário a coisa alugada, com suas pertenças, em estado de servir ao uso a que se destina, [...] (CC/2002, art. 566, I)

Essas propostas podem servir aos patrões, não, porém, aos empregados.

¶ No sentido de *prestar serviço militar, ser militar*, constrói-se intransitivamente (sem qualquer complemento), ou com objeto indireto introduzido pela preposição *em* – **servir**, ou **servir** em:

Meu filho este ano terá de servir.

Também não ocorre a prescrição: [...] III – contra aqueles que se acharem servindo nas Forças Armadas, em tempo de guerra. (CC/2002, art. 198, III)

¶ Na acepção de *desempenhar quaisquer funções*, aparece construído intransitivamente – **servir**:

Não se conta no prazo do contrato o tempo em que o prestador de serviço, por culpa sua, deixou de servir. (CC/2002, art. 600)

Cessam as funções do tutor: I – ao expirar o termo, em que era obrigado a servir; (CC/2002, art. 1.764, I)

O tutor é obrigado a servir por espaço de dois anos. (CC/2002, art. 1.765)

Sindicar

¶ Empregado no sentido de *indagar, inquirir, investigar, averiguar, perquirir*, constrói-se com objeto direto (sujeito na voz passiva) – **sindicar** *algo*:

Discricionariedade judicial e fundamentação suficiente da sentença são duas faces da mesma moeda: é a fundamentação suficiente que permite sindicar a legitimidade da opção adotada em cada caso concreto. (Ben-Hur Silveira Claus e outros – *A função revisora dos tribunais: a questão do método no julgamento dos recursos de natureza ordinária*, p. 19)

Em face do alargamento dado ao princípio da inafastabilidade da jurisdição, estendeu-se a possibilidade de o Poder Judiciário sindicar matérias historicamente afetas exclusivamente à esfera de atuação do Poder Executivo.

O verbo *sindicar* origina-se do substantivo latino **syndicus**, que, por sua vez, provém do substantivo grego **sýndikos**. Nos dois idiomas, o termo tem o sentido de *advogado, defensor, representante, delegado*.

Sobejar

¶ No sentido de *sobrar*, constrói-se intransitivamente ou com objeto indireto introduzido pela preposição *a* – *sobejar*, ou *sobejar a*:

A superveniência de férias suspenderá o curso do processo; o que lhe sobejar recomeçará a correr do primeiro dia útil seguinte ao termo das férias. (CPC, art. 179)

Estando o credor pago do principal, juros, custas e honorários, a importância que sobejar será restituída ao devedor. (CPC, art. 710)

Sobejam motivos ao povo para revoltar-se contra essa situação.

Sobrelevar

¶ Nas acepções de *exceder, levar vantagem, destacar(-se), distinguir(-se), sobrepor-se, sobressair, superar, ser superior, suplantar, vencer, ultrapassar*, aparece sob as seguintes construções:

¶ com objeto direto – *sobrelevar algo*:

Nas ações sociofamiliares, a proteção dos interesses do menor deve sobrelevar [sobrepor-se a, suplantar] *qualquer outro bem ou interesse juridicamente tutelado.*

Atualmente, nas grandes cidades, o problema da violência urbana sobreleva [supera] *todos os outros.*

¶ pronominalmente, precedido, ou não, da preposição *em*, com sujeito paciente, ou intransitivamente + a preposição *entre* ou *dentre* – *sobrelevar-se* ou *algo sobreleva entre* ou *dentre*:

Era um cidadão que se sobrelevava [se destacava] *em honra e dignidade.*

Onde quer que atuassem, os dois rapazes se sobrelevavam [se distinguiam] *(em capacidade de liderança e iniciativa).*

Dentre tais conquistas sobrelevam [sobressaem] *o direito ao voto e o auxílio-maternidade.*

¶ com objeto indireto introduzido pela preposição *a* – *sobrelevar a*:

Num regime democrático, não é aceitável que uma classe sobreleve [seja superior] *às demais em vantagens e privilégios.*

Sobrestar – Sobre-estar

¶ No sentido de *não ir adiante, não prosseguir, deter-se, parar*, constrói-se com objeto indireto introduzido pela preposição *em* – *sobrestar em alguma coisa*:

Quando se apresentar ao oficial do registro título de hipoteca que mencione a constituição de anterior, não registrada, sobrestará ele na inscrição da nova, depois de a prenotar, até trinta dias, [...] (CC/2002, art. 1.495)

[...] Poderá o juiz, todavia, sobrestar no andamento do processo, por prazo nunca superior a noventa (90) dias, [...] (CPC, art. 60)

[...] No caso de a acusação estar pendente em juízo, sobrestar-se-á no processo por difamação até final decisão sobre o facto criminoso. (CPp, art. 408º, § 2º)

¶ No sentido de *deixar de dar andamento a, suspender o curso de, interromper, sustar*, constrói-se com objeto direto (sujeito na voz passiva) – *sobrestar alguma coisa*:

Poderá o relator, de ofício, ou a requerimento de qualquer das partes, determinar, quando o conflito for positivo, seja sobrestado o processo, [...] (CPC, art. 120)

Na hipótese de o relator do recurso especial considerar que o recurso extraordinário é prejudicial àquele, em decisão irrecorrível sobrestará o seu julgamento [...] (CPC, art. 543, § 2º)

Sobresteja-se o expediente na Secretaria de Recursos Humanos.

Dificuldades financeiras sobrestiveram a conclusão da obra.

1. Ao verbo *sobrestar*, nas acepções acima registradas, corresponde o substantivo **sobrestamento**:

Se a ação penal não for exercida dentro de trinta (30) dias, contados da intimação do despacho de sobrestamento, cessará o efeito deste, decidindo o juiz cível a questão prejudicial. (CPC, art. 110, parágrafo único)

2. Como se verifica nos exemplos dados, as acepções do verbo *sobrestar* são praticamente idênticas sob ambos os regimes – transitivo direto e transitivo indireto.

3. *Sobrestar* – que tem a forma variante *sobre-estar* – conjuga-se como *estar*. Assim, por exemplo, no pretérito perfeito do indicativo, a forma correta é *a autoridade sobresteve o inquérito* (e não *[...] sobrestou [...]*, como se vê e ouve por aí). Em texto de Rui Barbosa (*Obras completas*, vol. XXIX, t. II – *Réplica*, vol. 1, p. 104), aparece raro exemplo de *sobre-estar* no presente do indicativo e na acepção de *sobrepor-se*:

A primeira [ponderação], *a que se ele* [Ernesto Carneiro Ribeiro] *abordoa* [se apoia, se firma] *é a de que à rubrica 'Lei Preliminar' sobreestá, no projeto, o dístico de 'Código Civil'.*

Sobrevir

¶ Nas acepções de *vir sobre alguma coisa, vir em seguida, vir depois, chegar ou suceder imprevistamente*, constrói-se intransitivamente ou com objeto indireto introduzido pela preposição *a* – *sobrevir*, ou *sobrevir a*:

Enquanto não sobrevier sentença condenatória, nas infrações comuns, o Presidente da República não estará sujeito a prisão. (CRFB, art. 86, § 3º)

Se a gestão for iniciada contra a vontade manifesta ou presumível do interessado, responderá o gestor até pelos casos fortuitos, não provando que teriam sobrevindo, ainda quando se houvesse abstido. (CC/2002, art. 862)

[...] Mas, em relação a terceiros, considerar-se-á datado o documento particular: [...] III – a partir da impossibilidade física, que sobreveio a qualquer dos signatários; (CPC, art. 370, III)

Se durante a discussão da causa sobrevier o conhecimento de novos elementos de prova que possam manifestamente influir na decisão, poderá o tribunal ordenar que eles se produzam, [...] (CPPp, art. 443º)

Sobrevir segue a conjugação de seu verbo primitivo, **vir**: *sobreveio, sobrevieram; sobrevier, sobrevierem; sobreviesse, sobreviessem*; etc. Observe-se que o particípio aproveita a forma do gerúndio, **sobrevindo**. A forma *sobrevido* não existe.

Solicitar

No sentido de *pedir, rogar, diligenciar com empenho*, aparece sob as seguintes construções:

¶ *solicitar* alguma coisa (objeto direto; sujeito na voz passiva) *de alguém*. É, atualmente, construção pouco usual:

Quando por ausência do consignatário, ou por não se apresentar o portador do conhecimento à ordem, o capitão ignorar a quem deva competentemente fazer a entrega, solicitará do Juiz de Direito do Comércio [...] que nomeie depositário para receber os gêneros, e pagar os fretes devidos por conta de quem pertencer. (C. Com., art. 528)

¶ *solicitar* alguma coisa (objeto direto; sujeito na voz passiva) *a alguém*:

As leis delegadas serão elaboradas pelo Presidente da República, que deverá solicitar a delegação ao Congresso Nacional. (CRFB, art. 68)

¶ No sentido de *requerer em juízo como solicitador, desempenhar as funções de solicitador, promover questões judiciais de outrem*, constrói-se intransitivamente:

Solicitei, durante dois anos, na comarca de Pelotas.

Com o advento do *Estatuto da Advocacia* (Lei n. 8.906, de 4-7-94), o **solicitador** foi substituído pelo **estagiário de advocacia**.

Solver

¶ No sentido de *pagar, quitar, satisfazer*, constrói-se com objeto direto (sujeito na voz passiva) – *solver algo*:

Não se pode repetir o que se pagou para solver dívida prescrita, [...] (CC/2002, art. 882)

Subsistirá integralmente o legado, se a dívida lhe foi posterior, e o testador a solveu antes de morrer. (CC/2002, art. 1.919, parágrafo único)

Sonegar

¶ Nas acepções de *ocultar dolosamente, deixar de relacionar algo exigido por lei, com intuito fraudulento, não pagar o que deve, burlando a lei, desviar, encobrir*, constrói-se com objeto direto (sujeito na voz passiva) ou objeto direto e indireto, este com a preposição *a* – **sonegar** algo ou **sonegar** algo a alguém:

O herdeiro que sonegar bens da herança [...] perderá o direito que sobre eles lhe cabia. (CC/2002, art. 1.992)

Na mesma pena incorre: I – quem se apossa indevidamente de correspondência alheia [...] e, no todo ou em parte, a sonega ou destrói; (CP, art. 151, § 1º, I)

Constitui crime contra as relações de consumo: [...] VI – sonegar insumos ou bens, recusando-se a vendê-los a quem pretenda comprá-los nas condições publicamente ofertadas [...]; (Lei n. 8.137, de 27-12-1990, art. 7º, VI)

Foi autuado por sonegar rendimentos na declaração de ajuste anual.

Alguns órgãos de imprensa, por motivos diversos, sonegam informações ao leitor.

Sopesar

¶ Tem o sentido originário de levantar ou tomar na mão e segurar durante um breve espaço de tempo, a fim de avaliar o peso. Por extensão, passou a ter o significado de formular um juízo, ter uma opinião acerca de; julgar, avaliar. Constrói-se com objeto direto (sujeito na voz passiva) – **sopesar** *algo*:

Convencido da existência de indícios da paternidade, o juiz fixará alimentos gravídicos que perdurarão até o nascimento da criança, sopesando as necessidades da parte-autora e as possibilidades da parte-ré. (Lei n. 11.804, de 5-11-2008, art. 6º)

Antes de concretizar o plano, temos de sopesar os prós e os contras.

Subir

¶ No sentido de *os autos irem do cartório ao juiz, ou de uma instância a outra, superior*, constrói-se intransitivamente ou com a preposição *a* – **subir** ou **subir** *a*:

[...] Em seguida, os autos subirão ao relator, procedendo-se ao julgamento: (CPC, art. 493)

Distribuídos, os autos subirão, no prazo de quarenta e oito (48) horas, à conclusão do relator, que, depois de estudá-los, os restituirá à secretaria com o seu 'visto'. (CPC, art. 549)

Subjazer

¶ Nas acepções de *estar colocado por baixo, estar ou ficar subjacente; não se manifestar claramente, mas estar implícito, subentendido*, constrói-se com objeto indireto introduzido pela preposição *a* – **subjazer** *a algo*:

[...], os valores humanos, que inspiram o ordenamento jurídico e a ele subjazem, constituem [...] a concretização normativa de valores retirados da pauta dos direitos naturais, [...] (Teori A. Zavascki – *Processo coletivo*, p. 94-5)

Tal comportamento outro não é senão aquele conduzido pelas ideias que subjazem ao conceito de boa-fé objetiva, [...] (Teori A. Zavascki – Processo coletivo, p. 97)

O princípio da igualdade subjaz à democracia.

Os propósitos que subjazem ao seu discurso são incompatíveis com o ideal democrático.

O adjetivo **subjacente** tem a mesma regência do seu verbo cognato: **subjacente** *a algo* (complemento nominal): *Não raras vezes conflitos familiares estão subjacentes às dificuldades de relacionamento dos jovens. Interessa-nos, sobretudo, descobrir os propósitos subjacentes a essas manifestações das lideranças políticas.*

Sub-rogar

Aparece sob as seguintes construções e acepções:

¶ pronominalmente e com a preposição *em*, no sentido de *tomar o lugar de* – *sub-rogar-se em alguma coisa*:

O devedor, que paga a dívida, sub-roga-se no direito do credor, em relação aos outros coobrigados. (CC/2002, art. 259, parágrafo único)

O terceiro não interessado, que pagar a dívida em seu próprio nome, tem direito a reembolsar-se do que pagar; mas não se sub-roga nos direitos do credor. (CC/2002, art. 305)

¶ com objeto direto (sujeito na voz passiva) e com a preposição *em*, no sentido de *pôr uma pessoa ou coisa em lugar de outra, para que, em seu lugar, o objetivo seja cumprido ou satisfeito* – **sub-rogar** *alguém* ou *algo em alguém* ou *em alguma coisa*:

O produto do leilão será depositado, sub-rogando-se nele a penhora. (CPC, art. 1.070, § 2º)

Os créditos tributários relativos a impostos cujo fato gerador seja a propriedade, o domínio útil ou a posse de bens imóveis, e bem assim os relativos a taxas pela prestação de serviços referentes a tais bens, ou a contribuições de melhoria, sub-rogam-se na pessoa dos respectivos adquirentes[...] (CTN, art. 130)

O credor que recebe a prestação de terceiro pode sub-rogá-lo nos seus direitos, desde que o faça expressamente até ao momento do cumprimento da obrigação. (CCp, art. 589º)

O objeto introduzido pela preposição *em* pode vir omitido:

O terceiro que cumpre a obrigação pode ser igualmente sub-rogado pelo devedor até ao momento do cumprimento, sem necessidade de consentimento do credor. (CCp, art. 590º, 1)

¶ intransitivamente, no sentido de *substituir*:

A vontade de sub-rogar deve ser expressamente manifestada. (CCp, art. 590º, 2)

¶ adjetivamente (adjetivo participial), com a preposição *em*, no sentido de *investido na qualidade e direitos de determinada pessoa, cujo lugar ocupa, como seu substituto; terceiro que satisfez a dívida de outrem ou lhe empresta a quantia necessária para esse fim, substituindo o credor pago nos seus direitos sobre o devedor; segundo credor; transmitido ou passado por herança ou por sucessão; substituído por outros (bens)* – **sub-rogado em**. É a construção mais frequente:

São excluídos da comunhão: I – os bens herdados ou doados com a cláusula de incomunicabilidade e os sub-rogados em seu lugar; (CC/2002, art. 1.668, I)

Os animais da mesma espécie, comprados para substituir os mortos, ficam sub-rogados no penhor. (CC/2002, art. 1.446)

Quando não existe o direito de repetição, fica o autor da prestação sub-rogado nos direitos do credor. (CCp, art. 477º, 2)

Com o adjetivo participial **sub-rogado** aparecem, ainda, as seguintes construções:

¶ Com a preposição *para*:

Se a coisa empenhada consistir em títulos de crédito, o credor que os tiver em penhor entende-se sub-rogado pelo devedor para praticar todos os atos que sejam necessários para conservar a validade dos mesmos títulos, e os direitos do devedor [...] (C. Com., art. 277 – revogado)

Recusando-se os consignatários a prestar a fiança exigida, pode o capitão requerer o depósito judicial dos efeitos obrigados à contribuição, até ser pago, ficando o preço da venda sub-rogado, para se efetuar por ele o pagamento da avaria grossa, logo que o rateio tiver lugar. (C. Com., art. 785)

¶ Com a preposição *a*:

Na coletividade, fica sub-rogado ao indivíduo o respectivo valor, e vice-versa. (CC/1916, art. 56)

Subscrever

¶ No sentido de *apor assinatura ou firma em qualquer escrito, para aprová-lo, autenticá-lo, aceitá-lo, ratificá-lo, ou o ter como propriamente feito pelo subscritor,* constrói-se com objeto direto (sujeito na voz passiva) – **subscrever** *algo*:

O documento, feito por oficial público incompetente, ou sem a observância das formalidades legais, sendo subscrito pelas partes, tem a mesma eficácia probatória do documento particular. (CPC, art. 367)

Subscreverão o termo o juiz, os advogados, o órgão do Ministério Público e o escrivão. (CPC, art. 457, § 2º)

¶ No sentido de *contribuir ou obrigar-se a contribuir com certa quota-parte para determinado fim, social ou econômico, ou tomar ou obrigar-se a tomar ações de uma empresa ou companhia,* também se constrói com objeto direto (sujeito na voz passiva) – **subscrever** *algo*:

Encerrada a subscrição e havendo sido subscrito todo o capital social, os fundadores convocarão a assembleia geral [...] (Lei n. 6.404, de 15-12-1976, art. 86)

Subscrever origina-se do verbo latino **subscribere**, que, por sua vez, se compõe do prefixo **sub** (sob, debaixo de, na base de) e do verbo **scribere** (escrever).

Substabelecer

¶ No sentido de *transferir os poderes constantes de um mandato a outrem, para que substitua a pessoa a quem o mesmo mandato foi conferido, fazer-se o mandatário substituir por outrem, transferindo a este os poderes que lhe haviam sido outorgados, transferir a outrem as obrigações e poderes de que o mandatário fora investido*, aparece sob as seguintes construções:

¶ intransitivamente:

Havendo poderes de substabelecer, só serão imputáveis ao mandatário os danos causados pelo substabelecido, se tiver agido com culpa na escolha deste ou nas instruções dadas a ele. (CC/2002, art. 667, § 2º)

¶ com objeto direto (sujeito na voz passiva) de coisa – **substabelecer** *alguma coisa*:

Ainda quando se outorgue mandato por instrumento público, pode [o mandato por instrumento público] *substabelecer-se* [ser substabelecido] *mediante instrumento particular. (CC/2002, art. 655)*

Nos poderes que a lei presume conferidos ao mandatário está incluído o de substabelecer o mandato. (CPCp, art. 36º, 2)

¶ com objeto direto (sujeito na voz passiva) de coisa e indireto de pessoa, este com a preposição *a* – **substabelecer** *alguma coisa a alguém*:

O mandatário é obrigado a aplicar toda a sua diligência habitual na execução do mandato, e a indenizar qualquer prejuízo causado por culpa sua ou daquele a quem substabelecer, sem autorização, poderes que devia exercer pessoalmente. (CC/2002, art. 667)

No RISTF, art, 82, § 2º, aparece a construção **substabelecer** *a alguém*, sem a indicação do objeto do **substabelecimento** (poderes):

É suficiente a indicação do nome de um dos advogados, quando a parte houver constituído mais de um, ou o constituído substabelecer a outro.

¶ com objeto direto de coisa (sujeito na voz passiva) e indireto de pessoa, este com a preposição *em* – **substabelecer** *alguma coisa em alguém*:

Considera-se celebrado pelo representante, para o efeito do número precedente, o negócio realizado por aquele em quem tiverem sido substabelecidos os poderes de representação. (CCp, art. 261º, 2)

¶ com objeto direto (sujeito na voz passiva) de pessoa e indireto de coisa, este com a preposição *em* – **substabelecer** *alguém em alguma coisa*:

Fulano substabeleceu beltrano nos poderes da procuração que lhe foi outorgada.

1. Alguns tacham de errônea a construção **substabelecer** *os poderes a alguém*, em lugar de **substabelecer** *alguém nos poderes*. O uso, como se observa, não abona essa crítica. Segundo outros, também é errada a construção **substabelecer** *os poderes em alguém*, em vez de **substabelecer** *alguém nos poderes*. Também aqui os textos não autorizam a crítica.

2. Embora pouco usual, também existe a forma **subestabelecer.**

3. Ao verbo **substabelecer** correspondem os termos **substabelecente** (mandatário que substabelece outrem nos poderes do mandato que lhe foi conferido), **substabelecido** (pessoa a quem se transferem poderes de um mandato, para agir como substituto do mandatário, ou substabelecente; submandatário) e **substabelecimento** (ato de transferir uma re-

presentação, delegação, ou mandato, ou o ato de se substituir o mandatário estabelecido, por outrem, que venha executar, por ele, o mandato que lhe havia sido outorgado):

Sendo omissa a procuração quanto ao substabelecimento, o procurador será responsável se o substabelecido proceder culposamente. (CC/2002, art. 667, § 4º)

Substituir

Aparece sob as seguintes construções:

¶ *substituir alguém* (objeto direto; sujeito na voz passiva):

O Presidente da República, os Governadores de Estado, os Prefeitos e quem os houver sucedido ou substituído no curso dos mandatos poderão ser reeleitos para um único período subsequente. (CRFB, art. 14, § 5º)

Dá-se a novação: [...] 2. Quando um novo devedor substitui o antigo e este fica desobrigado; (C. Com., art. 438, 2 – revogado)

¶ *substituir-se reciprocamente* ou *mutuamente,* ou *substituir-se por*:

Se o gestor se fizer substituir por outrem, responderá pelas faltas do substituto, [...] (CC/2002, art. 867)

O testador pode determinar que os coerdeiros se substituam reciprocamente. (CCp, art. 2283º, 1)

¶ *substituir alguma coisa*:

A concessão da pensão especial do inciso II substitui, para todos os efeitos legais, qualquer outra pensão já concedida ao ex-combatente. (CRFB, ADCT, art. 53, parágrafo único)

¶ *substituir alguém* ou *algo por*:

O parceiro proprietário substituirá por outros, no caso de evicção, os animais evictos. (CC/1916, art. 1.418)

Também é lícito ao testador substituir muitas pessoas por uma só, ou vice-versa, [...] (CC/2002, art. 1.948)

¶ *substituir alguém a,* ou ***substituir-se a***:

O testador pode substituir outra pessoa ao herdeiro ou ao legatário nomeado, para o caso de um ou outro não querer ou não poder aceitar a herança ou o legado, [...] (CC/2002, art. 1.947)

Dá-se a novação: [...] 3. Quando por uma nova convenção se substitui um credor a outro, [...] (C. Com., art. 438, 3 – revogado)

Sendo total o subarrendamento, o senhorio pode substituir-se ao arrendatário, mediante notificação judicial, [...] (CCp, art. 1103º, 1)

Podem substituir-se várias pessoas a uma só, ou uma só a várias. (CCp, art. 2282º)

¶ *substituir alguém em algo,* ou ***substituir-se em algo***:

Se, não obstante proibição do mandante, o mandatário se fizer substituir na execução do mandato, responderá ao seu constituinte pelos prejuízos ocorridos sob a gerência do substituto, [...] (CC/2002, art. 667, § 1º)

A excepção de não cumprimento é oponível aos que no contrato vierem a substituir qualquer dos contraentes nos seus direitos e obrigações. (CCp, art. 431°)

¶ **substituir** *a alguém em algo*:

A apólice de seguro é transferível e exequível por via de endosso, substituindo o endossado ao segurado em todas as suas obrigações, direitos e ações (art. 363). (C. Com., art. 675)

No caso acima, *ao segurado* exerce a função de objeto direto preposicionado, construção usada para efeito de clareza.

¶ **substituir-se** *a alguém em algo*:

Relativamente aos créditos, o mandante pode substituir-se ao mandatário no exercício dos respectivos direitos. (CCp, art. 1181°, 2)

Subsumir

¶ **Subsumir** origina-se do verbo latino **subsumere**, que se compõe do prefixo **sub** (sob) + o verbo **sumere** (tomar, acolher, aceitar, assumir). O termo, divulgado, em sua forma germânica (**subsumieren**), pelo filósofo Kant, em sua *Crítica da razão pura*, significa *considerar algo como parte de um conjunto mais amplo ou como caso particular submetido a um princípio ou norma geral, pensar num objeto ou ser particular como parte integrante do grupo mais vasto a que pertence*. Especificamente, na Lógica Jurídica, no campo da Hermenêutica, tem o sentido de *enquadrar um fato individual (a espécie) que se examina no preceito legal abstrato a ele aplicável, descobrir que um fato jurídico reproduz a hipótese contida na norma jurídica, revelar o liame lógico de um situação concreta, específica, com a previsão genérica, hipotética, da norma*. Constrói-se com objeto direto (sujeito na voz passiva) e objeto indireto, este com a preposição *a* (mais usual) ou *em* – **subsumir** *algo a ou em*:

Há, assim, um 'fato' que se subsume a uma norma penal incriminadora, que se denomina 'fato típico'. Damásio E. de Jesus – *Direito penal*, vol. 1, p. 135)

Quando as peculiaridades do fato concreto não podem ser subsumidas direta e imediatamente aos gêneros normativos existentes [...], cumprirá ao aplicador da lei a tarefa de promover a devida adequação, [...] (Teory Albino Zavascki – *Processo coletivo*, p. 48)

Creio que a hipótese não se subsume à proposição contida no bojo do Tratado Internacional. (Des. Federal Álvaro Eduardo Junqueira – RTRF-4ª, n. 60, p. 398)

O comportamento imputado ao réu subsume-se no art. 319 do Código Penal.

Os poderes de requisitar e de notificar subsumem-se no poder abrangente que a Lei Complementar n. 40-81 conferiu ao MP de investigar, poder investigatório esse, cível ou criminal. (TARGS – *Julgados*, n 81, p. 15)

1. **Subsumir** flexiona-se como **assumir**.

2. Ao verbo *subsumir* corresponde o substantivo **subsunção**, que se origina do prefixo latino **sub** (sob) + o substantivo **sumptio** (ação de tomar e, especialmente, a proposição menor de um silogismo, premissa). [Subsunção] *é a conexão lógica de uma situação particular,*

específica e concreta, com a previsão abstrata, genérica e hipotética contida na lei. (Nagib Slaibi Filho – *Sentença cível*, p. 207)

Subtrair

¶ Nas acepções de *fazer escapar, livrar, afastar,* constrói-se com objeto direto (sujeito na voz passiva) e indireto, este com a preposição *a* – **subtrair** alguém ou alguma coisa *a*:

A mora do credor subtrai o devedor isento de dolo à responsabilidade pela conservação da coisa, [...] (CC/2002, art. 400)

É nula a cláusula que atribua todos os lucros a um dos sócios, ou subtraia o quinhão social de algum deles à compartição nos prejuízos. (CC/1916, art. 1.372)

¶ No sentido de *apoderar-se fraudulenta ou dolosamente de pessoa, ou de coisa alheia,* constrói-se com objeto direto (sujeito na voz passiva), ou com objeto direto e indireto, este com a preposição *a* – **subtrair** *alguém* ou *algo,* ou **subtrair** *alguém* ou *algo a*. No caso de objeto direto de *coisa,* pode aparecer a indicação do destinatário (beneficiário) da subtração, introduzida pela preposição *para*:

Subtrair, para si ou para outrem, coisa alheia móvel: [...] (CP, art. 155)

Subtrair o condômino, coerdeiro ou sócio, para si ou para outro, a quem legitimamente a detém, a coisa comum: [...] (CP, art. 156)

Subtrair menor de dezoito anos ou interdito ao poder de quem o tem sob sua guarda em virtude de lei ou de ordem judicial: [...] (CP, art. 249)

1. Na linguagem comum, no sentido de *furtar, surripiar, tomar ou retirar às escondidas ou com fraude*, também aparece a construção **subtrair** *algo de alguém*:

Durante anos, a empregada subtraiu da patroa dinheiro, joias e peças de vestuário.

2. **Subtrair** origina-se do verbo latino **subtra̱here** (tirar por baixo, subtrair, afastar, retirar), que, por sua vez, se compõe do prefixo **sub** (sob, debaixo de) e do verbo **tra̱here** (arrastar, puxar, carregar, retirar).

3. **Subtrair**, como os demais verbos em **-air**, escreve-se com **i** (e não com **e**) na segunda e na terceira pessoa do singular do presente do indicativo: tu *subtrais,* ele *subtrai*.

Suceder

¶ Nas acepções de *ser chamado à sucessão, receber a herança, herdar por direito próprio, ou por representação, entrar na posse de cargo, bens ou direitos de outra pessoa,* aparece sob as seguintes construções:

¶ intransitivamente:

A lei do domicílio do herdeiro ou legatário regula a capacidade para suceder. (LINDB, art. 10, § 2º)

Ninguém pode suceder, representando herdeiro renunciante. [...] (CC/2002, art. 1.811)

Na falta de descendentes sucede o cônjuge, sem prejuízo do disposto no capítulo seguinte. (CCp, art. 2141º)

¶ com a preposição *em* – ***suceder*** *em algo* (objeto indireto de coisa):

Dá-se o direito de representação, quando a lei chama certos parentes do falecido a suceder em todos os direitos, em que ele sucederia, se vivo fosse. (CC/2002, art. 1.851)

Aquele que houver sucedido na posse de outrem por título diverso da sucessão por morte pode juntar à sua a posse do antecessor. (CCp, art. 1256º, 1)

¶ com a preposição *a* – ***suceder*** *a alguém* (objeto indireto de pessoa):

Substituirá o Presidente, no caso de impedimento, e suceder-lhe-á, no de vaga, o Vice-Presidente. (CRFB, art. 79)

No caso de ser nomeado mais de um tutor por disposição testamentária sem indicação de precedência, entende-se que a tutela foi cometida ao primeiro, e que os outros lhe sucederão pela ordem de nomeação, [...] (CC/2002, art. 1.733, § 1º)

Quando os netos, representando seus pais, sucederem aos avós, serão obrigados a trazer à colação, ainda que não o hajam herdado, o que os pais teriam de conferir. (CC/2002, art. 2.009)

Quando ao primitivo devedor da prestação indivisível sucedam vários herdeiros, também só de todos eles tem o credor a possibilidade de exigir o cumprimento da prestação. (CCp, art. 535º, 2)

A obrigação de conferir recai sobre o donatário, se vier a suceder ao doador, [...] (CCp, art. 2.106º)

Confira o verbete ***Conferir***.

¶ com a preposição *a* e a preposição *em* – ***suceder*** *a alguém* (objeto indireto de pessoa) *em algo* (objeto indireto de coisa):

A habilitação tem lugar quando, por falecimento de qualquer das partes, os interessados houverem de suceder-lhe no processo. (CPC, art. 1.055)

¶ com objeto direto de pessoa – ***suceder*** *alguém*:

O Presidente da República, os Governadores de Estado e do Distrito Federal, os Prefeitos e quem os houver sucedido ou substituído no curso dos mandatos poderão ser reeleitos para um período subsequente. (CRFB, art. 14, § 5º)

Os governantes eleitos deveriam dar prosseguimento às obras iniciadas por aqueles que irão suceder.

1. O verbo *suceder*, nas acepções acima, aparece, ainda, sob as seguintes expressões:

a) ***suceder*** *na herança* – ter direito à sucessão por morte de:

Como é riquíssimo e solteiro, espera-se que os afilhados lhe sucedam na herança. (Camilo Castelo Branco)

b) ***suceder*** *a título singular* – transmitir ou herdar parte de bens;

c) ***suceder*** *a título universal* – herdar a título legítimo, ou herdar a totalidade dos bens do 'de cuius';

d) ***suceder*** *'iure proprio'* – herdar por direito próprio, isto é, por direito de transmissão; também se diz *suceder 'proprio nonime'*;

e) ***suceder*** *'iure representationis'* – herdar por direito de representação, isto é, por força de substituição;

f) *suceder por cabeça*, ou *'in capita'*, ou *'per capita'* – herdarem ou entrarem vários herdeiros na posse da herança por título próprio e em nome próprio, como herdeiros imediatos do falecido:
Os parentes de cada classe sucedem por cabeça ou em partes iguais, salvas as excepções previstas neste código. (CCp, art. 2136º)

g) *suceder por estirpe*, ou *por tronco*, ou *'in stirpes'*, ou *'per stirpes'* – herdar pelo direito de representação, não em seu próprio nome, ou por título próprio:
Na linha descendente, os filhos sucedem por cabeça, e os outros descendentes, por cabeça ou por estirpe, conforme se achem ou não no mesmo grau. (CC/2002, art. 1.835)

h) *suceder por linha* – herdar, não por direito próprio nem por direito de representação, mas em razão de parentesco ascendente, ou linha ascendente:
Na falta de descendentes, são chamados à sucessão os ascendentes, em concorrência com o cônjuge sobrevivente. (CC/2002, art. 1.836)

i) *suceder por transmissão* – o mesmo que *suceder 'iure proprio'*, *'proprio nomine'*, ou *por título próprio*; opõe-se a suceder por direito de representação, ou mediante representação.

2. A alguns parece não soar bem *suceder-lhe* por *suceder a ele*; trata-se, porém, de regência abonada por autores idôneos, tanto na linguagem literária, quanto na jurídica. Há, atualmente, a tendência de substituir o objeto indireto *lhe* (*suceder-lhe*) por *o* (*sucedê-lo*).

¶ No sentido de *vir depois ou após outra coisa, seguir-se*, constrói-se com objeto indireto introduzido pela preposição *a* – *suceder a*:

Considera-se por prazo indeterminado todo contrato que suceder, dentro de 6 (seis) meses, a outro contrato por prazo determinado, [...] (CLT, art. 452)

Nas prestações sucessivas por tempo determinado, a execução pelo não pagamento de uma prestação compreenderá as que lhe sucederem. (CLT, art. 891)

O reconhecimento pode preceder o nascimento do filho, ou suceder-lhe ao falecimento, se ele deixar descendentes. (CC/1916, art. 357, parágrafo único)

No CC/2002, o dispositivo acima assumiu a seguinte redação, constituindo o parágrafo único do art. 1.609:

O reconhecimento pode preceder o nascimento do filho ou ser posterior ao seu falecimento, se ele deixar descendentes.

Superintender

¶ No sentido de *inspecionar, dirigir, fiscalizar e orientar os que trabalham nalguma obra ou exercem em grupo certas atividades*, constrói-se com objeto direto (sujeito na voz passiva), ou com objeto indireto com a preposição *a* ou *em* – *superintender algo*, ou *superintender a* ou *em algo*:

1. *As regiões autónomas são pessoas colectivas territoriais e têm os seguintes poderes, a definir nos respectivos estatutos: [...] o) Superintender nos serviços, institutos públicos e empresas públicas e nacionalizadas que exerçam a sua actividade exclusiva ou predominantemente na região, e noutros casos em que o interesse nacional o justifique;* (CRP, art. 227º, 1, o)

Foi criada uma autarquia para superintender a produção de remédios e sua distribuição às pessoas de baixa renda.

Já reformado, ainda superintendia várias empresas importantes. (Laudelino Freire)

Um superintendia no setor de finanças; outro, no de comercialização.

Um engenheiro experimentado superintendia à construção e recuperação de estradas.

No português do Brasil, o verbo **superintender** praticamente só aparece construído com objeto direto:

superintender algo.

Suprir

¶ No sentido de *completar, remediar, preencher a falta de*, constrói-se com objeto direto (sujeito na voz passiva) – *suprir algo*:

Esgotado o prazo, poderá o juiz, a pedido do interessado, suprir a vontade da parte inadimplente [...] (CC/2002, art. 464)

O juiz, antes de suprir a aprovação, poderá mandar fazer no estatuto modificações a fim de adaptá-lo ao objetivo do instituidor. (CPC, art. 1.201, § 2º)

Suscitar

¶ Nas acepções de *arguir ou alegar impedimento ou incompetência de outrem para o exercício de certa função ou a prática de determinado ato; levantar, fazer nascer; invocar uma providência da autoridade legítima*, constrói-se com objeto direto (sujeito na voz passiva), ou com objeto direto e indireto, este com a preposição *a* – *suscitar algo*, ou *suscitar algo a alguém*:

O conflito será suscitado ao presidente do tribunal: I – pelo juiz, por ofício; (CPC, art. 118, I)

O inventariante será removido: [...] II – se não der ao inventário andamento regular, suscitando dúvidas infundadas ou praticando atos meramente protelatórios; (CPC, art. 995, II)

É vedado à parte interessada suscitar conflitos de jurisdição quando já houver oposto na causa exceção de incompetência. (CLT, art. 806)

1. Ao verbo **suscitar**, nas acepções acima, correspondem os termos **suscitante** (que suscita, opoente, impugnante, alegante) e **suscitado** (aquele contra quem se fez ou se levantou qualquer oposição):

Após a distribuição, o relator mandará ouvir os juízes em conflito, ou apenas o suscitado, se um deles for suscitante; [...] (CPC, art. 119)

Suscitado indica, também, o *ato contra que se levantou oposição*, ou *que foi impugnado*.

2. *Suscitar* origina-se do verbo latino **suscitare** (levantar, erguer, elevar), que, por sua vez, se compõe do advérbio **susum** (forma variante de **sursum**: *por cima, acima*) e do verbo **citare** (mover, sacudir, abalar). **Citare** é frequentativo (que exprime ação repetida ou frequente) de **cire** ou **ciere** (mover, excitar, pôr em movimento, agitar).

Sustentar

¶ Na linguagem técnico-processual, tem o significado de expender argumentos em confirmação e reforço de ideias ou de proposições já afirmadas; mostrar os fundamentos que asseguram a legitimidade e a procedência de uma decisão, ou de um requerimento, quando outrem a eles se opõe, impugnando-os (cf. De Plácido e Silva. *Vocabulário jurídico*. 27. ed., 3. tiragem. Rio de Janeiro: Forense, 2007, p. 1356). Constrói-se com objeto direto (sujeito na voz passiva) representado por nome abstrato, oração conjuncional ou infinitiva – **sustentar** *algo*, **sustentar** *que* ou **sustentar** + *infinitivo*:

Na sessão de julgamento, depois de feita a exposição da causa pelo relator, o presidente [...] dará a palavra, sucessivamente, ao recorrente e ao recorrido [...], a fim de sustentarem as razões do recurso. (CPC, art. 554)

[...] Apresentada a respectiva alegação e a resposta a que tem direito a parte contrária, a secretaria junta as alegações das partes, respectivas certidões e documentos e faz tudo concluso ao juiz, que pode tomar uma de duas decisões: sustentar o despacho ou reparar o agravo. [...] (CPCp, art. 744º, 1)

T

Taxar – Tachar

¶ O verbo *taxar*, nas acepções de *regular, fixar o justo preço de, estabelecer ou determinar a taxa de preço, impor taxas, fixar, arbitrar, limitar*, constrói-se com objeto direto (sujeito na voz passiva) – **taxar** algo:

Pode também cada fiador taxar, no contrato, a parte da dívida que toma sob sua responsabilidade, e, neste caso, não será obrigado a mais. (CC/1916, art. 1.494)

Quando o testamenteiro não for herdeiro, nem legatário, terá direito a um prêmio, que, se o testador o não houver taxado, será de um a cinco por cento, [...] (CC/1916, art. 1.766)

No CC/2002, o verbo **taxar**, nos artigos correspondentes aos acima transcritos (arts. 830 e 1.987, respectivamente), foi substituído pelo verbo sinônimo **fixar**.

Enquanto se não fixarem definitivamente os alimentos, pode o tribunal [...] conceder alimentos provisórios, que serão taxados segundo o seu prudente arbítrio. (CCp, art. 2008°, 1)

O Governo voltou a taxar a importação de artigos supérfluos.

Que se taxem artigos de luxo, até concordo. Mas gêneros de primeira necessidade, isso é uma afronta ao povo!

¶ No sentido translato de *ter na conta de, julgar, considerar, ajuizar, avaliar*, constrói-se com objeto direto (sujeito na voz passiva) + predicativo – **taxar** alguém de, como:

Taxou a atuação dos professores, tanto públicos quanto particulares, como um verdadeiro sacerdócio.

Por sua atitude firme, taxaram-no de amigo do povo brasileiro.

1. **Taxar** origina-se do verbo latino **tax<u>a</u>re** (tocar muitas vezes; notar, censurar; avaliar, pôr preço), que, por sua vez, é frequentativo (que exprime ação repetida ou frequente) de **tangere** (tocar).

2. **Taxar,** pela sua etimologia, pode usar-se tanto para avaliações *positivas,* quanto *negativas*:

Taxaram seu comportamento de exemplar.

Taxaram de imprestável o seu trabalho.

Ofendido com a rispidez do homem, taxou-o de mal-educado.

3. *Tachar*, homônimo heterógrafo de *taxar*, em razão de sua origem (da palavra francesa **tache**: *mancha, nódoa*), só pode empregar-se para avaliações *negativas*, tendo significação equivalente a *pôr mancha em, notar ou pôr defeito em, censurar, acusar*, etc.:

Alguns tacham de confusa a nossa ortografia.

Às primeiras respostas, o professor tachou-o de ignorante.

Primeiro o jogador era elogiado por sua cultura e boas maneiras; depois passaram a tachá-lo de mau-caráter.

Tacharam o empresário de mau cumpridor de seus compromissos financeiros.

4. Em razão do que se expõe nas duas notas anteriores, a conclusão, em síntese, é a seguinte: *taxar* tanto pode expressar avaliação positiva quanto negativa; *tachar*, no entanto, indica tão somente avaliação negativa. Assim, *um político pode ser taxado de honesto por alguns, enquanto outros irão taxá-lo/tachá-lo de corrupto, desonesto ou interesseiro. Mas ninguém poderá tachá-lo* (com **ch**) *de patriota ou humanitário.*

Aires da Mata Machado (*Escrever certo*, p. 34) propôs o seguinte critério para bem empregar os dois verbos: usar sempre a forma *taxar* para julgamentos positivos, isto é, nos elogios ou nos casos de bom conceito, reservando *tachar* para expressar opinião desfavorável, censura, defeito, etc. Não deixa de ser, por certo, uma boa sugestão!

Ter de – Ter que

¶ Originariamente, *ter de* e *ter que* eram duas expressões bem distintas: *ter de* significava *ter obrigação ou dever de, precisar*; *ter que* equivalia a *ter alguma coisa a qual se deve ou se pode (fazer*, etc.*)*.

Com o tempo, as duas formas tornaram-se sinônimas; *ter que* consagrou-se como variante (popular, oral) de *ter de*, ficando esta como expressão preferida na linguagem culta escrita.

Nos textos legais pesquisados, notamos (como, de resto, em textos literários de autores atuais) nítida preferência pela expressão *ter de* para expressar *obrigação, necessidade*. Assim, dos setenta e oito exemplos que anotamos, setenta e quatro são com *ter de*, ficando apenas quatro para *ter que*.

Desse modo, embora possamos dizer a mesma coisa com uma e outra expressão, parece evidente que *ter de* deve merecer a preferência em textos formais, como o são os da linguagem jurídica.

¶ Exemplos com *ter de*:

É competente a autoridade judiciária brasileira, quando for o réu domiciliado no Brasil ou aqui tiver de ser cumprida a obrigação. (LINDB, art. 12)

Quando se tratar de fotografia, esta terá de ser acompanhada do respectivo negativo. (CPC, art. 385, § 1º)

Tendo o processo de ser remetido a outro juízo, à disposição deste passará o réu, se estiver preso. (CPP, art. 410, parágrafo único)

A resolução do contrato fundada na falta de cumprimento por parte do locatário tem de ser decretada pelo tribunal. (CCp, art. 1047º)

¶ Exemplos com *ter que*:

Não podem ser tutores e serão exonerados da tutela, caso a exerçam: [...] II – aqueles que [...] se acharem constituídos em obrigação para com o menor, ou tiverem que fazer valer direitos contra este, [...] (CC/2002, art. 1.735, II)

VI – quando o juiz tiver que fazer diferentes quesitos, sempre os formulará em proposições simples e bem distintas, [...] (CPP, art. 484, VI)

Ter lugar

¶ A expressão *ter lugar* aparece com bastante frequência em nossos códigos, com as significações de: *a) caber, ter cabimento, ser cabível*; e *b) efetuar-se, realizar-se, ocorrer – algo* (sujeito) *tem lugar*:

Acepção *a*:

A assistência tem lugar em qualquer dos tipos de procedimento e em todos os graus de jurisdição; (CPC, art. 50, parágrafo único)

Aos credores só é permitido requerer arrolamento nos casos em que tenha lugar a arrecadação de herança. (CPC, art. 856, § 2º)

A representação tem lugar, ainda que todos os membros das várias estirpes estejam, relativamente ao autor da sucessão, no mesmo grau de parentesco, ou exista uma só estirpe. (CCp, art. 2045º)

Acepção *b*:

No terceiro livro, que será denominado – Livro da Navegação – se assentarão diariamente, enquanto o navio se achar em algum porto, os trabalhos que tiverem lugar a bordo, e os consertos e reparos do navio. [...] (C. Com., art. 504)

O reexame deverá ter lugar de três em três meses e a ele se aplica [...] o disposto no § 3º do artigo 291º. (CPPp, art. 273º-A, § único)

1. Ocorre, também, nos textos legais, a expressão **haver lugar (a)**:

Tendo o fretador direito de fazer sair o navio sem carga ou só com parte dela (arts. 592 e 593), poderá, para segurança do frete e de outras indenizações a que haja lugar [que couberem]*, completar a carga por outros carregadores, independente de consentimento do afretador; [...]* (C. Com., art. 596)

2. Alguns gramáticos e dicionaristas reprovam o emprego da expressão *ter lugar* no sentido de *efetuar-se, realizar-se*, tachando-a de galicismo, pois é tradução do francês **avoir lieu**. O uso, porém, inclusive no nível culto formal, desconsidera a antipatia desses críticos.

Ter (abrir, dar, etc.) vista

¶ *Ter vista* indica, no Direito Processual, o ato de *receber o processo para nele falar* A *vista* normal dá-se mediante remessa dos autos aos interessados, com o devido assento dessa providência pelo escrivão (auto de vista). Quando, por qualquer razão, os autos não podem ser retirados do cartório, dá-se a chamada *vista em cartório*.

Assim, por *ter vista, abrir vista, dar vista, mandar com vista, pedir vista*, etc., sempre se entende que *os autos devem ser presentes ao interessado ou a quem se encontre com o direito ou na obrigação de falar neles acerca de fatos que ali se encontram* (De Plácido e Silva – *Vocabulário jurídico*, vol. V, p. 1.661).

Nas expressões com a palavra *vista*, esta, quando empregada nas acepções acima, sempre fica no *singular*.

Exemplos com as diversas expressões:

O advogado tem direito de: [...]; II – requerer, como procurador, vista dos autos de qualquer processo pelo prazo de cinco (5) dias; (CPC, art. 40, II)

Intervindo como fiscal da lei, o Ministério Público: I – terá vista dos autos, depois das partes, [...] (CPC, art. 83, I)

Concluída a instrução, será aberta vista, sucessivamente, ao autor e ao réu, [...] (CPC, art. 493)

Distribuído o recurso, a Secretaria, imediatamente, fará os autos com vista ao Procurador-Geral. [...] (RISTF, art. 308)

Quando houver réus presos, a conclusão e vista do processo serão feitas imediatamente, [...] (CPPp, art. 95º, § 2º)

Os termos de juntada, vista, conclusão e outros semelhantes constarão de notas datadas e rubricadas pelo escrivão. (CPC, art. 168)

[...] Se, intimado [o advogado], não os [os autos] devolver dentro em vinte e quatro (24) horas, perderá o direito à vista fora do cartório, [...] (CPC, art. 196)

Os recursos, antes de irem aos juízes que têm de os julgar, irão com vista ao Ministério Público, se a não tiver tido antes. (CPPp, art. 664º)

Testar

¶ Nas acepções de *fazer testamento, deixar ou dispor em testamento*, constrói-se intransitivamente, ou com objeto direto (sujeito na voz passiva) e indireto, este com a preposição *a* – **testar**, ou **testar** *algo a alguém*:

O herdeiro, a quem se testarem legados, pode aceitá-los, renunciando a herança; ou, aceitando-a, repudiá-los. (CC/2002, art. 1.808, § 1º)

Além dos incapazes, não podem testar os que, no ato de fazê-lo, não tiverem pleno discernimento. Parágrafo único. Podem testar os maiores de dezesseis anos. (CC/2002, art. 1.860, *caput* e parágrafo único)

Não podem testar no mesmo acto duas ou mais pessoas, quer em proveito recíproco, quer em favor de terceiro. (CCp, art. 2181º)

Podem testar todos os indivíduos que a lei não declare incapazes de o fazer. (CCp, art. 2188º)

Ao verbo **testar**, nas acepções acima, correspondem os termos **testação, testado, testador, testamentário, testamenteiro, testamento** e **testante**:

O testador pode nomear um ou mais testamenteiros, conjuntos ou separados, para lhe darem cumprimento às disposições de última vontade. (CC/2002, art. 1.976)

A capacidade do testador determina-se pela data do testamento. (CCp, art. 2191º)

É também anulável a disposição testamentária determinada por erro, dolo ou coacção. (CCp, art. 2201º)

Tirar (o protesto)

¶ No Direito Registrário, o verbo **tirar** aparece no sentido de *registrar, lavrar,* ou *requerer, pleitear a lavratura de,* tendo por objeto direto (sujeito na voz passiva) o termo *protesto* ou *instrumento do protesto* – **tirar** *algo*:

O portador que não tirar [requerer] *o protesto da duplicata, em forma regular e dentro do prazo de 30 (trinta) dias, contado da data de seu vencimento, perderá o direito de regresso contra os endossantes e respectivos avalistas.* (Lei n. 5.474, de 18-7-1968, art. 13, § 4°)

O protesto será tirado por falta de pagamento, de aceite ou de devolução. (Lei n. 9.492, de 10-9-1997, art. 21)

Confira os verbetes **Apontar** e **Protestar**.

Tocar

¶ Nas acepções de *caber por sorte, pertencer; interessar, relacionar-se, dizer respeito; competir,* constrói-se com objeto indireto introduzido pela preposição *a* – *alguma coisa* **toca** *a alguém*:

Sendo simultânea a execução, a cada um tocará quinhão igual na recompensa; [...] (CC/2002, art. 858)

Dispondo o testador que não caiba ao herdeiro instituído certo e determinado objeto, dentre os da herança, tocará ele aos herdeiros legítimos. (CC/2002, art. 1.908)

[...] Não havendo acordo, requererão as partes ao órgão do Poder Judiciário a que tocaria, originariamente, o julgamento da causa a nomeação do árbitro, [...] (Lei n. 9.307, de 23-9-1996)

É frequente o emprego do verbo **tocar** nas seguintes expressões:

¶ *no que me (nos, etc.)* **toca**:

No que me toca [no que me diz respeito], *terão toda a colaboração necessária.*

¶ *pelo que me (nos, etc.)* **toca**:

Pelo que me toca [quanto a mim, pelo que me diz respeito], *não tenho objeções a fazer.*

¶ *no que* **toca** *a*:

No que toca à [quanto à, no aspecto da, no que se refere à] *organização do simpósio, cabem somente elogios.*

¶ *pelo que* **toca** *a*:

Pelo que toca à [no que diz respeito à, quanto à, no que se refere à] *legalidade da operação, parece não haver qualquer dúvida.*

Tolher

¶ Empregado nas acepções de *impedir, obstar, proibir, vedar,* constrói-se com objeto direto (sujeito na voz passiva) ou com objeto direto e indireto, este com a preposição *a* ou *de* – **tolher** *algo* ou *alguém*, ou **tolher** *algo a alguém* ou *alguém de algo*:

Cada sócio pode servir-se das coisas pertencentes à sociedade, contanto que lhes dê o seu destino, não as utilize contra o interesse social, nem tolha aos outros aproveitá-las nos limites do seu direito. (CC/1916, art. 1.386, II)

O autoritarismo dos educadores tolhe o desenvolvimento dos jovens.

Alguns ainda procuraram tolher-lhe o intento.

A densa cerração tolheu o motorista de enxergar o obstáculo.

O nervosismo tolhia-o de expor ordenadamente suas ideias.

Tomar

¶ No sentido de *exigir, pedir*, constrói-se com objeto direto (sujeito na voz passiva) de coisa e objeto indireto de pessoa, este com a preposição *de* – *tomar algo* (compromisso, contas) *de alguém*

Os órgãos públicos legitimados poderão tomar dos interessados compromisso de ajustamento de sua conduta às exigências legais, [...] (Lei n. 8.069, de 13-7-1990 [ECA], art. 211)

A tomada do compromisso de ajustamento de conduta é formalizada mediante termo nos autos, denominado 'Termo de Ajustamento de Conduta (TAC)', com força de título executivo extrajudicial.

Compete privativamente à Câmara dos Deputados tomar as contas do Presidente da República, quando não apresentadas ao Congresso Nacional dentro de sessenta dias após a abertura da sessão legislativa; (Cfr. art. 51, II, da CRFB)

O verbo **tomar** faz-se presente em muitas expressões da área jurídica e correlatas. Dentre elas, destacamos as seguintes:

tomar a peito: dedicar-se seriamente a; empenhar-se.

tomar estado: casar-se.

tomar o depoimento: receber declarações de testemunhas.

tomar o poder: apoderar-se do governo de um Estado, em geral por meios ilícitos, ou então no auge de uma crise ou revolução.

tomar por esposa: casar, um homem, com uma mulher.

tomar por testemunha: invocar o testemunho de.

tomar satisfação: exigir contas a alguém das injúrias que fez.

Tombar

¶ Nas acepções de *arrolar e registrar livros, papéis, autos findos e documentos de um cartório, a cujos arquivos são em seguida recolhidos; colocar sob proteção; incorporar bens ao patrimônio histórico nacional ou estadual*, constrói-se com objeto direto (sujeito na voz passiva) – **tombar** *algo*:

Ficam tombados todos os documentos e os sítios detentores de reminiscências históricas dos antigos quilombos. (CRFB, art. 216, § 5°)

O Governo do Estado acaba de tombar vários prédios históricos.

O verbo **tombar**, nas acepções acima, liga-se ao substantivo **tombo** (livro de registro; livro de cartório; lugar em que documentos são guardados).

Tornar

¶ No sentido de *restituir, devolver,* ou, mais precisamente, *compensar um dos herdeiros, aos coerdeiros, em dinheiro, o excesso que recebeu numa partilha, a fim de igualar os quinhões,* constrói-se com objeto direto (sujeito na voz passiva) e indireto, este com a preposição *a* – ***tornar** alguma coisa a alguém*:

Se não for possível a divisão, e o excesso do legado montar a mais de um quarto do valor do prédio, o legatário deixará inteiro na herança o imóvel legado, ficando com o direito de pedir aos herdeiros o valor que couber na parte disponível; se o excesso não for de mais de um quarto, aos herdeiros fará tornar em dinheiro o legatário, que ficará com o prédio. (CC/2002, art. 1.968, § 1º)

No art. 1.728, § 1º, do CC/1916, a que corresponde o art. 1.968, § 1º, do CC/2002, acima transcrito, a parte do texto em que aparece o verbo *tornar* era mais clara e precisa, com o objeto desse verbo expresso pelo pronome pessoal oblíquo *o*, que retoma o termo *excesso*: *[...] aos herdeiros torná-lo-á* [o excesso] *o legatário, [...]* Cabe observar que, nos textos de algumas editoras, em lugar de *fará tornar*, aparece a expressão *fará torna*, o que tem sentido, uma vez que o substantivo **torna** (forma deverbal, ou regressiva, de *tornar*), no Direito das Sucessões, denota a *Reposição pecuniária feita por um coerdeiro, que foi beneficiado na partilha, a outro, para igualar os quinhões,* como ensina Maria Helena Diniz em seu *Dicionário jurídico*, vol. 4, p. 584.

Tramitar

¶ Empregado, no Direito Processual, com o sentido de *percorrer (um processo, um documento) todas as etapas que, por força de lei, assinalam seu curso ou traçam seu andamento,* é intransitivo – *algo (processo, documento)* ***tramita***:

A ação de impugnação de mandato tramitará em segredo de justiça, [...] (CRFB, art. 14, § 11)

O processo tramita na Seção Especializada em Dissídios Coletivos do Tribunal Superior do Trabalho.

1. *Tramitar* origina-se do substantivo latino masculino **trames, -itis**: *caminho estreito, atalho, senda, via, estrada.* Este, por sua vez, tem origem no verbo **tra(ns)meare**: *passar além, atravessar, ir além.*

2. Tecnicamente, *tramitar* é o verbo mais apropriado para se expressar o *andamento do processo.* É melhor do que **correr**, ligado a *velocidade*. O processo *tramita*; o prazo *flui*.

3. O substantivo **trâmite**, geralmente empregado no plural, costuma aparecer sob estas duas locuções: **trâmites legais**: *procedimento previsto em lei que deve ser seguido para que se atinja determinado fim;* e **trâmites processuais**: *conjunto de atos e diligências a serem praticados no processo, até o julgamento deste.*

Transcender

¶ Empregado nas acepções de *ser superior, estar acima ou para além de determinado limite, exceder, ultrapassar,* constrói-se com objeto direto – ***transcender** algo* ou *alguém*:

Os grandes interesses nacionais transcendem os interesses partidários.

Certos acontecimentos, em face de seu caráter extraordinário, transcendem as pessoas.

Essa tarefa transcende minha capacidade.

Transigir

¶ No sentido de *acordar em prevenir ou encerrar uma demanda, mediante concessões recíprocas das partes,* constrói-se intransitivamente ou com objeto indireto com as preposições *com, em, sobre,* etc. – **transigir**, ou **transigir com** (alguém) *sobre, em,* etc. (algo):

É defeso ao segurado reconhecer sua responsabilidade ou confessar a ação, bem como transigir com o terceiro prejudicado, [...] (CC/2002, art. 787, § 2º)

Extingue-se o processo com julgamento de mérito: [...] III – quando as partes transigirem; (CPC, art. 269, III)

Na falência, o administrador judicial não poderá [...] transigir sobre obrigações e direitos da massa falida e conceder abatimento de dívidas, [...] (Lei n. 11.101, de 9-2-2005, art. 22, § 3º)

Os governistas tiveram de transigir com a oposição sobre alguns pontos da proposta orçamentária.

Transigir origina-se do verbo latino **transigere** (traspassar, atravessar; levar a cabo, concluir; terminar uma desavença, transigir), que, por sua vez, se compõe do prefixo **trans** (através de, além de, para lá de) e do verbo **agere** (levar, conduzir).

Transitar

¶ Emprega-se, juridicamente, em relação às sentenças, no sentido de *passar em julgado,* isto é, *ter a sentença, pelo transcurso do prazo em que se pode recorrer dela, se tornado coisa ou caso julgado.* Aparece sob a construção **transitar** *em julgado*:

Serão citados para a ação todos os condôminos, se ainda não transitou em julgado a sentença homologatória da divisão; [...] (CPC, art. 974, § 1º)

Transitada em julgado a sentença que declarou a vacância, o cônjuge, os herdeiros e os credores só poderão reclamar o seu direito por ação direta. (CPC, art. 1.158)

É usual a locução **trânsito em julgado** (estado da decisão judicial irrecorrível, por não mais estar sujeita a recurso, dando lugar à coisa julgada): *[...]; LVII - ninguém será considerado culpado até o trânsito em julgado de sentença penal condenatória;* (CRFB, art. 5º, LVII)

¶ Nas acepções de *caminhar, percorrer, andar de um lugar para outro, em vias públicas; viajar,* ou *estar de passagem por algum lugar,* constrói-se com a preposição *por* (mais usual) ou *em* – **transitar** *por* ou *em*:

Compete à União: [...] IV – permitir, nos casos previstos em lei complementar, que forças estrangeiras transitem pelo território nacional ou nele permaneçam temporariamente; (CRFB, art. 21, IV)

Transitar origina-se do verbo latino **transit<u>a</u>re** (ir de passagem, passar ligeiramente), forma frequentativa (que indica ação frequente ou continuada) desusada de **trans<u>i</u>re** (passar de um a outro lugar; passar por, atravessar). **Trans<u>i</u>re** compõe-se do prefixo **trans** (através de, além de, para lá de) e do verbo **ire** (ir).

Trasladar – Transladar

¶ No sentido de *tirar traslado (cópia imediata, ou cópias imediatas, passadas pelo próprio tabelião, ou escrivão, e entregues, de imediato aos interessados, como instrumentos autênticos da mesma escritura; escritura autêntica;* as cópias posteriores chamam-se *certidões*), *copiar, transcrever,* constrói-se com objeto direto (sujeito na voz passiva), ou com objeto direto e indireto, este com a preposição *para* – **trasladar** *algo,* ou **trasladar** *algo para*:

O escrivão trasladará para os autos cópia autêntica do termo de audiência. (CPC, art. 457, § 3º)

¶ No sentido de *mudar, transferir, transportar de um lugar para outro,* constrói-se com objeto direto (sujeito na voz passiva) e com objetos indiretos introduzidos pelas preposições *de* e *a,* ou *para* – **trasladar** *alguém* (ou *algo*) *de* (um lugar) *a,* ou *para* (outro lugar):

Pretendem trasladar os restos mortais do poeta, de Belo Horizonte, para sua terra natal, Porto Alegre.

Trasladar, que tem a forma variante *transladar,* origina-se do verbo latino **transferre** (levar de um para outro lugar, transferir, transportar), que, por sua vez, se compõe do prefixo **trans** (através de, além de, para lá de) e do verbo **ferre** (levar ou trazer; levar para diante, transportar, mover, dirigir, levar). **Tra(n)sladar** origina-se, especificamente, do particípio (passado) do verbo **transferre**, que é **transl<u>a</u>tus**. Daí que, etimologicamente, **transferir** e **tra(n)sladar** são sinônimos, apenas as duas formas provindo de radicais diferentes do mesmo verbo.

Tratar-se

¶ Empregado nas acepções de *o que está em questão, em causa, o que é abordado ou o que interessa numa ocorrência, o que é importante ou o dever ou rumo a seguir,* não tem sujeito expresso e fica sempre na terceira pessoa do singular, seguido da preposição *de* – *tratar-se de*:

A interrupção operada contra um dos herdeiros do devedor solidário não prejudica os outros herdeiros ou devedores, senão quando se trate de obrigações indivisíveis. (CC/2002, art. 204, § 3º)

Trata-se de meros casos de alçada policial.

Trata-se de pessoas falsas, insinceras.

Tratava-se de questões que fugiam à nossa competência.

Talvez se trate de casos isolados.

Trata-se, agora, de evitar prejuízos maiores aos condôminos.

1. Na redação de sentenças e acórdãos aparecem frequentemente, como sinônimas de *trata-se de*, as expressões *cogita-se* ou *cuida-se*: *Cogita-se de embargos opostos por [...]. Cuida-se de preliminares arguídas por [...]*

2. São incorretas construções pessoais (com sujeito expresso), tais como: a) *A presente lide trata-se de ação possessória*; b) *É indiscutível tratarem-se de entorpecentes as substâncias supramencionadas*; c) *O autor trata-se de trabalhador rural*; d) *O caso trata-se de falsidade ideológica*, que devem ser substituídas por construções tais como: a) *Cuida-se, na presente lide, de ação possessória*; b) *É indiscutível serem entorpecentes as substâncias supramencionadas*; c) *O autor é trabalhador rural*; d) *O caso é de falsidade ideológica; Trata-se, no caso, de falsidade ideológica; O caso constitui falsidade ideológica*.

¶ Construído pronominalmente (***tratar-se***), só pode ter sujeito expresso em cinco situações:

¶ com a significação de *dar-se certo título ou tratamento, chamar-se*:
Os dois tratavam-se por tu.

¶ com o sentido de *manter relações entre si, relacionar-se, portar-se reciprocamente*:
Embora adversários políticos, tratam-se respeitosamente.

¶ na acepção de *tratar da própria saúde, submeter-se a tratamento de saúde*:
Meu avô tratou-se com um médico japonês.
Quer sarar, mas não se trata.

¶ no sentido de *alimentar-se bem*:
Enquanto está crescendo, cuide de tratar-se.

¶ com a significação de *vestir-se, trajar-se; cuidar da sua aparência*:
Ninguém lhe sabe a idade, pois ela se trata muito bem.

Travejar

¶ O verbo ***travejar***, que se origina da palavra *trave* (*viga, barrote*), designa a ação de *apoiar, assentar, colocar traves, ou vigas, em cima de alguma coisa*; diz-se, também, *madeirar, vigar*. Constrói-se com objeto direto (sujeito na voz passiva) – ***travejar** alguma coisa*:

O confinante, que primeiro construir, pode assentar a parede divisória até meia espessura no terreno contíguo, sem perder por isso o direito a haver meio valor dela se o vizinho a travejar, [...] (CC/2002, art. 1.305)

Se a parede divisória pertencer a um dos vizinhos, e não tiver capacidade para ser travejada pelo outro, não poderá este fazer-lhe alicerce ao pé sem prestar caução àquele, pelo risco a que expõe a construção anterior. (CC/2004, art. 1.305, parágrafo único)

Trazer à colação

¶ *Colação*, no Direito Civil, é o *ato de o herdeiro trazer à massa comum da herança toda espécie de bens que tenha recebido do 'de cujus' ainda em vida deste, a fim de com eles concorrer à partilha, igualando-se, assim, as legítimas de todos os herdeiros.*

Etimologicamente, *colação* liga-se ao substantivo latino **collatio**, que, por sua vez, se origina do verbo **conferre**, formado da preposição **cum** (com) e do verbo **ferre** (levar, trazer). **Conferre**, que deu origem ao termo **collatio**, significa, pois, *ajuntar, trazer conjuntamente, levar consigo*.

A expressão *trazer à colação* tem, assim, o sentido de *restituir ao monte da herança bens recebidos por doação ou dote*. Há, também, com sentido análogo, as expressões *entrar em colação, vir à colação*, etc.:

Só o valor dos bens doados entrará em colação; [...] (CC/2002, art. 2.004, § 2º)

Não virão à colação os gastos ordinários do ascendente com o descendente, [...] (CC/2002, art. 2.010)

As doações remuneratórias de serviços feitos ao ascendente também não estão sujeitas a colação. (CC/2002, art. 2.011)

Incumbe ao inventariante: [...] VI – trazer à colação os bens recebidos pelo herdeiro ausente, renunciante ou excluído; (CPC, art. 991, VI)

1. *Trazer à colação* tem, no Direito das Sucessões, o mesmo significado de *conferir*. Confira os verbete *Conferir* e *Colacionar*.

2. A partir de seu significado técnico no Direito das Sucessões, a palavra *colação* passou a ter emprego mais amplo, de caráter conotativo, translato: *Ela significa, também, comparação, confronto, quando, por exemplo, se diz que a parte trouxe à colação argumentos doutrinários, ou que, num recurso, se trouxeram à colação acórdãos do mesmo ou de outro tribunal. O que está dito aí é que argumentos e acórdãos foram trazidos para comparação, ou confronto com o que se quer sustentar* (Eliasar Rosa – *Os erros mais comuns nas petições*, p. 154).

3. Ao substantivo **colação** relacionam-se, entre outros, os termos **colacionar** (trazer bens ou valores à colação), **colacionante** e **colator** (aquele que traz bens à colação; o mesmo que **conferente**), **colatário** (pessoa a quem aproveita a colação), etc.

Tutelar

¶ Empregado no sentido de *exercer tutela sobre, proteger como tutor; amparar, defender* ou *proteger alguém ou alguma coisa; ter autoridade sobre alguém ou sobre alguma instituição, orientando e vigiando seus projetos e atividades*, constrói-se com objeto direto (sujeito na voz passiva – *tutelar* alguém ou algo:

O mandado de segurança coletivo visa a tutelar um conjunto de direitos subjetivos homogêneos.

O que se tutela, no mandado de segurança coletivo, são direitos, e é com esse sentido que se devem interpretar os 'interesses' referidos na terminologia constitucional. (Teori A. Zavascki – *Processo coletivo*, p. 222)

Em muitos países, o exército tutela o poder civil.

1. O verbo *tutelar* origina-se do substantivo latino feminino **tut̲ela, -ae** (tudo que defende ou protege; defesa, guarda, apoio, arrimo), que, por sua vez, provém do verbo depoente (forma passiva e significação ativa) **tu̲eri** (guardar, conservar, manter; defender).

2. *Tutelar* tem a forma variante e pouco empregada *tutorar*.

U

Usar

¶ No sentido de *fazer uso, dar à coisa a aplicação própria, para que se lhe tirem as utilidades necessárias*, aparece construído com a preposição *de* (objeto indireto) – **usar** *de*:

[...] XXV – no caso de iminente perigo público, a autoridade competente poderá usar de propriedade particular [...] (CRFB, art. 5º, XXV)

Qualquer interessado na extinção da dívida poderá pagá-la, usando, se o credor se opuser, dos meios conducentes à desoneração [liberação do vínculo obrigacional mediante o cumprimento da prestação] *do devedor.* (CC/2002, art. 304)

Reputa-se litigante de má-fé aquele que: [...] III – usar do processo para conseguir objetivo ilegal; (CPC, art. 17, III)

Só podem usar da firma da sociedade em nome colectivo, e, como tal, obrigá-la e aos respectivos associados, o sócio ou sócios devidamente designados no contrato social. (C. Com. p., art. 152º)

O rico é avarento e não sabe usar da riqueza, o sábio é imprudente e não sabe usar da sabedoria. (Padre Antônio Vieira)

Nas acepções acima, também se pode construir o verbo **usar** com objeto direto (sujeito na voz passiva):

Os fazendeiros usaram a força para expulsar os invasores.

Usucapir

¶ Empregado no sentido de *adquirir por usucapião, ou adquirir pela prescrição a propriedade que já se possuía como sua por um tempo definido em lei*, constrói-se intransitivamente ou com objeto direto (sujeito na voz passiva) – **usucapir**, ou **usucapir** *algo*:

Após quinze anos de posse ininterrupta e pacífica, usucapiu o imóvel. (Cfr. CC/2002, art. 1.238)

Aquele que possuir como sua área urbana por cinco anos, ininterruptamente e sem oposição, pode usucapi-la, atendidas as demais condições estabelecidas no art. 183, 'caput' e parágrafos, da Constituição Federal.

Nas coisas móveis, o prazo para usucapir é de três anos. (Cfr. CC/2002, art. 1.260)

1. Usucapir origina-se do verbo latino **usuc**a**pere**, que se compõe do ablativo do substantivo **usus** (uso) e do verbo c**a**pere (tomar, adquirir). Assim, literalmente, *usucapir* significa *tomar, adquirir pelo uso*.

2. Ao verbo *usucapir* ligam-se, entre outros, os termos **usucapião** (aquisição do domínio pela posse continuada), **usucapiente** (o possuidor que pleiteia usucapião), **usucapiendo** (aquilo que se quer adquirir por usucapião), **usucapível** (que pode ser adquirido por usucapião) e **usucapto** (adquirido por usucapião).

3. O substantivo *usucapião*, originariamente do gênero feminino (pois significa a tomada, a aquisição pelo uso), pode, atualmente, ser empregado como feminino ou masculino, segundo o *VOLP/09*, p. 829. Evite-se, por outro lado, a grafia *usocapião*, por incorreta.

Usufruir

¶ Empregado no sentido de *fruir pelo uso, tirar utilidades pelo uso, aproveitar-se ou beneficiar-se pelo uso, usufrutuar, desfrutar,* aparece construído com objeto direto (sujeito na voz passiva) – *usufruir algo*:

O usufrutuário pode usufruir em pessoa, ou mediante arrendamento, o prédio, [...] (CC/2002, art. 1.399)

O usufrutuário de acções ou de partes sociais tem direito: [...] c) a usufruir os valores que, no acto de liquidação da sociedade ou da quota, caibam à parte social sobre que incide o usufruto. (CCp, art. 1467º, 1, c)

O usufrutuário da totalidade ou de uma quota do património do falecido pode adiantar as somas necessárias, conforme os bens que usufruir, para cumprimento dos encargos da herança, [...] (CCp, art. 2072º, 1)

1. Embora seja registrada por alguns gramáticos e dicionaristas, não encontramos, nos textos legais pesquisados, exemplos da regência *usufruir de*.

2. Usufruir origina-se do ablativo do substantivo latino **usus** (uso) e do verbo, também latino, fr**ui** (gozar de). *Usufruir* significa, pois, literalmente, *gozar do uso de*.

3. Ao verbo *usufruir* ligam-se os termos **usufruto** (direito ao uso temporário dos frutos ou das utilidades de uma coisa alheia, sem retirar ou destruir-lhe a substância) e **usufrutuário** (pessoa favorecida com usufruto).

4. A única forma registrada pelo *VOLP/09* é **usufruto** (com a variante **usufructo**). Evite-se, pois, por incorreta, a forma *usofruto*.

Usurpar

¶ Nas acepções de *apoderar-se violentamente, ou por fraude, de uma coisa, um governo,* etc.; *adquirir, obter indevidamente, por meio de artifício,* constrói-se com objeto direto (sujeito na voz passiva), ou com objeto direto de coisa e indireto de pessoa, este com a preposição *a* – *usurpar algo*, ou *usurpar algo a alguém*:

É lícito aos confinantes do imóvel dividendo demandar a restituição dos terrenos que lhes tenham sido usurpados. (CPC, art. 974)

Sua ambição desenfreada levou-a a usurpar o trono.

¶ No sentido de *ocupar ou exercer sem direito cargo ou função*, constrói-se com objeto direto (sujeito na voz passiva) – ***usurpar*** *algo*:

Usurpar o exercício de função pública: Pena – detenção, de três meses a dois anos, e multa. (CP, art. 328)

Usurpar origina-se do substantivo latino **usus** (uso) e do verbo, também latino, **rapere** (agarrar, arrebatar; roubar, pilhar).

V

Vazar

¶ Emprega-se no sentido extensivo de desenvolver, exteriorizar, explanar. Constrói-se com objeto direto (sujeito na voz passiva) – *vazar algo*:

Uma vez que a petição inicial e a sentença são os atos extremos do processo, devem ser vazadas em linguagem clara, precisa e concisa.

Os textos do notável jurista são vazados em termos de fácil compreensão, sem os devaneios linguísticos dos que confundem escrever bem com escrever difícil.

Vencer

¶ Nas acepções de *receber como paga de seu trabalho, perceber, ter direito a, ter como ordenado ou vencimento, auferir, ganhar*, constrói-se com objeto direto – *vencer algo*:

O salário que vencerem as pessoas empregadas no serviço do salvamento do navio ou carga, e bem assim os prêmios que se deverem nos casos em que estes puderem ter lugar, serão regulados por árbitros. [...] (C. Com., art. 736)

No caso de voltar o navio ao porto donde saiu, vencerá o frete da ida e mais um terço pelo regresso. (C. Com. p., art. 549º, § 1º)

Se o navio aportar a outro porto, vencerá, além do frete da ida, também um terço por aquele excesso de caminho. (C. Com. p., art. 549º, § 2º)

Os trabalhadores venciam R$ 735,00 (setecentos e trinta e cinco reais) por mês.

¶ No sentido de *somar, contar, ter um benefício financeiro*, constrói-se com objeto direto – *vencer algo*:

O alcance do tutor, bem como o saldo contra o tutelado, vencerão juros desde o julgamento definitivo das contas. (CC/1916, art. 441)

Quanto à vista das contas o tutor ficar alcançado, a importância do alcance vence juros legais desde a aprovação daquelas, se os não vencer por outra causa desde a data anterior. (CCp, art. 1945º, 2)

No artigo acima, **alcance** tem o sentido de *desvio de dinheiro ou outro valor confiado à guarda de alguém; falta verificada na prestação de contas.* **Alcançado**, pois, significa *que desviou em seu proveito dinheiro de outrem; que praticou desfalque ou alcance.*

¶ Nas acepções de *chegar ao fim do tempo em que deve fazer-se um pagamento; esgotar(-se), terminar(-se)*, constrói-se intransitiva ou pronominalmente – *algo (se) **vence***:

As promissórias vencer(-se-)ão no dia trinta de cada mês.

Venceu(-se) ontem o prazo para depósito da quantia estipulada.

No próximo dia quinze, vencer(-se-)á o prazo para pagamento, sem multa, da quota mensal do imposto de renda.

Ver

¶ É usual, na linguagem jurídico-forense, a construção ***ver(-se) de***, no sentido de *inferir(-se), concluir(-se), deduzir(-se)*:

Como se vê dos depoimentos colhidos, a conduta da ré é irrepreensível.

Pelo que se via de seus gestos, ele estava muito aflito.

Víamos do seu depoimento que ele pretendia isentar de culpa os dois colegas de farda.

Verberar

¶ Tem, na linguagem jurídica, o significado de fazer censura a, repreender veementemente, reprovar energicamente. Constrói-se com objeto direto (sujeito na voz passiva) – ***verberar** algo*:

Há muito tempo, os ambientalistas verberam o descaso das autoridades no que respeita à tomada de medidas tendentes a sustar as condutas e atividades lesivas ao meio ambiente.

Um grupo considerável de juristas verbera unissonamente o atual sistema eleitoral brasileiro.

Versar

¶ Nas acepções de *assentar, recair, ter como tema, assunto ou objeto; constar, consistir*, constrói-se com objeto direto (sujeito na voz passiva) ou objeto indireto com a preposição *sobre* (construção mais frequente – quatorze entre dezesseis exemplos anotados) – ***versar** algo* ou ***versar** sobre algo*:

Para o falido, cessa o mandato ou comissão que houver recebido antes da falência, salvo os que versem sobre matéria estranha à atividade empresarial. (Lei n. 11.101, de 9-2-2005, art. 120, § 2º)

Podem ser julgados conjuntamente os processos que versarem a mesma questão jurídica, ainda que apresentem peculiaridades. (RISTF, art. 127)

Das decisões dos Tribunais Regionais Eleitorais somente caberá recurso quando: [...] III – versarem sobre inelegibilidades ou expedição de diplomas nas eleições federais ou estaduais; (CRFB, art. 121, § 4º, III)

Quando os embargos versarem sobre todos os bens, determinará o juiz a suspensão do curso do processo principal; versando sobre alguns deles, prosseguirá o processo principal somente quanto aos bens não embargados. (CPC, art. 1.052)

Enquanto na injúria o fato versa sobre qualidade negativa da vítima, ofendendo-lhe a honra subjetiva, na difamação há ofensa à reputação do ofendido, versando sobre fato a ela ofensivo. (Damásio E. de Jesus – *Direito penal*, vol. 2, p. 195)

Verter

¶ No sentido de *traduzir de uma língua para outra*, constrói-se com objeto direto (sujeito na voz passiva) e indireto, este com a preposição *em* ou *para* – *verter alguma coisa* (declaração, texto, etc.) *em* ou *para* (determinado idioma):

O juiz nomeará intérprete toda vez que o repute necessário para: [...] II – verter em português as declarações das partes e das testemunhas que não conhecerem o idioma nacional. (CPC, art. 151, II)

[...] Para produzirem efeitos legais no País e para valerem contra terceiros, deverão [os títulos, documentos e papéis escritos em língua estrangeira], *entretanto, ser vertidos em vernáculo e registrada a tradução, [...]* (Lei n. 6.015, de 31-12-1973, art. 148)

O jurista pretende verter esses textos para o alemão.

Viger

¶ Empregado no sentido de *vigorar, estar em execução, em uso, achar-se em vigência*, constrói-se intransitivamente (sem qualquer complemento) – *algo* (norma, lei, etc.) *vige*:

Enquanto vigerem estas normas, não poderemos retomar o imóvel.

Como não houve acordo entre as partes, continuam vigendo as cláusulas anteriores.

Este contrato vigerá de 31-10-2005 a 31-12-2008.

A ação foi ajuizada em 18-11-2003, quando já vigia o novo prazo prescricional.

Os gramáticos e dicionaristas divergem quanto à flexão de *viger*. Alguns dizem que deve empregar-se apenas nas formas em que o **g** é seguido de **e**; outros, entre os quais nos alinhamos, lhe admitem atualmente a conjugação também nas formas com o **g** seguido de **i**, apenas excluindo as formas em que o **g** é seguido de **o** ou **a**. Praticamente, só se emprega na terceira pessoa (em razão de seu significado): *vige, vigem; vigeu, vigeram; vigia, vigiam; vigerá, vigerão, vigesse, vigessem; viger, vigerem;* etc. O particípio é **vigido**, e o gerúndio, **vigendo**. Ressalte-se que o verbo é *viger*, da segunda conjugação, não existindo o verbo **vigir**, que alguns *distraídos* teimam em usar.

Vincular

¶ Nas acepções de *impor obrigação a, sujeitar, obrigar, submeter a coisa a vínculo, gravar, onerar (bens)*, constrói-se com objeto direto (sujeito na voz passiva) – *vincular alguém ou algo*:

Se feita a confissão por um representante, somente é eficaz nos limites em que este pode vincular o representado. (CC/2002, art. 213, parágrafo único)

As normas constantes de convenções internacionais regularmente ratificadas ou aprovadas vigoram na ordem interna após a sua publicação oficial e enquanto vincularem internacionalmente o Estado Português. (CRP, art. 8º, 2)

Os preceitos constitucionais respeitantes aos direitos, liberdades e garantias são directamente aplicáveis e vinculam as entidades públicas e privadas. (CRP, art. 18º, 1)

¶ No sentido de *ficar submetido ou ligado a*, constrói-se pronominalmente + objeto indireto, este introduzido pela preposição *a* – **vincular-se** *a*:

A organização do Quadro dos Cargos Efetivos vincula-se aos fins do órgão legislativo do Município. (Lei n. 5.811, art. 4, de 8-12-1986, art. 4º, do Município de Porto Alegre-RS)

¶ No sentido de *fazer ficar ou ficar numa relação de dever, de obrigatoriedade em relação a alguém ou alguma coisa*, constrói-se com objeto direto (sujeito na voz passiva) e objeto indireto, este com a preposição *a* – *vincular alguém* ou *algo a*:

A sua palavra de honra vinculava-o à necessidade de fazer cumprir à letra o testamento. (Academia das Ciências de Lisboa – *Dicionário da língua portuguesa contemporânea*, vol. 2, p. 3752)

As promessas de campanha vinculam moralmente os políticos a seus eleitores.

Por questão de princípios, prefiro não me vincular às reivindicações dos usuários do logradouro.

Vincular origina-se do substantivo latino **vinc(u)lum** (liame, laço, atilho, tudo que serve para atar), que, por sua vez, provém do verbo **vincire** (ligar, prender, amarrar, atar).

Vindicar

¶ Empregado nas acepções de *reclamar, exigir judicialmente o reconhecimento ou o restabelecimento de um direito, um estado, uma relação jurídica, ou a restituição da coisa que é nossa e se encontra indevidamente na posse de outrem; reivindicar; justificar, defender, principalmente por escrito*, constrói-se com objeto direto (sujeito na voz passiva) ou com objeto direto e indireto, este com a preposição *contra* – **vindicar** *algo*, ou **vindicar** *algo contra alguém*:

Ninguém pode vindicar estado contrário ao que resulta do registro de nascimento, salvo provando-se erro ou falsidade do registro. (CC/2002, art. 1.604)

O credor anticrético pode vindicar os seus direitos contra o adquirente dos bens, os credores quirografários e os hipotecários posteriores ao registro da anticrese. (CC/2002, art. 1.509)

[...], fica-lhes, porém, ressalvado o direito de vindicarem os terrenos de que se julguem despojados por invasão das linhas limítrofes constitutivas do perímetro [...] (CPC, art. 948)

Vindicar origina-se do verbo latino **vindicare** (reivindicar, reclamar em juízo; libertar, vingar, punir), que, por sua vez, se liga ao substantivo **vindex** (fiador dado pelo acusado; substituto, que se responsabiliza pelas consequências do processo; defensor, protetor; vingador, o que pune).

Vingar

¶ No sentido de *obter êxito, ir por diante, chegar a bom termo*, constrói-se intransitivamente – *algo vinga*:

[...], a vingar a lógica do A., acolhida pela sentença, a situação do R. seria a de um dilema entre duas ruínas: [...] Rui Barbosa – *Obras completas*, vol. XXIII, t. IV – *Trabalhos jurídicos*, p. 147)

Em que pese a sua validade, aquela ideia, infelizmente, não vingou.

O Diretor não conseguiu que sua proposta vingasse.

Visar

No sentido de *ter por fim ou objetivo, objetivar*, aparece sob as seguintes construções:

¶ objeto indireto com a preposição *a* – ***visar** a alguma coisa*:

A República Federativa do Brasil buscará a integração econômica, política, social e cultural dos povos da América Latina, visando à formação de uma comunidade latino-americana de nações. (CRFB, art. 4º, parágrafo único)

Subordinando-se a eficácia do ato a condição suspensiva, enquanto esta se não verificar, não se terá adquirido o direito, a que ele visa. (CC/2002 art. 125)

As cartas, bem como os registros domésticos, provam contra quem os escreveu quando: [...] II – contêm anotação, que visa a suprir falta de título em favor de quem é apontado como credor; (CPC, art. 376, II)

A retificação da declaração por iniciativa do próprio declarante, quando vise a reduzir ou a excluir tributo, só é admissível mediante comprovação do erro em que se funde, [...] (CTN, art. 147, § 1º)

[...], é lícito à autoridade competente determinar a adoção de medidas adequadas, visando a que as mercadorias sejam vendidas e os serviços prestados a preços razoáveis, [...] (CLT, art. 462, § 3º)

A correição parcial visa à emenda de erros ou abusos que importem a inversão tumultuária de atos e fórmulas legais, [...] (RITRF da 4ª Região, art. 171)

É anulável a disposição feita aparentemente a favor de pessoa designada no testamento, mas que, na realidade, e por acordo com essa pessoa, vise a beneficiar outra. (CCp, art. 2200º)

¶ com objeto direto (sujeito na voz passiva) – ***visar** algo*:

Quando a lei dispõe sobre as condições de validade substancial ou formal de quaisquer factos ou sobre os seus efeitos, entende-se, em caso de dúvida, que só visa os factos novos; [...] (CCp, art. 12º, 2)

A acção directa não é lícita, quando sacrifique interesses superiores aos que o agente visa realizar ou assegurar. (CCp, art. 336º, 3)

1. Sobre o emprego da voz passiva com o verbo *visar* nas acepções de *ter por fim ou objetivo, objetivar*, confira, na parte final deste livro, sob o título **CASOS ESPECIAIS**, o verbete *Voz passiva com verbos transitivos indiretos*, especialmente sob o tópico *Visar* (pede objeto indireto, no sentido de *pretender – visar a [...]*).

2. Os gramáticos tradicionais, de modo geral, rejeitam a transitividade direta do verbo *visar* no sentido de *ter por objeto, objetivar*, aceitando-a tão somente nas acepções de *pôr o visto em, apontar a arma contra*. Essa regência é, no entanto, bastante usual, no português contemporâneo, em *textos literários*, máxime quando o objeto do verbo é expresso por infinitivo. Todavia, *nos textos legais e normativos em geral* objetos de nossa pesquisa, constatamos nítida preferência pelo regime indireto (mesmo nos casos em que o objeto indireto vem representado por oração infinitiva): trinta e um entre os trinta e oito exemplos anotados. É esta, pois, a regência que recomendamos nos textos jurídicos em geral, uma vez que não paira qualquer dúvida sobre a sua vernaculidade. Vale ressaltar, ainda, que o regime direto se faz presente, quase que exclusivamente, em textos jurídicos de Portugal, de modo especial em orações reduzidas de particípio.

¶ Nas acepções de *pôr o visto em, apontar uma arma ou um objeto em determinada direção com o objetivo de atingir um ponto ou um lugar, olhar fixamente para um ponto ou lugar, mirar, dirigir-se – uma atitude, ação ou discurso – a alguém em particular*, constrói-se com objeto direto (sujeito na voz passiva) – ***visar*** *algo ou alguém*:

A embaixada negou-se a visar o passaporte.

O escriturário dispôs-se a visar os cheques.

O assaltante visou a cabeça do motorista e disparou.

A publicidade dos fabricantes de cigarros visa principalmente os adolescentes.

Vislumbrar

¶ ***Vislumbrar*** origina-se do advérbio latino **vix** (apenas, com dificuldade, com custo) e do verbo, também latino, **lumin̦are** (iluminar, alumiar), o que lhe confere o sentido originário de *iluminar mal*. Em português, e também no espanhol, tem, atualmente, as acepções de *alumiar frouxamente; entrever; ver um objeto tênue ou confusamente, em razão da distância, ou da escassez ou ausência de iluminação; ver mal e parcamente*; daí, por extensão: *conhecer algo imperfeitamente; conjeturar por leves indícios*. Constrói-se com objeto direto (sujeito na voz passiva) – ***vislumbrar*** *algo*:

Um toco de vela vislumbrava [alumiava frouxamente] *o quarto.*

Não vislumbro sequer a possibilidade de as partes chegarem a um acordo.

Em dado momento, vislumbrei uma pontinha de arrependimento no semblante da testemunha.

Haverá de verdade quem vislumbre nalgum destes sentidos laivo [mancha, nódoa, vestígio] *de ofensa?* (Rui Barbosa – *Réplica*, 19)

Em face de sua origem, é manifestamente inadequado o emprego do verbo *vislumbrar* nas acepções de *ver, enxergar, notar, verificar, constatar, observar*. Mais grave ainda é fazer o verbo *vislumbrar* acompanhar-se dos advérbios *claramente, expressamente*, etc., como, *v. g.*, nesta frase de um parecer jurídico: *Vislumbram-se, destarte, expressamente, as duas faces da cláusula penal: 'intimidação' e 'ressarcimento'.*

Vitimar

¶ Empregado na acepções de *provocar a morte de, matar, sacrificar*, constrói-se com objeto direto (sujeito na voz passiva):

O tiro que vitimou o soldado partiu do interior de uma residência em ruínas.

Um acidente aéreo vitimou o jovem tenente.

Anualmente o câncer de pele vitima milhares de pessoas.

Os homens vitimaram as suas melhores ovelhas, pedindo, em troca, um pouco de chuva. (Academia das Ciências de Lisboa – *Dicionário da língua portuguesa contemporânea*, vol. 2, p. 3767)

Vitimizar

¶ Empregado no sentido de *transformar(-se) em vítima*, constrói-se pronominalmente ou com objeto direto (sujeito na voz passiva) – ***vitimizar(-se)*** ou ***vitimizar*** *alguém*:

A atuação desastrado no Ministério vitimizou a deputada.

O discurso do senador tinha por objetivo vitimizar os agropecuaristas.

Criticado por todos, o político optou por vitimizar-se.

Vulnerar

¶ Empregado no sentido de *ofender muito, ferir, violar, infringir*, constrói-se com objeto direto (sujeito na voz passiva) – ***vulnerar*** *algo*:

Tal circunstância não vulnera o princípio da isonomia.

Essas atitudes vulneram o direito de ir e vir do cidadão.

Sob o pretexto de liberdade de informação, a imprensa, não raras vezes, vulnera o direito de privacidade das pessoas.

Vulnerar origina-se do verbo latino **vulnerare**, que, por sua vez, deriva do substantivo neutro **vulnus** (ou **volnus**), **-neris**: *ferida, golpe* , em sentido físico e moral.

CASOS ESPECIAIS

Complemento idêntico com verbos de regime diferente

Os gramáticos mais rigorosos ensinam que não se deve dar complemento comum a dois ou mais verbos de regime diferente. Aconselham, em tais casos, usar o complemento com o primeiro verbo e reproduzi-lo, mediante um pronome, com a regência adequada ao segundo ou aos demais verbos. Desse modo, em vez de se dizer *Entrou e saiu do hotel logo depois*, dever-se-ia dizer *Entrou no hotel e dele saiu logo depois*. Também se poderia, simplesmente, numa linguagem mais coloquial, omitir o complemento com o segundo verbo: *Entrou no hotel e saiu logo depois*.

Ocorre, no entanto, que a construção considerada viciosa por esses gramáticos é *frequentíssima na linguagem corrente e bastante encontrável na pena dos melhores escritores* (Gladstone Chaves de Melo – *Gramática fundamental da língua portuguesa*, p. 218). Mário Barreto, em *Estudos da língua portuguesa*, apresenta uma farta lista de exemplos dessa construção, saídos da pena dos mais seletos autores portugueses e brasileiros, tais como Manuel Bernardes, Almeida Garret, Castilho, Alexandre Herculano, Camilo Castelo Branco, Machado de Assis, etc.

O habitual emprego, pelos escritores, da construção abreviada, isto é, com um só regime para os dois ou mais verbos, deve-se ao fato de se tratar de estrutura sintática simplificada, que dá à frase agradável concisão, não atingível com a construção tradicional.

Não obstante, nos textos legais pesquisados, talvez pelo formalismo de linguagem que, costumeiramente, lhes é peculiar, encontramos um maior número de exemplos com a construção desdobrada, vale dizer, com complemento distinto para cada verbo: doze entre dezoito exemplos anotados.

¶ Exemplos da construção desdobrada (com complementos distintos)

XV – é livre a locomoção no território nacional em tempo de paz, podendo qualquer pessoa, nos termos da lei, nele entrar, permanecer ou dele sair com seus bens; (CRFB, art. 5º, XV)

LXVI – ninguém será levado à prisão ou nela mantido, quando a lei admitir a liberdade provisória, [...] (CRFB, art. 5º, LXVI)

São bens da União: [...] III – os lagos, rios ou quaisquer correntes de água em terrenos de seu domínio, ou que banhem mais de um Estado, sirvam de limites com outros países, ou se estendam a território estrangeiro ou dele provenham, [...] (CRFB, art. 20, III)

Compete à União: [...] IV – permitir, nos casos previstos em lei complementar, que forças estrangeiras transitem pelo território nacional ou nele permaneçam temporariamente; (CRFB, art. 21, IV)

Além de outros casos previstos nesta Constituição, a Câmara dos Deputados e o Senado Federal reunir-se-ão em sessão conjunta para: [...] IV – conhecer do veto e sobre ele deliberar. (CRFB, art. 57, § 3º, IV)

Às comissões, em razão da matéria de sua competência, cabe: [...] VI – apreciar programas de obras, planos nacionais, regionais e setoriais de desenvolvimento e sobre eles emitir parecer. (CRFB, art. 58, VI)

A pessoa jurídica em débito com o sistema da seguridade social, como estabelecido em lei, não poderá contratar com o Poder Público nem dele receber benefícios ou incentivos fiscais ou creditícios. (CRFB, art. 195, § 3º)

[...] Reputa-se também flagrante delito o caso em que o infractor é, logo após a infracção, perseguido por qualquer pessoa, ou foi encontrado a seguir à prática da infracção com objectos ou sinais que mostrem claramente que a cometeu ou nela participou. (CPPp, art. 288º)

¶ Exemplos da construção abreviada (com complemento comum)

Os administradores dos trapiches alfandegados remeterão, até o dia 15 dos meses de janeiro e julho de cada ano, ao Tribunal do Comércio respectivo, um balanço em resumo de todos os gêneros que no semestre antecedente tiverem entrado e saído dos seus trapiches ou armazéns, e dos que neles ficarem existindo; [...] (C. Com., art. 89 – revogado)

[...] Desta natureza são especificamente: [...] 7. O fato de receber ou responder cartas endereçadas ao nome ou firma social; (C. Com., art. 305, 7 – revogado)

O verbo **responder**, segundo a lição tradicional, constrói-se com objeto indireto *daquilo a que se dá resposta*, embora o regime direto também apareça com frequência, tanto em textos literários quanto na linguagem jurídica.

O capitão é o comandante da embarcação; toda a tripulação lhe está sujeita, e é obrigada a obedecer e cumprir as suas ordens em tudo quanto for relativo ao serviço do navio. (C. Com., art. 497)

O verbo **obedecer** emprega-se, hodiernamente, com objeto indireto, não obstante a frequência, mesmo nos textos jurídicos, da construção passiva, denotadora, em princípio, do regime transitivo direto, comum nos clássicos antigos.

Comete falta grave o condenado à pena privativa de liberdade que: I – incitar ou participar de movimento para subverter a ordem ou a disciplina; (LEP, art. 50, I)

[...] II – é competente para conhecer e julgar tais ações [conhece-se da ação, e julga-se a ação] *o foro do lugar da situação do imóvel, salvo se houver sido eleito outro no contrato;* (Lei n. 8.245, de 18-11-1991, art. 58, II)

Preposições diferentes e complemento comum
¶ Preposições em geral
Segundo o ensinamento tradicional, à semelhança do recomendado para os verbos de regência diversa, também não se deveria dar complemento comum, idêntico, a preposições ou locuções prepositivas de regime diverso: *a favor de – contra; antes de – durante – após/depois de; antes de – com;* etc. Assim, em vez de *Houve pronunciamentos a favor e contra a proposta patronal*, dever-se-ia dizer *Houve pronunciamentos a favor da proposta patronal e contra ela*.

Vittorio Bergo, por exemplo, a propósito da expressão *antes, durante e depois da festa*, faz este comentário: *Vê-se e ouve-se com frequência esta expressão com um complemento comum. Observe-se, porém, que não se diz 'durante da festa', e sim 'durante a festa'. Isto é sinal de que para a preposição 'durante' não fica bem o complemento 'da festa', bem empregado em relação a' antes' e 'depois'. Diga-se, portanto, 'antes e depois da festa e durante ela' – ou – 'durante a festa, antes e depois dela* (*Erros e dúvidas de linguagem*, p. 38).

O que se nota, entretanto, na linguagem literária, é uma acentuada preferência pela construção abreviada, isto é, de complemento comum para as preposições diversas, em que pesem as críticas dos gramáticos tradicionais.

Assim, Machado de Assis escreve: *Venho cansado demais para dizer tudo o que ali se passou antes, durante e depois da comida* (*Memorial de Aires*). Rui Barbosa, por sua vez, tão escrupuloso no seguir rigorosamente as normas da boa linguagem, assim escreve: *[...] o país decapitado moralmente, às mãos do governo, pela supressão do escrutínio presidencial na metrópole brasileira, sob um assalto de escruchantes, associados à política, antes, durante e após a infame rapinagem* (*Manifesto à Nação*).

Nos textos legais pesquisados, encontramos apenas um exemplo com a construção desdobrada (complemento distinto para cada preposição) e seis com a construção abreviada (complemento comum para as diversas preposições).

Exemplo da construção desdobrada:

Considera-se inexistente a aceitação, se antes dela ou com ela chegar ao proponente a retratação do aceitante. (CC/2004, art. 433)

¶ Exemplos da construção abreviada:

A reconciliação em nada prejudicará o direito de terceiros, adquirido antes e durante o estado de separação, seja qual for o regime de bens. (CC/2002, art. 1.577)

Quando o crime tiver somente pena correccional, a pena do referido testemunho falso, ou contra ou a favor do acusado, será a de prisão maior de dois a oito anos. (CPp, art. 238º, § 3º)

Os juízes e jurados que forem corrompidos para julgarem, ou ordenarem, ou pronunciarem em matéria criminal, a favor ou contra alguma pessoa, antes ou depois da acusação, serão condenados a prisão maior de oito a doze anos e na multa de 1000$ distribuída por todos os corréus. (CPp, art. 319º)

É proibida, sob pena de desobediência, a publicação não autorizada pelo juiz de quaisquer actos ou documentos dum processo, integralmente ou por extrato, antes da audiência ou de ser proferido despacho mandando arquivar o processo, e de quaisquer actos ou documentos, antes, durante ou depois da audiência de discussão e julgamento, quando esta for secreta. (CPPp, art. 74º)

[...], mas o tribunal poderá determinar que lhes [aos peritos] *sejam pedidos quaisquer esclarecimentos, antes ou durante o depoimento das testemunhas.* (CPPp, art. 440º)

¶ **Com e sem – com ou sem**

Sobre as sequências *com e sem*, ou *com ou sem*, seguidas de complemento idêntico, diz Vittorio Bergo: COM E SEM, COM OU SEM – *Segundo alguns autores, as preposições 'com e sem', por serem antônimas, 'não podem convir a um só termo', em frases como 'com e sem chapéu', 'com ou sem apoio'. Em rigor se deve dizer – 'com chapéu e sem ele', 'com apoio ou sem ele', [...]* (*Erros e dúvidas de linguagem*, p. 94). A seguir, cita um exemplo de Machado de Assis com a construção preconizada como certa: *Mãe é capaz de tudo; mas, com ela ou sem ela, tenho por certa a nossa ida* (*Dom Casmurro*). Mas, logo em seguida, traz um exemplo do mesmo Machado de Assis com a construção supostamente incorreta: *Também tinha retratos e gravuras baratas com e sem caixilho* (*Esaú e Jacó*).

Mário Barreto, em seus *Novíssimos estudos da língua portuguesa* (p. 108), assim concluiu uma apreciação sobre a sequência *com e sem* com complemento único: *Sendo, pois, as preposições com e sem contrárias, não podem convir a um só termo, descuido que se comete em exemplos tais como 'com ou sem apoio', 'com ou sem ardor', 'com ou sem prática', etc. Diríamos, e diríamos bem, 'falar com respeito e com delicadeza', 'porque aqui respeito e delicadeza' aparecem unidos ao verbo pela mesma preposição, coisa que não acontece nas frases censuradas. Pode-se trabalhar 'com' ardor ou 'sem' ardor, mas trabalhar 'com ou sem ardor' a um tempo é de todo em todo impossível. Diga-se, pois, 'com ardor ou sem ele', que não pecaremos contra a sintaxe, antes teremos expressado claramente, corretamente e portuguesmente a nossa ideia.* Arrola, em seguida, textos de clássicos portugueses e brasileiros abonadores da construção que recomenda.

O grande filólogo português Epifânio da Silva Dias, em sua *Sintaxe histórica portuguesa* (p. 178), dá esta lição: *Quando duas preposições pertencem para um mesmo substantivo, por intermédio de uma conjunção copulativa, ou disjuntiva, diz-se, v. g., vir 'com chapéu ou sem chapéu', 'com chapéu ou sem ele', 'com ou sem chapéu'*. (Atualizamos a grafia do original.)

Como se vê, dissentem os gramáticos, dividem-se os escritores quanto ao emprego da expressão *com e sem*, ou *com ou sem*.

Nos textos legais pesquisados, constatamos a mesma discordância: dos dezesseis exemplos que anotamos, nove são da construção abreviada (complemento único) e sete da construção desdobrada (complemento diferente para cada preposição). A linguagem jurídica reflete as vacilações e contradições da linguagem comum, que, de resto, retrata a contradição própria do ser humano.

Exemplos com a construção abreviada

LXVI – ninguém será levado à prisão ou nela mantido, quando a lei admitir a liberdade provisória, com ou sem fiança; (CRFB, art. 5º, LXVI)

Entram na comunhão: [...] II – os bens adquiridos por fato eventual, com ou sem o concurso de trabalho ou despesa anterior; (CC/2002, art. 1.660, II)

Compete ao testamenteiro, com ou sem o concurso do inventariante e dos herdeiros instituídos, defender a validade do testamento. (CC/2002, art. 1.981)

[...]; se respeitar a coisas imóveis, a resolução será reduzida a escritura pública nos quinze dias imediatos, com ou sem a intervenção do comprador, sob pena de caducidade do direito. (CCp, art. 930º)

[...] Se o processo prosseguir, ficará o arguido em liberdade provisória, com ou sem caução, consoante a gravidade do crime. (CPPp, art. 292º)

Exemplos com a construção desdobrada

Prescreve: [...] § 3º – em três anos: [...] III – a pretensão para haver juros ou quaisquer prestações acessórias, pagáveis, em períodos não maiores de um ano, com capitalização ou sem ela; (CC/2002, art. 206, § 3º, III)

[...]; e com carga ou sem ela seguirá para ele [o porto de destino], *onde o afretador será obrigado a pagar-lhe o frete por inteiro com as demoras vencidas, [...]* (C. Com., art. 606)

Decorrido o prazo, com informações ou sem elas, será ouvido, em cinco (5) dias, o Ministério Público; [...] (CPC, art. 121)

Decorrido o prazo com a defesa do inventariante ou sem ela, o juiz decidirá. (CPC, art. 997)

Aquele que, por escrito, com assinatura ou sem ela, fizer a participação ou denunciação caluniosa contra alguma pessoa, directamente à autoridade pública, será punido com a prisão de um mês a um ano, [...] (CPp, art. 245º)

[...], em seguida ao que o juiz, no prazo de três dias, ordenará, com a sua informação ou sem ela, que o processo seja remetido ao Conselho Médico-Legal no prazo de dois dias. (CPPp, art. 201º, § 6º)

A título de conclusão, cremos que vale reproduzir aqui as observações de Ernesto Carneiro Ribeiro (*Tréplica*, pp. 810 e 811) a respeito da redação que Rui Barbosa deu ao inciso IV do art. 433 do Projeto do CC/1916, nestes termos: *Acceitar por elle herança, legados, ou doações, sem ou com encargos.* Escreve Ernesto Carneiro acerca dessa emenda: *Bem que não seja erroneo dizer, como diz na emenda o Dr. Ruy, 'sem ou com encargos', é, todavia, mais natural e mais conforme com a ordem das ideias a locução 'com encargos ou sem elles', 'com ou sem encargos', ou 'com encargos ou sem encargo'.* Após citar dezenas de exemplos de como não se costuma dizer, com as substituições sugeridas, conclui: *Isso, com effeito, bem se concerta com a ordem em que se nos offerecem os conceitos no quadro do pensamento. Quando em nosso espirito se emparelham, confrontam ou entram em conflicto duas ideias, exprimindo uma um facto positivo, outra, um facto negativo, a que se liga ao positivo é a que tem a prioridade na enunciação do pensamento, porque são positivos todos os actos de nosso espirito.* (Mativemos a grafia original.)

1. Na redação do CC/1916, prevaleceu a argumentação de Ernesto Carneiro Ribeiro, passando o citado n. IV do art. 433 do Projeto a constituir o inciso III do art. 427 do Código, com esta redação: *aceitar por ele heranças, legados ou doações, com ou sem encargos.* Como se vê, emendou-se o texto apenas de forma parcial: enunciou-se a ideia positiva antes da negativa, mas ficou mantido o complemento único para as duas preposições, construção condenada por alguns gramáticos, conforme expusemos acima.

2. No CC/2002, o art. 427, III, passou a ser o de n. 1.748, II, com esta redação:

[...] *III – aceitar por ele heranças, legados ou doações, ainda que com encargos;*

Sujeito preposicionado e não preposicionado

Segundo o ensino tradicional dos gramáticos, constitui erro combinar a preposição com o sujeito na sequência *preposição + sujeito + infinitivo*, pelo fato de, no caso, a preposição não estar regendo o termo seguinte, mas toda a oração infinitiva. Em se fazendo a combinação ou a contração da preposição, esta passaria, inadequadamente, a reger apenas o termo seguinte, e não a oração (infinitiva) toda.

Diz, por exemplo, Laudelino Freire (*Linguagem e estilo*, p. 27): *Costumam escritores menos zelosos do que escrevem unir a preposição ao artigo, ou ao pronome pessoal, em frases como estas – 'É tempo do professor publicar o seu livro' – 'Depois dele partir para Londres'. Incorreto é assim escrever, porque essa união não tem cabimento, uma vez que a preposição não rege o sujeito, e sim o verbo, como se vê dando àquelas frases outra ordem – 'É tempo de publicar o professor o seu livro' – 'Depois de partir ele para Londres'.*

Assim, o correto seria *Na hipótese DE O RÉU ser absolvido, [...]* (*Na hipótese DE ser absolvido O RÉU, [...]*), e não *Na hipótese DO RÉU ser absolvido, [...]*, em que a preposição estaria regendo não a oração *o réu ser absolvido*, mas apenas o termo *o réu*. Em outras palavras, no último caso, não se estaria falando na *hipótese da absolvição do réu*, mas simplesmente na *hipótese do réu*.

A forma não combinada traduz uma linguagem mais refletida, mais policiada, mais consciente, de padrão mais formal. Já a forma combinada reflete, na escrita, a espontaneidade, a sem-cerimônia da linguagem oral. Não se trata, propriamente, de fato sintático, mas de fato fonético e gráfico.

Nos textos pesquisados, dos cento e cinco exemplos que anotamos, noventa e dois são da construção não combinada, sendo, pois, apenas treze da forma combinada. Curiosamente, dos treze exemplos em que o sujeito aparece combinado ou contraído com a preposição, doze são do Código Comercial de 1850 (em que aparece somente esta construção), sendo o outro do Código Civil de Portugal, assim mesmo não da redação original, mas de modificação posterior. Por outro lado, dos noventa e dois exemplos com a forma não combinada do sujeito, oitenta e um são do Código Civil de Portugal.

Agora, sob o novo regime ortográfico, a questão assume novos contornos. Isso porque o *Acordo Ortográfico da Língua Portuguesa (1990)*, na Base XVIII

– *Do apóstrofo* –, sob a regra n. 2, *b*, traz a seguinte observação de cunho normativo:

> Quando a preposição *de* se combina com as formas articulares ou pronominais *o, a, os, as*, ou com quaisquer pronomes ou advérbios começados por vogal, <u>mas acontece estarem essas palavras integradas em construções de infinitivo, não se emprega o apóstrofo, nem se funde a preposição com a forma imediata, escrevendo-se estas duas separadamente</u>: *a fim <u>de ele compreender</u>; apesar <u>de o não ter visto</u>; em virtude <u>de os nossos pais serem</u> bondosos; o fato <u>de o conhecer</u>; por causa <u>de aqui estares</u>.* (destaques nossos)

Em face da regra acima transcrita, um fato predominantemente sintático passou a ter tratamento ortográfico-normativo. Destarte, em obediência a essa regra, temos de escrever assim daqui por diante: *No caso **de ele** não comparecer; Está na hora de a sessão começar; Pelo fato **de esse** ser menor;* etc. Por analogia, deve observar-se a mesma regra em construções como as seguintes: *O problema está **em o** jogador ser estrangeiro; Os empregados se revoltaram **por o** gerente se ter negado a pagar as horas suplementares.*

Exemplos da forma não combinada (que obedece à norma ortográfica acima transcrita) :

A sentença, que julgar procedente a ação, ordenará o restabelecimento do estado anterior, a suspensão da causa principal e a proibição de o réu falar nos autos até a purgação do atentado. (CPC, art. 881)

A falta ou a nulidade da citação, da intimação ou da notificação estará sanada, desde que o interessado compareça, antes de o ato consumar-se, embora declare que o faz para o único fim de arguí-la. [...] (CPP, art. 570)

Os empregados do Sindicato serão nomeados pela diretoria respectiva 'ad referendum' da Assembleia Geral, não podendo recair tal nomeação nos que estiverem nas condições dos itens II, IV, V, VI, VII e VIII do art. 530 e, na hipótese de o nomeado haver sido dirigente sindical, também nas do item I do mesmo artigo. (CLT, art. 526)

O direito de a Fazenda Pública constituir o crédito tributário extingue-se após 5 (cinco) anos, [...] (CTN, art. 173)

Quando aquele de quem se exige a apresentação da coisa a deter em nome de outrem, deve avisar a pessoa em cujo nome a detém, a fim de ele, se quiser, usar os meios de defesa que no caso couberem. (CCp, art. 574°, 2)

A indenização estabelecida em cláusula penal, por o comprador não cumprir, não pode ultrapassar metade do preço, salva a faculdade de as partes estipularem, nos termos gerais, a ressarcibilidade de todo o prejuízo sofrido. (CCp, art. 935°, 1)

Os alimentos compreendem também a instrução e educação do alimentado no caso de este ser menor. (CCp, art. 2003°, 2)

[...] No caso de a acusação estar pendente em juízo, sobrestar-se-á no processo por difamação até a final decisão sobre o facto criminoso. (CPp, art. 408°, § 2°)

No caso de o arguído requerer, nos termos do número anterior, a instrução contraditória, esta terá sempre lugar, [...] (CPPp, art. 388°, 2)

Verbo vicário

Vicário origina-se do latim **vicarius**: *que faz as vezes de outro, que substitui uma pessoa ou uma coisa*. *Vicarius*, por sua vez, origina-se do substantivo *vix* (genitivo *vicis*): *vez, sucessão, alternativa*.

Assim, *'Vicário' é o verbo que se emprega para evitar que se repita outro verbo anteriormente usado na mesma frase* (Laudelino Freire – *Linguagem e estilo*, p. 19).

Funcionam como vicários os verbos *fazer* e *ser* quando substituem um verbo anteriormente expresso, ou mesmo toda uma oração:

A solenidade realizou-se, mas não foi [não se realizou] *como se esperava.* (Carlos Góis)

Se não tomam providências é [não tomam providências] *porque lhes falta autoridade para tanto.*

Exemplos de textos legais

Se a lei não for promulgada dentro de quarenta e oito horas pelo Presidente da República, nos casos dos §§ 3º e 5º, o Presidente do Senado a promulgará, e, se este não o fizer em igual prazo, caberá ao Vice-Presidente do Senado fazê-lo. (CRFB, art. 66, § 7º)

Os sucessores do devedor não podem remir parcialmente o penhor ou a hipoteca na proporção dos seus quinhões; qualquer deles, porém, pode fazê-lo no todo. (CC/2002, art. 1.429)

As questões de fato, não propostas no juízo inferior, poderão ser suscitadas na apelação, se a parte provar que deixou de fazê-lo por motivo de força maior. (CPC, art. 517)

O juiz que espontaneamente afirmar suspeição deverá fazê-lo por escrito, [...] (CPP, art. 97)

Voz passiva com verbos transitivos indiretos

Ensina-se, tradicionalmente, que somente os verbos transitivos diretos, isto é, os que, na voz ativa, admitem objeto direto, podem ser apassivados, uma vez que o objeto direto da voz ativa será o sujeito da passiva. Apassivando um verbo transitivo indireto, estar-se-ia, na voz passiva, eliminando a preposição, o que implicaria a alteração do regime do verbo.

Assim, por exemplo, a frase *Foi procedida a leitura da ata* estaria errada, porque o verbo *proceder*, na acepção de *realizar*, pede objeto indireto, o que lhe impediria a construção passiva. Desse modo, a frase em apreço teria de ser expressa da seguinte forma: *Procedeu-se à leitura da ata.*

O problema assume importância maior nos casos em que o mesmo verbo assume significação diferente, de acordo com o seu regime direto ou indireto. O verbo *aspirar*, por exemplo, com objeto direto significa *sorver, inalar, cheirar*, ao passo que, com objeto indireto, traduz a ideia de *desejar, almejar*. Assim, se apassivássemos uma frase como *Muitos candidatos aspiram a esse cargo*, estaríamos dando, a rigor, significação diferente ao verbo *aspirar: desejar, almejar*, na voz ativa; *sorver, inalar, cheirar*, na voz passiva.

Se, por um lado, é verdade que, em princípio, a voz passiva repugna aos verbos transitivos indiretos, não se pode negar que, atualmente, mais de um verbo transitivo indireto aparece sob a construção passiva, sendo esta abonada pelo uso de bons escritores e, como fato incontestável da língua, aceita pelos gramáticos mais arejados.

A respeito do assunto, vale reproduzir o que, já em 1922, escrevia o consagrado mestre Mário Barreto, em sua obra *De Gramática e de Linguagem* (p. 324): *A construção passiva é, as mais das vezes, pedra de toque para comprovar o carácter transitivo do verbo; mas há verbos que, a pesar de serem puramente intransitivos, admitem a construção passiva. Assim é que se diz: 'obedecer a alguém, responder a uma carta, apelar da sentença. Fulano aludiu a mim, aludia ao marido defunto, perdoar a alguém, perdoar a um ingrato, eu perdoo-lhe a você, Deus lhe perdoe, e contudo isso se diz: Quero ser obedecida, minha senhora; cartas respondidas, a sentença apelada, a pessoa aludida não estava presente, creio-me perdoado, quiseram que a mulher fosse perdoada'*. (Grafia atualizada em conformidade com o *Acordo Ortográfico da Língua Portuguesa [1990]* e o VOLP/09.) Note-se, a título de esclarecimento, que Mário Barreto chama de intransitivos os verbos que nós denominamos transitivos indiretos, e de transitivos os que nós chamamos de transitivos diretos.

Na linguagem jurídica, é bastante usual a construção passiva com determinados verbos transitivos indiretos, principalmente *obedecer, pagar, perdoar, perguntar, proceder, responder* e *visar*.

Como a linguagem jurídica está inserida na zona da língua culta, sendo, portanto, mais formalizada, recomenda-se evitar o apassivamento generalizado de verbos transitivos indiretos, principalmente naqueles casos em que, como transitivos diretos, eles têm outra significação, muitas vezes bem distinta. Assim como adaptamos nosso modo de trajar às diversas situações em que nos encontramos, também nossa linguagem deve estar de acordo com o ambiente linguístico em que atuamos: formal, solene, cerimonioso aqui; informal, espontâneo, à vontade lá adiante. Já que a redação de textos jurídicos e forenses pertence à área mais formal da linguagem, recomenda-se, no caso, discrição no uso de variações sintáticas não consideradas como as melhores.

Mais uma vez, não se trata de questão de certo e errado, mas de menor ou maior qualidade da expressão. Se, por um lado, é indefensável a imutabilidade dos fatos linguísticos, por outro lado, também não é válida a adesão imediata, cega e inconsciente a qualquer tendência inovadora que começa a germinar no seio do idioma. *Est modus in rebus*, segundo o sábio conselho de Horácio (*Sátiras*, I, 1, 106).

Exemplos de construção passiva com verbos transitivos indiretos:

¶ *Obedecer* (pede objeto indireto – *obedecer* a[...]):

[...], caso em que a homologação produzirá efeitos imediatos, obedecidas as condições estabelecidas para a eficácia das sentenças estrangeiras no País. [...] (LINDB, art. 7º, § 6º)

[...] Se não for obedecido imediatamente, o executor convocará duas testemunhas e, sendo dia, entrará à força na casa, arrombando as portas, se preciso; [...] (CPP, art. 293)

[...], obedecidas as disposições estabelecidas na lei e nos seus estatutos. (CLT, art. 549)

[...], obedecidas as seguintes regras, na ordem em que enumeradas: [...] (CTN, art. 163)

¶ *Pagar* (pede objeto indireto de pessoa – *pagar a alguém*):

[...], pagando-se em primeiro lugar o Estado e só depois as autarquias locais; (CCp, art. 747º, 1, *a*)

É defeso aos liquidatários proceder à partilha dos bens sociais enquanto não tiverem sido pagos os credores da sociedade ou consignadas as quantias necessárias. (CCp, art. 1016º, 1)

¶ *Perdoar* (pede objeto indireto de pessoa – *perdoar a alguém*):

e) não ter sido o agente perdoado no estrangeiro ou, por outro motivo, não estar extinta a punibilidade, segundo a lei mais favorável. (CP, art. 7º, II, § 2º, *e*)

¶ *(Re)perguntar* (pede objeto indireto de pessoa – *(re)perguntar a alguém)*:

Se confessar a autoria, [o interrogando] será perguntado sobre os motivos e circunstâncias do fato [...] (CPP, art. 190)

Os acareados serão reperguntados, para que expliquem os pontos de divergência, reduzindo-se a termo o ato de acareação. (CPP, art. 229, parágrafo único)

As testemunhas serão perguntadas pelos seus nomes, estado, idade, morada, mesteres ou quaisquer outras circunstâncias destinadas a estabelecer a sua identidade, [...] (CPPp, art. 231°)

As testemunhas serão perguntadas pelos representantes da acusação e da defesa que as houverem produzido, [...] (CPPp, art. 435°)

¶ *Proceder* (pede objeto indireto – *proceder a[...])*:

As eleições para a renovação da Diretoria e do Conselho Fiscal deverão ser procedidas dentro do prazo máximo de 60 (sessenta) dias e mínimo de 30 (trinta) dias, antes do término do mandato dos dirigentes em exercício. (CLT, art. 532)

[...] e o recolhimento da multa deverá proceder-se dentro de 5 (cinco) dias às repartições federais competentes, [...] (CLT, art. 636, § 4°)

¶ *Responder* (pede objeto indireto daquele ou daquilo a que se dá resposta – *responder a alguém ou a alguma coisa)*:

[...] O juiz não poderá recusar as perguntas da parte, salvo se não tiverem relação com o processo ou importarem repetição de outra já respondida. (CPP, art. 212)

Distribuídas as cédulas, o juiz lerá o quesito que deva ser respondido e um oficial de justiça recolherá as cédulas com os votos dos jurados, [...] (CPP, art. 486)

¶ *Visar* (pede objeto indireto, no sentido de *pretender* – *visar a[...])*:

As penas aumentam-se de um terço, se ocorrer qualquer das hipóteses previstas no § 1°, n° I, do artigo anterior, ou é visada ou atingida qualquer das coisas enumeradas no n. II do mesmo parágrafo. (CP, art. 251, § 2°)

A competência atribuída a uma lei abrange somente as normas que, pelo seu conteúdo e pela função que têm nessa lei, integram o regime do instituto visado na regra de conflitos. (CCp, art. 15.°)

Será igualmente negado o reconhecimento, quando os bens afectados à fundação se mostrem insuficientes para a prossecução do fim visado e não haja fundadas expectativas de suprimento da insuficiência. (CCp, art. 188°, 2)

Bibliografia

Academia Brasileira de Letras. *Vocabulário ortográfico da língua portuguesa*. 5. ed. Global Editora, 2009.

Academia Brasileira de Letras Jurídicas/J. M. Sidou. *Dicionário jurídico*. 9. ed., Forense Universitária: Nova Fronteira, 2004.

Academia das Ciências de Lisboa/Fundação Calouste Gulbenkian. *Dicionário contemporâneo da língua portuguesa*. Lisboa: Verbo, 2001, 2 vols.

Aguilera, Cesáreo Rodriguez. *El lenguaje jurídico*. Barcelona: Bosch, 1969.

Acquaviva, Marcus Cláudio. *Dicionário jurídico Acquaviva*. 5. ed. atual. e ampl. São Paulo: Rideel, 2011.

Assis, Machado de. *Obra completa*. Rio de Janeiro: Aguilar, 1962, 3 vols.

Aulete, Caldas. *Dicionário contemporâneo da língua portuguesa*. 3. ed., Rio de Janeiro: Delta, 1980, 5 vols.

Barbosa, Rui. *Obras completas*, vol. XXIX, 1902, tomo II – *Réplica*, vol. I. Rio de Janeiro: Ministério da Educação e Saúde, 1953.

——. *Obras completas*, vol. XXIX, 1902, tomo III – *Réplica*, vol. II. Rio de Janeiro: Ministério da Educação e Saúde, 1953.

——. *Obras completas*, vol. XXIX, tomo IV – *Anexos à réplica*. Rio de Janeiro: Ministério da Educação e Cultura, 1969.

——. *Obras completas*, vol. II, 1872-1874, tomo I – *Trabalhos jurídicos*. Rio de Janeiro: MEC/Fundação Casa de Rui Barbosa, 1984.

——. *Obras completas*, vol. XXIII, 1896, tomo IV – *Trabalhos jurídicos*. Rio de Janeiro: MEC/Fundação Casa de Rui Barbosa, 1976.

——. *Escritos e discursos seletos*. Rio de Janeiro: Aguilar, 1966.

Barreto, Mário. *Novos estudos da língua portuguesa*. 3. ed. (fac-similar), Rio de Janeiro: Presença, 1980.

——. *Novíssimos estudos da língua portuguesa*. 3. ed. (fac-similar), Rio de Janeiro: Presença, 1980.

——. *Fatos da língua portuguesa*. 3. ed. (fac-similar), Rio de Janeiro, Presença, 1982.

——. *De gramática e de linguagem*. 3. ed. (fac-similar), Rio de Janeiro: Presença, 1982.

——. *Através do dicionário e da gramática*. 4. ed., Rio de Janeiro: Presença, 1986.

——. *Últimos estudos*. 2. ed., Rio de Janeiro: Presença, 1986.

Borba, Francisco da Silva (coordenador). *Dicionário gramatical de verbos do português contemporâneo do Brasil*. São Paulo; UNESP, 1990.

——. *Dicionários de usos do português do Brasil*. São Paulo: Ática, 2002.

Boschi, José Antonio Paganella. *Ação penal – denúncia, queixa e aditamento*. Rio de Janeiro: AIDE, 1993.

Brossard, Paulo. *No senado*. Brasília: 1985.

Busse, Winfried (coordenador). *Dicionário sintáctico de verbos portugueses*. Coimbra: Almedina, 1994.

Capella, Juan Ramon. *El derecho como lenguaje*. Barcelona: Ariel, 1968.

Carrió, Genaro R. *Notas sobre derecho e lenguaje*. 1. ed., (6. reimpressão), Argentina: Perrot, 1976.

Carvalho, Kildare Gonçalves. *Técnica legislativa*. 4. ed. rev. atual. e ampl. Belo Horizonte: Del Rey, 2007.

Clédat, L. *Vocabulaire latin – familles et groupements de mots*. Paris: Armand Colin, 1924.

Corominas, Joan. *Diccionario critico etimologico de la lengua castellana*. Madrid: Gredos, 1954, 4 vols.

Costa, Jorge José da. *Técnica legislativa – procedimentos e normas*. Rio de Janeiro: Destaque, 1994.

Del Burgo y Marchán, Ángel Martín. *El lenguaje del derecho*. 1. ed., España: Editorial Bosch, 2000.

Diniz, Maria Helena. *Dicionário jurídico*. São Paulo: Saraiva, 1998, 4 vols.

Faria, Ernesto. *Dicionário escolar latino-português*. 3. ed., Rio de Janeiro: Ministério da Educação e Cultura, DNE/CNME, 1962.

Fernandes, Francisco. *Dicionário de verbos e regimes*. 4. ed., 8ª reimpressão, Porto Alegre: Globo, 1963.

Ferreira, Aurélio Buarque de Holanda. *Dicionário Aurélio da língua portuguesa*. 5. ed. Curitiba: Positivo, 2010.

Figueiredo, Cândido de. *Dicionário da língua portuguesa* (vol. I – A a G). 16. ed., Lisboa: Bertrand, 1981.

——. *Dicionário da língua portuguesa* (vol. II – H a Z). 15. ed., Lisboa: Bertrand, 1982.

Freire, Laudelino. *Grande e novíssimo dicionário da língua portuguesa*. 2. ed., Rio de Janeiro: José Olympio, 1954, 5 vols.

——. *Regras práticas para bem escrever*. 9. ed., Rio de Janeiro: A Noite, s.d.

——. *Linguagem e estilo*. Rio de Janeiro: A Noite, 1937.

Garcia, Othon M. *Comunicação em prosa moderna: aprenda a escrever, aprendendo a pensar*. 27. ed., 1. e 2. reimpressões 2011. Rio de Janeiro: Editora FGV, 2010.

Gasparini, Diogenes. *Direito administrativo*. 10. ed. rev. e atual. São Paulo: Saraiva, 2005.

Godoy. Mayr. *Técnica constituinte e técnica legislativa*. São Paulo: LEUD, 1987.

Gomes, Orlando. *Contratos*. 2. ed. Rio de Janeiro: Forense, 1966.

Houaiss, Antônio; VILLAR, Mauro de Salles. *Dicionário Houaiss da língua portuguesa*. 1. ed., Rio de Janeiro: Objetiva, 2009.

Kaspary, Adalberto J. *Habeas verba: português para juristas*. 10. ed., rev., atual., ampl. e adaptada ao novo sistema ortográfico. Porto Alegre: Livraria do Advogado, 2014.

——. *Nova ortografia integrada: o que continuou + o que mudou = como ficou*. 2. ed. Porto Alegre: EDITA, 2013.

——. *Português para profissionais: atuais e futuros*. 23. ed., Porto Alegre: EDITA 2006.

——. *Redação oficial: normas e modelos*. 18. ed., Porto Alegre: EDITA, 2007.

Lessa, Luiz Carlos. *O modernismo e a língua portuguesa*. Rio de Janeiro: Fundação Getúlio Vargas, 1966.

Lopes, João Antunes. *Dicionário de verbos portugueses*. 2. ed., revista e aumentada. Porto: Lello & Irmão, 1987.

Luft, Celso Pedro. *Dicionário prático de regência verbal*. São Paulo: Ática, 1987.

——. *No mundo das palavras*. Porto Alegre: Correio do Povo, 1970-1983.

Magalhães, Humberto Piragibe & MALTA, Christovão Tostes. *Dicionário jurídico*. 3. ed., Rio de Janeiro: Edições Trabalhistas, [s.d.]

Mello, Celso Antônio Bandeira de. *Curso de direito administrativo*. 20. ed. (rev. e atualizada), São Paulo: Malheiros Editores, 2006.

Michaelis 2000. *Moderno dicionário da língua portuguesa*. Rio de Janeiro: Reader's Digest; São Paulo: Melhoramentos, 2000, 2 vols.

Miranda, Ana. *Boca do inferno*. São Paulo: Companhia das Letras, 1989.

Moliner, María. *Diccionario de uso del español* (edición abreviada). Madrid: Editorial Gredos, 2000.

Morfaux, Louis-Marie e Lefranc, Jean. *Dicionário da filosofia e das ciências humanas*. Lisboa: Instituto Piaget, 2005.

Nascentes, Antenor. *Dicionário da língua portuguesa*. Rio de Janeiro: Academia Brasileira de Letras/Departamento de Imprensa Nacional, 1961-1966.

——. *Dicionário etimológico da língua portuguesa*. 1. ed. (2. tiragem), Rio de Janeiro: Livraria Acadêmica, 1955, t. I (nomes comuns).

——. *Dicionário etimológico da língua portuguesa*. Rio de Janeiro: Livraria Francisco Alves, 1952, t. II (nomes próprios).

Nascimento, Edmundo Dantès. *Linguagem forense*. 4. ed., São Paulo: Saraiva, 1980.

Náufel, José. *Novo dicionário jurídico brasileiro*. 9. ed., Rio de Janeiro: Forense, 2000.

Nery, Fernando. *Ruy Barbosa e o código civil*. Rio de Janeiro: Imprensa Nacional, 1931.

Neto, Raimundo Barbadinho. *Sobre a norma literária do modernismo*. Rio de Janeiro: Ao Livro Técnico, 1977.

Nogueira, Julio. *Indicações de linguagem*. Rio de Janeiro: Simões, 1956.

Nunes, Pedro. *Dicionário de tecnologia jurídica*. 11. ed., Rio de Janeiro: Freitas Bastos, 1982.

Pereira, Isidro (S.J.). *Dicionário grego-português e português-grego*. Porto: Apostolado da Imprensa, 1957.

Pinto, Pedro A. *Regências de verbos na Réplica de Rui Barbosa*. Rio de Janeiro: Organizações Simões, 1952.

Prata, Ana. *Dicionário jurídico*. 3. ed., Coimbra: Almedina, 1994.

Ramalho, Énio. *Dicionário estrutural, estilístico e sintáctico da língua portuguesa*. Porto: Chardron (Lello & Irmão), 1985.

Ravizza, João (Padre). *Gramática latina*. 14. ed., Niterói: Escola Industrial Dom Bosco, 1958.

Real Academia Española. *Diccionario de la lengua española*. 21. ed., Madrid: Editorial Espasa Calpe, 1992, 2 t.

Ribeiro, Ernesto Carneiro. *Estudos gramaticais e filológicos*. Salvador (BA): Progresso, 1957.

——. *Serões grammaticaes*. 6. ed., Salvador (BA): Progresso, 1955.

——. *Treplica*. 4. ed., Salvador (BA): Progresso, 1956.

Robert, Paul. *Dictionnaire alphabétique et analogique de la langue française*. Paris: Dictionnaires Le Robert, 1986.

Romanelli, R. C. *Os prefixos latinos*. Belo Horizonte: Imprensa da Universidade de Minas Gerais, 1964.

Rosa, Eliasar. *Os erros mais comuns nas petições*. 7. ed., Rio de Janeiro: Freitas Bastos, 1986.

Sacconi, Luiz Antonio. *Grande dicionário Sacconi da língua portuguesa: comentado, crítico e enciclopédico*. São Paulo: Nova Geração, 2010.

Saraiva, F. R. dos Santos. *Novissimo diccionario latino-portuguez*. 5. ed., Paris: Garnier, [s.d.]

Séguier, Jaime. *Dicionário prático ilustrado*. Porto: Lello & Irmão, 1979.

Silva, A. M. de Sousa e. *Dificuldades sintáticas e flexionais*. Rio de Janeiro: Simões, 1958.

Silva, Emídio; TAVARES, António. *Dicionário de verbos portugueses*. Porto: Porto Editora, 1984.

Silva, De Plácido e. *Vocabulário jurídico*. Rio de Janeiro: Forense, 1963.

——. *Vocabulário jurídico* / atualizadores: Nagib Slaibi Filho e Gláucia Carvalho. 27. ed., 3. tiragem, Rio de Janeiro: Forense, 2007.

Silva, Luciano Correia da. *Direito e linguagem*. Bauru (SP): Jalovi, 1979.

Slaibi Filho, Nagib e Sá, Romar Navarro de. *Sentença cível: fundamentos e técnica*. 7. ed. rev. e atual. Rio de Janeiro: Forense, 2010.

Soler, Sebastián. *Las palabras de la ley*. México: Fondo de Cultura Económica, 1969.

Valle, Gabriel. *Dicionário latim-português*. São Paulo: IOB-Thomson, 2004.

Varó, Enrique Alcaraz; HUGHES, Brian. *El español jurídico*. Barcelona: Editorial Ariel, 2002.

Vianna, Segadas. *Manual prático dos escrivães*. Rio de Janeiro: Freitas Bastos, 1986.

Vieira, Antônio (Padre). *Sermões*. São Paulo: Editora das Américas, 1957-1959. 24 vols.

Xavier, Ronaldo Caldeira. *Português no direito*. Rio de Janeiro: Forense, 1981.

Zavascki, Teori Albino. *Processo coletivo: tutela de direitos coletivos e tutela coletiva de direitos*. 2. ed. ver. e atual., São Paulo: Revista dos Tribunais, 2007.

Zingarelli, Nicola. *Vocabolario della lingua italiana*. 12. ed., Bologna: Zanichelli, 1997.

Índice

Abater 29
Aberrar 29
Abonar 30
Ab-rogar 30
Açambarcar 30
Acatar 31
Acautelar 31
Aceder 31
Acionar 32
Acoimar 32
Acoitar 32
Aconselhar 33
Acordar 34
Acostar 36
Acreditar 36
Acrescer 37
Acudir 38
Acumular – Cumular 38
Adentrar 39
Adimplir 40
Adir 40
Aditar 41
Adjudicar 42
Admitir 42
Adquirir 42
Aduzir 43
Adversar 43
Advertir 44
Afetar – Desafetar 44
Afinar 45
Aforar 46
Afrontar 46
Agravar 47
Ajuizar 48
Alegar 49

Alertar 49
Alocar 49
Aludir 50
Anteceder 50
Anuir 50
Apelar 51
Apenhar – Apenhorar 52
Apensar 52
Apontar 53
Apor 53
Aquiescer 54
Aquinhoar – Quinhoar 54
Arguir 55
Arrazoar – Razoar – Contra-arrazoar
   – Contrarrazoar 56
Arrestar 56
Arribar 57
Articular 57
Assacar 57
Assegurar 58
Asseverar 59
Assinar 59
Assistir 61
Atempar 62
Atender – Desatender 62
Atentar 63
Atermar 64
Autorizar 64
Autuar 64
Avençar 65
Averbar 65
Averiguar 66
Avisar 66
Aviventar 67
Avocar 67

Baixar 68

Caber 69
Caducar 69
Cair 70
Caluniar 70
Capitular 70
Carecer 70
Caucionar 71
Celebrar 72
Certificar 72
Chegar 73
Cientificar 73
Citar 74
Clausular 74
Coadunar 74
Coar(c)tar 75
Cobrar 75
Cobrir 76
Colacionar 76
Colidir 76
Colmatar 77
Cometer 77
Cominar 78
Compadecer 79
Comparecer 79
Comparticipar 81
Compartilhar 81
Compartir 81
Compatibilizar 82
Compelir 82
Compensar 82
Competir 83
Compor 84
Comprovar 84
Compulsar 84
Computar 85
Comunicar 85
Comutar 86
Concernir 86
Concertar 87
Conciliar 88
Concitar 88
Concluir 89

Concorrer 89
Condenar 90
Conduzir 91
Conferir 91
Confutar 92
Conhecer 92
Consentir 93
Consertar 94
Considerar 94
Consignar 95
Consolidar 96
Constar 96
Constituir 98
Consultar 100
Consumar 100
Contar 100
Conter 101
Contraditar 101
Contrair 101
Contrapor 102
Contraprotestar 102
Contravir 102
Controverter 103
Convalescer 103
Convalidar 103
Convencer 104
Convencionar 104
Conveniar 105
Convir 105
Convolar 106
Coonestar 106
Cooptar 107
Correr 107
Corresponder 108
Corroborar 108
Cotar 108
Criminalizar 109

Dar fé 110
Decair 110
Decidir 111
Declarar 112
Declinar 113
Decorrer 113
Deduzir 114

Defender 114
Deferir 115
Defraudar 115
Degradar 116
Delegar 116
Deliberar 116
Delinquir 117
Demandar 118
Demitir 119
Demorar 120
Denegar 120
Denotar 121
Denunciar 121
Deparar 122
Depor 123
Deprecar 124
Derrogar 124
Desacatar 124
Desacolher 125
Desacreditar 125
Desaforar 126
Desapensar 126
Desapossar 126
Desaquinhoar 126
Desautorar 127
Desavir 127
Desconstituir 127
Descriminar – Descriminalizar 128
Desentranhar 128
Desindiciar 129
Desonerar 129
Despender 129
Desprover 130
Dessumir 130
Detrair 130
Devolver 131
Difamar 132
Dignar-se 132
Dilapidar 132
Dilargar 132
Diligenciar 133
Dirimir 133
Discernir 134
Discriminar 134
Dispensar 135

Dispor 135
Distrair 136
Dizer 137
Dotar 137

Elidir 138
Embargar 138
Embolsar 139
Empenhar 139
Emprazar 140
Encabeçar 140
Encarregar 140
Entender 141
Entranhar 141
Envidar 142
Equacionar 142
Escoimar 142
Escusar 142
Especializar 143
Esposar 144
Estabelecer 144
Estar 144
Estatuir 145
Estimar 146
Estremar 146
Evencer 147
Exarar 147
Exceder 148
Excepcionar 149
Excutir 149
Executar 150
Exequir 150
Exigir 151
Eximir 152
Exonerar 152
Exorbitar 153
Exortar 153
Explotar 154
Exportar 154
Expropriar 155
Expurgar 155
Extorquir 156
Extrapolar 157
Exumar – Inumar 157

Facultar   158
Falecer   158
Favorecer   158
Fazer   159
Ferir   160
Fornicar   161
Forrar   162
Fruir   162
Funcionar   162

Glosar   164
Grassar   164
Gravar   164

Haver   166

Ilidir   170
Imitir   170
Impedir   171
Impender   171
Impetrar   171
Implicar   172
Importar   173
Improceder   174
Impugnar   174
Imputar   174
Inadmitir   175
Incidir   176
Inclinar-se   176
Incorporar   177
Incorrer   178
Increpar   178
Incumbir   179
Indenizar   180
Indiciar   182
Indigitar   182
Individuar   183
Induzir   183
Infirmar   183
Infligir   184
Informar   184
Infringir   186
Inibir   186
Injuriar   186

Inovar   187
Inquinar   187
Inquirir   187
Instar   188
Instituir   188
Instruir   188
Insurgir   189
Inteirar   189
Intentar   190
Interpor   190
Intervir   192
Intimar   192
Investir   194
Irrogar   195
Isentar   195

Juntar   196
Jurisdicionar   196
Justiçar   197

Lançar   198
Lavrar   198
Libelar   198
Litigar   199
Louvar   199

Malferir   200
Malsinar   200
Mandar   200
Meter   201
Militar   202
Montar   202

Necessitar   203
Nomear   203
Normatizar – Normalizar   204
Notar   204
Noticiar   205
Notificar   205
Novar   206

Obedecer – Desobedecer   207
Objurgar   207
Obrigar   208
Obstar   209

Obtemperar   210
Ocorrer   211
Ofender   211
Oferecer   211
Oficiar   211
Operar   212
Opor   213
Ordenar   214
Outorgar   214

Pagar   216
Participar   218
Particularizar   219
Passar   219
Penalizar   220
Penhorar   220
Pensar   221
Pensionar   222
Perceber   222
Perdoar   222
Perfilhar   223
Perguntar – Reperguntar   223
Periciar   224
Perigar   224
Perimir   225
Perpetrar   225
Pertinir   226
Portar   226
Postergar   226
Postular   227
Preceder   227
Precisar   228
Precluir   228
Preconizar   229
Preferir   229
Prejudicar   231
Prenotar   232
Preparar   232
Prescindir   232
Prescrever   233
Presidir   233
Prestar   234
Presumir   234
Prevaricar   235
Prevenir   235

Priorizar   236
Proceder   236
Processar   238
Procrastinar   238
Procurar   238
Proferir – Prolatar   239
Proibir   239
Promover   240
Promulgar   240
Pronunciar – Despronunciar – Impronunciar   240
Propalar   241
Propor   242
Propugnar   243
Prosperar   243
Prosseguir   244
Protestar   245
Protocol(iz)ar   246
Provar   246
Prover   247
Providenciar   249
Provir   249
Publicar   250
Purgar   250

Querelar   251
Quitar   251

Ratear   253
Ratificar – Rerratificar – Retirratificar – Retirratificação   253
Reaver   254
Recair   255
Recepcionar   255
Reclamar   256
Recobrar   256
Recomendar   256
Reconvir   257
Recorrer   257
Recursar   258
Redarguir   259
Redibir   259
Redundar   259
Reduzir   259
Reembolsar   260

O VERBO NA LINGUAGEM JURÍDICA **347**

Reformar   261
Reinquirir   261
Reintegrar   261
Reivindicar   262
Relaxar   262
Relegar   262
Relevar   263
Remir   264
Remitir   264
Render   265
Renunciar   266
Repetir   266
Repor   267
Representar   268
Repristinar   268
Reputar   269
Requerer   269
Requisitar – Requestar   270
Resguardar   271
Residir – Morar   271
Resignar   272
Resilir   272
Resolver   273
Respeitar   274
Responder   274
Responsabilizar   276
Ressarcir   277
Restar   278
Restituir   279
Resultar   280
Retificar   281
Retornar   281
Retratar   282
Retroagir   282
Retrotrair   282
Retrovender   283
Reverter   283
Revestir   284
Rezar   284
Romper   284

San(e)ar   286
Sancionar   286
Satisfazer   287
Segurar   288

Servir   289
Sindicar   289
Sobejar   290
Sobrelevar   291
Sobrestar – Sobre-estar   290
Sobrevir   291
Solicitar   292
Solver   292
Sonegar   292
Sopesar   293
Subir   293
Subjazer   293
Sub-rogar   294
Subscrever   295
Substabelecer   296
Substituir   297
Subsumir   298
Subtrair   299
Suceder   299
Superintender   301
Suprir   302
Suscitar   302
Sustentar   302

Taxar – Tachar   304
Ter de – Ter que   305
Ter (abrir, dar, etc.) vista   306
Ter lugar   306
Testar   307
Tirar (o protesto)   308
Tocar   308
Tolher   308
Tomar   309
Tombar   309
Tornar   310
Tramitar   310
Transcender   310
Transigir   311
Transitar   311
Trasladar – Transladar   312
Tratar-se   312
Travejar   313
Trazer à colação   313
Tutelar   314

Usar   315
Usucapir   315
Usufruir   316
Usurpar   316

Vazar   318
Vencer   318
Ver   319
Verberar   319
Versar   319

Verter   320
Viger   320
Vincular   320
Vindicar   321
Vingar   322
Visar   322
Vislumbrar   323
Vitimar   324
Vitimizar   324
Vulnerar   324

Impressão:
Evangraf
Rua Waldomiro Schapke, 77 - POA/RS
Fone: (51) 3336.2466 - (51) 3336.0422
E-mail: evangraf.adm@terra.com.br